기출이 답이다

군무원

행정학

17개년 기출문제집

시대에듀

군무원 채용 필수체크 INFORMATION

▶ 응시자격

구분	내용	
응시연령	• 7급 이상 : 20세 이상	• 8급 이하 : 18세 이상
학력 및 경력	제한 없음	

▶ 군무원 채용과정

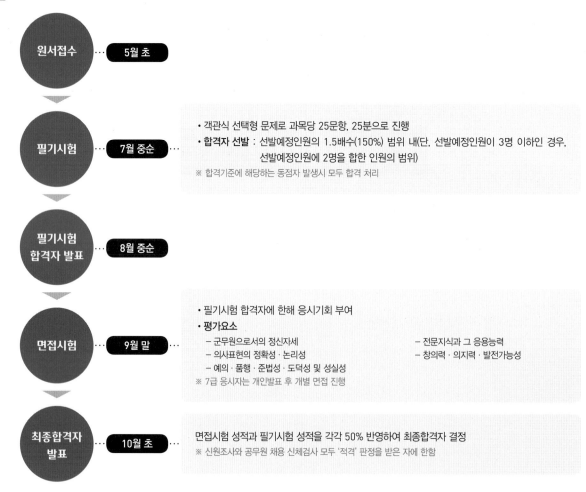

원서접수 … 5월 초

필기시험 … 7월 중순
- 객관식 선택형 문제로 과목당 25문항, 25분으로 진행
- 합격자 선발 : 선발예정인원의 1.5배수(150%) 범위 내(단, 선발예정인원이 3명 이하인 경우, 선발예정인원에 2명을 합한 인원의 범위)
※ 합격기준에 해당하는 동점자 발생시 모두 합격 처리

필기시험 합격자 발표 … 8월 중순

면접시험 … 9월 말
- 필기시험 합격자에 한해 응시기회 부여
- 평가요소
  - 군무원으로서의 정신자세
  - 의사표현의 정확성 · 논리성
  - 예의 · 품행 · 준법성 · 도덕성 및 성실성
  - 전문지식과 그 응용능력
  - 창의력 · 의지력 · 발전가능성
※ 7급 응시자는 개인발표 후 개별 면접 진행

최종합격자 발표 … 10월 초
면접시험 성적과 필기시험 성적을 각각 50% 반영하여 최종합격자 결정
※ 신원조사와 공무원 채용 신체검사 모두 '적격' 판정을 받은 자에 한함

❖ 위 채용일정은 2024년 군무원 국방부 주관 채용공고를 기준으로 작성하였으므로 세부 사항은 반드시 확정된 채용공고를 확인하시기 바랍니다.

▶ 영어능력검정시험 기준점수

구분	7급	9급
토익(TOEIC)	570점	470점
토플(TOEFL)	PBT 480점 IBT 54점	PBT 440점 IBT 41점
텝스(TEPS)	268점	211점
지텔프(G-TELP)	Level 2 47점	Level 2 32점
플렉스(FLEX)	500점	400점

※ 당해 공개경쟁채용 필기시험 시행 예정일부터 역산하여 3년이 되는 해의 1월 1일 이후에 실시된 시험으로서 필기시험 전일까지 점수(등급)가 발표된 시험에 한해 기준점수 인정
※ 응시원서 작성 시 본인이 취득한 영어능력검정시험명, 시험일자 및 점수 등을 정확히 기재
※ 응시원서 접수 시 입력한 사항에 변동이 있거나 원서 접수 후 발표된 성적 등록 시 추가등록 필수

▶ 한국사능력검정시험 기준점수

구분	7급	9급
한국사능력검정시험	3급	4급

※ 2020년 5월 이후 한국사능력검정시험 급수체계 개편에 따른 시험종류의 변동(초·중·고급 3종 → 기본·심화 2종)과 상관없이 기준(인증)등급을 그대로 적용
※ 당해 공개경쟁채용 필기시험 시행 예정일 전날까지 점수(등급)가 발표된 시험에 한해 기준점수(등급) 인정
※ 응시원서 작성 시 본인이 취득한 한국사능력검정시험의 종류와 등급인증번호를 정확히 기재
※ 응시원서 접수 시 입력한 사항에 변동이 있거나 원서 접수 후 발표된 성적 등록 시 추가등록 필수

❖ 위 기준점수는 군무원인사법시행령을 기준으로 작성하였으므로 세부 사항은 반드시 확정된 채용공고를 확인하시기 바랍니다.

최신 출제 경향 리포트 ANALYSIS

➤ 2024년 출제 경향

총평 논란의 여지가 있는 문항이 다수 출제되었던 이전과 다르게 2024년 군무원 행정학 9급 시험은 출제된 문제에서 고민한 흔적이 보인다. 전반적으로 난도는 평이했으며 국가직 9급, 지방직 9급과 유사한 형태로 출제되었다.

2024년 군무원 행정학 7급 시험의 경우 난도 자체는 높지 않았지만 단순 암기와 더불어 전반적인 이해를 묻는 유형의 시험문제 위주로 출제된 점은 눈여겨 볼 만 하다.

9급 영역 분석

- **행정학 총론**: 가장 많은 문제가 출제된 영역으로 행정의 특징에 대한 이해를 묻는 문제 위주로 출제
- **정책학**: 다소 생소한 증거기반 정책결정 관련 문제가 출제
- **조직론**: 조직의 유형과 그 특징, 조직 관리 전략을 묻는 문제가 출제
- **인사행정론**: 공직부패에 대한 문제가 출제
- **재무행정론**: 오랜만에 예비비에 대해 묻는 문제가 단독으로 출제
- **지방행정론**: 지방자치단체의 종류 및 기관, 재정자주도가 출제

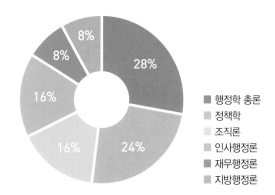

7급 영역 분석

- **행정학 총론**: 정책학 영역과 더불어 많은 문제가 출제된 영역으로 행정학의 접근 방식에 대한 문제 위주로 출제
- **정책학**: 정책결정 중 의사결정모형과 관련한 문제가 다수 출제
- **조직론**: 조직구조의 이해를 묻는 문제 위주, 매슬로우, 앨더퍼를 포함한 학자들의 이론이 지문으로 등장
- **인사행정론**: 매년 등장하는 직위분류제에 대한 문제가 예외없이 출제
- **재무행정론**: 예산 과정에 대한 문제가 다소 어렵게 출제, 예산 과정 및 제도의 변천 과정 정도는 숙지가 필요
- **지방행정론**: 올해도 지방자치, 신중앙집권, 신지방분권에 대해 묻는 문제가 등장

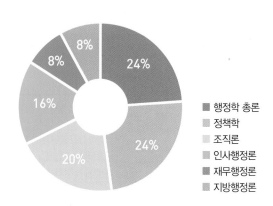

2023년 출제 경향

총평 2023년 군무원 행정학 9급 시험은 과년도에 비해 난도는 낮아졌으나 복수정답으로 판단될 수 있는 지문이 등장하여 아쉬움을 남겼다. 7급의 경우 전체적으로 정제된 문제 유형 양상을 보였고, 난도 자체도 높지 않았다. 다만 변별력을 위해 비교적 생소한 이론 등이 출제되어 시간 배분에 다소 어려움을 느꼈을 수도 있다.

9급 영역 분석

- **행정학 총론** : 과년도 시험에서 다소 생소한 문제가 출제되었던 것과는 다르게 이번에는 뉴거버넌스, 신공공관리론 등 빈출 이론이 출제
- **정책학**: 어김 없이 정책결정모형 이론에 대한 문제가 출제
- **조직론**: 매슬로우, 맥그리거의 이론 등 빈출 지문 위주로 출제
- **인사행정론**: 전략적 인적자원 관리에 대한 문제가 어렵지 않게 출제
- **재무행정론**: 예산제도의 이해를 묻는 문제와 법령 관련 문제가 출제
- **지방행정론**: 지방자치에 관련한 문제만 출제

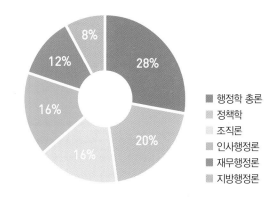

7급 영역 분석

- **행정학 총론** : 행정학과 관련된 주요 이론은 어렵게 출제되지는 않았으나 행동경제학 등 난도 있는 문제도 등장
- **정책학**: 정책결정모형, 분배정책 등 빈출문제 위주로 출제
- **조직론**: 비교적 생소한 사무관리의 개념, 페이욜의 관리요소 등을 묻는 문제가 다양한 난도로 출제
- **인사행정론**: 공직자윤리법 등 시험 이후 개정사항으로 이전과 달라진 내용이 있으므로 이에 대한 숙지 필요
- **재무행정론**: 최근 재무행정론 영역에서는 법령 관련 문제가 빈번하게 출제되므로 법령 숙지는 필수적
- **지방행정론**: 지방교부세법 등 법령에 대한 문제가 출제
- **행정환류론**: 전자정부의 원칙에 대해 묻는 문제가 출제

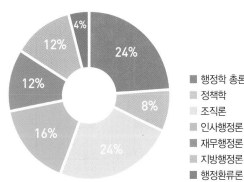

이 책의 구성과 특징 STRUCTURES

문제편

OMR 입력 · 채점결과 · 성적분석

00:24:27
시간측정 가능!!

풀이 시간 측정, 자동 채점 그리고 결과 분석까지!

모바일 OMR 답안분석 서비스

문제편에 수록된 기출문제에 대한 객관적인 결과(점수, 순위)를 종합적으로 분석

❶ 스마트폰을 활용하여 QR코드 접속
❷ 시험 시간에 맞춰 풀고, 모바일 OMR로 답안 입력 (3회까지 가능)
❸ 종합적 결과 분석으로 현재 나의 합격 가능성 예측

QR코드 찍기 ▶ 로그인 ▶ 시작하기 ▶ 응시하기 ▶ 모바일 OMR 카드에 답안 입력 ▶ 채점결과&성적분석 ▶ 내 실력 확인하기

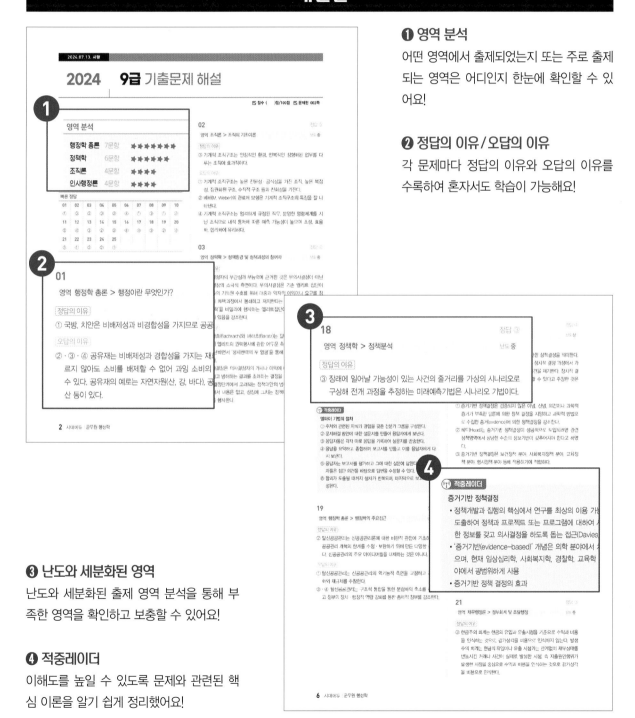

❶ 영역 분석

어떤 영역에서 출제되었는지 또는 주로 출제되는 영역은 어디인지 한눈에 확인할 수 있어요!

❷ 정답의 이유 / 오답의 이유

각 문제마다 정답의 이유와 오답의 이유를 수록하여 혼자서도 학습이 가능해요!

❸ 난도와 세분화된 영역

난도와 세분화된 출제 영역 분석을 통해 부족한 영역을 확인하고 보충할 수 있어요!

❹ 적중레이더

이해도를 높일 수 있도록 문제와 관련된 핵심 이론을 알기 쉽게 정리했어요!

이 책의 차례 CONTENT

행정학

문제편

2024.07.13. 시행

2024 | 9급 기출문제

모바일
OMR
답안분석
서비스

✔ 회독 CHECK 1 2 3

✔ 시험시간 25분 ✔ 해설편 002쪽

01 다음 중 공유재(common-pool goods)에 대한 설명으로 가장 적절하지 않은 것은?

① 국공립 도서관, 국립공원, 국방 치안 등을 그 예로 들 수 있다.
② 경합성을 지닌다.
③ 비배제성을 지닌다.
④ 과잉 소비의 문제가 발생할 수 있다.

02 다음 중 기계적 조직구조에 대한 설명으로 가장 적절하지 않은 것은?

① 대규모 조직에서 높은 공식화와 표준화를 추구한다.
② 막스 베버(Max Weber)의 관료제 모형과 같이 고전적이고 전형적인 관료제 조직구조이다.
③ 조직이 처해 있는 환경적 상황이 복잡하고 불안정하며, 동태적으로 불확실성이 높은 경우에 적합하다.
④ 직무를 분화하여 전문화함으로써 조직의 내적 통제 및 조정, 효율화, 합리화에 유리하다.

03 다음 중 무의사결정론에 대한 설명으로 가장 적절하지 않은 것은?

① 기득권의 정치권력에 존재하는 두 얼굴 중 어두운 측면의 얼굴에 해당한다.
② 정책결정권자의 무관심이나 무능력 때문에 이루어지는 경향이 크다.
③ 정책 결정에 핵심적 권력을 갖는 개인이나 집단에 부정적 영향을 끼치는 주장을 억압·좌절시키거나 고의적으로 방치한다.
④ 기득권 세력은 때때로 정책의제 또는 정책대안의 범위·내용을 제한하여 집행의 의미가 없는 상징적 의제 또는 대안만 채택할 수 있도록 하기도 한다.

04 다음 중 공공재의 공급 규모에 대한 설명으로 가장 적절하지 않은 것은?

① 니스카넨(Niskanen)의 예산극대화모형에 따르면 공공재는 과다 공급된다.
② 파킨슨(Parkinson)의 법칙이 적용되면 공공재는 과다 공급된다.
③ 보몰(Baumaol)의 효과로 인하여 정부의 지출 규모가 감소하여 공공재는 과소 공급된다.
④ 다운스(Downs)에 의하면, 국민의 합리적 무지 내지 무관심은 공공재의 과소 공급을 가져온다.

05 다음 중 실적주의와 직업공무원제에 대한 설명으로 가장 적절하지 않은 것은?

① 실적주의를 개방형 충원과 동시에 시행하면 직업공무원제가 확립되기 어렵다.

② 직업공무원제는 실적주의의 확립 요건 또는 구성요소 중 하나로 볼 수 있으며, 따라서 직업공무원제는 실적주의를 토대로 할 때 더욱 확고하게 뿌리내릴 수 있다.

③ 결원 충원 방식 및 공직 분류 제도에 있어서 실적주의는 개방형과 직위분류제에, 직업공무원제는 폐쇄형과 계급제에 가깝다고 할 수 있다.

④ 직업공무원제는 승진, 전보, 교육훈련 등을 통해 공무원 능력발전의 기회를 강조한다.

06 다음 중 정부규제에 대한 설명으로 가장 적절하지 않은 것은?

① 경쟁적 규제란 재화나 용역을 제공할 수 있는 권리를 수많은 잠재적 또는 실제적 경쟁자들 중에서 선택·지정된 소수의 전달자에게만 제한시키는 규제를 말한다.

② 보호적 규제란 최대 노동시간의 제한, 최저임금제, 가격통제 등과 같이 일반 국민을 보호하기 위하여 기업이나 개인의 행위를 제한하는 규제를 말한다.

③ 정부규제에 대한 민간의 순응 비용은 '규제에 의한 조세' 또는 '숨겨진 조세'라고 설명하기도 한다.

④ 포지티브(Positive) 규제란 어떤 행위를 원칙적으로 허용하되, 금지되는 행위만 예외적으로 규정하는 방식을 말한다.

07 다음 중 정책네트워크의 유형에 대한 설명으로 가장 적절하지 않은 것은?

① 정책공동체는 대체로 제로섬게임(Zero-Sum Game)의 성격을 띠지만, 정책문제망은 상대적으로 공동의 이익을 추구하는 포지티브섬 게임(Positive-Sum Game)이다.

② 정책문제망은 주로 특정한 정책 문제별로 형성되며 그 경계는 모호하고 개방성이 높은 편이다.

③ 정책공동체는 주로 정책 분야별로 형성되며 그 참여자의 범위가 하위정부의 경우보다 비교적 넓은 편이다.

④ 하위정부 모형에서 '철의 3각 동맹관계'는 주로 정책 분야별로 형성되며 그들 간에 상호 활발한 교류를 한다.

08 다음 중 행정과 경영의 유사성으로 가장 적절하지 않은 것은?

① 관리기술적 측면

② 관료제적 성격

③ 법적 규제

④ 협동 행위

09 다음 중 책임운영기관에 대한 설명으로 가장 적절하지 않은 것은?

① 기관장은 계약직으로 임용되지만, 소속 직원은 공무원 신분을 유지하는 공법인이다.

② 성과를 중시하는 신공공관리론의 원리에 따라 등장한 제도이다.

③ 시장원리에 대한 강조로 인하여 공공서비스의 형평성과 안정성이 저하될 가능성이 있다.

④ 정책 결정 기능으로부터 집행기능을 분리한 집행 중심의 조직이다.

10 다음 중 우리나라의 예비비에 대한 설명으로 가장 적절하지 않은 것은?

① 목적예비비는 예산총칙 등에서 미리 사용 목적을 지정해야 하며, 따로 세입·세출예산에 계상할 수 있다.

② 예측할 수 없는 예산 외의 지출 또는 효과 지출에 충당하기 위해서 편성한다.

③ 재해대책비·공공요금·환율상승에 따른 원화 부족액 보정 등을 위해 사용 가능한 한도액을 정한 목적예비비가 있다.

④ 일반예비비는 그 사용 목적을 특정하지 않고 국회의 사전 의결을 거친 경비이므로 회계연도를 달리하여 사용할 수 있다.

11 다음 중 민츠버그(Mintzberg)의 전문적 관료제 구조에 대한 설명으로 가장 적절하지 않은 것은?

① 업무의 표준화가 어려워 개인의 전문성에 의존한다.

② 종합병원과 같이 높은 분화와 낮은 공식화의 특성을 가진다.

③ 환경변화에 적응하는 속도가 빠른 편이므로 복잡하고 불안정한 환경에 적절하다.

④ 핵심운영층에 해당하는 작업 계층의 역할이 강조된다.

12 다음 중 공공선택이론에 대한 설명으로 가장 적절하지 않은 것은?

① 중위투표자 이론은 중간선호자만을 만족시킨 모형으로서 모든 투표자의 선호를 고려하지 않기 때문에 자원배분의 효율성을 보장하지 못한다.

② 티부(Tiebout)에 의하면, 지역주민의 완전한 이동성이라는 시장 배분적 과정을 통하여 지방공공재의 적정규모 공급이 가능하다.

③ 공공선택이론은 소비자인 개인의 선호를 존중하고, 경쟁을 통하여 공공서비스를 생산하고 공급함으로써 행정의 대응성을 높일 수 있다고 주장한다.

④ 고위직 관료들의 관청형성전략(Bureau-Shaping Strategy)은 소속 조직을 보다 집권화된 대규모의 계서적 관료조직으로 개편시키게 된다.

13 진보주의와 보수주의의 구분은 사회와 정책을 이해하는 한 방법이다. 진보주의 정부에서 선호하는 정책으로 가장 적절하지 않은 것은?

① 소수민족 기회 확대

② 소득재분배 강조

③ 조세 감면 확대

④ 정부규제 강화

14 다음 중 우리나라 고위공무원단 또는 고위감사공무원단에 속하는 공무원이 아닌 것은?

① 「정부조직법」 제2조에 따른 중앙행정기관의 실장·국장 및 이에 상당하는 보좌기관

② 지방자치단체 및 지방교육행정기관의 지방공무원 중 국장급 직위에 상당하는 직위

③ 행정부 각급 기관의 직위 중 제1호의 직위에 상당하는 지위

④ 감사원 사무차장, 감사교육원장, 감사연구원장

15 다음 중 우리나라 지방자치단체 간의 연결구조에 대한 설명으로 가장 적절하지 않은 것은?

① 하나의 자치단체가 다른 자치단체를 구역 안에 포괄하는 중층제를 원칙으로 하며 광역단체(시·도)와 기초단체(시·군·구)의 연결구조가 그 예이다.

② 한 구역에 하나의 자치단체만이 존재하는 단층제를 예외적으로 채택하고 있으며, 강원특별자치도·전북특별자치도·제주특별자치도·세종특별자치시가 여기에 해당한다.

③ 자치계층이 자치권을 바탕으로 하는 계층 간 독립적 관계 구조라면, 행정계층은 계층 간 지휘·감독적 관계구조라고 할 수 있다.

④ 자치계층이 정치적 민주성을 중심으로 한다면, 행정계층은 행정의 효율성을 중심으로 하는 개념이라고 할 수 있다.

16 다음 중 지방자치단체의 재정자립도에 대한 설명으로 가장 적절하지 않은 것은?

① 특별회계와 기금을 제외하고 일반회계만을 고려하기 때문에 실제 재정 능력이 과소 평가된다.

② 자체재원만을 반영하고 세출 구조를 고려하지 않아 세출의 질을 알 수 없다.

③ 중앙정부의 재정지원을 의존재원으로 처리함으로써 그 재정지원의 형태나 성격을 제대로 파악할 수 없다.

④ 지방자치단체가 중앙정부 등 외부의 간섭이나 통제 없이 자주적으로 편성·집행할 수 있는 재원의 비율을 말한다.

17 네트워크 구조의 기본원리로 가장 적절하지 않은 것은?

① 네트워크 참여자의 독립성

② 구성원 간의 자발적 연결

③ 네트워크 참여자에게 있는 공통된 목표

④ 계층의 통합과 단일의 지도자

18 다음 중 델파이 기법의 절차나 요소에 대한 설명으로 가장 적절하지 않은 것은?

① 전문가 집단에게 예측하고자 하는 문제나 관련된 분야에 대하여 설문지를 배부한다.

② 설문지 응답 내용을 통계 처리한 뒤에 결과물을 다시 동일 전문가에게 발송하여 처음의 의견을 수정할 것인지를 물어서 결과를 회신하도록 한다.

③ 장래에 일어날 사건의 줄거리를 가상적 시나리오로 구성한다.

④ 문제나 이슈에 대한 전문가를 선정한다.

19 탈신공공관리(Post-NPM)에 대한 설명으로 가장 적절하지 않은 것은?

① 탈신공공관리의 기본 목표는 신공공관리의 역기능적 측면을 교정하고 통치역량을 강화하며, 정치·행정의 통제와 조정을 개선하기 위해 재집권화와 재규제를 주장하는 것이다.

② 탈신공공관리는 신공공관리의 조정이 아니라 신공공관리의 주요 아이디어들을 대체하는 것이다.

③ 탈신공공관리는 구조적 통합을 통해 분절화의 축소를 추구한다.

④ 중앙의 정치·행정적 역량 강화를 추구한다.

20 증거기반 정책결정에 대한 설명으로 가장 적절하지 않은 것은?

① 정책이 이념, 신념, 의견 등에 기반하거나 과학적 사실이 부족한 담론 등에 의한 정책 결정을 지양한다는 것이다.
② 증거기반 정책결정이 성공하기 위해서는 상당한 수준의 정보를 활용할 수 있는 정보기반이 갖추어져야 한다.
③ 증거기반 정책결정은 보건정책 분야, 사회복지정책 분야, 교육정책 분야, 형사정책 분야 등에서 상대적으로 용이하게 적용할 수 있다.
④ 증거기반 정책결정을 주장하는 학자들은 정치적 결정 과정을 증거기반 정책결정으로 대체할 수 있다고 주장한다.

21 다음 중 정부회계에 대한 설명으로 가장 적절하지 않은 것은?

① 현금주의 회계가 발생주의 회계보다 상대적으로 절차가 간편하고 통제가 용이하다.
② 현금주의 회계는 무상거래를 인식하지 않지만 발생주의 회계는 이중거래로 인식한다.
③ 감가상각에 대해서 현금주의 회계는 비용으로 인식하지만 발생주의 회계에서는 인식이 안 된다.
④ 발생주의 회계는 재정 성과 파악이 현금주의 회계보다 용이하다.

22 자아실현적 인간에 대한 관리 전략에 대한 설명으로 가장 적절하지 않은 것은?

① 상황 조건과 구성원 동기의 차별성을 고려하여 획일적이기보다는 유연하고 다원적이며 세분화된 관리 전략을 사용한다.
② 구성원이 자신들의 직무에서 의미를 발견하고, 긍지와 자존심을 가지며, 도전적으로 직무에 임할 수 있도록 한다.
③ 관리자는 구성원을 지시하고 통제하기보다는 구성원 스스로 자기통제와 자기계발을 통해 문제를 해결할 수 있도록 지원하고 촉진한다.
④ 통합모형에 근거해 개인과 조직의 목표를 융합하고 통합할 수 있도록 의사결정 과정에서 구성원들의 참여를 확대한다.

23 공무원 부패에 대한 설명으로 가장 적절하지 않은 것은?

① 「부패방지 및 국민권익위원회의 설치와 운영에 관한 법률」에서는 부패행위를 공직자가 직무와 관련하여 그 지위 또는 권한을 남용하거나 법령을 위반하여 자기 또는 제3자의 이익을 도모하는 행위 등으로 규정하고 있다.
② 공무원 부패에 대해 체계론적 접근에서는 사회의 법과 제도상의 결함이나 이러한 것들에 대한 관리기구와 운영상의 문제들 또는 예기치 않았던 부작용이 부패의 원인으로 작용한다고 보는 입장이다.
③ 선의의 목적으로 행해지는 부패를 '백색부패'라고 한다.
④ 사회적으로 희소한 권력을 갖고 있는 사람들에 의한 부패를 '권력형 부패'라 하며, 이는 사회적 지탄의 대상이 된다.

24 역량평가제도에 대한 설명으로 가장 적절하지 않은 것은?

① 우리나라 역량평가제도는 고위공무원단의 구성과 함께 고위공무원으로서 요구되는 역량의 사전적 검증장치로 도입되었다.

② 역량평가는 특정 피평가자에 대해 다양한 사람으로부터 입체적이고 다면적인 평가 결과를 도출함으로써 평가의 공정성을 확보할 수 있다.

③ 역량평가는 구조화된 모의 상황을 설정해 현실적 직무 상황에 근거한 행정을 관찰해 평가하는 방식이다.

④ 역량평가는 다양한 실행 과제를 종합적으로 활용함으로써 개별 평가기법의 한계를 극복하고 대상자들의 몰입을 유도하며 다양한 역량을 측정할 수 있다.

25 다음 중 정책집행의 접근법에 대한 설명으로 가장 적절하지 않은 것은?

① 상향적 접근법은 정책목표의 명확성과 그 실현을 위한 다양한 수단의 필요성을 강조한다는 점에서 합리모형에 입각한 이론이다.

② 엘모어(Elmore)의 통합적 접근법에 따르면, 정책집행에 있어서 정책목표는 하향적으로 접근하여 설정하고, 정책수단은 상향적으로 접근하여 집행 가능성이 가장 높은 수단을 선택한다.

③ 하향적 접근법은 정책결정에 대한 집행과정의 피동적 순응을 강조한다.

④ 타협모형(Compromise Model)에 따르면, 정책집행은 갈등을 야기하고 저항하는 세력과 타협하여 협력을 얻어내는 과정이다.

2024 | **7급** 기출문제

모바일
OMR
답안분석
서비스

✔ 회독 CHECK ☐1 ☐2 ☐3

✔ 시험시간 25분 ✔ 해설편 008쪽

01 다음 중 사회적 자본에 대한 설명으로 가장 적절하지 않은 것은?

① 사회적 자본은 경제적 자본에 비하여 형성과정이 불투명하지만 보다 확실하다.
② 사회적 자본의 형성은 단기간에 이루어지기 힘들다.
③ 사회적 자본은 공동체주의적 지향성을 갖는다.
④ 사회적 자본은 측정이 용이하지 않다는 지적을 받는다.

02 다음 중 탈관료제의 특징으로 가장 적절하지 않은 것은?

① 비계서구조
② 임무와 능력 중시
③ 분업화에 의한 문제 해결
④ 상황 적응성 강조

03 다음 중 신중앙집권화와 신지방분권화에 대한 설명으로 가장 적절하지 않은 것은?

① 신중앙집권화는 분권 비능률성과 중앙집권의 비민주성 문제를 해결하기 위한 새로운 형태의 집권이다.
② 국민적 최저수준 유지에 대한 요청이 확대되면서 경제 및 사회적 불평등 해소를 위해 신지방분권화가 촉진되었다.
③ 신지방분권은 중앙정부에 의한 지도의 필요성을 인정하고 국가발전에 적극적으로 동참하는 상대적 분권이다.
④ 신중앙집권은 비권력적 지도의 폭이 넓어진 수평적이고 협동적 집권을 의미한다.

04 다음 중 신제도주의에 대한 설명으로 가장 적절하지 않은 것은?

① 신제도주의는 구제도주의와 동일하게 합리적 행동모형에 대해서 회의적이다.
② 역사적 신제도주의는 제도가 경로의존성을 가지며 현재의 정책선택을 제약한다고 본다.
③ 사회학적 신제도주의는 방법론적 개체주의에 의해서 분석한다.
④ 합리적 선택 신제도주의는 개인의 선택 결과에 대한 연역적 예측을 할 수 있다고 본다.

05 다음 중 정책딜레마 모형에 대한 설명으로 가장 적절한 것은?

① 정책문제에 대한 정부조직의 관할이 명확하게 구분될 때 정책 딜레마가 발생한다.
② 정책 딜레마는 상호갈등적인 정책대안들이 구체적이고 명료할 때 발생한다.
③ 정책 딜레마 상황에서는 갈등집단들의 내부 응집력이 약하다.
④ 정책 딜레마는 갈등집단 간의 권력 불균형 상황에서 발생한다.

06 다음 중 보조기관과 보좌기관에 대한 설명으로 가장 적절한 것은?

① 보조기관은 조직의 규모가 커질 경우, 조직의 장에게 업무가 과중될 수 있다.

② 보좌기관은 계선의 통솔범위를 확대시킬 수 있다.

③ 보조기관은 부문 간 조정이 용이하여 조직 운영의 효율성을 극대화할 수 있다.

④ 보좌기관은 전문지식을 통한 합리적 결정을 지원한다.

07 다음 중 신공공서비스론에 대한 설명으로 가장 적절하지 않은 것은?

① 고객이 아닌 시민에게 봉사하라고 주장한다.

② 행정이 가치갈등상황에 직면하게 되면 시민참여와 토론을 통하여 결정할 것을 주장한다.

③ 다양한 단체와 조직의 이익을 조정하는 정부의 역할을 과소평가한다는 비판을 받는다.

④ 민주적 목표의 성취를 위해서 수단적·기술적 전문성을 중시한다.

08 다음 중 정책결정모형에 대한 설명으로 가장 적절하지 않은 것은?

① 혼합주사모형은 집단적 차원의 정책결정 모형이다.

② 점증모형은 수단에 의해서 목표가 수정될 수 있다고 본다.

③ 만족모형은 공무원의 보수주의와 책임회피를 심화시킬 수 있다.

④ 최적모형은 지속적 환류를 통하여 정책결정 능력의 계속적 고양을 시도한다.

09 다음 중 정부업무평가에 대한 설명으로 가장 적절하지 않은 것은?

① 정부업무평가위원회는 위원장 2명을 포함한 15인 이내의 위원으로 구성되며, 민간위원의 임기는 2년이다.

② 정부업무평가위원회의 회의는 재적위원 2/3 출석으로 개의하고 출석위원 과반수의 찬성으로 의결한다.

③ 중앙행정기관과 지방자치단체의 장은 그 소속 기관의 정책 등을 포함하여 자체평가를 실시하여야 한다.

④ 기획재정부장관은 평가 결과를 중앙행정기관의 다음 연도 예산편성 시에 반영하여야 한다.

10 다음 중 대표관료제에 대한 설명으로 가장 적절하지 않은 것은?

① 사회의 인적 구성을 잘 반영하도록 함으로써 관료제 내에 민주적 가치를 주입한다.

② 정부정책에 대한 관료들의 책임성을 제고시킨다.

③ 공적 전문성과 생산성 제고로 능력과 업적에 따른 인사관리를 강조하는 실적주의와 잘 맞을 수 있다.

④ 대표집단의 이기주의화 현상이 우려된다.

11 상황론적 조직이론에 대한 설명으로 가장 적절하지 않은 것은?

① 상황 요인으로 조직의 규모, 기술, 환경, 전략을 중시하며 이들 상황 요인과 조직구조 변수의 관계를 설명하고 특정 상황에 적합한 조직구조를 처방하고자 노력했다.

② 기존의 조직이론에서 제기된 보편·일반 원리적인 이론을 긍정하면서도 조직설계와 관리 방식의 융통성을 꾀한다.

③ 기존의 X이론이나 Y이론과 같은 극단을 피하고, 어떤 조직이든 각각의 상황에 따라 서로 다른 관리 방식을 취해야 한다는 입장을 취한다.

④ 독립변수를 한정하고 상황적 조건들을 유형화하여 중범위라는 제한된 수준 내의 일반성과 규칙성을 발견하고 문제에 대한 처방을 추구한다.

12 다음 중 공공선택론에 대한 설명으로 가장 적절하지 않은 것은?

① 공공재를 독점 공급하는 전통적인 관료제를 통해서는 시민들의 요구에 적극적으로 대응하기 어렵다고 주장한다.

② 수요 선호가 동질적인 집단을 대상으로 공급 영역을 설정함으로써 부정적 외부효과를 최소화할 것을 요구한다.

③ 정책결정 구조가 공공재의 산출과 소비에 미치는 영향을 분석하고 효율적인 대안을 모색한다.

④ 방법론적 집합주의(집단주의) 가정을 통해 정치적 결정의 합리성을 옹호한다.

13 다음 중 공공행정에서 '가외성'에 대한 설명으로 가장 적절하지 않은 것은?

① 법원의 삼심제는 일종의 가외성 현상의 반영이라고 볼 수 있다.

② 가외성은 행정의 경제성과 능률성의 관점에서 충분한 근거를 찾을 수 있다.

③ 다양한 정책대안들이 요구되는 것도 가외성의 개념으로 설명할 수 있다.

④ 가외성은 행정 체제 운영의 안정성을 확보하고 신뢰성을 높여주는 기능을 한다.

14 다음 중 정책네트워크에 대한 내용으로 적절한 것을 모두 고른 것은?

> ㉠ 정책네트워크는 분산적 정치체제를 전제로 한다.
> ㉡ 하위정부 모형에서는 경계가 모호하며 개방성이 높다고 본다.
> ㉢ 이슈네트워크 모형에서는 참여자 간의 안정성이 높다고 본다.
> ㉣ 정책공동체 모형에서는 참여자 간의 권력이 균형을 이루지 못하고 있다고 본다.

① ㉠
② ㉠, ㉡
③ ㉠, ㉢, ㉣
④ ㉠, ㉡, ㉢, ㉣

15 다음 중 조직구조의 유형으로서 '유기적 조직'에 대한 설명으로 가장 적절하지 않은 것은?

① 권한과 책임이 분산되어 필요에 따라 쌍방향의 상호작용 관계를 유지한다.

② 조직 환경이 안정적인 상황에서 현실적인 타당성을 인정받을 수 있다.

③ 의사소통이 상향식이고 수평적이며, 부서 간 구분이 모호하고 업무가 중복될 수 있다.

④ 환경변화에 탄력적으로 적응해서 조직 생존에 필요한 에너지를 유지하는 능력이 있다.

16 다음 중 동기부여 이론에 대한 설명으로 적절한 것을 모두 고른 것은?

> ㉠ 매슬로우(Maslow)는 하위단계 욕구가 어느 정도 충족되면 다음 단계의 욕구가 발로된다고 본다.
> ㉡ 앨더퍼(Alderfer)는 매슬로우처럼 욕구를 계층화하고 욕구의 계층에 따라 욕구의 발로가 이루어진다고 보았지만, 두 가지 이상의 욕구가 한 가지 행동을 유발한다고 보는 점에서 차이가 있다.
> ㉢ 맥그리거(McGregor)의 X·Y이론은 욕구좌절로 인한 후진적·하향적 퇴행을 제시하였다.
> ㉣ 아지리스(Argyris)는 개인의 동기는 사회문화와 상호작용하는 과정에서 취득되고 학습된다고 보았다.

① ㉠, ㉡
② ㉠, ㉢
③ ㉡, ㉢
④ ㉡, ㉣

17 다음 중 우리나라 지방자치단체의 사무에 대한 설명으로 가장 적절하지 않은 것은?

① 지방자치단체의 사무는 자치사무와 위임사무로 구분된다.

② 지방의회는 지방자치단체의 자치사무에 대해 행정사무 감사 및 조사를 실시할 수 있다.

③ 지방자치단체나 그 장이 위임받아 처리하는 국가사무에 대하여 주무부장관의 지도·감독을 받는다.

④ 지방자치단체의 자치사무에 대하여는 행정안전부장관이 그 회계를 감사할 수 없다.

18 다음 중 우리나라 공무원의 구분과 관련된 설명으로 가장 적절하지 않은 것은?

① 일반직공무원이란 기술·연구 또는 행정 일반에 대한 업무를 담당하는 공무원으로 1급부터 9급까지의 계급으로 구분하며, 직군(職群)과 직렬(職列)별로 분류된다.

② 특정직공무원이란 법관, 군인, 군무원, 국가정보원의 직원 등과 특수 분야의 업무를 담당하는 공무원으로서 다른 법률에서 특정직공무원으로 지정하는 공무원을 말한다.

③ 정무직공무원이란 고도의 정책 결정 업무를 담당하는 공무원으로서 법률에서 지정하는 공무원으로 임명 시 반드시 국회의 동의가 필요한 공무원이다.

④ 별정직공무원은 비서관·비서 등 보좌업무 등을 수행하거나 특정한 업무 수행을 위하여 법령에서 별정직으로 지정하는 공무원에 해당한다.

19 다음 중 대한민국의 결산 절차에 대한 설명으로 가장 적절한 것은?

① 「국가회계법」에 따라 각 중앙관서의 장은 회계연도마다 일반회계·특별회계 및 기금을 통합한 중앙관서결산보고서를 작성하여 국무총리에게 제출하며, 국무총리는 중앙관서결산보고서를 통합하여 국가의 결산 보고서를 작성하여 국무회의 심의를 거쳐 대통령의 승인을 받는다.

② 「국가재정법」에 따라 국무총리는 대통령의 승인을 받은 국가결산보고서를 감사원에 제출하여야 하며, 감사원은 결산보고서에 대한 재심의를 수행한다.

③ 재심의를 거친 국가결산보고서에 대해 감사위원회의 의결을 거쳐 확정한 후 감사원장이 국회의 소관 상임위원회에 제출한다.

④ 국회는 국가결산보고서를 소관 상임위원회와 예산결산특별위원회를 거쳐 본회의에서 심의·의결을 통해 최종 확정한다. 결산의 심사 결과 위법하거나 부당한 사항이 있는 경우에는 본회의 의결 후 정부 또는 해당 기관에 변상 및 징계 조치 등 그 시정을 요구한다.

20 다음 중 '작지만 효율적인 정부'에 대한 설명으로 가장 적절한 것은?

① 큰 정부에 반발하여 규모와 역할을 축소한다는 외형적인 측면에 중점을 둔 개혁을 의미한다.

② 관료제형 정부관리방식을 개혁하기 위해 1980년대부터 진행된 개혁프로그램의 산물이다.

③ 기본적으로 시장지향적 경쟁 원리를 효율성 제고의 중요한 수단으로 삼는다.

④ 성과 중심 관리를 강조하며, 재량 부여와 결과에 대한 분명한 책임을 묻는 관리 방식이다.

21 다음 중 인사행정에서 '직위분류제'에 대한 설명으로 가장 적절하지 않은 것은?

① 수평적 인사이동의 폭이 넓어 인력을 융통성 있게 활용할 수 있다.
② 모든 대상 직위를 직무의 종류, 책임 및 난이도에 따라 수직 · 수평적으로 분류한다.
③ 미국에서 발달한 제도로 인사행정에서 과학적 관리법이 강조되면서 발전하였다.
④ 같은 직급이나 직무등급에 속하는 직위에 대해 같거나 유사한 보수가 지급되도록 분류한다.

22 다음 중 앨리슨(G. T. Allison)이 의사결정의 본질에 대해 주장한 내용으로 가장 적절하지 않은 것은?

① 정부 정책을 예측하고 설명하기 위한 합리모형은 심리적, 정치적 변수를 고려하지 않은 약점이 있다고 지적한다.
② 합리모형의 대안으로 조직과정모형과 관료정치모형을 제시한다.
③ 소련에 대한 미국의 쿠바 해안 봉쇄 대응사례를 통해 정책 결정 과정을 설명한다.
④ 분석가는 동일한 사건이나 현상에 대해 동일한 이론모형을 적용해야 한다고 주장한다.

23 다음 중 '결과지향적' 혹은 '성과주의' 예산제도에 대한 설명으로 가장 적절하지 않은 것은?

① 재정사업의 운영 과정이나 기능을 강조하면서 설계되었다.
② 사업의 목표, 결과 및 재원을 모두 연계해서 성과에 대한 계약으로 활용한다.
③ 지출에 대한 집권적 통제와 지출 관련 행정권 남용의 최소화를 목표로 한다.
④ 내부관리의 효율성 제고와 서비스 공급 비용의 감소를 추구한다.

24 다음 중 우리나라의 고위공무원단제도에 대한 설명으로 가장 적절하지 않은 것은?

① 고위공무원단에 속하는 공무원의 경우 소속 장관은 당해 기관에 소속되지 아니한 자에 대하여도 임용제청을 할 수 있다.
② 정부관료제의 고위직에 정치적 정실 임용이 확대되어 직업공무원의 사기를 저하할 수 있다.
③ 고위공무원단으로 진입하기 위해서는 역량평가와 필요한 교육훈련을 받아야 한다.
④ 고위공무원단제도가 최초 도입될 당시는 국가 공무원에만 적용하였으나 그 이후 부지사 · 부교육감 등 지방공무원도 포함하게 되었다.

25 다음 중 정책변동의 유형 가운데 '정책유지'에 대한 설명으로 가장 적절한 것은?

① 기존의 정책목표는 그대로 이어받으면서 주요 정책 수단을 일부 수정하는 것이다.
② 사업 내용의 일부를 수정하고 예산의 조정이나 집행 절차를 조금만 변형시킨다.
③ 정책의 성격을 거의 전면적으로 대체하거나 부분적으로 종결시킨다.
④ 기존에 정부가 개입하지 않던 분야나 영역에 대해 새로운 정책을 추진하는 것이다.

2023 | **9급** 기출문제

✔ 회독 CHECK 1 2 3

✔ 시험시간 25분 ✔ 해설편 015쪽

01 다음 중 비교행정론에 대한 설명으로 가장 거리가 먼 것은?

① 리그스(Fred W. Riggs)가 대표적인 학자이다.
② 생태론적 접근방법을 취한다.
③ 후진국의 국가발전에 대한 비관적 숙명론으로 귀결된다.
④ 행정학의 과학성보다는 기술성을 강조한다.

02 다음 중 조직 구성원의 동기부여 이론에 대한 설명으로 가장 거리가 먼 것은?

① 매슬로(A. H. Maslow)의 5단계 욕구이론은 욕구계층의 고정성을 전제로 한다.
② 허츠버그(F. Herzberg)의 욕구충족이론에 의하면 위생요인(hygiene factor)이 충족되는 경우 동기가 부여된다.
③ 샤인(E. H. Schein)의 복잡 인간관에서는 구성원의 맞춤형 관리전략의 필요성을 강조한다.
④ 맥그리거(D. McGregor)의 X · Y이론은 욕구와 관리전략의 성장측면을 강조한다.

03 다음 중 로위(T. J. Lowi)가 제시한 정책유형과 사례 간의 연결이 가장 적절하지 않은 것은?

① 규제정책 – 환경규제, 금연정책, 마약단속
② 분배정책 – 종합소득세, 임대주택, 노령연금
③ 상징정책 – 국경일, 한일월드컵, 국군의 날
④ 구성정책 – 정부조직 개편, 선거구 조정, 행정구역 통합

04 다음 중 조직관리에 대한 설명으로 가장 거리가 먼 것은?

① 조직은 구성원 간의 목표일치를 전제로 하여 관리전략을 수립한다.
② 고전이론과 인간관계론은 관리자에 의한 타율적인 조직관리를 전제로 한다.
③ 관료제 모형에 의한 관리전략은 구성원의 소외를 초래한다.
④ 조직관리 전략이 전반적으로 단순한 인간관에서 복잡 인간관으로 변화하고 있다.

05 다음 중 '다양한 사회문제 중에서 정부가 적극적으로 개입하여 해결하기 위해 채택한 문제'를 무엇이라고 하는가?

① 정책문제
② 정책의제
③ 정책대안
④ 정책주제

06 다음 중 현재 우리나라에서 새로운 회계연도 개시 때까지 국회 예산심의가 이루어지지 않았을 때(예산 불성립시)에 적용하는 예산제도는?

① 준예산
② 가예산
③ 계속비예산
④ 잠정예산

07 다음 중 추가경정예산에 대한 설명으로 가장 적절하지 않은 것은?

① 추가경정예산은 예산이 성립한 후의 사후적인 예산변경 제도이다.

② 추가경정예산은 일반회계 · 특별회계 · 기금을 대상으로 한다.

③ 추가경정예산은 대내 · 외 여건에 중대한 변화가 발생하였거나 발생할 우려가 있는 경우에 편성할 수 있다.

④ 정부는 국회에서 추가경정예산안이 확정되기 전에 긴급한 상황이 발생한 경우 이를 미리 배정하거나 집행할 수 있다.

08 다음 중 지방자치의 정치적 · 행정적인 기능과 가장 거리가 먼 것은?

① 민주정치에 대한 훈련

② 지역 간 행정의 통일성 확보

③ 행정의 대응성 제고

④ 정책의 지역별 실험 검증

09 다음 중 뉴거버넌스(New Governance)에 대한 설명으로 가장 거리가 먼 것은?

① 국민을 고객으로만 보는 것을 넘어 국정의 파트너로 본다.

② 행정의 효율성을 중시하지만 신공공관리론적 정부개혁에 대해 비판적으로 접근한다.

③ 행정의 경영화와 시장화를 중시하기 때문에 행정과 정치의 관계를 이원론적으로 보는 경향이 강하다.

④ 파트너십과 유기적 결합관계를 중시한다.

10 다음 중 신공공관리론의 특징에 대한 설명으로 가장 적절한 것은?

① 시장원리 도입으로서 경쟁 도입과 고객지향의 확대이다.

② 급격한 행정조직 확대로 행정의 공동화가 발생하지 않는다.

③ 정부, 시장, 시민사회의 평등한 관계를 중시한다.

④ 결과보다 과정에 가치를 둔다.

11 다음 중 시장실패에 따른 정부개입 근거에 대한 설명으로 가장 거리가 먼 것은?

① 공공재의 공급이 부족한 경우 정부가 강제적으로 공급한다.

② 외부효과 발생 시 조세와 보조금 등을 사용하여 외부효과를 제거한다.

③ 사회적 소득불평등에 따른 문제를 해결하기 위해 사회보장정책을 시행한다.

④ 불완전경쟁에 대해서는 보조금 혹은 공적공급으로 대응할 수 있다.

12 나카무라와 스몰우드(R. T. Nakamura & F. Smallwood)는 정책결정자와 정책집행자 간의 관계에 착안하여 정책집행자 유형을 5가지로 나누었다. 다음 중 고전적 기술자형의 특징으로 가장 적절한 것은?

① 정책결정자가 추상적인 목표를 지지하지만 구체적인 정책목표를 결정할 수 없기에 정책결정자가 집행자에게 광범위한 재량권을 위임하게 되는 유형이다.

② 집행자가 많은 권한을 위임받아 정책을 집행하는 경우로서 많은 재량권을 갖게 되는 유형이다.

③ 정책결정자가 집행과정에 대해서 엄격하게 통제를 하는 것을 의미하며, 정책집행자는 약간의 정책적 재량만을 갖는 유형이다.

④ 정책결정자기 목표를 수립하고, 집행자들은 정책결정자와 목표나 목표달성을 위한 수단에 관하여 협상한다.

13 다음 중 점증모형의 논리적 근거로 가장 거리가 먼 것은?

① 매몰 비용
② 실현가능성
③ 제한적 합리성
④ 정보접근성

14 다음 중 민간부분에 의한 공공서비스 생산의 유형과 설명으로 가장 거리가 먼 것은?

① 민간위탁은 계약에 의한 민간의 생산자가 공공서비스를 생산하는 것이다.
② 자원봉사는 간접적인 보수는 허용되는 공공서비스 생산 유형이다.
③ 면허는 일정구역 내에서 공공서비스를 제공하는 권리를 인정하는 유형이다.
④ 바우처 지급은 시민들에게 공공서비스 이용권을 지급하는 형태이다.

15 오늘날 시민사회조직에 대한 설명으로 가장 적절하지 않은 것은?

① 비정부조직이 생산하는 공공재나 집합재의 생산비용을 정부가 지원하는 경우에는 정부와 대체적 관계를 형성한다.
② 정부와 비정부조직 간에 적대적 관계보다는 서로의 존재를 인정하는 동반자적 관계가 점차 확산되고 있다.
③ 비영리조직이 지닌 특징으로는 자발성, 자율성, 이익의 비배분성 등이 있다.
④ 정부가 지지나 지원의 필요성을 위해 특정한 비정부조직 분야의 성장을 유도하여 형성된 의존적 관계는 개발도상국에서 많이 나타난다.

16 다음 중 엽관제 공무원제도(spoil system)에 대한 설명으로 가장 거리가 먼 것은?

① 공직에 대한 민주적 교체가 가능하다.
② 우리나라 공무원제도에도 엽관제 요소가 작동하고 있다.
③ 행정의 안정성과 중립성에 도움이 된다.
④ 개방형 인사제도이다.

17 다음 중 전략적 인적자원관리에 대한 설명으로 가장 거리가 먼 것은?

① 장기적이며 목표 성과 중심적으로 인적자원을 관리한다.
② 조직의 전략 및 성과와 인적자원관리 활동 간의 연계에 중점을 둔다.
③ 인사업무 책임자가 조직 전략 수립에 적극적으로 관여한다.
④ 개인의 욕구는 조직의 전략적 목표달성을 위해 희생해야 한다는 입장이다.

18 다음 중 성과주의 예산(PBS, Performance Budgeting System)의 장점으로 가장 거리가 먼 것은?

① 프로그램을 이용하여 장기적인 계획과 연차별예산이 유기적으로 연계된다.
② 사업별 총액배정을 통한 예산집행의 신축성·능률성 제고를 들 수 있다.
③ 투입·산출 간 비교와 평가가 쉬워 환류가 강화된다.
④ 과학적 계산에 의한 효율적인 자원배분으로 예산편성과 집행의 관리가 쉽다.

19 다음 중 정책(policy)에 대한 설명으로 가장거리가 먼 것은?

① 정부목표 달성의 수단인 동시에 공적인 문제해결을 위한 수단이라는 이중성을 보유하고 있다.

② 정치행정이원론에 기초한 행정관리설과 밀접한 관련이 있다.

③ 정책은 삼권분립하에서 입법부의 역할을 위축시킬 수 있다.

④ 정책결정은 공적인 의사결정 과정으로서 복수의 단계와 절차로 이루어진다.

20 정부 규제에 대한 설명으로 가장 적절하지 않은 것은?

① 규제는 정부가 공권력을 이용하여 개인이나 기업의 활동을 정부가 원하는 바람직한 상태로 유도하기 위한 정책수단이다.

② 규제는 개인이나 기업의 자유로운 활동을 금지하거나 제한하고 이를 위반한 경우에 불이익이 가해지기 때문에 엄격한 법적 근거가 요구된다.

③ 경제적 규제는 기업의 본원적 활동을 제한하는 것은 아니고 정부와의 관계에 관한 규제이다.

④ 사회적 규제는 소비자, 환경, 노동자 등을 보호할 목적으로 안전, 위생, 오염, 고용 등에 관한 규제가 주를 이룬다.

21 애드호크라시(Adhocracy)에 속하는 조직유형에 대한 설명으로 가장 적절하지 않은 것은?

① 테스크포스는 특수한 과업 완수를 목표로 기존의 서로 다른 부서에서 선발하여 구성한 팀으로, 목적을 달성하면 해체되는 임시조직이다.

② 프로젝트 팀은 테스크포스와 마찬가지로 한시적이고 횡적으로 연결된 조직유형이지만 테스크포스에 비해 참여자의 전문성과 팀에 대한 소속감이 강하다는 특성을 가지고 있다.

③ 매트릭스 조직은 기능 중심의 수직적 분화가 되어 있는 기존의 지시 라인에 횡적으로 연결된 또 하나의 지시 라인을 인정하는 이원적 권위계통을 가진다.

④ 네트워크조직은 전체 기능을 포괄하는 조직을 중심에 놓고 다수의 협력체를 묶어 일을 수행하는 조직형태이다.

22 조직개혁에 있어서 임파워먼트(empowerment)에 대한 설명으로 가장 적절하지 않은 것은?

① 갈등을 줄이기 위해 일단 변화의 장애가 되는 요소는 그대로 두지만 구성원들이 변화의 비전과 전략을 직접 행동으로 옮길 수 있도록 힘을 실어주고 실행에 옮기는 것이다.

② 구성원들이 새로운 아이디어를 내고 그것을 실험하는 등 새로운 태도와 행동을 받아들일 수 있는 여건을 만드는 것이 중요하다.

③ 통제중심의 관료제구조, 연공서열 중심의 평가 및 보상 시스템 등을 바꾸는 작업이 필요하다.

④ 변화관리에 관한 기법들이 구성원들에게 체계적으로 전달되어 추진팀이 해체되더라도 자율적이고 지속적인 변화가 가능하도록 만들어야 한다.

23 고위공무원단에 대한 설명으로 가장 적절하지 않은 것은?

① 고위공무원단은 실·국장급 공무원을 적재적소에 활용하고 개방과 경쟁을 확대하여 성과책임을 강화하고자 하는 전략적 인사시스템이다.

② 기존의 1~3급이라는 신분중심의 계급을 폐지하고 직무의 난이도와 책임도에 따라 가급과 나급으로 직무를 구분한다.

③ 민간과 경쟁하는 개방형직위제도와 타 부처공무원과 경쟁하는 공모직위제도를 두고 있다.

④ 특히 경력에서 자격이 있는 민간인과 공무원이 지원하여 경쟁할 수 있는 경력개방형직위제도도 도입되었다.

24 직업공무원제에 대한 설명으로 가장 적절하지 않은 것은?

① 직업공무원은 일생동안 일할 수 있도록 신분을 보장받고 근무하는 공무원이다.

② 영국에서는 과거 국왕의 영향력을 차단하기 위해 종신직 행정관료를 제도화하기 시작하였다.

③ 미국에서는 펜들턴법을 시작으로 실적주의 원칙이 도입되었으며 계급제 채용방식을 채택하고 있다.

④ 직업공무원제를 달성하기 위해서는 제도적으로 신분보장과 젊고 유능한 인재를 확보하는 것이 필수적이다.

25 지역에서의 행정서비스 전달주체에 대한 설명으로 가장 적절하지 않은 것은?

① 지역에서의 행정서비스 전달주체는 크게 특별지방행정기관과 지방자치단체로 구분된다.

② 특별지방행정기관은 지역에 위치한 세무서 등인데 소속 중앙행정기관의 지시 및 감독을 받는다.

③ 지방자치단체는 독자적인 법인격은 없지만 국가의 위임사무나 자치사무를 수행한다.

④ 지역에서의 행정서비스는 주민복지 등 지역주민의 생활공간 안에서의 생활행정이자 근접행정이다.

2023 | 7급 기출문제

모바일
OMR
답안분석
서비스

✅ 회독 CHECK 1 2 3

✅ 시험시간 25분 ✅ 해설편 021쪽

01 1930년대 귤릭(Gulick)이 제시한 기본행정이론에 시대적 요구에 따라 1970년대 폴랜드(Poland)가 추가시킨 이론 분야는?

① 기획(Planning)
② 조직(Organizing)
③ 평가(Evaluating)
④ 인사(Staffing)

02 다음 중에서 행정이념에 대한 설명과 거리가 가장 먼 것은?

① 행정이 달성하고자 하는 미래의 바람직한 상태를 의미한다.
② 행정업무의 종류와 시대에 따라 변한다.
③ 행정목표를 달성하기 위한 수단의 성격을 띤다.
④ 행정 수행에 필요한 지도원리나 지침의 역할을 수행한다.

03 사무관리에 대한 설명으로 가장 적절하지 않은 것은?

① 사무관리란 사무실에서의 작업을 능률화 · 경제화하기 위한 관리활동이다.
② 조직 구성원 간의 불화나 비협조가 사무의 작업능률화를 저해하는 요인이다.
③ 적절하지 못한 인사관리는 정신능률을 저해하는 요인이 된다.
④ 적재적소에 인력을 배치하는 깃은 균형 능률의 극대화를 위해 바람직하다.

04 조직에 적용되는 관리의 행동과정으로 알맞은 것은?

① 조직화 → 동기화 → 계획화 → 조정화 → 통제화
② 동기화 → 계획화 → 조정화 → 조직화 → 통제화
③ 계획화 → 조정화 → 동기화 → 조직화 → 통제화
④ 계획화 → 조직화 → 동기화 → 조정화 → 통제화

05 시장실패를 야기하는 요인에 대한 정부의 대응방식으로 가장 적절한 것은?

① 공공재의 존재에 대한 정부 보조금
② 외부효과의 발생에 대한 직접적인 공적(公的) 공급
③ 자연독점에 대한 정부 규제
④ 정보의 비대칭성에 대한 직접적인 공적(公的) 공급

06 정책결정 모형에 대한 설명으로 가장 적절하지 않은 것은?

① 합리모형은 신제도주의에서 설명한 합리적 선택모형과 맥을 같이 한다.
② 합리모형은 완전한 정보를 가지고 효용극대화의 논리에 따라 행동을 하는 경제인의 가정과 매우 유사하다.
③ 점증모형은 실제의 결정상황에 기초한 현실적이고 기술적인 모형이다.
④ 점증모형의 장점을 합리모형과의 통합으로 보완하려는 시도가 최적모형에서 나타난다.

07 세일러와 선스타인(Thaler & Sunstein)이 제시한 넛지 이론(Nudge Theory)과 가장 거리가 먼 것은?

① 행동경제학에서는 휴리스틱과 행동 편향에 따른 영향이 개인의 의사결정과 선택에 영향을 미쳐 자신의 후생 손실을 초래하는 외부효과가 행동적 시장실패의 핵심 요소라고 본다.

② 넛지란, 어떤 선택을 금지하거나 경제적 유인을 크게 변화시키지 않으면서 예측 가능한 방향으로 사람들의 행동을 변화시키는 선택설계의 제반 요소를 의미한다.

③ 전통경제학에서는 명령지시적 정부규제나 경제적 유인을 정책수단으로 활용하지만, 넛지는 기본적으로 간접적이고 유도적인 방식의 정부 개입방식으로서 촉매적 정책수단의 성격을 띠고 있다.

④ 넛지는 엄격하게 검증된 증거에 기반하여 정책을 선택하거나 결정하는 것을 강조한다.

08 현행 지방교부세에 대한 설명으로 가장 거리가 먼 것은?

① 지방교부세의 종류는 보통교부세 · 특별교부세 · 부동산교부세 및 소방안전교부세로 구분한다.

② 보통교부세는 해마다 기준재정수입액이 기준 재정수요액에 못 미치는 지방자치단체에 그 미달액을 기초로 교부한다. 다만, 자치구의 경우에는 기준재정수요액과 기준재정수입액을 각각 해당 특별시 또는 광역시의 기준재정수요액 및 기준재정수입액과 합산하여 산정한 후, 그 특별시 또는 광역시에 교부한다.

③ 행정안전부장관은 법령에 따른 특별교부세의 사용에 관하여 조건을 붙이거나 용도를 제한하여서는 아니된다.

④ 행정안전부장관은 지방자치단체의 장이 법령에 따른 특별교부세의 교부를 신청하는 경우에는 이를 심사하여 특별교부세를 교부한다. 다만, 행정안전부장관이 필요하다고 인정하는 경우에는 신청이 없는 경우에도 일정한 기준을 정하여 특별교부세를 교부할 수 있다.

09 현행 법령상 공공기관에 대한 규정으로 옳은 것은?

① 공기업과 준정부기관의 지정기준은 직원 정원 50명 이상, 총수입액 30억 원 이상, 자산규모 10억 원 이상이다.

② 기획재정부장관은 총수입액 중 자체수입액이 차지하는 비중이 대통령령으로 정하는 기준 이상인 기관은 공기업으로 지정하고, 공기업이 아닌 공공기관은 준정부기관으로 지정한다.

③ 기획재정부장관은 필요한 경우 구성원 상호 간의 상호부조 · 복리증진 · 권익향상 또는 영업질서 유지 등을 목적으로 설립된 기관도 공공기관으로 지정할 수 있다.

④ 기획재정부장관은 기타공공기관의 일부만을 세분하여 지정하여서는 아니된다.

10 카플란과 노턴(Kaplan & Norton)의 균형성과표(BSC: Balanced Score Card)에서 네 가지 관점에 따른 성과지표가 잘못 연결된 것은?

① 고객관점: 의사결정과정에 시민참여

② 내부 프로세스 관점: 적법 절차

③ 재무적 관점: 자본수익률

④ 학습과 성장 관점: 정보시스템 구축

11 롤스(J. Rawls)가 주장한 사회 정의의 기본원리에 대한 설명으로 가장 적절하지 않은 것은?

① '기본적 자유의 평등 원리'란, 다른 사람의 유사한 자유와 상충되지 않는 범위 내에서 최대한의 기본적 자유에의 평등한 권리가 인정되어야 한다는 것이다.

② '차등 원리'란, 저축 원리와 양립하는 범위 내에서 가장 불우한 사람들의 편익을 최대화해야 한다는 것이다.

③ '공정한 기회 균등의 원리'란, 사회 · 경제적 불평등은 그 모체가 되는 모든 직무와 지위에 대한 기회 균등이 공정하게 이루어진 조건하에서 직무나 지위에 부수해 존재해야 한다는 것이다.

④ '공정한 기회 균등의 원리'와 '차등 원리'가 충돌할 때에는 후자가 우선되어야 한다.

12 현행 「국가재정법」상 추가경정예산안을 편성할 수 있는 경우가 아닌 것은?

① 전쟁이나 대규모 재해(재난 및 안전관리기본법상 자연재난과 사회재난에 따른 피해)가 발생한 경우

② 전쟁이나 대규모 재해(재난 및 안전관리기본법상 자연재난과 사회재난에 따른 피해)가 발생할 우려가 있는 경우

③ 경기침체, 대량실업, 남북관계의 변화, 경제협력과 같은 대내·외 여건에 중대한 변화가 발생한 경우

④ 경기침체, 대량실업, 남북관계의 변화, 경제협력과 같은 대내·외 여건에 중대한 변화가 발생할 우려가 있는 경우

13 현행 「공직자윤리법」상 재산등록의무자가 등록할 재산이 아닌 것은?

① 부동산에 관한 소유권·지상권 및 전세권

② 소유자별 합계액 1천만 원 이상의 가상화폐

③ 품목당 500만 원 이상의 골동품 및 예술품

④ 소유자별 연간 1천만 원 이상의 소득이 있는 지식재산권

14 현행 「국가재정법」상 예비타당성조사에 관한 규정으로 가장 적절하지 않은 것은?

① 기획재정부장관은 총사업비가 500억 원 이상이고 국가의 재정지원 규모가 300억 원 이상인 신규사업으로서 일정한 경우에 해당하는 대규모 사업에 대한 예산을 편성하기 위하여 미리 예비타당성조사를 실시해야 한다. 다만, 특정한 분야의 사업은 중기사업계획서에 의한 재정지출이 500억 원 이상 수반되는 신규 사업으로 한다.

② 예비타당성조사 대상사업은 중앙관서의 장의 신청이 있는 경우에 한하여 기획재정부장관이 선정할 수 있다.

③ 기획재정부장관은 국회가 그 의결로 요구하는 사업에 대하여는 예비타당성조사를 실시하여야 한다.

④ 기획재정부장관은 일정한 국가연구개발사업에 대한 예비타당성조사에 관해서는 대통령령으로 정하는 바에 따라 과학기술정보통신부장관에게 위탁할 수 있다.

15 사바스(Savas)가 구분한 공공서비스의 유형 중에서 비경합성과 비배타성(비배제성)을 모두 가진 것은?

① 시장재

② 요금재

③ 공유재

④ 집합재

16 다음 중 2023년 현재 조세를 실제로 부담하는 사람과 이를 직접 납부하는 사람이 서로 다른 간접세를 포함하고 있는 국세의 종목은 모두 몇 개인가?

㉠ 자동차세	㉡ 부가가치세
㉢ 담배소비세	㉣ 주세
㉤ 개별소비세	㉥ 종합부동산세

① 1개 ② 2개

③ 3개 ④ 4개

17 로그롤링(log rolling)이나 포크배럴(pork barrel)과 같은 정치적 현상이 나타나기 쉬운 정책유형에 가장 가까운 것은?

① 분배정책

② 규제정책

③ 재분배정책

④ 상징정책

18 역량기반 교육훈련제도의 하나로서, 조직의 수직적·수평적 장벽을 제거하고 전 구성원의 자발적 참여에 의한 행정혁신, 관리자의 신속한 의사결정과 문제해결을 도모하는 교육훈련 방식으로 가장 적절한 것은?

① 멘토링(mentoring)

② 학습조직

③ 액션 러닝(action learning)

④ 워크아웃 프로그램(work-out program)

19 리더십에 대한 설명으로 가장 적절하지 않은 것은?

① 초기 리더십이론에서는 리더가 갖추어야 할 기본적인 자질과 행태가 중요한 연구대상이었다.

② 리더십에 있어 행태론적 접근은 공식적인 권위가 아니라 개인에 대한 관심과 배려를 보여주는 리더가 보다 효과적이라는 주장과 관련된다.

③ 행태론의 대표적 연구로 리더십 격자모형은 리더의 행태를 사람과 상황의 통합으로 다룬다.

④ 리더십 효과는 리더와 구성원 관계, 과업구조, 그리고 리더의 직위에서 나오는 권력에 의존한다는 것이 상황론이다.

20 다음 중 현재 그 설치와 직무범위를 법률로 정하고 있는 우리나라의 중앙행정기관은 어느 것인가?

① 중앙도시계획위원회
② 국가경찰위원회
③ 개인정보보호위원회
④ 정보공개위원회

21 다음 중에서 영기준예산제도(ZBB)에 대한 설명 중에서 가장 거리가 먼 것은?

① 새로운 사업의 구상보다는 기존 사업의 감축 관리에 목적을 둔다.

② 예산에 관한 의사결정이 하향적(top down)으로 진행된다.

③ 사업 검토가 조직의 경계 내에서 진행되는 폐쇄적인 의사결정의 일종이다.

④ 상급 관리계층에게 정보홍수와 업무과다를 초래한다.

22 다음 중 현재 군인·군무원과 같은 특정직 공무원이 아닌 자는?

① 공립학교 교원
② 소방서장
③ 경찰서장
④ 검찰청 검찰사무관

23 다음 중 지방자치단체의 집행기관인 소속 행정기관에 속하지 않은 것은?

① 보조기관
② 직속기관
③ 합의제행정기관
④ 자문기관

24 다음 중에서 대표 관료제(representative bureaucracy)에 대한 설명과 거리가 가장 먼 것은?

① 킹슬리(D. Kingsley)가 처음 사용한 개념이다.

② 주기적인 선거 결과에 기초하여 주요 관직을 임명하는 제도이다.

③ 정부정책의 형평성과 대응성을 제고할 수 있다.

④ 실적주의 공무원제도 확립에 저해된다.

25 현행 「전자정부법」에 명시된 전자정부의 원칙이 아닌 것은?

① 대민서비스의 전자화 및 국민편익의 증진
② 행정업무의 혁신 및 생산성·효율성의 향상
③ 중복투자의 방지 및 상호운용성 증진
④ 전자정부의 국제협력 강화

2022 | 9급 기출문제

모바일
OMR
답안분석
서비스

✔ 회독 CHECK 1 2 3

✔ 시험시간 25분 ✔ 해설편 028쪽

01 국가재정운용계획에 대한 설명으로 가장 옳지 않은 것은?

① 중기재정계획은 정부가 매년 당해 회계연도부터 5회계연
　도 이상의 기간에 대해 수립하는 재정운용계획이다.

② 예산안과 함께 국회에 제출하는 국가재정운용계획은 5년
　단위 계획이다.

③ 국가재정운용계획은 국회가 심의하여 확정한다.

④ 국가재정운용계획은 중·장기 국가비전과 정책 우선순위
　를 고려한 중기적 시계를 반영하며, 단년도 예산편성의
　기본틀이 된다.

02 전략기획(strategic planning)에 대한 설명으로 가장
옳지 않은 것은?

① 불확실한 미래에 체계적이고 능동적으로 대응하기 위한
　전략을 만드는 과정이다.

② 상대적으로 정치 및 경제 등이 불안정한 환경 속에서 유
　용성이 높다.

③ 정책결정에 비해 외부환경에 개방되지 않고 전문가의 역
　할이 강조되는 편이다.

④ 환경에 대한 체계적인 분석과 조직진단을 통해 실현가능
　한 설계에 초점을 맞춘다.

03 정책결정모형에 대한 설명으로 가장 옳지 않은 것은?

① 합리모형은 합리적인 경제인을 가정하며 정책과정의 역
　동성을 고려하지 않는다.

② 만족모형은 조직 차원의 합리성과 정책결정자 개인 차원
　의 합리성 사이에 존재하는 괴리를 인정한다.

③ 점증모형은 정책을 이해관계자들 사이에 이루어지는 타
　협과 조정의 산물로 본다.

④ 최적모형은 합리모형의 한계를 극복하기 위해 만족모형
　과 점증모형의 강점을 취하고자 한다.

04 행정개혁에 대한 저항이 나타나는 원인이나 요인으로
가장 옳지 않은 것은?

① 행정개혁을 담당하는 조직의 중복성 혹은 가외성(redundancy)
　의 존재

② 행정개혁의 내용이나 그 실행계획의 모호성

③ 행정개혁에 요구되는 지식이나 기술의 부족

④ 행정개혁에 필요한 관련 법규의 제·개정의 어려움

05 정책결정요인론에 대한 비판으로 가장 옳지 않은 것은?

① 정치체제가 환경에 미치는 영향을 고려하지 않는다.

② 정치체제의 매개 · 경로적 역할을 고려하지 않는다.

③ 정치체제가 지니는 정량적 변수를 포함하지 않는다.

④ 정치체제가 정책에 미치는 영향을 과소평가한다.

06 우리나라의 자치입법권에 관한 설명으로 가장 옳지 않은 것은?

① 법령의 범위 안에서 자치법규를 제정할 수 있다.

② 주민에 대하여 형벌의 성격을 지닌 벌칙은 정할 수 없다.

③ 자치입법권에 근거한 자치법규로는 조례, 규칙 및 교육규칙 등이 있다.

④ 조례는 지방의회의 의결을 필요로 하지만, 규칙은 지방의회의 의결을 필요로 하지 않는다.

07 우리나라의 주민참여제도에 대한 설명으로 가장 옳지 않은 것은?

① 주민은 지방자치단체의 장을 상대로 소송을 제기할 수 있다.

② 주민은 지방자치단체의 장 및 지방의회의원(비례대표 지방의회의원은 제외)을 소환할 수 있다.

③ 주민은 지방자치단체의 장에게 조례의 제정과 개폐를 청구할 수 있다.

④ 주민은 지방예산 편성 등 예산과정에 참여할 수 있다.

08 정책유형에 대한 설명으로 가장 옳지 않은 것은?

① 구성정책은 대외적으로 가치배분에 직접 영향을 주지 않으나 대내적으로 '게임의 규칙(rule of game)'을 결정한다.

② 규제정책은 국가공권력을 통해 개인이나 집단의 행동에 제약을 가하여 순응을 확보하는 정책이다.

③ 분배정책은 집단 간에 '나눠먹기식 다툼(pork-barrel)'이 일어나는 특징을 지닌다.

④ 추출정책은 정부가 집단 간에 재산, 소득, 권리 등의 배정을 변동시켜 그들로부터 자원을 획득하는 정책이다.

09 우리나라의 시보제도에 대한 설명으로 가장 옳은 것은?

① 시보기간 동안은 신분이 보장되지 않기 때문에 그 기간은 공무원 경력에 포함되지 아니한다.

② 시보공무원은 공무원법상 공무원에 해당하기 때문에 시보기간 동안에도 보직을 부여받을 수 있다.

③ 시보기간 동안에 직권면직이 되면, 향후 3년간 다시 공무원으로 임용될 수 없는 결격사유에 해당한다.

④ 시보기간 동안은 신분이 보장되지 않기 때문에 징계처분에 대한 소청심사청구를 할 수 없다.

10 공직동기이론에 대한 설명으로 가장 옳지 않은 것은?

① 공직동기는 민간부문 종사자와는 차별화되는 공공부문 종사자의 가치체계를 의미한다.

② 공직동기이론에서는 공공부문의 종사자들을 봉사의식이 투철하고 공공문제에 더 큰 관심을 가지며 공공의 문제에 영향을 미칠 수 있다는 것에 큰 가치를 부여하고 있는 개인으로 가정한다.

③ 페리와 와이즈(Perry & Wise)에 따르면 공직 동기는 합리적 차원과 규범적 차원, 그리고 정서적 차원으로 구성된다.

④ 1980년대 이후 급격히 확산된 신공공관리론의 외재적 보상에 의한 동기부여를 재차 강조한다.

11 베버(Max Weber)의 관료제에 대한 설명으로 가장 옳지 않은 것은?

① 합리성을 조직에 적용하여 목표달성을 위한 효과적인 수단으로 관료제를 간주한다.

② 실적을 인사행정의 기준으로 채택하는 실적주의를 바탕으로 한다.

③ 조직의 목표달성을 위해 절차나 방법을 문서화된 법규형태로 가진다.

④ 관료제의 구성원들은 조직 전반의 일반적인 업무에 대해 책임을 진다.

12 정치행정이원론과 관련된 설명으로 가장 옳지 않은 것은?

① 행정을 공공서비스의 효율적인 생산 및 공급, 분배와 관련된 비권력적 관리현상으로 이해한다.

② 엽관주의를 극복하기 위한 시대적 요청에 따라 미국 펜들턴법(Pendleton Civil Service Reform Act)이 제정되었다.

③ 정치로부터 행정의 독자성을 강조하면서 과학적 관리법에 기반한 행태주의적 관점을 지지한다.

④ 행정국가의 등장으로 행정의 능률성과 전문성이 강조되면서 행정개혁운동이 전개되었다.

13 공익(public interest)에 대한 '과정설'의 설명으로 가장 옳지 않은 것은?

① 공익은 인식 가능한 행동결정의 유용한 안내자 역할을 한다는 입장이다.

② 공익은 하나의 실체라기보다 다수의 이익들이 조정되면서 얻어진 결과로 본다.

③ 공무원의 행동을 경쟁관계에 있는 집단들의 이익을 돕는 조정자의 역할로 이해한다.

④ 실체설의 주장을 행정의 정당성확보를 위해 도입된 상징적 수사로 간주한다.

14 다음 중 공무원 부패를 방지하기 위해 가장 중요한 가치로서 인식되는 것은?

① 형평성

② 민주성

③ 절차성

④ 투명성

15 정부 간 관계모형에 대한 설명으로 가장 옳지 않은 것은?

① 라이트(D. S. Wright)는 미국의 연방, 주, 지방정부간 관계에 주목하여 분리형, 중첩형, 포함형으로 구분했다.

② 그린피스(J. A. Griffith)는 영국의 중앙·지방관계는 중세 귀족사회에서 지주와 그 지주의 명을 받아 토지와 소작권을 관리하는 마름(steward)의 관계에 가깝다고 하여 지주-마름 모형을 제시했다.

③ 로데스(R. A.W. Rhodes)는 집권화된 영국의 수직적인 중앙·지방 관계하에서도 상호의존 현상이 나타남을 권력의존모형으로 설명했다.

④ 무라마쓰(村松岐夫)는 일본의 중앙·지방 관계의 변화에 주목하여 수직적 행정통제모형과 수평적 정치경쟁모형을 제시했다.

16 시민단체 해석의 관점에 대한 설명으로 가장 옳지 않은 것은?

① 결사체 민주주의 입장에서는 이상적인 사회란 NGO 등의 자원조직이 많이 생겨서 효과적으로 활동하며 사회적 의미를 부여하는 형태를 의미한다.

② 공동체주의에서는 공동체를 위한 책임있는 개인의 자원봉사 정신을 강조한다.

③ 다원주의에서는 개인의 자유를 중시하는 전통적 자유주의와 개인의 책임을 강조하는 보수주의를 절충한 입장을 취하고 있다.

④ 사회자본론도 시민사회와 시민단체에 대해 의미있는 해석을 강화하며, 사회자본은 시민의 자발적 참여에 의해 생산되는 무형의 자본을 의미한다.

17 주민자치위원회와 주민자치회에 대한 설명으로 가장 옳지 않은 것은?

① 주민자치위원회 위원은 시·군·구청장이 위촉하고, 주민자치회 위원은 읍·면·동장이 위촉한다.

② 주민자치회가 주민자치위원회보다 더 주민대표성이 강하다.

③ 주민자치위원회는 읍·면·동의 자문기구이고, 주민자치회는 주민자치의 협의실행기구이다.

④ 지방자치단체와의 관계는 주민자치회가 주민자치위원회보다 더 대등한 협력적 관계이다.

18 다음 중 우리나라의 행정환경에 대한 설명으로 가장 옳지 않은 것은?

① 개방체제에서의 국가 간 관계로 인해 글로벌 환경은 행정에 사회, 기술 등 여러 측면에서 영향력이 확대되었다.

② 법 집행 과정에서 재량의 폭이 커지면 법의 일관성과 공정성을 잃기 쉽다.

③ 경제환경의 불확실성은 정치적 환경에 의해 심화될 수도 있다.

④ 한국사회는 현재 공동체의식이 강하기 때문에 사회환경은 복잡하거나 불확실할 가능성이 낮다.

19 애드호크라시(adhocracy)에 대한 설명으로 가장 옳지 않은 것은?

① 탈관료화 현상의 하나로 등장했다.
② 구조적으로 높은 수준의 복잡성, 낮은 수준의 공식화, 낮은 수준의 집권화를 특징으로 한다.
③ 고도의 창의성과 환경적응성이 필요한 상황에서 유효한 조직이다.
④ 업무처리과정에서 갈등과 비협조가 일어나고, 창의적인 업무수행과정에서 직원들이 심적 스트레스를 많이 받는다는 단점이 있다.

20 기존 전자 정부 대비 지능형 정부의 특징에 대한 설명으로 가장 옳지 않은 것은?

① 국민주도로 정책결정이 이루어진다.
② 현장 행정에서 복합문제의 해결이 가능하다.
③ 생애주기별 맞춤형 서비스를 제공한다.
④ 서비스 전달방식은 수요기반 온·오프라인 멀티채널이다.

21 켈리(Kelly)의 귀인(歸因)이론에서 주장되는 귀인의 성향으로 가장 옳지 않은 것은?

① 판단대상 외 다른 사람들이 다른 상황에서 동일한 행동을 보이는 정도가 높다면, 그 행동의 원인을 내적 요소에 귀인하는 경향이 나타난다.
② 판단대상이 다른 상황에서는 달리 행동하는 정도가 높다면, 그 행동의 원인을 외적 요소에 귀인하는 경향이 나타난다.
③ 판단대상이 동일한 상황에서 과거와 동일한 행동을 보이는 정도가 높다면, 그 행동의 원인을 내적 요소에 귀인하는 경향이 나타난다.
④ 판단대상 외 다른 사람들도 동일한 상황에 대해 동일한 행동을 보이는 정도가 높다면, 그 행동의 원인을 외적 요소에 귀인하는 경향이 나타난다.

22 중앙인사기관의 조직 형태에 대한 설명으로 가장 옳지 않은 것은? 〈변형〉

① 1948년 대한민국 정부 수립 이후 비독립형 단독제 기관으로서 총무처를 두고 있었다.
② 1999년 비독립형 합의제 기관으로서 중앙인사위원회가 설치되어 행정자치부와 업무를 분담하였으며, 2004년부터는 중앙인사위원회로 통합되어 정부인사기능이 일원화되었다.
③ 2008년 중앙인사위원회의 폐지 이후 2013년까지 행정안전부를 거쳐 안전행정부로 인사관리기능이 독립형 단독제 기관으로 통합되어 운영되었다.
④ 2014년 국무총리 소속으로 인사혁신처가 신설되어 현재까지 비독립형 난독제기관의 형태로 중앙인사기관이 운영되고 있다.

23 조직구조에 대한 설명으로 가장 옳지 않은 것은?

① 기술(technology)과 집권화의 관계는 상관도가 높다.

② 우드워드(J. Woodward)는 대량 생산기술에는 관료제와 같은 기계적 구조가 효과적이라고 주장했다.

③ 톰슨(V. A. Thompson)은 업무 처리 과정에서 일어나는 조직 간·개인 간 상호의존도를 기준으로 기술을 분류했다.

④ 페로우(C. Perrow)는 과업의 다양성과 문제의 분석가능성을 기준으로 조직의 기술을 유형화했다.

24 정책을 평가하기 위한 양적평가방법에 대한 설명으로 가장 옳지 않은 것은?

① 계량적 기법을 응용하여 수치화된 지표를 통해 정책의 결과를 측정한다.

② 정량평가라고도 하며 실험적 방법과 비실험적 방법 등이 해당한다.

③ 정책대안과 정책산출 및 영향 간에 어떠한 인과관계가 있는지를 분석한다.

④ 대부분 데이터 수집을 심층면담 및 참여관찰 등의 방법에 의존한다.

25 다음 중 우리나라의 예산심의에 대한 설명으로 가장 옳지 않은 것은?

① 정부의 시정연설 후에 국회에서 예비심사와 본회의 심의를 거쳐서 종합심사를 하고 의결을 한다.

② 예산심의는 행정부에 대한 관리통제기능이다.

③ 예산심의 과정에서 정당이 영향을 미친다.

④ 우리나라는 대통령 중심제로 인해 의원내각제인 나라에 비해 예산심의가 상대적으로 엄격하다.

2022 | 7급 기출문제

모바일
OMR
답안분석
서비스

✔ 회독 CHECK 1 2 3

✔ 시험시간 25분 ✔ 해설편 036쪽

01 정책과정에 관료가 우월적 위치를 차지하게 되는데 이러한 관료의 우월적 위치의 근원으로 다음 중 가장 옳지 않은 것은?

① 정치자원의 활용
② 정보의 통제
③ 사회적 신뢰
④ 전략적 지위

02 쇠퇴 · 낙후된 도시에 대한 기존의 재정비 방식은 하향식 의사결정, 경제적 효과(개발이익) 극대화를 지향함으로써 지역주민이 배제되는 문제를 야기했다. 다음 중 이에 대한 반성으로 정부행정에서 취할 수 있는 방안으로 가장 옳은 것은?

① 경제적 효과의 극대화를 추진한다.
② 하향식 의사결정을 사용한다.
③ 지역공동체의 복원을 통해 지역 거버넌스를 구축한다.
④ 지속적으로 기존의 재개발사업을 추진한다.

03 다음 중 '직무성과급적 연봉제'의 적용을 받는 공무원으로 옳은 것은?

① 고위공무원단
② 1~5급 공무원
③ 임기제 공무원
④ 정무직 공무원

04 다음 중 기관위임사무에 대한 설명으로 가장 옳지 않은 것은?

① 원칙적으로 국가가 경비를 전액 부담한다.
② 지방자치단체의 장은 국가기관적 지위를 갖는다.
③ 지방의회는 사업수행에 필요한 경비부담에 한해 관여한다.
④ 원칙적으로 중앙정부의 소송이 허용된다.

05 다음 중 공공서비스의 공급과 생산에 대한 설명으로 가장 옳지 않은 것은?

① 면허(franchise)는 서비스 제공자들 사이에 경쟁이 미약하면 이용자의 비용부담이 과중하게 되는 부정적 효과가 발생한다.
② 바우처(vouchers)는 관료와 서비스 제공자 간의 유착을 근절하여 부정부패를 막을 수 있다.
③ 민간위탁(contracting-out)은 인력 운영의 유연성을 제고해서 관료조직의 팽창을 억제할 수 있다.
④ 집합적 공동생산(collective co-production)은 시민들의 참여도에 관계없이 혜택이 공통으로 돌아가게 한다는 재분배적 사고가 기저에 있다.

06 다음 중 우리나라의 공직분류 중 특정직에 해당하지 않는 것은?

① 경호공무원
② 경찰청장
③ 감사원 사무차장
④ 헌법재판소 헌법연구관

07 다음 중 아래의 주민감사청구에 대한 「지방자치법」에 들어갈 내용이 모두 맞는 것은?

제21조(주민의감사청구) ① 지방자치단체의 (　　) 이상의 주민으로서 다음 각 호의 어느 하나에 해당하는 사람은 시·도는 (　　), 제198조에 따른 인구 50만 이상 대도시는 (　　), 그 밖의 시·군 및 자치구는 (　　) 이내에서 그 지방자치단체의 조례로 정하는 수 이상의 (　　) 이상의 주민이 연대 서명하여 그 지방자치단체와 그 장의 권한에 속하는 사무의 처리가 법령에 위반되거나 공익을 현저히 해친다고 인정되면 시·도의 경우에는 (　　)에게, 시·군 및 자치구의 경우에는 (　　)에게 감사를 청구할 수 있다.

① 19세 - 300명 - 200명 - 150명 - 19세 - 대통령 - 주무부장관
② 18세 - 200명 - 150명 - 100명 - 18세 - 주무부장관 - 시·도지사
③ 19세 - 300명 - 250명 - 200명 - 19세 - 대통령 - 주무부장관
④ 18세 - 300명 - 200명 - 150명 - 18세 - 주무부장관 - 시·도지사

08 다음 중 매트릭스(matrix) 구조에 대한 설명으로 가장 옳지 않은 것은?

① 개인들이 다양한 경험을 통해 전문기술의 개발과 넓은 안목을 갖출 수 있다.
② 기능부서 통제권한의 계층은 수평적으로 흐르고, 사업부서 간 조정권한의 계층은 수직적으로 흐르게 된다.
③ 구성원 간의 역할갈등, 역할모호성, 과업조정의 어려움 등이 발생할 우려가 있다.
④ 경직화되어 가는 대규모 관료제 조직에 융통성을 부여해 줄 수 있다.

09 탈신공공관리(post-NPM)의 아이디어들로 묶인 것으로 가장 옳은 것은?

㉠ 총체적 정부 또는 연계형 정부
㉡ 민간위탁과 민영화의 확대
㉢ 민간·공공부문의 파트너십 강조
㉣ 정부부문 내 경쟁 원리 도입
㉤ 중앙의 정치·행정적 역량 강화
㉥ 환경적·역사적·문화적 요소에의 유의

① ㉠, ㉡, ㉤, ㉥
② ㉡, ㉢, ㉣, ㉤
③ ㉠, ㉢, ㉤, ㉥
④ ㉢, ㉣, ㉤, ㉥

10 예산이론에 대한 설명 중 가장 옳지 않은 것은?

① 계획예산제도는 점증모형에 의한 예산결정이다.

② 총체주의는 자원배분의 최적화를 통한 사회 후생의 극대화를 추구한다.

③ 합리모형은 예산을 탄력적으로 활용하여 경기 변동에 대응하는 재정정책적 기능을 수행한다.

④ 점증주의는 정치적 협상과 타협 등 정치적 합리성을 중시한다.

11 SWOT분석을 기초로 한 전략에서 방향전환 전략으로 가장 옳은 것은?

① SO 전략

② WO 전략

③ ST 전략

④ WT 전략

12 다음 중 조직의 성과관리에 대한 설명으로 가장 옳지 않은 것은?

① 목표관리제는 성과에 대한 지나친 몰입으로 너무 쉬운 목표를 채택하거나 중요하지 않은 목표를 채택하도록 유도할 수 있다.

② 성과관리제는 평가 대상자 간의 과열경쟁과 다른 부서 및 개인과의 협력적 활동에 대한 부정적 태도가 강화됨으로써 조직 전반의 성과수준이 저하될 수 있다.

③ 목표관리제는 개인목표와 조직목표의 통합을 촉진해 목표 달성에 유리하게 조직을 재구조화할 수 있다.

④ 성과관리제는 행정조직의 성과평가 과정에서 즉각적인 환류가 용이하다.

13 다음 중 호프스테드(Hofstede)가 비교한 문화의 비교차원과 가장 옳지 않은 것은?

① 불확실성의 회피

② 보편주의 대 특수주의

③ 개인주의 대 집단주의

④ 장기성향 대 단기성향

14 다음 중 신중앙집권화와 관련된 특징에 대한 설명으로 가장 옳지 않은 것은?

① 행정구역의 광역화가 나타날 수 있다.

② 중앙−지방간의 관계는 기능적 · 협력적 관계이다.

③ 지방정부의 자율성을 상대적으로 제한할 수 있다.

④ 세계화와 신자유주의가 신중앙집권화를 촉진하였다.

15 다음 중 신공공관리론에 대한 설명으로 가장 옳지 않은 것은?

① 시장에 대한 규제는 완화하지만 관료에 대한 규정과 규제는 강화한다.

② 현대국가의 팽창과 복지국가에 대한 비판의 성격이 강하다.

③ 시장주의와 신관리주의의 개념이 합해진 것으로 볼 수 있다.

④ 시장화의 방법으로는 민영화, 민간위탁 등을 활용한다.

16 다음 중 성인지예산에 대한 설명으로 가장 옳지 않은 것은?

① 국가재정법에서는 성인지예산서와 성인지결산서 작성을 의무화하고 있다.

② 성인지예산제도는 기금에도 적용하고 있다.

③ 성인지예산제도는 성 중립적(gender neutral) 관점에 기반하고 있다.

④ 세입뿐만 아니라 세출에 대해서도 차별철폐를 추구한다.

17 다음 중 정부실패와 관련한 설명으로 가장 옳지 않은 것은?

① 니스카넨(Niskanen)은 관료조직이 자기부처의 예산을 극대화하여 권한을 확대하고자 하는 이기적 행위가 있음을 경험적으로 입증하였다.

② 파킨슨(Parkinson)은 공무원 규모는 업무량에 상관없이 증가한다고 주장했다.

③ 피콕-와이즈만(Peacock-Wiseman)은 공공지출 과정을 분석하여 공공지출이 불연속적으로 증대되는 과정을 설명하였다.

④ 바그너(Wagner)는 경제성장과 관계없이 국민총생산에서 공공지출이 높아진다는 공공지출 증가의 법칙을 주장하였다.

18 다음 중 조직이론에 대한 설명으로 가장 옳지 않은 것은?

① 자원의존이론은 환경에 능동적인 조직의 특성을 강조한다.

② 공동체 생태학이론은 조직 간의 관계에 대해 논의를 전개한다.

③ 구조적 상황이론은 환경에 적응하는 조직의 구조 실체를 강조한다.

④ 조직군 생태학이론은 조직의 주도적 선택을 강조한다.

19 동기이론에 대한 다음 설명 중 가장 옳지 않은 것은?

① 애덤스(Adams)는 자신의 노력과 그 결과로 얻어지는 보상과의 관계를 다른 사람의 것과 비교해 상대적으로 느끼는 공평한 정도가 행동동기에 영향을 준다고 본다.

② 앨더퍼(Alderfer)는 상위 욕구가 만족되지 않거나 좌절될 때 하위 욕구를 더욱 충족시키고자 한다고 주장하였다.

③ 허즈버그(Herzberg)는 불만 요인이 충족된다고 만족을 보장하는 것은 아니지만 불만족이 충족되면 동기가 유발될 수 있다고 본다.

④ 핵맨과 올드햄(Hackman & Oldham)의 직무특성이론에 의하면 직무특성을 결정하는 변수로 기술 다양성, 직무 정체성, 직무 중요성, 자율성, 환류를 들고 있다.

20 다음 중 도시 공공서비스의 공급 체계에 대한 설명으로 가장 옳지 않은 것은?

① 중앙 또는 지방정부가 직접 공급하는 서비스는 중앙정부가 해야할 사무는 정부조직법에서 지방정부의 사무는 지방자치법에서 규정하고 있으며, 각 정부 간의 업무가 명확히 확정되어 있다.

② 행정사무를 민간에게 완전히 이양하지 않고 행정기관이 그에 관한 권한을 보유하고 있으면서 해당 민간업체로 하여금 자신의 명의와 책임하에 그 행정사무를 처리하게 하는 민간 부분과의 계약을 통해 도시 공공서비스를 공급하기도 한다.

③ 도시의 경제개발 과정에서 지방자치단체와 민간기업이 서로 합의하여 공통의 목적을 설정하고 협력하는 관민 파트너십을 통해 공공서비스를 공급하기도 한다.

④ 도시행정에서 시민들에 대한 공공서비스의 공급은 전통적으로 중앙정부나 지방정부에 의해 직접 공급되는 것이 일반적이다.

21 피터스(B. Guy Peters)의 거버넌스 유형 중 계층제를 문제로 진단하고, 관리측면에서 총체적품질관리나 팀제를 중시하며, 구조면에서는 평면조직으로의 개편을 통해서 상하단계를 줄이려고 하는 모형으로 다음 중 가장 옳은 것은?

① 신축적 정부모형
② 참여적 정부모형
③ 시장적 정부모형
④ 탈규제적 정부모형

22 우리나라 「지방자치법」 제11조에서 정하는 사무배분의 원칙에 대한 설명으로 가장 옳지 않은 것은?

① 국가는 지방자치단체가 사무를 종합적 · 자율적으로 수행할 수 있도록 국가와 지방자치단체 간 또는 지방자치단체 상호 간의 사무를 주민의 편익증진, 집행의 효과 등을 고려하여 서로 중복되지 아니하도록 배분하여야 한다.
② 국가는 지역주민생활과 밀접한 관련이 있는 사무는 원칙적으로 시 · 군 및 자치구의 사무로, 시 · 군 및 자치구가 처리하기 어려운 사무는 시 · 도의 사무로, 시 · 도가 처리하기 어려운 사무는 국가의 사무로 각각 배분하여야 한다.
③ 국가가 지방자치단체에 사무를 배분하거나 지방자치단체가 사무를 다른 지방자치단체에 재배분할 때에는 사무를 배분받거나 재배분받는 지방자치단체가 그 사무를 자기의 책임하에 종합적으로 처리할 수 있도록 관련 사무를 포괄적으로 배분하여야 한다.
④ 국가 및 지방자치단체는 민간부문의 자율성을 존중하여 국가 또는 지방자치단체의 관여를 최소화하여야 하며, 민간의 행정참여기회를 확대하여야 한다.

23 다음 중 신제도주의에 대한 설명으로 가장 옳지 않은 것은?

① 사회학적 제도주의는 제도의 변화에서 개인의 역할을 전혀 인정하지 않는다.
② 역사적 제도주의는 제도의 횡단적 측면을 중시하면서 국가 간에 어떻게 유사한 제도의 형태를 취하는가에 관심을 갖는다.
③ 역사적 제도주의는 주로 국가 간 비교사례 연구를 통한 귀납적 방법으로 이론화를 시도하였다.
④ 합리적 선택 제도주의는 방법론적 개인주의를 취하는 반면 사회학적 제도주의는 방법론적 전체주의의 입장을 취한다.

24 정보화 사회로 진입하면서 산업구조의 변화, 질적 성장에 대한 요구 증대, 저출산 · 고령화로 인한 인구구조 변화, 민주주의 발전에 따른 지방 정부의 역할 강화 등의 복합적인 여러 사회 변화가 일어나고 있으며 이러한 변화 속에서 형평성에 대한 관심이 증대되고 있다. 다음 중 사회적 형평성과 관련된 설명으로 가장 옳은 것은?

① 대표관료제는 수평적 형평성을 확보하기 위함이다.
② 롤스(J. Rawls)는 원초적 상태하에서 합리적 인간의 최대 극소화 원리에 따른다고 한다.
③ 정부의 환경보존사업에 필요한 비용을 공채 발행으로 조달하여 다음 세대에게 그 부담을 전가하는 것은 수직적 형평성에 해당한다.
④ 형평성은 총체적 효용 개념을 강조한다.

25 도시행정 및 계획의 새로운 패러다임 이론에 대한 설명으로 가장 옳지 않은 것은?

① '어반빌리지(urban village)'는 스프롤현상 및 공공 공간 부족 문제를 해결하기 위하여 대두되었다.

② '뉴어바니즘(new urbanism)'은 근린주구가 중심이 되는 도시개발 패턴으로 혼합토지이용 체계를 원칙으로 한다.

③ '스마트성장(smart growth)'은 도시의무계획적인 확산을 방지하고 환경과 커뮤니티를 고려한 경제적 성장을 지향한다.

④ '압축도시(compact city)'는 공간이용과 토지이용의 고도화로 효율적인 도시의 모습을 제안한다.

2021 | 9급 기출문제

모바일
OMR
답안분석
서비스

✔ 회독 CHECK 1 2 3

✔ 시험시간 25분   ✔ 해설편 043쪽

01 행정이론에 관한 다음의 기술 중 가장 옳지 않은 것은?

① 신공공관리론(New Public Management)은 국민을 고객으로 인식하고 공공부문에 시장원리를 도입하고자 하였다.

② 거버넌스(Governance) 이론은 정부, 시장, 시민사회의 협력과 협치를 지향한다.

③ 신제도주의는 제도가 개인과 조직, 국가의 성패를 결정한다고 보고 있다.

④ 신행정학(New Public Administration)은 행태주의와 논리실증주의를 비판하면서 등장하였다.

02 막스 베버(Max Weber)의 관료제에 대한 설명으로 가장 옳지 않은 것은?

① 관료제는 계층제 구조를 본질로 하고 있다.

② 관료제를 현대사회의 보편적인 조직모형으로 보고 있다.

③ 신행정학에서는 탈(脫)관료제 모형으로서 수평적이고 임시적인 조직모형을 제안한다.

④ 행정조직 발전에 대한 패러다임(paradigm)의 관점에서 관료제 모형을 제시했다.

03 발생주의 회계제도에 대한 설명으로 옳은 것은?

> 가. 재화의 감가상각 가치를 회계에 반영할 수 있다.
> 나. 부채규모와 총자산의 파악이 용이하지 않다.
> 다. 현금이 거래되는 시점을 중심으로 기록한다.
> 라. 복식부기 기장방식을 채택하는 것이 일반적이다.

① 가, 라

② 나, 라

③ 나, 다

④ 가, 다

04 행정과 경영의 유사점에 대한 설명으로 가장 옳지 않은 것은?

① 행정과 경영은 어느 정도 관료제적 성격을 지니고 있다.

② 행정과 경영은 관리기술이 유사하다.

③ 행정과 경영은 목표는 다르지만 목표달성을 위한 수단으로 작동한다.

④ 행정과 경영은 비슷한 수준의 법적 규제를 받는다.

05 행정이념에 대한 설명으로 가장 옳지 않은 것은?

① 행정이념은 절대적인 것이 아니라 시대적 상황과 정치체제에 따라 변할 수 있다.

② 능률성은 투입 대비 산출의 비율을, 효과성은 목표의 달성도를 나타내는 개념이다.

③ 행정의 민주성은 대외적으로 국민 의사를 존중하고 수렴하며, 대내적으로 행정조직을 민주적으로 운영한다는 두 가지 측면을 가지고 있다.

④ 수평적 형평성이란 동등하지 않은 것을 서로 다르게 취급하는 것, 수직적 형평성이란 동등한 것을 동등하게 취급하는 것을 의미한다.

06 신공공관리에 대한 설명으로 가장 옳지 않은 것은?

① 신공공관리는 전통적이고 관료적인 관리방식을 개혁하기 위해 1980년대부터 진행된 개혁 프로그램이다.

② 신공공관리는 정부의 크기와 관계없이 시장 지향적인 효율적인 정부를 만들 수 있는 개혁방안에 관심을 갖는다.

③ 시장성 테스트, 경쟁의 도입, 민영화나 규제 완화 등 일련의 정부개혁 아이디어가 적용된다.

④ 신공공관리 옹호론자들은 기존 관료제 중심의 패러다임을 대체할 수 있는 새로운 패러다임이 될 수 있다고 주장한다.

07 구성원에 대한 동기부여는 미충족시 불만이 제기되는 요인(불만요인)의 충족과 함께 적극적으로 동기를 자극하는 요인(동기요인)이 동시에 충족되었을 때 가능하다고 주장한 학자로 옳은 것은?

① F. Herzberg   ② C. Argyris

③ A. H. Maslow   ④ V. H. Vroom

08 행정현상에 대한 접근방법의 설명으로 가장 옳지 않은 것은?

① 과학적 방법은 동작연구, 시간연구 등에서 같이 행정현상에 존재하는 규칙성을 찾아내 보편타당한 법칙성을 도출하는 데 가장 유용한 방법이다.

② 생태론적 접근방법은 행정변수 중에서 특히 환경변화와 사람의 행태를 연구대상으로 한다.

③ 역사적 접근방법과 법적·제도적 접근방법은 제도와 구조에 보다 초점을 맞춘 것으로 볼 수 있다.

④ 시스템적 방법의 장점은 시스템을 이루는 부분들 각각의 기능과 부분 간 유기적 상호작용을 잘 이해할 수 있다는 데 있다.

09 정책에 대한 설명으로 가장 옳지 않은 것은?

① 정책은 행정학의 발달과정에 있어 통치기능설과 관계가 있다.

② 정책은 공정성과 가치중립성(value-free)을 지향한다.

③ 정책은 행정국가화 경향의 산물이다.

④ 정책은 정부실패의 원인이 될 수 있다.

10 우리나라 공직자윤리법에 규정된 내용에 해당하지 않는 것은?

① 주식백지신탁   ② 퇴직공직자의 취업제한

③ 선물신고   ④ 상벌사항 공개

11 정책결정의 장에 대한 이론 설명으로 가장 옳지 않은 것은?

① 다원주의는 소수의 개인이나 집단이 아니라 다수의 집단이 정책결정의 장을 주도하고 이들이 정치적 조정과 타협을 거쳐 도달한 합의가 정책이 된다고 본다.
② 엘리트주의는 대중에게 영향력을 행사할 수 있는 위치에 있는 소수의 리더들에 의해서 정책결정이 지배된다고 본다.
③ 정책결정에서 정부의 역할을 줄이고 이익 집단과의 상호협력을 보다 중시하는 이론이 조합주의이다.
④ 철의 삼각(iron triangle) 논의는 정부관료, 선출직 의원, 그리고 이익집단의 3자가 장기적이고 안정적이며 우호적인 연합을 형성하면서 정책결정을 지배하는 것으로 본다.

12 리더십에 대한 설명으로 가장 옳지 않은 것은?

① 리더십에 있어 자질론적 접근은 리더가 만들어지기보다는 특별한 역량을 타고나는 것임을 강조한다.
② 민주형 리더십은 권위와 최종책임을 위임하며 부하가 의사결정에 참여하도록 하는 쌍방향 의사전달의 특징을 지닌다.
③ 리더십에 있어 경로─목표모형은 리더의 행태가 어떻게 조직원으로 하여금 목표를 달성시키도록 하는 리더십 효과로 이어지는지를 설명해준다.
④ 상황론적 관점에서 보면 부하의 지식이 부족하고 공식적 규정이 마련되어 있지 않은 과업 환경에서는 지원적 리더십보다 지시적 리더십이 보다 부하의 만족을 높이고 효과적일 수 있다.

13 조직형태나 구조에 대한 설명으로 가장 옳지 않은 것은?

① 학습조직은 시스템적 사고에 의한 유기적, 체제적 조직관을 바탕으로 한다.
② 네트워크 조직에서는 서비스나 재화의 생산과 공급, 유통 등을 서로 다양한 조직에서 따로 수행한다.
③ 매트릭스 구조는 기능구조와 계층구조를 결합시킨 이원적 형태이다.
④ 가상조직은 영구적이라기보다는 잠정적이고 임시적 조직으로 볼 수 있다.

14 참여적(민주적) 관리와 가장 관련이 없는 것은?

① ZBB(영기준예산)
② MBO(목표에 의한 관리)
③ 브레인스토밍(brainstorming)
④ PPBS(계획예산)

15 계급제와 직위분류제에 대한 설명으로 가장 옳지 않은 것은?

① 계급제는 사람의 자격과 능력을 기준으로 분류하는 것이다.
② 직위분류제는 사람이 맡아 수행하는 직무와 그 직무수행에 수반되는 책임을 기준으로 하는 것이다.
③ 직위분류제는 전체 조직업무를 체계적으로 분업화하고 한 사람의 적정 업무량을 조직상 위계에서 고려하는 구조 중심의 접근이다.
④ '동일업무에 대한 동일보수'라는 보수의 형평성 요구가 직위분류제의 출발을 촉진시켰다고 할 수 있다.

16 인사행정제도에 대한 설명으로 가장 옳지 않은 것은?

① 공직충원의 개방성을 확대하면 직업공무원제 확립에 보다 더 기여할 수 있다.
② 계급제는 직위분류제에 비해 인적자원의 탄력적 활용이 용이하다.
③ 엽관주의는 행정의 민주성을 강화하는 측면도 있다.
④ 대표관료제는 출신집단의 가치와 이익을 정책과정에 반영시킬 수 있다는 전제에서 출발한다.

17 예산과정 중에서 재정민주주의(fiscal democracy)와 가장 관련이 깊은 것은?

① 예산심의
② 예산집행
③ 회계검사
④ 예비타당성조사

18 예산제도에 대한 설명으로 가장 옳은 것은?

① 성과주의 예산제도는 업무단위 비용과 업무량의 파악을 통해 효과성을 높이고자 한다.
② 품목별 예산제도의 분석의 초점은 지출대상이며 이를 통해 통제성을 높이고자 한다.
③ 새로운 성과주의 예산제도는 산출물에 관심이 있으며 이를 통해 효율성을 높이고자 한다.
④ 계획예산제도는 목표와 예산의 연결을 통해 투명성과 대응성을 높이고자 한다.

19 지방분권의 장점으로 가장 옳지 않은 것은?

① 행정의 민주화 진작
② 지역 간 격차 완화
③ 행정의 대응성 강화
④ 지방공무원의 사기진작

20 단체자치에 대한 설명으로 옳은 것만을 모두 고르면? 〈변형〉

> 가. 자치권에 대한 인식은 전래권으로 본다.
> 나. 권한부여 방식은 포괄적 위임주의이다.
> 다. 중앙정부와 지방자치단체의 관계는 기능적 협력관계이다.
> 라. 유럽대륙을 중심으로 발전해 왔다.

① 가, 나
② 가, 다, 라
③ 나, 다, 라
④ 가, 나, 라

21 다음 중 예산과 관련된 이론으로 가장 옳지 않은 것은?

① 욕구체계이론
② 다중합리성 모형
③ 단절균형이론
④ 점증주의

22 지방재정 지표 중 총세입(總歲入)에서 자율적으로 사용 가능한 재원의 비율을 나타내는 것은?

① 재정자립도
② 재정탄력도
③ 재정자주도
④ 재정력지수

23 조직이론과 인간관에 대한 설명으로 가장 옳지 않은 것은?

① 조직이론의 시작은 테일러의 과학적 관리론에서 찾을 수 있으며, 1900년대 초까지 효율성과 구조중심의 사상을 담고 있었다.
② 기계적 조직으로서의 관료제는 합리적 경제인의 인간관을 반영하고 있는데 테일러의 차등성과급제가 이러한 인간관에 기초한 보상시스템이다.
③ 계층구조는 피라미드 모양의 구조를 가지며 명령과 통제가 위로부터 아래로 전달되는 특성을 가진다.
④ 관료제하에서 구성원들은 인간으로서의 감성이나 충동을 멀리하는 정의적 행동(personal conduct)이 기대된다.

24 공공선택론(public choice theory)에 대한 설명으로 가장 옳지 않은 것은?

① 방법론적 집단주의를 지향한다.
② 정치·행정현상을 경제학적 논리를 통해 분석하고자 한다.
③ 개인 선호를 중시하여 공공서비스 관할권을 중첩시킬 수도 있다.
④ 중위투표자이론(median vote theorem)도 공공선택론의 일종이다.

25 우리나라 예산편성절차에 대한 설명으로 가장 옳지 않은 것은?

① 우리나라 예산담당부처인 기획재정부는 예산안 편성지침과 국가재정운용계획을 사전에 준비하고 범부처 예산사정을 담당한다.
② 각 중앙행정기관은 기획재정부의 지침에 따라 사업계획서와 예산요구서 작성을 준비한다.
③ 기획재정부는 총액배분자율편성제도에 따라 각 부처의 세부사업에 대한 심사보다 부처예산요구총액의 적정성을 집중적으로 심의한다.
④ 기획재정부는 조정된 정부예산안을 회계연도 개시 120일 전까지 국회에 제출한다.

2021 | 7급 기출문제

✅ 회독 CHECK 1 2 3

✅ 시험시간 25분 ✅ 해설편 049쪽

01 1960년대 미국의 '신행정학' 운동과 가장 관련이 없는 것은?

① 적실성

② 고객에 의한 통제

③ 전문직업주의

④ 사회적 형평성

02 우리나라 국회에 관한 현행 「대한민국헌법」에서 규정한 내용으로 옳지 않은 것은?

① 지방세의 세목과 세율도 국세처럼 모두 법률로 정하지 않으면 안 된다.

② 국회의장이 확정된 법률을 공포하는 경우도 있다.

③ 국회에서 심의 · 의결된 예산안은 공포 없이 확정되어 효력을 가진다.

④ 심의 · 확정된 예산은 법률로 변경할 수 있다.

03 신제도주의에 대한 설명으로 가장 적절하지 않은 것은?

① 신제도주의는 그동안 내생변수로만 다루어 오던 정책 혹은 행정환경을 외생변수와 같이 직접적인 분석대상에 포함시켜 종합 · 분석적인 연구에 기여하고 있다.

② 역사적 제도주의는 각국에서 채택된 정책의 상이성과 효과를 역사적으로 형성된 각국의 제도에서 찾고자 한다.

③ 합리적 선택 제도주의는 경제학에 이론적 배경을 두고 있다.

④ 사회학적 제도주의에서는 제도의 범위를 가장 넓게 보고 있다.

04 피터스(B. Guy Peters)의 정부개혁모형 중 참여정부모형과 가장 관련이 없는 것은?

① 문제의 진단기준은 계층제이다.

② 구조의 개혁방안은 평면조직이다.

③ 관리의 개혁방안은 가변적 인사관리이다.

④ 정책결정의 개혁방안은 협의 · 협상이다.

05 오스본(D. Osborne)과 게블러(T. Gaebler)의 『정부재창조론(Reinventing Government)』에서 제시된 '기업가적 정부 운영의 10대 원리'와 가장 관련이 없는 것은?

① 기업가적 정부는 서비스 공급자보다는 촉매 작용자, 중개자 그리고 촉진자 역할을 수행해야 한다.
② 경쟁 원리의 도입을 통해 행정서비스 공급의 경쟁력을 제고해야 한다.
③ 업무 성과를 제고하기 위해서는 투입이 아니라 산출이나 결과를 기준으로 자원을 배분해야 한다.
④ 수입 확보 위주의 정부 운영 방식에서 탈피하여 예산지출의 개념을 활성화하는 것이 필요하다.

06 엘더퍼(C. Alderfer)의 ERG이론에서 자기로부터의 존경, 자긍심, 자아실현욕구 등과 가장 관련이 있는 것은?

① 존재욕구   ② 관계욕구
③ 성장욕구   ④ 애정욕구

07 행정현상이나 정치현상(정책현상)에 경제학 접근을 도입하고 민주행정의 원형으로도 불리고 있는 정책결정 모형은?

① 공공선택모형(public choice model)
② 정치행정모형(politics−administration model)
③ 점증모형(incremental model)
④ 최적모형(optimal model)

08 아래 두 법률 제1조(목적)의 빈칸에 공통으로 들어갈 행정이념을 차례대로 옳게 연결한 것은?

> 국가공무원법
> 제1조(목적) 이 법은 각급 기관에서 근무하는 모든 국가공무원에게 적용할 인사행정의 근본 기준을 확립하여 그 공정을 기함과 아울러 국가공무원에게 국민 전체의 봉사자로서 행정의 ○○○이며 □□□인 운영을 기하게 하는 것을 목적으로 한다.
>
> 지방공무원법
> 제1조(목적) 이 법은 지방자치단체의 공무원에게 적용할 인사행정의 근본 기준을 확립하여 지방자치행정의 ○○○이며 □□□인 운영을 도모함을 목적으로 한다.

① 합법적, 민주적
② 합법적, 중립적
③ 민주적, 중립적
④ 민주적, 능률적

09 기획의 효용에 관한 설명으로 가장 적절하지 않은 것은?

① 목표달성이 핵심이 되는 전략적 요인에 관심을 집중시켜 목표를 더욱 명확히 한다.
② 기획은 한정된 자원을 최대한 효율적으로 이용하여 행정수요를 충족시킨다.
③ 여러 대안 중에서 최적 대안을 선택함으로써 경비를 절약할 수 있다.
④ 기획은 장래의 상태를 정확하게 예측하여 확실한 가정하에서 계획을 작성할 수 있다.

10 정책결정과정의 민주화가 요청되는 이유로서 가장 적절하지 않은 것은?

① 정책문제의 인지상 왜곡을 시정하기 위해서

② 정책효과의 능률적 평가를 위해서

③ 소외된 계층의 이익표출을 위해서

④ 정책집행단계에서의 정책순응과 협조를 원활히 하기 위해서

11 대리인이론에서 합리적 선택을 제약하는 요인에 대한 설명으로 가장 적절하지 않은 것은?

① 인간의 인지적 한계와 정보부족 등 상황적 제약 때문에 합리성은 제약되며, 따라서 불확실성을 통제하기 어렵다.

② 대리인이 자기 자질이나 업무수행에 관한 정보를 위임자보다 더 많이 가지고 있다는 정보불균형 때문에 위임자는 대리인의 재량에 의존할 수밖에 없다.

③ 이기적인 대리인이 노력을 최소화하고 이익을 극대화하려는 기회주의적 행동을 하는 경우 위임자의 불리한 선택이 발생할 수 있다.

④ 조직이 투자한 자산이 유동적이어서 자산 특정성이 낮으면, 조직 내의 여러 관계나 외부공급자들과의 관계가 고착되어 대리인 관계가 비효율적이더라도 이를 바꾸기 어렵다.

12 포스트모더니티이론에서 규칙에 얽매이지 않는 행정의 운영이나 특수성을 인정하는 것에 해당하는 것은?

① 상상(imagination)

② 해체(deconstruction)

③ 영역 해체(deterritorialization)

④ 타자성(alterity)

13 민츠버그(H. Mintzberg)의 조직유형에 대한 설명으로 가장 적절하지 않은 것은?

① 단순구조(simple structure)는 유기적이고 융통성 있는 구조이다.

② 기계적 관료제(machine bureaucracy)는 낮은 분화·전문화 수준을 가진다.

③ 전문적 관료제(professional bureaucracy)의 주된 조정방법은 기술의 표준화이다.

④ 임시체제(adhocracy)의 사업단위는 기능 또는 시장에 따라 구성된다.

14 베버(M. Weber)가 제시한 관료제의 특징과 가장 관련이 없는 것은?

① 관료 간의 관계는 계서제(hierarchy)적 원칙에 따라 규율되며, 하급자는 상급자의 엄격한 감독과 통제하에 임무를 수행한다.

② 모든 직위의 권한과 임무는 문서화된 규칙으로 규정된다.

③ 관료들은 고객과의 일체감을 중시하며, 구체적인 경우의 특별한 사정을 충분히 고려하여 임무를 수행한다.

④ 관료의 채용기준은 전문적·기술적 능력이며, 관료로서의 직업은 잠정적인 것이 아니라 일생 동안 종사하는 항구적인 생애의 직업이다.

15 현대의 행정조직에 관한 설명으로 가장 적절 하지 않은 것은?

① 행정에는 신속 정확한 결정과 조치가 필요하므로 행정조직은 원칙적으로 단독제를 취하고 있다.
② 합의제의 채택은 행정조직의 기본원리인 단독제와는 모순되지만 행정의 민주화의 요청이 양자를 공존시키고 있다.
③ 행정조직은 사회적 · 경제적 조건의 변동과는 직접적인 관계가 없다.
④ 행정조직은 행정수요의 변동에 적응하는 탄력성을 가져야 한다.

16 쓰레기통모형의 기본적인 전제와 가장 관련이 없는 것은?

① 갈등의 준해결 : 정책결정과정에서 집단 간에 요구가 모두 수용되지 않고 타협하는 수준에서 대안을 찾는다.
② 문제있는 선호 : 정책결정에 참여하는 자들 간에 무엇을 선택하는 것이 바람직한지에 대해서 합의가 없다.
③ 불명확한 기술 : 목표와 수단 사이에 존재하는 인과관계가 명확하지 않아 조직은 시행착오를 거침으로써 이를 파악한다.
④ 수시적 참여자 : 동일한 개인이 시간이 변함에 따라 어떤 경우에는 결정에 참여했다가 어떤 경우에는 참여하지 않는다.

17 「주민투표법」상 주민투표에 관한 규정으로 옳지 않은 것은?

① 19세 이상의 주민 중 투표인명부 작성기준일 현재 그 지방자치단체의 관할 구역에 주민등록이 되어 있는 사람은 주민투표권이 있다.
② 공직선거법상 선거권이 없는 사람도 주민투표권이 있다.
③ 주민투표권자의 연령은 투표일 현재를 기준으로 산정한다.
④ 출입국관리 관계 법령에 따라 대한민국에 계속 거주할 수 있는 자격을 갖춘 외국인으로서 지방자치단체의 조례로 정한 사람은 투표권이 있다.

18 행정의 목표달성을 위한 합리적 행동을 제약하는 요인에 해당하지 않는 것은?

① 정치변동에 따라 목표의 변동이 발생한다.
② 상반된 집단과 기관들은 목표를 각기 다르게 해석한다.
③ 대다수 공조직은 하나의 목표를 가지고 있다.
④ 완전한 합리성을 위한 자원이 부족하다.

19 1980년대 이후 미국, 영국, 일본 등 주요 국가의 정부개혁에 관한 설명으로 옳지 않은 것은?

① 미국에서는 이보다 앞서 1970년대 후반 조세에 대한 저항운동이 일어났다.
② 영국에서는 종전의 Executive Agency를 폐지하고 중앙행정기관의 통합성을 지향했다.
③ 일본에서는 정부개혁의 일환으로 독립행정법인을 창설했다.
④ 정책집행의 자율성을 제고하고 그 결과에 대한 평가를 강화했다.

20 주관적 판단에 의한 정책대안의 결과를 예측하는 방법으로 가장 적절한 것은?

① 델파이
② 시나리오 분석
③ 회귀모형
④ 경로분석

21 조세의 성격에 대한 설명으로 가장 적절하지 않은 것은?

① 국가가 재정권에 기초해 동원하는 공공재원으로 형벌권에 기초해서 처벌을 목적으로 부과하는 벌금이나 행정법상 부과하는 과태료와 다르다.
② 내구성이 큰 투자사업의 경비를 조달하기에 적합하며 사업이나 시설로 인해 편익을 얻게 될 후세대도 비용을 분담하기 때문에 세대 간 공평성을 높일 수 있다는 점에서 국공채와 다르다.
③ 일반국민을 대상으로 부과한다는 점에서 행정활동으로부터 이익을 받는 특정 시민을 대상으로 이익의 일부를 징수하는 수수료나 수익자부담금과 다르다.
④ 강제로 징수하기 때문에 합의원칙 내지 임의원칙으로 확보되는 공기업수입, 재산수입, 기부금과 다르다.

22 관료제 조직의 폐단을 극복하기 위한 대안에 대한 설명으로 가장 적절하지 않은 것은?

① 업무의 명확한 구분에서 야기되는 문제점은 기계적 구조(mechanistic structure)로 처방한다.
② 집권화의 문제점은 참여관리와 조직민주주의로 처방한다.
③ 공식화의 문제점은 태스크포스(taskforce) 구조로 처방한다.
④ 계층제 조직의 문제점을 극복하기 위해서는 위원회조직을 고려한다.

23 리더십 상황이론에서 중요시하는 상황적 요소로서 학자들이 흔히 주장하는 요소와 가장 관련이 없는 것은?

① 조직구성원의 심리적 · 업무적 성숙도
② 리더의 상황 판단 능력
③ 과업의 구조화 또는 비구조화의 정도
④ 리더와 부하와의 인간 관계

24 예산관련법령의 내용으로 옳지 않은 것은?

① 정부는 예측할 수 없는 예산 외의 지출 또는 예산초과지출에 충당하기 위하여 일반회계 예산총액의 100분의 1 이내의 금액을 예비비로 세입세출예산에 계상할 수 있다. 다만 예산총칙 등에 따라 미리 사용목적을 지정해 놓은 예비비는 본문에도 불구하고 별도로 세입세출예산에 계상할 수 있다.

② 완성에 수년이 필요한 공사나 제조 및 연구개발사업은 그 경비의 총액과 연부액(年賦額)을 정하여 미리 국회의 의결을 얻은 범위 안에서 수년도에 걸쳐서 지출할 수 있다.

③ 세출예산 중 경비의 성질상 연도 내에 지출을 끝내지 못할 것이 예측되는 때에는 그 취지를 세입세출예산에 명시하여 미리 국회의 승인을 얻은 후 다음 연도에 이월하여 사용할 수 있다.

④ 국가는 법률에 따른 것과 세출예산금액 또는 계속비의 총액의 범위 안의 것 외에 채무를 부담하는 행위를 하는 때에는 사후에 국회의 승인을 얻어야 한다.

25 동기부여이론의 양대 이론이라고 할 수 있는 과정이론과 내용이론에 대한 설명으로 가장 적절하지 않은 것은?

① 과정이론의 범주로 분류되는 것으로는 합리적 또는 경제적 인간모형, 사회적 인간모형을 들 수 있다.

② 내용이론은 주로 어떤 요인이 동기 유발을 하는가에 관심이 있다.

③ 과정이론은 인간의 행동이 어떻게 동기 유발이 되는가에 중점을 둔다.

④ 내용이론의 범주로 분류되는 것으로는 매슬로우(Maslow)의 욕구계층이론, 맥그리거(Mcgregor)의 X · Y이론을 들 수 있다.

2020 | **9급** 기출문제

✅ 회독 CHECK 1 2 3   ✅ 시험시간 25분   ✅ 해설편 056쪽

01 행정학의 기술성과 과학성에 대한 설명으로 옳지 않은 것은?

① 왈도(D. Waldo)가 'practice'란 용어로 지칭한 기술성은 정해진 목표를 어떻게 효율적으로 달성하는가 하는 방법을 의미한다.

② 윌슨(W. Wilson) 등 초기 행정학자들은 관리 기술이나 행정의 원리 등을 발견하려는 데 초점을 두고 행정학의 기술성을 강조하였다.

③ 행태주의 학자들은 행정학 연구에서 처방보다는 학문의 과학화에 역점을 두고 가설의 경험적 검증 등을 강조했다.

④ 현실 문제의 해결은 언제나 과학에만 의존할 수 없으므로 행정학은 기술성과 과학성을 동시에 고려하여야 한다.

02 디목(M. Dimock)의 사회적 능률에 대한 설명으로 가장 적절하지 않은 것은?

① 사회적 형평성을 보장하기 위한 개념이다.

② 행정의 사회 목적 실현과 관련이 있다.

③ 경제성과 연계될 수 있는 개념이다.

④ 최소의 투입으로 최대의 산출을 추구한다.

03 리비트(H. Leavitt)가 제시하는 조직 혁신의 주요 대상 변수로 옳지 않은 것은?

① 업무

② 인간

③ 구조

④ 규범

04 지방자치단체의 사무배분에서 특례가 적용되는 경우로 옳지 않은 것은?

① 자치구

② 인구 30만 이상의 도시

③ 인구 50만 이상의 도시

④ 특별자치도

05 행정학에서 가치에 관한 연구가 본격적으로 관심을 끌기 시작한 학문적 계기로 옳은 것은?

① 신행정론의 시작

② 발전행정론의 대두

③ 뉴거버넌스 이론의 등장

④ 공공선택론의 태동

06 사이먼(H. A. Simon)의 정책결정만족모형에 대한 설명으로 옳지 않은 것은?

① 사이먼(H. A. Simon)은 합리모형의 의사결정자를 경제인으로, 자신이 제시한 의사결정자를 행정인으로 제시한다.

② 경제인은 목표달성의 극대화를, 행정인은 만족하는 선에서 그친다.

③ 경제인은 합리적 분석적 결정을, 행정인은 직관, 영감에 기초한 결정을 한다.

④ 경제인은 복잡하고 동태적인 모든 상황을 고려하지만, 행정인은 실제 상황을 단순화시키고, 무작위적이고 순차적으로 대안을 탐색한다.

07 민영화에 대한 문제점으로 가장 옳지 않은 것은?

① 공공성의 침해
② 서비스 품질의 저하
③ 경쟁의 심화
④ 행정책임확보의 곤란성

08 조세지출예산제도에 대한 설명으로 옳지 않은 것은?

① 비과세, 감면 등의 세제혜택을 통해 포기한 액수를 조세지출이라 한다.

② 지방재정에는 지방세지출제도가 도입되지 않았다.

③ 조세지출의 내용과 규모를 주기적으로 공표해 관리하는 제도이다.

④ 국가재정법에 따라 조세지출예산서를 작성해 국가에 보고한다.

09 에치오니(A. Etzioni)의 조직목표 유형으로 옳지 않은 것은?

① 질서 목표
② 문화적 목표
③ 경제적 목표
④ 사회적 목표

10 테일러(F. W. Taylor)의 과학적 관리론에 대한 설명으로 옳지 않은 것은?

① 테일러(F. W. Taylor)는 과학적 관리의 핵심을 개인적 기술에 두고, 노동자가 발전된 과학적 방법에 따라 작업이 되도록 한다.

② 어림식 방법을 지양하고 작업의 기본 요소 발견과 수행방법에 대해 과학적 방법을 발전시킨다.

③ 과업은 일류의 노동자만이 달성할 수 있는 충분한 것이어야 한다.

④ 노동자가 과업을 완수하는 경우 높은 보상, 실패하는 경우 손실을 받게 된다.

11 매트릭스 조직에 대한 설명으로 옳지 않은 것은?

① 이중의 명령 및 보고체제가 허용되어야 한다.

② 기능부서의 장과 사업부서의 장이 자원배분권을 공유할 수 있어야 한다.

③ 조직구성원 간 원만한 인간관계 형성에 기여한다.

④ 조직의 성과를 저해하는 권력투쟁이 발생하기 쉽다.

12 파슨스(T. Parsons)의 조직유형 중 조직체제의 목표달성기능과 관련된 유형으로 옳은 것은?

① 경제적 생산조직
② 정치조직
③ 통합조직
④ 형상유지조직

13 통상적인 근무시간보다 짧은 시간(주 15~35시간)을 근무하는 공무원으로서 일반 공무원처럼 시험을 통해 채용되고 정년이 보장되는 공무원으로 옳은 것은?

① 시간선택제전환공무원
② 시간선택제임기제공무원
③ 시간선택제채용공무원
④ 한시임기제공무원

14 정부조직 개편으로 예산을 조직 간 상호 이용하는 것으로 예산의 원칙 중 목적 외 사용 금지 원칙의 예외인 것으로 옳은 것은? 〈변형〉

① 예산의 전용
② 예산의 배정
③ 예산의 이월
④ 예산의 이용

15 전통적으로 비효율적인 것으로 인식하여 왔지만 최근 사회문제의 불확실성, 복잡성, 위험성이 존재하여 중요해진 행정가치로 옳은 것은? 〈변형〉

① 민주성
② 가외성
③ 신뢰성
④ 성찰성

16 윈터(S. Winter)가 제시하는 정책집행성과를 좌우하는 주요 변수로 옳지 않은 것은?

① 정책형성과정의 특성
② 일선관료의 행태
③ 조직 상호간의 집행행태
④ 정책결정자의 행태

17 시·군 통합의 긍정적 효과에 대한 설명으로 옳지 않은 것은?

① 행정의 대응성 제고
② 규모의 경제 실현
③ 생활권과 행정권의 일치
④ 광역적 문제의 효과적 해결

18 진보주의 정부에서 선호하는 정책으로 가장 적절하지 않은 것은?

① 조세 감면 확대
② 정부규제 강화
③ 소득재분배 강조
④ 소수민족 기회 확보

19 옴부즈맨(ombudsman)제도에 대한 설명으로 옳지 않은 것은?

① 스웨덴에서 처음 도입된 제도이다.
② 행정 내부 통제의 한계를 보완하는 제도이다.
③ 시정을 촉구하거나 건의함으로써 국민의 권리를 구제하는 제도이다.
④ 대부분의 국가에서는 입법부에 소속되어 있다.

20 공무원의 임용에 대한 설명으로 옳지 않은 것은?

① 신규채용은 공개경쟁 채용시험을 통해 채용하지만 퇴직 공무원의 재임용의 경우에는 경력경쟁채용시험에 의한다.

② 전입은 국회 · 행정부 · 지방자치단체 등 서로 다른 기관에 소속되어 있는 공무원의 인사이동을 의미한다.

③ 고위공무원단이나 그에 상응하는 계급으로의 승진은 능력과 경력을 고려하며, 5급으로의 승진은 별도의 승진시험을 거쳐야 한다.

④ 국가직은 고위공무원단을 포함한 1급~5급에 해당하는 직위 모두를 개방형 직위로 간주한다.

21 예산집행의 신축성을 확보하기 위한 제도에 대한 설명으로 옳지 않은 것은?

① 총괄예산제도

② 예산의 이용

③ 예산의 전용

④ 예산의 재배정

22 우리나라 지방자치법이 인정하는 주민직접참여 제도로 옳은 것은? 〈변형〉

① 주민발안, 주민소환

② 주민소환, 주민참여예산

③ 주민투표, 주민자치회의

④ 주민소송, 주민총회

23 엽관주의 인사제도가 필요한 이유로 가장 옳은 것은?

① 행정의 안정성과 계속성 확보

② 행정의 공정성 확보

③ 국민의 요구에 대한 관료적 대응성 향상

④ 유능한 인재 등용

24 정책유형별 사례의 연결이 옳지 않은 것은?

① 구성정책: 국경일의 제정, 정부기관 개편

② 보호적 규제정책: 최저임금제, 장시간 근로 제한

③ 추출정책: 조세, 병역

④ 분배정책: 보조금, 사회간접자본

25 공직자윤리법상 재산등록 및 공개에 대한 설명으로 가장 옳지 않은 것은?

① 공직유관 단체에는 공기업이 포함된다.

② 재산등록의무자는 5급 이상의 국가공무원 및 지방공무원과 이에 상당하는 보수를 받는 별정직공무원이다.

③ 등록할 재산에는 본인의 직계존속 것도 포함된다.

④ 등록할 재산에 혼인한 직계비속인 여성 것은 제외한다.

2020 | 7급 기출문제

✓ 회독 CHECK 1 2 3

☑ 시험시간 25분　☑ 해설편 063쪽

01 지방재정의 사전예산관리제도로 옳지 않은 것은?

① 지방재정위기 사전 경보 시스템

② 지방재정투융자심사

③ 성별영향평가제도

④ 지방채발행

02 전자정부의 역기능에 대한 설명으로 옳은 것을 모두 고르면?

㉠ 행정의 민주화를 저해할 수 있다.

㉡ 사이버 범죄가 발생할 수 있다.

㉢ 전자감시의 위험이 심화될 수 있다.

㉣ 정보격차가 심화될 수 있다.
---

① ㉠, ㉡

② ㉡, ㉢

③ ㉠, ㉡, ㉢

④ ㉡, ㉢, ㉣

03 윌리엄스와 앤더슨(Williams & Anderson)에 의해 주장되는 조직에 대한 조직시민행동(OCB-O)으로 옳지 않은 것은?

① 신사적 행동(sportsmanship)

② 성실행동(conscientiousness)

③ 시민의식행동(civic virtue)

④ 이타적 행동(altruism)

04 우리나라 시보제도에 관한 설명으로 옳은 것은?

① 시보기간이 종료되고 정규공무원으로 임용되기 위해서는 보직을 부여받아야 한다.

② 시보공무원은 공무원법상 공무원에 해당하기 때문에 시보기간 동안에도 직위를 맡을 수 있다.

③ 시보기간 중에 직권면직이 되면, 향후 3년간 다시 공무원으로 임용될 수 없는 결격사유에 해당한다.

④ 시보기간 동안은 신분이 보장되지 않기 때문에 공무원의 경력에도 포함되지 아니한다.

05 분배정책과 재분배정책에 대한 설명으로 옳지 않은 것은?

① 분배정책이 효율성을 추구한다면 재분배정책은 형평성을 추구한다.

② 분배정책은 정책순응도가 높은 반면에 재분배정책은 정책순응도가 낮다.

③ 분배정책은 불특정 다수가 비용부담자라면 재분배정책은 고소득층이 비용 부담자이다.

④ 분배정책은 대통령이 주요행위자라면 재분배정책은 관료나 하위정부가 주요행위자이다.

06 신공공서비스론의 주요 주장에 대한 설명으로 옳지 않은 것은?

① 책임성은 단순한 것이 아니라는 점을 인식해야 한다.

② 집합적이고 공유된 공익개념을 구축하려는 노력이 필요하다.

③ 전략적으로 생각하고 민주적으로 행동해야 한다.

④ 관료역할의 중요성은 사회의 새로운 방향을 잡고 시민을 지원하는 데 있다.

07 켈리(Kelly)의 귀인이론에서 주장되는 귀인의 성향으로 옳지 않은 것은?

① 개인이 동일한 사건에서 다른 사람들과 동일하게 행동하는 정도가 높다면, 그 행동의 원인을 외적 요소에 귀인하려는 경향이 나타난다.

② 개인이 다른 사건에서 달리 반응하는 정도가 높다면, 그 행동의 원인을 외적 요소에 귀인하려는 경향이 나타난다.

③ 개인이 다른 사건에서 미래에 동일하게 반응하는 정도가 높다면, 그 행동의 원인을 내적 요소에 귀인하려는 경향이 나타난다.

④ 개인이 동일한 사건에서 과거와 동일하게 반응하는 정도가 높다면, 그 행동의 원인을 내적 요소에 귀인하려는 경향이 나타난다.

08 행정재정립운동(refounding movement)에 대한 설명으로 옳은 것은?

① 직업공무원의 재량권을 축소하고 정치적으로 임명하는 공무원의 수를 상대적으로 증가시키는 것이다.

② 기존의 정치행정이원론을 재해석하여 정책과정에서 공무원의 적극적인 역할을 옹호하였다.

③ 정부를 재구축하고 민간부분이 공공서비스 공급에 참여할 필요가 있다고 강조하였다.

④ 고객중심적 행정을 주요 대상으로 하는 새로운 연구경향이다.

09 민자유치의 사업방식에 대한 설명으로 옳은 것을 모두 고르면?

ⓐ BTO방식 – 민간투자기관이 민간자본으로 공공시설을 건설하고 시설완공과 동시에 소유권을 정부에 이전하는 대신, 민간투자기관이 일정기간 시설을 운영하여 투자비를 회수하는 방식

ⓑ BOT방식 – 민간투자기관이 민간자본으로 공공시설을 건설하고 시설완공 후 일정기간 동안 민간투자기관이 소유권을 가지고 직접 운영하여 투자비를 회수하는 방식

ⓒ BOO방식 – 민간투자기관이 민간자본으로 공공시설을 건설하고 시설완공 후 일정기간 동안 민간투자기관이 소유권을 가지고 직접 운영하여 투자비를 회수한 다음, 기간만료 시 소유권을 정부에 이전하는 방식

ⓓ BTL방식 – 민간투자기관이 민간자본으로 공공시설을 건설하고 완공 시 소유권을 정부에게 이전하여 정부가 소유권과 운영권을 가지고, 대신 민간투자기관에게 임대료를 지급하도록 하여 시설투자비를 회수하는 방식

ⓔ BLT방식 – 민간의 투자자본으로 건설한 공공시설을 정부가 사업을 운영하며 민간에 임대료를 지불하는 방식으로 운영종료 시점에 정부가 소유권을 이전받는 방식

① ㉠, ㉢, ㉤

② ㉡, ㉢, ㉣

③ ㉠, ㉢, ㉣, ㉤

④ ㉡, ㉢, ㉣, ㉤

10 지방자치단체에 대한 설명으로 옳지 않은 것은?

① 특별지방행정기관은 지방자치단체가 특별 업무를 수행하기 위해서 설립한 기관이다.

② 지방환경청은 특별행정기관이다.

③ 우리나라에서는 2개 이상의 지방자치단체가 공동으로 특정한 목적을 위하여 광역적으로 사무를 처리할 필요가 있을 때에는 특별지방자치를 설치할 수 있다.

④ 특별자치시와 특별자치도는 보통지방자치 단체에 속한다.

11 상황론적 조직이론에 대한 설명으로 옳지 않은 것은?

① 경험적 조직이론으로서 관료제이론과 행정원리론에서 추구한 보편적인 조직원리를 비판하면서 등장했다.

② 중범위라는 제한된 수준 내에서 일반성과 규칙성의 발견을 추구한다.

③ 상대적인 입장을 취해 조직설계와 관리방식의 융통성을 꾀한다.

④ 독립변수나 상황적 조건들을 한정하거나 유형화 하지 않는 유연한 분석을 통해 문제에 대한 처방을 추구한다.

12 국가공무원법에 규정된 공무원의 의무에 대한 설명으로 옳지 않은 것은?

① 공무원은 소속 상관의 허가 또는 정당한 사유가 없으면 직장을 이탈하지 못한다.

② 공무원은 공무 외에 영리를 목적으로 하는 업무에 종사하지 못하며 소속 기관장의 허가 없이 다른 직무를 겸할 수 없다.

③ 공무원이 외국 정부로부터 영예나 증여를 받을 경우에는 소속 기관장의 허가를 받아야 한다.

④ 사실상 노무에 종사하는 공무원으로서 노동조합에 가입된 자가 조합 업무에 전임하려면 소속 장관의 허가를 받아야 한다.

13 슈나이더와 잉그램(Schneider & Ingram)의 사회구성주의(Social Consturction)에서 정책대상집단에 대한 설명으로 옳은 것을 모두 고르면?

> ㉠ 수혜집단(Advantaged) – 과학자, 퇴역한 군인, 중산층이 대표적이다.
> ㉡ 경쟁집단(Contender) – 권력은 상대적으로 많지만 이미지는 부정적이다.
> ㉢ 의존집단(Dependents) –권력은 상대적으로적지만 이미지는 긍정적이다.
> ㉣ 이탈집단(Deviants) – 강력한 제재가 허용되지만 제제에 대하여 강력히 저항한다.

① ㉠, ㉡

② ㉡, ㉢

③ ㉠, ㉡, ㉢

④ ㉡, ㉢, ㉣

14 조직의 분권화가 필요한 상황으로 옳지 않은 것은?

① 지식공유가 원활하고 구성원의 전문성이 높은 경우

② 부서 간 횡적 조정이 어려운 경우

③ 기술과 환경변화가 역동적으로 이루어지는 경우

④ 고객에게 신속하고 상황 적응적인 서비스를 제공하여야 하는 경우

15 예산과목의 분류체계에 대한 설명으로 옳지 않은 것은?

① 세입예산과 세출예산 모두 장·관·항·세항·목으로 구분한다.

② 예산과목 중에서 장·관·항은 입법과목이며, 세항·목은 행정과목이다.

③ 세입세출예산은 필요한 때에는 계정으로 구분이 가능하다.

④ 세입세출예산은 독립기관 및 중앙관서의 소관별로 구분한 후 소관 내에서 일반회계·특별회계로 구분한다.

16 대리정부(proxy government)의 특징에 대한 설명으로 옳지 않은 것은?

① 정보의 왜곡현상이 발생할 수 있다.

② 분권화 전략에 의해서 자원의 낭비와 남용을 줄일 수 있다.

③ 대리정부의 형태가 다양하므로 행정관리자의 전문적 리더십이 중요하다.

④ 시민 개개인의 행동이 정부정책의 성과를 결정하기 때문에 높은 시민의식 하에 대리 정부에 대한 시민의 통제가 중요하다.

17 민영화에 대한 설명으로 옳지 않은 것은?

① 면허(franchise) – 경쟁이 약하면 이용자의 비용부담이 과중하게 될 수 있다.

② 바우처(vouching) – 소비자가 재화의 선택권을 갖는다.

③ 보조금(subsidy) – 신축적 인력운영이 가능하고 서비스 수준을 개선하는 효과가 크다.

④ 자조활동(self-help) – 정부의 서비스 생산업무를 대체하기 보다는 보조하는 성격을 갖는다.

18 주민참여예산제도에 대한 설명으로 옳지 않은 것은?

① 지방재정법에 근거조항이 마련되어 있다.

② 주민참여예산기구의 구성 · 운영과 그 밖에 필요한 사항은 해당 지방자치단체의 조례로 정한다.

③ 지방자치단체의 장은 주민참여예산제도를 통하여 수렴한 주민의 의견서를 지방의회에 제출하는 예산안에 첨부하여야 한다.

④ 지방자치단체의 장은 지방의회의 의결사항을 포함하여 예산과정에 주민참여예산제도를 마련하여 시행하여야 한다.

19 공공정책갈등에서 각 프레임과 그에 대한 설명으로 가장 적절 하지 않은 것은?

① 정체성 프레임 – 갈등 당사자는 스스로에게 정책의 피해자라는 일정한 특징을 부여하여 자신들을 범주화한다.

② 사회적 통제 프레임 – 권력의 정당성에 대한 갈등 해결 당사자들의 인식을 의미한다.

③ 손익 프레임 – 문제 상황이 자신에게 어떤 이익과 손해를 가져오는지에 대한 당사자의 평가에 달려있다.

④ 특징부여 프레임 – 갈등이슈와 관련된 위험 수준과 유형에 대한 당사자의 평가를 의미한다.

20 정부업무평가에 대한 설명으로 옳지 않은 것은?

① 정부업무평가위원회는 대통령 직속 하에 설치한다.

② 행정안전부 장관은 평가의 객관성 및 공정성을 위해서 지방자치단체의 평가를 지원한다.

③ 중앙행정기관장은 성과관리 전략계획에 기초하여 연도별 시행계획을 수립 및 시행한다.

④ 중앙행정기관장과 지방자치단체장은 매년 자체평가위원회를 통해 자체평가를 실시한다.

21 행정학의 접근방법에 대한 설명으로 옳은 것은?

① 생태론적 접근방법은 행정조직을 개방체제로서 파악하는 입장이며, 발전도상국의 행정현상을 설명하는 데 유용하게 도입되었다.

② 행태론적 접근방법은 인접과학의 협동연구를 중시하는 입장에서 인간행태의 의도에 관심을 가진다.

③ 공공선택론적 접근방법은 방법론적 개체주의 입장에서 공공재의 수요자들 간의 공평한 자원 배분에 관심을 가진다.

④ 역사적 접근방법은 각종 행정제도의 성격과 그 형성에 있어서 보편적인 방법을 인식하는 수단을 제공한다.

22 총체주의적 예산결정모형에 대한 설명 중 옳지 않은 것은?

① 집권적이며 하향식으로 자원을 배분한다.
② 품목별 예산제도를 바람직한 예산편성방식으로 인식한다.
③ 목표와 수단 간 연계관계를 명확히 밝혀 합리적 선택을 모색한다.
④ 연역법적 방법론에 의하며 가치와 사실을 구분한다.

23 경합가치모형(CVM: Competing Values Model)에 대한 설명으로 옳지 않은 것은?

① 내부과정모형은 안정성을 강조해 의사소통을 중시한다.
② 합리목표모형은 조직의 성장과 자원 확보를 목표로 정보관리와 능률성을 중시한다.
③ 인간관계모형은 조직구성원들의 응집력과 사기를 높이는 것을 중시한다.
④ 개방체제모형은 조직유연성과 환경적응성을 중시한다.

24 정책평가의 타당성과 신뢰성에 대한 설명으로 옳은 것은?

① 신뢰성이 없는 측정은 항상 타당성이 없다.
② 타당성은 척도 또는 측정도구가 얼마나 일관성 있게 작용하는가에 영향을 받는다.
③ 타당성이 있는 측정은 신뢰성이 있을 수도 있고 없을 수도 있다.
④ 신뢰성은 척도 또는 측정도구가 측정하고자 하는 것을 얼마나 정확히 반영하는가에 영향을 받는다.

25 대표관료제에 대한 설명으로 가장 적절하지 않은 것은?

① 소극적 대표성이 적극적 대표성으로 연결되지 않을 수 있다.
② 실적주의와 조화되어 행정능률 향상에 기여한다.
③ 할당제 등으로 인한 역차별의 문제가 발생한다.
④ 공무원의 적극적 대표성은 민주주의에 반할 위험도 존재한다.

2019 | **추가채용** 기출문제

✅ 회독 CHECK ① ② ③　　　　　　　　　　　✅ 시험시간 25분　✅ 해설편 070쪽

01 다음 중 로위(Lowi)의 정책분류에 대한 설명으로 옳지 않은 것은?

① 누진세는 재분배정책을 강조한다.
② 정부의 조직개편과 기구의 설치는 구성정책에 해당한다.
③ 연구보조금의 지급은 배분정책의 예시이다.
④ 분배정책이 재분배정책보다 반발이 심하다.

02 다음 중 직업공무원 제도를 성공적으로 수립하기 위한 조건으로 옳지 않은 것은?

① 행정의 안정성
② 적절한 수준의 보수
③ 평생 고용
④ 상시 고용

03 다음 중 우리나라 특별회계에 대한 설명으로 옳지 않은 것은?

① 특별회계는 법률로써 설치하되, 국가재정법에 규정된 개별 법률에 의하지 아니하고는 이를 설치 할 수 없다.
② 재정팽창을 예방할 수 있다.
③ 단일성의 원칙과 통일성의 원칙의 예외이다.
④ 출연금, 부담금 등을 재원으로 한다.

04 다음 중 현대 행정의 기능적 · 질적 특징으로 옳지 않은 것은?

① 행정조직의 동태화
② 행정기구의 확대 및 공무원 수 증가
③ 행정의 전문화 · 기술화
④ 행정평가의 강화

05 다음 중 책임성에 대한 설명으로 옳지 않은 것은?

① 파이너(H. Finer)는 내재적 책임을 강조하고, 프리드리히(C. Friedrich)는 외재적 책임을 강조했다.
② 롬젝(Romzek)과 데브닉(Dubnick)에 따르면 강조되는 책임성의 유형은 조직 특성에 따라 달라진다.
③ 신공공관리론은 책임성을 확보하기 위하여 객관적 · 체계적 성과측정을 중시한다.
④ 책임성은 수단적 가치이다.

06 다음 중 임시체제(adhocracy)에 해당하지 않는 것은?

① 매트릭스(matrix) 조직
② 네트워크(network) 조직
③ 귤릭(gulick) 조직
④ 테스크 포스(task force)

07 다음 중 행태론적 접근방법에 대해 옳지 않은 것은?

① 논리실증주의(logical positivism)를 도입했다.
② 계량분석법(quantitative analysis)을 사용했다.
③ 가치개입(value-laden)을 중시한다.
④ 인간행태의 규칙성을 가정한다.

08 다음 중 신공공관리론에 대한 설명으로 옳지 않은 것은?

① 신공공관리론에서는 권한 분산과 하부 위임을 통해 관리자의 자율성과 책임성을 강화한다.
② 신공공관리론은 민간부분의 경영방식을 적용하여 고객에 대한 대응성을 높이고자 한다.
③ 신공공관리론은 가격메커니즘과 경쟁원리를 활용한 공공서비스의 제공을 강조한다.
④ 신공공관리론은 시장 규제는 완화하고 내부 규제는 강화한다.

09 다음 중 피터스(B. G. Peters)가 제시한 정부개혁모형에 대한 설명으로 옳지 않은 것은?

① 시장정부모형은 공공서비스가 얼마나 저렴하게 공급되느냐를 주된 공익의 판단 기준으로 삼으며, 서비스 이용권 등 소비자의 선택권을 중시한다.
② 참여정부모형에서는 조직 하층부 일선공무원이나 시민들의 의사결정 참여기회가 최대한 보장될 때 공익이 확보된다고 가정한다.
③ 탈규제정부모형에서는 시장규제 완화를 통한 시장 활성화를 추구하기 위하여 정부의 권한을 축소해야 한다고 본다.
④ 신축정부모형에서는 정부조직의 항구성을 타파하여 비용을 절감하고 공익을 증진시킬 수 있다고 본다.

10 다음 중앙인사기관의 유형 중 독립합의형의 장점으로 옳지 않은 것은?

① 엽관주의의 영향력을 배제함으로써 인사행정의 공정성을 확보할 수 있다.
② 다수의 위원에 의한 신중한 의사결정을 할 수 있다.
③ 인사행정에 대한 이익집단의 요구를 균형있게 수용할 수 있다.
④ 책임소재를 명확히 할 수 있다.

11 다음 중 예산집행의 신축성을 확보하기 위한 제도로 옳지 않은 것은?

① 총괄예산제도와 추가경정예산
② 이용과 전용
③ 예산의 배정과 재배정
④ 계속비와 예비비

12 다음 중 립스키의 일선관료제론에 대한 설명으로 옳은 것은?

① 일선관료제론은 의제설정단계에서 중요하다.
② 일선관료제론은 결정단계에서 중요하다.
③ 일선관료제론은 의제단계에서 평가단계까지 모니터링이 필요하다.
④ 일선관료제론은 집행현장에서 재량이 적지 않다.

13 다음 중 시장실패의 원인과 그 대응방식으로 옳지 않은 것은?

① 공공재는 무임승차의 가능성이 있어 조세로 걷어 정부가 제공한다.
② 규모의 경제로 인한 독점 문제를 공기업이 공급한다.
③ 자연자원은 소유지설정으로 문제 해결이 가능하다.
④ X-비효율성이 발생할 경우 민영화와 규제완화로 문제 해결이 가능하다.

14 다음 중 조직의 기본변수의 특성에 대한 설명으로 옳지 않은 것은?

① 규모가 커질수록 업무가 분업화 되고 부문화가 많아지게 되어 복잡성이 높아진다.
② 조직의 규모가 커질수록 구성원들의 공식화가 낮아진다.
③ 비숙련 업무일수록 복잡성이 높아질 것이다.
④ 관리의 민주화를 실현하기 위해 분권화는 높아질 것이다.

15 다음 중 「공직자윤리법」에서 규정한 공무원의 기관업무의 취급제한 내용에 대하여 옳은 것은?

> 기관업무기준 취업심사대상자는 다른 법률에 특별한 규정이 있는 경우를 제외하고는 퇴직 전 ( )년부터 퇴직할 때까지 근무한 기관이 취업한 취업제한기관에 대하여 처리하는 제17조 제2항 각 호의 업무를 퇴직한 날부터 ( )년 동안 취급할 수 없다.

① 3, 5   ② 2, 2
③ 1, 4   ④ 5, 3

16 다음 중 정책평가의 외적 타당성 저해요인으로 옳은 것은?

① 선발 요소, 성숙 효과
② 호손 효과, 성숙 효과
③ 크리밍 효과, 호손 효과
④ 역사 효과, 크리밍 효과

17 다음 중 예산 통일성 원칙의 예외로 옳지 않은 것은?

① 추가경정예산
② 특별회계
③ 수입대체경비
④ 기금

18 다음 중 전자거버넌스의 최종적 의사결정 양식으로 옳은 것은?

① 소수의 민주적 의사결정
② 다수의 통합적 의사결정
③ 소수의 합의적 의사결정
④ 확산된 분권적 의사결정

19 다음 중 현재, 세금을 납부할 의무가 있는 납세의무자와 세금을 최종적으로 부담할 담세자가 일치하지 않는 국세에 해당하는 것으로만 묶인 것은?

㉠ 재산세	㉡ 부가가치세
㉢ 담배소비세	㉣ 주세
㉤ 개별소비세	㉥ 종합부동산세

① ㉠, ㉢, ㉤   ② ㉡, ㉤, ㉥
③ ㉡, ㉣, ㉤   ④ ㉢, ㉤, ㉥

20 다음 중 현재 국가공무원에는 해당이 되지만 지방공무원에는 해당되지 않는 공무원은?

① 고위공무원단에 속하는 공무원

② 별정직 공무원

③ 특정직 공무원

④ 정무직 공무원

21 다음 중 현재, 「국가재정법」상 옳지 않은 것은?

① 각 회계연도의 경비는 그 연도의 세입 또는 수입으로 충당하여야 한다.

② 한 회계연도의 모든 수입을 세입으로 하고, 모든 지출을 세출로 한다.

③ 예산안을 회계연도 개시 90일 전까지 국회에 제출하여야 한다.

④ 국회에 제출하여야 하는 매년 당해 회계연도부터 5회계연도 이상의 기간에 대한 국가재정운용계획에는 조세부담률 및 국민부담률 전망이 포함되어야 한다.

22 다음 중 우리나라의 광역행정 방식으로 옳지 않은 것은?

① 사무위탁

② 행정협의회

③ 지방자치단체조합

④ 민영화

23 다음 중 군무원에 대한 설명으로 옳지 않은 것은?

① 군무원의 봉급에 관한 사항은 국방부장관이 정한다.

② 군무원은 법관, 검사, 헌법재판소 헌법연구관 등과 같은 특정직 공무원이다.

③ 군무원은 군인에 준하는 대우를 한다.

④ 대한민국 국적과 외국 국적을 함께 가지고 있는 사람은 군무원에 임용될 수 없다.

24 다음 중 현행 법령상, 지방교부세에 대한 설명으로 가장 옳은 것은?

① 경기도의회는 주민들에게 소방안전교부세를 교부할 수 있다.

② 광주광역시에 특별교부세를 교부할 수 없다.

③ 인천광역시에 부동산교부세를 교부할 수 있다.

④ 세종특별자치시는 주민들에게 분권교부세를 부과할 수 있다.

25 다음 중 현행법상 일정한 자격을 갖춘 외국인에게 허용되는 것은 모두 몇 개인가?

┌───┐
│ ㉠ 주민조례의 제정과 개폐 청구권 │
│ ㉡ 주민투표 │
│ ㉢ 주민감사청구 │
│ ㉣ 주민소송 │
│ ㉤ 주민소환 │
│ ㉥ 공공기관의 정보공개에 관한 법률에 따른 정보공개청구 │
└───┘

① 2개   ② 3개

③ 4개   ④ 5개

2019 기출문제

01 다음 중 대통령의 권한과 관련된 설명으로 옳지 않은 것은?

① 역대대통령은 청와대의 규모를 줄이고 국무총리에게 인사권한을 위임했다.

② 야당이 집권당의 다수당을 차지하면 레임덕 현상이 나타난다.

③ 우리나라 정부구성은 대통령제를 원칙으로, 의원내각제적 요소를 가미하고 있다.

④ 시민단체는 비공식적 외부통제에 해당하며 주인─대리인 문제를 시정하여 행정윤리를 강화한다.

03 다음 중 콥(R. W. Cobb)의 의제설정모형 중 〈보기〉에 해당하는 것은?

───────〈보 기〉───────

내부관료 또는 소수외부집단이 주도하여 주도집단이 정책의 내용을 미리 정하고, 이 결정된 내용을 그대로 또는 최소한의 수정만으로 집행하려고 시도하며, 특히 반대할 가능성이 있는 사람에게는 이를 숨기려 한다. 사회문제가 정책담당자들에 의해 바로 정책의제화되지만, 공중의제화는 억제되며 일반 대중에게 알리려 하지 않는 일종의 음모형이다. 이 모형은 부와 권력이 집중된 나라에서 주로 나타난다.

① 내부접근형

② 동원형

③ 외부주도형

④ 굳히기형

02 다음 중 지방자치 행정의 특징으로 옳지 않은 것은?

① 지역주민에게 조언, 권고, 정보제공 등 비권력적 행정서비스를 제공하는 생활행정이다.

② 국가행정이 효율성을 중시하는 데 비해 지방행정은 형평성 제고를 더 중시한다.

③ 중앙정부와 지방정부 간 적절한 기능분담을 통한 행정의 효율성 향상을 기한다.

④ 참여를 통한 민중통제와 그에 따른 대응성 제고를 기대할 수 있다.

04 다음 중 '계획예산제도(PPBS)'의 특징으로 옳지 않은 것은?

① 정치적 합리성보다는 경제적 합리성을 더 중시한다.

② 부서별 자원배분이 아닌 부서의 경계를 초월한 정책 또는 프로그램별로 자원배분이 이루어진다.

③ 영기준예산제도(ZBB)보다 운영 면에서 전문성을 적게 요구하므로 모든 조직 구성원들이 진지하게 참여한다.

④ 목표 달성을 위한 대안 사업을 분석할 때 환류(Feedback)가 이루어진다.

05 다음 중 지방자치단체의 계층구조 중 단층제의 장점으로 옳지 않은 것은?

① 중앙정부의 비대화를 막을 수 있다.

② 중앙정부와 지역주민들과의 의사소통 거리가 단축된다.

③ 주민생활행정에 대한 책임소재가 더 명확해진다.

④ 다층제에 비해 자치단체의 자치권, 지역의 특수권 및 개별성을 더 존중한다.

06 다음 〈보기〉에 제시된 정부 개혁이 시기 순으로 바르게 나열된 것은?

┌──────── 〈보 기〉 ────────┐
│ ㉠ 행정쇄신위원회   │
│ ㉡ 열린 혁신   │
│ ㉢ 정부 3.0   │
│ ㉣ 정부혁신지방분권위원회   │
└─────────────────────────┘

① ㉠ - ㉣ - ㉢ - ㉡

② ㉡ - ㉢ - ㉣ - ㉠

③ ㉠ - ㉢ - ㉡ - ㉣

④ ㉠ - ㉢ - ㉣ - ㉡

07 다음 중 직업공무원제의 개선에 직접적으로 관련되지 않은 것은?

① 직장협의회

② 고위공무원단

③ 개방형 인사제도

④ 성과급

08 다음 중 우리나라 공무원의 근무성적평정에 관한 설명으로 옳지 않은 것은?

① 4급 이하 공무원은 대부분 근무성적평가를 받는다.

② 다면평가는 신뢰성과 객관성을 높일 수 있다.

③ 공무원 인사기록카드에는 학력, 신체사항에 대한 정보를 기재하지 않는다.

④ 직무평가는 직무의 상대적 차이에 따라 구분하는 단계이다.

09 다음 중 정책집행의 성공요건으로 옳지 않은 것은?

① 정치적 기술의 합리성

② 법에 따른 절차, 규정의 명확성

③ 정책목표 우선순위의 유연성

④ 집단의 지속적인 지지

10 다음 중 행태론적 접근방법의 특징으로 옳지 않은 것은?

① 가치와 사실의 분리

② 과학적 방법의 적용

③ 다학문성(종합학문성)

④ 자율적 인간관

11 다음 〈보기〉의 설명 중 실적주의와 관련이 없는 것은?

〈보 기〉
ㄱ 정치적 중립을 통해 행정의 전문화에 기여한다.
ㄴ 고위공무원의 정치적 임용을 활성화하여 정치적 이해관계에 있는 정치가들이 정치를 더 잘하도록 도울 수 있다.
ㄷ 국민에 대한 대응성과 책임성 확보에 유리하다.
ㄹ 고위공무원이나 장관 임명에 엽관주의를 활용하는 것은 궁극적으로 민주성과 형평성을 구현한다.

① ㄱ, ㄴ
② ㄴ, ㄷ
③ ㄱ, ㄷ
④ ㄴ, ㄹ

12 다음 중 학습조직의 특징으로 가장 적절하지 않은 것은?

① 외부의 압력에 의한 동형화와 전문화 과정을 통한 동형화 현상이 나타난다.
② 중간관리자들의 지식관리와 정보의 수직적 및 수평적 흐름이 중시된다.
③ 전 직원이 문제해결에 참여하므로 조직문화에 적응적이다.
④ 학습조직의 기본단위는 업무 프로세스 중심의 통합기능팀이다.

13 다음 중 대통령 소속의 위원회에 해당하는 것으로 옳은 것은?

① 방송통신위원회
② 공정거래위원회
③ 금융위원회
④ 국민권익위원회

14 다음 중 한정성 예산원칙의 예외에 해당하는 것으로만 묶인 것은?

ㄱ 이용과 전용
ㄴ 기금
ㄷ 신임예산
ㄹ 예비비

① ㄱ, ㄴ
② ㄱ, ㄹ
③ ㄴ, ㄷ
④ ㄴ, ㄹ

15 다음 중 행정 및 행정학의 발전에 대한 설명으로 옳지 않은 것은?

① 행정을 사회문제 해결을 위한 정부나 공공조직의 기능과 역할로 보는 관점에서는 공행정과 사행정을 구분한다.
② 윌슨(W. Wilson)이 1887년 발표한 '행정의 연구'는 행정은 순수한 관리현상으로서 수단의 영역에 해당한다고 주장했다.
③ 미국의 초기 행정학은 정치학으로부터 출발했다.
④ 행정의 기본가치인 근검절약과 효율성 실천수단은 경영에서 도입되었다.

16 다음 중 신제도주의에 대한 설명으로 가장 옳지 않은 것은?

① 사회학적 신제도주의의 동형화 이론에는 강압적 동형화, 모방적 동형화, 규범적 동형화가 있다.
② 비공식적인 것은 제도의 범주에 포함되지 않는다.
③ 구제도주의와 달리 신제도주의에서는 제도를 동적인 것으로 본다.
④ 역사적 신제도주의는 시간의 경로의존성을 인정한다.

17 다음 중 성인지예산에 대한 설명으로 옳지 않은 것은?

① 여성위주의 예산편성과 집행으로 성평등에 기여한다.

② 성인지예산의 적용범위에는 기금(基金)도 포함된다.

③ 성별영향분석평가는 정책이 성평등에 미칠 영향을 사전에 분석한다.

④ 예산의 편성, 심의, 집행, 결산 과정에 모두 적용된다.

18 다음 중 제시된 공무원 인사제도에 대한 설명 중 옳은 것으로만 묶인 것은?

> ㉠ 자치경찰은 경력직 공무원 중 특정직 공무원이다.
> ㉡ 차관은 특수경력직 중 별정직이다.
> ㉢ 국가직과 지방직 모두 고위공무원단이 운영되고 있다.
> ㉣ 국가직과 지방직 공무원 모두 「공무원연금법」의 적용을 받는다.

① ㉠, ㉡   ② ㉠, ㉣

③ ㉡, ㉢   ④ ㉡, ㉣

19 다음 중 조직구조의 특징으로 옳지 않은 것은?

① 공식성이 낮아지면 재량권이 줄어든다.

② 집권성이 높아지면 조직의 위기에 신속하게 대응할 수 있다.

③ 조직규모가 커지면 복잡성도 높아진다.

④ 분화의 정도가 높으면 조정이 어려워진다.

20 다음 중 신공공서비스론(NPS)의 특징으로 옳지 않은 것은?

① 관료는 고객위주의 공공기업가가 되어야 한다.

② 협력적 국정거버넌스에서 정부는 조정자의 역할을 수행한다.

③ 정부는 성과지향적 책임과 공동체적 책임을 모두 지향한다.

④ 행정의 역할은 방향잡기가 아닌 서비스여야 한다.

21 다음 중 우리나라 예산심의의 특징으로 옳지 않은 것은?

① 우리나라는 대통령중심제이기 때문에 의원내각제의 국가보다 예산심의과정이 엄격하지 않다.

② 우리나라의 예산은 미국과 달리 법률보다 하위의 효력을 가진다.

③ 본회의 중심이 아니라 상임위원회와 예산결산특별위원회 중심이다.

④ 국회는 정부의 동의 없이 정부가 제출한 지출예산 각항의 금액을 증액할 수 없다.

22 다음 중 공공선택론의 특징으로 옳지 않은 것은?

① 1960년대 뷰캐넌(J. Buchanan)과 털록(G. Tullock)이 창시하였으며 집단적 의사결정과정에 경제학적 논리를 적용한다.

② 오스트롬의 민주행정 패러다임은 행정이 정치의 영역 내부에서 이루어진다고 보았다.

③ 사표심리는 공공선택의 규칙하에서 표의 효과를 극대화하려는 전략적 선택이라고 본다.

④ 시장실패의 원인을 분석하였으나 정부실패를 고려하지 않았다.

23 다음 중 사회적 자본의 특징으로 옳지 않은 것은?

① 사회적 자본은 사용할수록 감소하는 특징이 있다.
② 후쿠야마(F. Fukuyama)는 국가의 경쟁력은 사회에 내재하는 신뢰수준이 결정한다고 주장했다.
③ 사회적 자본은 개인의 네트워크나 결사체에 내재된 공공적 자원이다.
④ 사회적 자본은 정부의 개입 없이도 공동의 문제를 해결할 수 있게 만든다.

25 다음 중 집단적 의사결정의 한계로 옳지 않은 것은?

① 다양한 의견과 지식을 제시할 수 없다.
② 소수의 리더에 의해 의견이 제한될 수 있다.
③ 최선보다 차선책 선택의 오류가 나타날 수 있다.
④ 책임이 불분명하여 무책임한 행태가 나타난다.

24 다음 〈보기〉의 설명에 가장 관련성이 높은 의사결정기법으로 옳은 것은?

──── 〈보 기〉 ────

토론집단을 대립적인 두 개의 팀으로 나누어 충분한 토론을 진행하는 과정에서 합의를 형성해 내는 의사결정기법으로서 토론과정에서 고의적으로 본래 대안의 단점과 약점을 적극적으로 지적한다. 발생할 수 있는 모든 가능성이 검토되므로 최종 대안의 효과성과 현실적응성이 높아진다.

① 델파이 기법(Delphi Method)
② 브레인스토밍(Brainstorming)
③ 지명반론자기법(Devil's Advocate Method)
④ 명목집단기법(Nominal Group Technique)

2018 기출문제

모바일
OMR
답안분석
서비스

✔ 회독 CHECK 1 2 3

✔ 시험시간 25분 ✔ 해설편 088쪽

01 다음 중 정책네트워크모형에 대한 설명으로 옳지 않은 것은?

① 정부관료, 학자, 연구원 등으로 구성된 전문가집단을 정책공동체라 한다.

② 정책커튼모형은 정부기구 내의 권력 장악자들에 의해 정책과정이 독점되는 가장 폐쇄적인 유형으로 이샤이(Yishai)가 주장하였다.

③ 이슈네트워크모형은 유동적이며 불안정적인 일시적인 망으로 특정한 경계가 존재하지 않는다.

④ 권력게임은 네거티브섬 게임(negative-sum game)을 하는 반면 이슈네트워크는 포지티브섬 게임(positive-sum game)을 한다.

02 다음 중 보조기관이 아닌 것은?

① 계장

② 차관

③ 실장

④ 차관보

03 다음 중 직위분류제의 구성요소에 대한 설명으로 옳지 않은 것은?

① 직위란 1인에게 부여할 수 있는 직무와 책임을 말한다.

② 직급이란 직무의 종류와 곤란도, 책임도가 유사한 직위의 군을 말한다.

③ 직렬이란 직무의 종류는 유사하나 책임과 곤란도가 상이한 직급의 군을 말한다.

④ 직류란 직무의 성질이 유사한 직렬의 군을 말한다.

04 「국가공무원법」상 공무원의 의무에 대한 설명으로 옳지 않은 것은?

① 공무원은 직무를 수행할 때 소속 상관의 직무상 명령에 복종하여야 한다.

② 공무원은 직무의 내외를 불문하고 그 품위가 손상되는 행위를 하여서는 아니 된다.

③ 공무원은 퇴직 후에도 직무상 알게 된 비밀을 엄수하여야 한다.

④ 공무원은 외국 정부로부터 영예나 증여를 받을 수 없다.

05 콥(Cobb)의 정책의제 설정모형 중 〈보기〉에 해당하는 모형은?

─── 〈보 기〉 ───

정부기관 내에서 제기되거나 정책결정자에게 쉽게 접근할 수 있는 특정 외부집단의 주도로 문제가 제기되고 공식의제가 되도록 충분한 압력(설득·로비)을 가한다.

① 내부접근형
② 외부주도형
③ 동원형
④ 굳히기형

06 다음 중 목표의 변동에 관한 내용으로 옳지 않은 것은?

① 목표의 전환은 조직의 항구성 형성에 기여한다.
② 본래의 목표에 동종 목표의 추가는 목표의 확대를 가져온다.
③ 복수목표 간에 우선순위가 바뀌는 것을 목표 간의 비중변동이라 한다.
④ 유형목표의 추구는 목표의 전환을 야기할 수 있다.

07 다음 중 수평적 조정기제에 해당하지 않는 것은?

① 규칙
② 통합관리자
③ 태스크포스
④ 정보시스템

08 다음 중 우리나라의 자치계층과 행정계층에 관한 설명으로 옳지 않은 것은?

① 서울특별시의 지위·조직 및 운영에 대하여는 수도로서의 특수성을 고려하여 법률로 정하는 바에 따라 특례를 둘 수 있다.
② 세종시와 제주시는 자치계층과 행정계층이 일치한다.
③ 우리나라는 절충적 방안으로 포괄적 예시주의를 채택하고 있다.
④ 특별시·광역시 및 특별자치시가 아닌 인구 50만 이상의 시에는 자치구가 아닌 구를 둘 수 있고, 군에는 읍·면을 두며, 시와 구(자치구를 포함한다)에는 동을, 읍·면에는 리를 둔다.

09 다음 중 우리나라의 지방정부에 대한 중앙통제와 관련한 설명으로 가장 적절하지 않은 것은?

① 지방자치단체의 사무에 관한 그 장의 명령이나 처분이 법령에 위반되거나 현저히 부당하여 공익을 해친다고 인정되면 시·도에 대하여는 주무부장관이, 시·군 및 자치구에 대하여는 시·도지사가 기간을 정하여 서면으로 시정할 것을 명하고, 그 기간에 이행하지 아니하면 이를 취소하거나 정지할 수 있다.
② 중앙정부는 위법·부당한 명령·처분의 시정명령 및 취소·정지를 할 수 있고, 지방자치단체의 장이 이에 이의가 있을 때에는 행정법원에 소를 제기할 수 있다.
③ 지방자치단체의 장이 국가위임사무나 시·도위임사무의 관리와 집행을 명백히 게을리 하는 경우 이행사항을 명할 수 있다.
④ 지방자치단체에서 하는 자치사무는 법령위반사항에 대하여만 회계를 감사할 수 있다.

10 대표관료제에 대한 설명으로 옳은 것은?

① 내부통제가 용이하다.

② 소외집단이나 소수집단의 공직취임기회를 박탈하여 사회적 형평성을 저해할 수 있다.

③ 공무원들이 출신 집단별로 구성되어 집단이기주의를 감소시킬 수 있다.

④ 지역별, 성별 임용할당제(쿼터제)는 헌법상의 평등원리에 어긋나며 역차별(reverse discrimination)의 문제가 있어 도입하기가 곤란하다.

11 다음 중 예산집행과정에서 신축성 유지방안에 해당하지 않는 것은?

① 배정 · 재배정

② 총괄예산주의

③ 긴급배정

④ 추가경정예산

12 다음 중 스미스(H. D. Smith)가 주장한 현대적 예산 원칙에 해당하지 않는 것은?

① 보고의 원칙

② 적절한 수단구비의 원칙

③ 행정부책임의 원칙

④ 명확성의 원칙

13 다음 중 신공공관리론에 대한 설명으로 옳지 않은 것은?

① 정부 역할을 방향잡기(steering)로 인식한다.

② 고객 중심의 논리는 국민을 능동적 존재가 아닌 수동적인 존재로 만들 수 있다.

③ 계층제의 완화 및 탈관료제를 강조한다.

④ 수익자 부담의 원칙 강화, 민영화 확대, 규제 강화 등을 제시한다.

14 「공무원임용령」상 보직관리의 기준에 따른 직위의 직무요건이 아닌 것은?

① 직위의 성과책임

② 직렬 및 직류

③ 직무수행의 난이도

④ 직무수행요건

15 「국가공무원법」상 중앙인사관장기관의 장이 아닌 것은?

① 대법원장

② 국회사무총장

③ 중앙선거관리위원회사무총장

④ 인사혁신처장

16 다음 중 예산과 계획의 성향 및 관계에 대한 설명으로 옳지 않은 것은?

① 예산은 보수적, 계획은 쇄신적 성격을 가진다.
② 계획담당자는 미래지향적·발전지향적·소비지향적이나, 예산담당자는 보수적·부정적·저축지향적이다.
③ 계획담당자는 단기적 관점을, 예산담당자는 장기적 관점을 가진다.
④ 계획과 예산의 유기적 통합이 결여될 경우 기획과 예산은 분리된다.

17 네트워크 조직에 대한 설명으로 옳지 않은 것은?

① 수직적·수평적 통합을 지향한다.
② 정보와 지식의 교환·공유·축적으로 조직 학습을 촉진시키며, 새로운 지식이나 가치의 창조·활용이 용이하다.
③ 제품의 안정적 공급과 품질관리가 가능해진다.
④ 통합관리가 어려워 감시비용이 많이 든다.

18 공공기관에 대한 설명으로 옳지 않은 것은?

① 공공기관은 공기업, 준정부기관, 기타공공기관으로 나뉜다.
② 공기업은 시장형, 준시장형으로 나뉜다.
③ 준정부기관은 기금관리형, 위탁집행형으로 나뉜다.
④ 공공기관 지정은 국무총리가 한다.

19 신엘리트이론에서 무의사결정론에 대한 설명으로 옳지 않은 것은?

① 무의사결정론은 정책결정자의 무관심과 무능력 때문에 발생한다.
② 정책의제설정 단계에서도 나타나고 진행과정 전반에서도 나타난다.
③ 권력계층의 기득권을 침해할 경우 등장하기도 한다.
④ 다원주의에 대한 반발로서 엘리트주의의 일환이다.

20 행정개혁의 접근방법에 대한 설명으로 옳지 않은 것은?

① 행태적 접근방법에서는 행정인의 가치관·태도·신념을 인위적으로 변혁시켜 행정개혁을 도모한다.
② 구조적 접근에서는 통솔범위의 원리·명령통일의 원리·계층제의 원리·조정의 원리 등을 강조한다.
③ 현대행정에서 가장 타당한 행정개혁의 방안은 구조, 관리기술, 인간 등의 종합적 영역에 관심을 갖고 이의 상호융합을 시도한 접근방법이다.
④ 구조적 접근이란 주로 과학적 관리기법에 근거하여 업무수행과정에 중점을 두면서 관리기술의 개선을 강조하는 접근방법을 말한다.

21 다음 〈보기〉 중 옳은 것을 고른 것은?

─── 〈보 기〉 ───
㉠ 실적주의는 직위분류제 확립에 기여하였다.
㉡ 직위분류제는 일반행정가 양성에 기여한다.
㉢ 엽관주의는 관료제 내 민주화에 기여한다.
㉣ 엽관주의는 현재 민주주의에서 쓰이지 않는다.

① ㉠, ㉡　　　　　　② ㉠, ㉢
③ ㉡, ㉢　　　　　　④ ㉢, ㉣

22 「국가재정법」상 추가경정예산안의 편성사유가 아닌 것은?

① 전쟁이나 대규모 재해가 발생한 경우
② 경기침체, 대량실업, 남북관계의 변화, 경제협력과 같은 대내·외 여건에 중대한 변화가 발생하였거나 발생할 우려가 있는 경우
③ 세계잉여금이 남았을 때
④ 법령에 따라 국가가 지급하여야 하는 지출이 발생하거나 증가하는 경우

23 다음 중 거래비용경제학에 대한 설명으로 옳지 않은 것은?

① 조직비용이 거래비용보다 클 때 내부화한다.
② 거래비용경제학은 조직 안팎에서 이루어지는 모든 거래, 즉 소유자와 관리자, 관리자와 부하, 공급자와 생산자, 판매자와 구매자 간의 거래를 분석하여 조직현상을 연구한다.
③ 생산보다는 비용에 관심을 갖고 시장에서 이루어지는 개인 및 조직 간의 거래를 미시적으로 분석한다.
④ 윌리엄슨(Williamson)은 조직 내 거래비용을 최소화하기 위하여 종전의 U형(unitary: 단순)에서 M형(multi-divisionalized: 다차원적) 관리로 전환할 것을 주장하였다.

24 다음 중 개방형 인사제도에 대한 설명으로 옳지 않은 것은?

① 외부로부터 참신하고 유능한 인재를 직접 영입할 수 있어 신진대사를 촉진할 수 있다.
② 행정의 전문성을 제고한다.
③ 공직의 유동성을 높여 관료주의화 및 공직사회의 침체를 방지할 수 있다.
④ 행정에 대한 민주적 통제가 어렵다.

25 다음 중 직위분류제와 계급제에 대한 설명으로 옳지 않은 것은?

① 직위분류제는 행정의 안정성 확보에 기여한다.
② 계급제는 직위분류제보다 직업공무원제도 확립에 더 유리하다.
③ 직위분류제는 인사배치의 신축성을 제약한다.
④ 계급제는 인사관리자의 높은 리더십 구현에 기여한다.

2017 기출문제

모바일
OMR
답안분석
서비스

✔ 회독 CHECK ① ② ③

✔ 시험시간 25분 ✔ 해설편 096쪽

01 다음 중 동기부여의 내용이론이 아닌 것은?

① 맥클리랜드(McClelland) - 성취동기이론
② 브룸(V. H. Vroom) - 기대이론
③ 매슬로우(A. Maslow) - 욕구계층이론
④ 허즈버그(Herzberg) - 욕구이원론

02 직급에 대한 설명으로 옳은 것은?

① 직무의 종류, 곤란성과 책임도가 상당히 유사한 직위의 군
② 직무의 성질이 유사한 직렬의 군
③ 직무의 종류는 유사하나 책임과 곤란성의 정도가 서로 다른 직급의 군
④ 같은 직렬 내에서 담당 분야가 같은 직무의 군

03 다음 중 로위(Lowi)의 정책유형이 아닌 것은?

① 분배정책
② 규제정책
③ 재분배정책
④ 상징정책

04 정책집행과 관련된 설명 중 옳은 것은?

① 하향적 접근방법은 실제 정책집행과정의 인과관계를 상세히 설명할 수 있다.
② 상향적 접근방법은 정책집행과 정책결정을 분리한다.
③ 하향적 접근방법은 집행과정에 영향을 미치는 다양한 요인들을 귀납적으로 도출하여 처방을 제시한다.
④ 상향적 접근방법은 집행자들의 전문적인 경험을 정책목표에 반영한다.

05 신공공관리론에 대한 설명으로 옳은 것은?

① 고객지향
② 중앙정부 주도
③ 과정지향
④ 노 젓는 정부

06 시장실패의 원인과 관련된 것으로 옳지 않은 것은?

① 공공재의 존재
② 정보 격차
③ 내부성
④ 자연독점

07 다음 중 예산제도에 대한 설명으로 옳지 않은 것은?

① 계획예산제도(PPBS)의 예산결정은 점증적 접근방법이다.

② 신성과주의예산제도(NPB)는 성과목표는 통제하되, 수단의 선택과 운영에 대한 폭넓은 재량을 허용한다.

③ 성과주의예산제도(PBS)는 자원배분의 효율성을 중시한다.

④ 품목별예산제도(LIBS)는 통제가 용이하나 자원배분의 효율성을 저해한다.

08 다음 중 행정관료의 재량이 늘어난 이유로 적절하지 않은 것은?

① 공황 이후의 복잡한 사회문제의 등장

② 자본주의 발달로 인한 사회문제의 대두

③ 의회의 권력 확대

④ 행정문제의 전문화

09 회계제도 가운데 복식부기제도에 대한 설명으로 옳지 않은 것은?

① 현금주의에 주로 적용한다.

② 부정이나 오류를 발견하기 쉽다.

③ 자산, 부채, 자본을 인식하여 거래의 이중성에 따라 차변과 대변을 나누어 계상한다.

④ 총량 데이터를 확보할 수 있어 최고경영자에게 유용하다.

10 비공식조직의 단점으로 옳지 않은 것은?

① 내부 직원들의 불평을 증폭시킨다.

② 조직 내부에 파벌화를 조장한다.

③ 공식조직의 경직성을 강화한다.

④ 관리자의 공식권위를 약화한다.

11 다음 중 우리나라 공무원제도에 대한 설명으로 옳지 않은 것은?

① 직위분류제 토대에 계급제가 가미되었다.

② 1963년에 직위분류제를 규정한 「국가공무원법」과 「직위분류법」이 제정되고, 1967년부터 적용키로 하였으나 실패, 1973년에는 관계법령이 개정되고 「직위분류법」은 폐지되었다.

③ 고위공무원단에 속하는 모든 일반직 공무원의 신규채용 임용권은 대통령이 가진다.

④ 1981년 「국가공무원법」의 개정으로 현재의 직위분류제 도입의 토대가 구축되었다.

12 주민자치에 대한 설명으로 옳은 것은?

> ㉠ 정치적 의미의 자치이다.
> ㉡ 지방분권사상을 추구한다.
> ㉢ 독립세주의이다.
> ㉣ 영미계 국가에서 발달하였다.
> ㉤ 중앙정부와 기능적으로 협력한다.

① ㉠, ㉡, ㉢, ㉣

② ㉠, ㉡, ㉢, ㉤

③ ㉠, ㉢, ㉣, ㉤

④ ㉡, ㉢, ㉣, ㉤

13 조합주의에 대한 설명으로 옳지 않은 것은?

① 국가조합주의는 국가의 우월한 권력을 인정한다.

② 조합주의는 다양한 이익집단 간 경쟁성을 특징으로 한다.

③ 사회조합주의는 이익집단의 자발적 시도로 생성된다.

④ 신조합주의는 다국적기업이 국가와 동맹관계를 유지하면서 정책에 참여한다고 본다.

14 리더십 이론에 대한 설명으로 옳지 않은 것은?

① 블레이크와 머튼은 리더십을 4가지 유형으로 분류하였다.

② 오하이오 대학 리더십 연구는 행태주의를 기반으로 한다.

③ 피들러의 상황적응모형은 관계지향적 리더와 과업지향적 리더로 나누어 연구하였다.

④ 변혁적 리더십은 조직의 변화를 추구한다.

15 다음 중 다프트(Daft)의 조직유형에 대한 설명으로 옳은 것은?

① 네트워크 조직은 핵심기능을 외부에 위임하고 생산기능은 조직 자체에서 수행한다.

② 수평 구조는 전문성을 중시한다.

③ 사업 구조는 조직을 기능부서별로 분류한 구조이다.

④ 매트릭스 구조는 기능 구조와 사업 구조의 이원적 체제이다.

16 행정학자와 그 이론을 연결한 것으로 옳지 않은 것은?

① 버나드(C. I. Barnard) - 행태론

② 윌슨(W. Wilson) - 정치행정이원론

③ 애플비(P. H. Appleby) - 정치행정이원론

④ 가우스(J. M. Gaus) - 생태론

17 행정이 불확실한 상황에서 할 수 있는 것 중 옳지 않은 것은?

① 표준화로 불확실성을 감소시킬 수 있다.

② 중첩적인 기능을 없앤다.

③ 환경에 대한 제어를 통하여 불확실성을 감소시킨다.

④ 지식 및 정보를 수집한다.

18 신성과주의예산에 관한 설명 중 옳지 않은 것은?

① 예산집행 결과 어떠한 산출물을 생산하고 어떠한 성과를 달성하였는가를 측정하고 이를 기초로 책임을 묻거나 보상을 하는 결과중심 예산체계를 말한다.

② 성과평가 결과에 대한 책임을 강조한다.

③ 관리자에게 집행에 대한 재량권을 부여한다.

④ 총액결정권을 하부로 위임한다.

19 비용편익분석에 대한 설명 중 옳지 않은 것은?

① 금전적 가치로 평가한다.

② 효과성을 측정할 수 있다.

③ 어떤 사업이라도 같은 효용으로 비교가 가능하다.

④ 유형별로 통일된 평가기준이 있다.

20 공공서비스의 공급주체가 시장일 경우 발생할 수 있는 현상으로 옳지 않은 것은?

① 공유재 – 외부불경제로 인한 시장실패
② 공공재 – 과다공급 또는 과소공급으로 인한 시장실패
③ 요금재 – 자연독점
④ 가치재 – 무임승차

21 「공직자윤리법」에 대한 설명으로 옳지 않은 것은?

① 재산등록의무자는 4급 이상(고위공무원단 포함)공무원과 이에 상당하는 공무원이다.
② 재직 중에 안 사실을 퇴직 후에 누설해서는 안 된다.
③ 재산등록의무자이던 공직자 등은 퇴직 전 5년 이내에 담당했던 직무와 관련 있는 기업체에 퇴직일로부터 3년간은 취업할 수 없다.
④ 공직자의 이해와 관련되어 공정한 업무수행이 곤란치 않도록 해야 한다.

22 실적주의에 대한 설명으로 옳지 않은 것은?

① 리더의 정치적 통제가 용이하지 않다.
② 엽관주의와 인간관계론적 요소를 도입하였다.
③ 공무원의 신분이 보장된다.
④ 실적주의는 과학적 관리론의 영향을 받아 인사행정에 소극적이다.

23 다음 중 공모직위제도에 관한 내용으로 옳은 것은?

① 공모직위를 통해 내부에서 채용할 수 있다.
② 고위공무원단 직위 총수의 100분의 20 이내에서 임용한다.
③ 일반직·특정직·별정직을 대상으로 한다.
④ 임용기간은 5년 범위 안에서 소속 장관이 정하되, 최소 2년 이상으로 한다.

24 다음 중 ㉠~㉣에 들어갈 내용을 바르게 연결한 것은?

구분	계급제	직위분류제
인사행정의 형평성	㉠	㉡
관리자의 리더십	㉢	㉣

	㉠	㉡	㉢	㉣
①	낮음	낮음	높음	높음
②	낮음	높음	높음	낮음
③	높음	낮음	높음	낮음
④	높음	높음	낮음	낮음

25 「국가공무원법」상 징계의 종류로 옳지 않은 것은?

① 강등
② 해임
③ 직권면직
④ 감봉

2016 기출문제

모바일
OMR
답안분석
서비스

● 회독 CHECK 1 2 3

☑ 시험시간 25분 ☑ 해설편 105쪽

01 경합성과 배제성의 특징을 모두 가지고 있는 재화는?

① 시장재
② 요금재
③ 공공재
④ 공유재

02 다음 중 가외성에 대한 설명으로 틀린 것은?

① 가외성은 효율성을 높인다.
② 가외성은 불확실성에 대한 적응성을 증진한다.
③ 불확실한 상황하에서 행정의 신뢰성을 제고시킨다.
④ 동일한 기능이 여러 기관에서 혼합적으로 수행되는 상태를 말한다.

03 다음 중 사회자본의 특징에 대한 설명으로 옳지 않은 것은?

① 사회자본은 지속적인 교환과정을 거쳐서 유지되고 재생산된다.
② 사회자본의 사회적 교환관계는 동등한 가치의 등가교환이다.
③ 사회자본은 사회적 관계에서 거래비용을 감소시켜 주는 기능을 수행한다.
④ 사회자본은 국가 간의 이동성과 대체성이 낮다.

04 다음 중 후기 행태주의의 특징에 대한 설명으로 옳은 것은?

① 집단의 고유한 특성을 인정하지 않는 방법론적 개체주의의 입장을 취한다.
② 민주적 가치규범에 입각하여 가치평가적인 정책연구를 지향하였다.
③ 개념의 조작적 정의를 통해 객관적인 측정방법을 사용하며 자료를 계량적 방법에 의해 분석한다.
④ 객관적인 현상만을 연구대상으로 삼기 때문에 개인적인 경험은 의식적으로 제외된다.

05 신공공관리론에 대한 설명으로 틀린 것은?

① 신공공관리론에서는 행정의 효율성과 전문성을 강조한다.
② 신공공관리론은 개인의 이익보다 집단의 이익을 중시하여 도덕적 해이, 역선택의 문제를 발생시킬 수 있다.
③ 공유지의 비극은 공공재의 과도한 사용으로 인하여 사회 전체적으로 비효율적인 결과가 초래되는 현상을 말한다.
④ 신공공관리론은 개인의 이익을 우선으로 하기 때문에 민간기업 등과의 계약에 따라 민간기업이 행정서비스를 제공하는 것이 능률적이다.

06 법규 중심보다는 서비스, 서비스보다는 시민이 중심이 되는 것으로 공공기관보다 시민을 더 중시하는 것은?

① 신행정론
② 신공공관리론
③ 공공선택이론
④ 뉴거버넌스

07 정책네트워크의 특징에 대한 설명으로 틀린 것은?

① 정책네트워크는 제도적인 구조보다 개별구조를 고려하였다.
② 다원주의, 엘리트주의, 조합주의에 대한 대안으로 등장하였다.
③ 다양한 참여자와 비참여자를 구분하는 경계가 있다.
④ 내부·외부 요인에 의해 정책문제별로 형성되고 변동된다.

08 다음 중 정책의제설정에 관한 설명으로 틀린 것은?

① 의사결정론은 정치체제 내부의 능력상 한계보다는 외부 환경으로부터 발생한 요구의 다양성 때문에 문제가 의제화되는 데 더 많은 영향을 미친다고 본다.
② 체제이론은 문지기(gate-keeper)가 선호하는 문제가 정책의제로 채택된다고 본다.
③ 엘리트론자들은 엘리트들이 정책과정의 전 과정을 압도할 뿐 아니라, 특히 정책의제의 채택과정에서 그들의 권력을 행사한다고 주장한다.
④ 다원주의에서는 어떠한 사회문제든지 모두 정치체제 내로 진입할 수 있다고 주장한다.

09 정책의제설정모형에 대한 설명으로 틀린 것은?

① 동원모형은 이익집단과 국가가 주도하여 정책의제를 채택하는 경우이다.
② 굳히기형은 대중의 지지가 높은 정책문제에 대하여 정부가 그 과정을 주도하여 해결을 시도한다.
③ 내부접근형은 동원형에 비해 낮은 지위의 고위관료가 주도한다.
④ 외부주도형은 정책의제를 강요된 문제로 여긴다.

10 정책결정의 모형에 대한 설명으로 틀린 것은?

① 합리모형은 정치적 합리성은 고려하지 않으며 경제적 합리성만을 추구한다.
② 만족모형은 정책결정의 합리성을 제약하는 요인들을 고려할 때 한정된 대안의 비교분석을 통해 최선을 모색하는 선에서 만족하는 것이 합리적이다.
③ 점증모형은 보수적 성격으로 인해 환경변화에 대한 적응력이 약하다.
④ 최적모형은 정책결정의 지침을 결정하는 데는 합리성을 중시하며, 체제주의는 배제한다.

11 다음 중 조직에 관한 설명으로 틀린 것은?

① 매트릭스 조직은 조직환경이 복잡해지면서, 기능부서의 기술적 전문성이 요구되는 동시에 사업부서의 신속한 대응성의 필요가 증대되면서 등장한 조직의 형태이다.

② 삼엽 조직(shamrock organization)은 소규모 전문직 근로자들, 계약직 근로자들, 신축적인 근로자들로 구성된 조직의 형태이다.

③ 네트워크 조직은 조직의 자체 기능은 핵심역량 위주로 하고 여타 기능은 외부계약관계를 통해서 수행한다.

④ 학습 조직은 공동의 과업, 소수의 규정과 절차, 비공식적이고 분권적인 의사결정을 특징으로 하는 기능분립적 구조이다.

12 다음 중 현재 대통령 소속기관으로 옳은 것은?

① 방송통신위원회

② 국민권익위원회

③ 금융위원회

④ 공정거래위원회

13 UN에서 본 전자 거버넌스로서의 전자적 참여의 형태가 진화 · 발전한 순서로 옳은 것은?

① 전자결정 – 전자자문 – 전자정보화

② 전자정보화 – 전자자문 – 전자결정

③ 전자자문 – 전자결정 – 전자정보화

④ 전자자문 – 전자정보화 – 전자결정

14 다음 중 공무원에 관한 설명으로 옳지 않은 것은?

① 일반직은 실적에 따라 임용되며 경력직공무원이다.

② 별정직은 특정한 업무를 담당하기 위하여 별도의 자격기준에 의하여 임용되는 공무원으로서 법령에서 별정직으로 지정하는 공무원을 말한다.

③ 정무직은 국민의 입장에서 정치적 판단 등이 필요하므로 개방형 임용을 통해 취임한다.

④ 특정직은 각 개별 법률에 의해 별도의 계급체계를 유지하고 있다.

15 다음 중 개방형 직위에 대한 설명으로 틀린 것은?

① 행정의 전문성과 효율적인 정책수립을 위해 공직 내 · 외부에서 인재를 공개적으로 선발하는 제도이다.

② 개방형 직위는 행정에 대한 민주적 통제가 어렵다.

③ 개방형 직위는 임용기회의 형평성을 제고한다.

④ 생산성과 능률성 저하를 야기한다는 비판이 있다.

16 예산결정문화론에서 선진국처럼 국가의 경제력이 크고, 예측가능성이 높은 경우에 해당하는 예산의 형태는?

① 점증예산

② 반복예산

③ 양입예산

④ 보충예산

17 예산심의에 대한 설명으로 틀린 것은?

① 헌법상 정부는 회계연도마다 예산안을 편성하여 회계연도 개시 90일 전까지 국회에 제출하고, 국회는 회계연도 개시 30일 전까지 이를 의결하여야 한다.

② 한 회계연도를 넘어 계속하여 지출할 필요가 있을 때에는 정부는 연한을 정하여 계속비로서 국회의 의결을 얻어야 한다.

③ 예산심의절차는 '상임위원회의 예비심사 – 예산결산특별위원회의 종합심사'의 2단계로 이루어진다.

④ 예비비는 총액으로 국회의 의결을 얻어야 하고, 예비비의 지출은 차기국회의 승인을 얻어야 한다.

18 다음 중 전통적 예산원칙의 내용으로 틀린 것은?

① 이용: 한정성의 원칙에 대한 예외
② 추가경정예산: 통일성의 원칙에 대한 예외
③ 전용: 사전의결의 원칙에 대한 예외
④ 기금: 완전성의 원칙에 대한 예외

19 다음 중 스웨덴식 옴부즈맨 제도에 대한 설명으로 틀린 것은?

① 옴부즈맨은 내부통제이다.
② 법원의 경우와는 달리 신속히 처리되며 비용이 저렴하다.
③ 직무수행에 있어서 독립성이 보장된다.
④ 시민의 권리구제 신청이 없어도 직권조사 권한을 가진다.

20 대표관료제에 대한 설명으로 옳지 않은 것은?

① 행정에 대한 비공식 내부통제의 한 방안이다.
② 공직임용에 있어 개인의 능력·자격을 2차적인 기준으로 삼기 때문에 행정의 전문성과 생산성을 저해할 우려가 있다.
③ 대표관료제는 뉴거버넌스를 저해한다.
④ 국민의 다양한 요구에 대한 정부의 대응성을 제고시킨다.

21 지방자치단체장의 권한에 대한 설명으로 틀린 것은?

① 지방자치단체의 장은 지방자치단체를 대표하고, 그 사무를 총괄한다.
② 임시회의 소집요구권을 가진다.
③ 지방의회가 재의결한 내용이 법령에 위반된다고 인정되면 일시정지할 수 있다.
④ 지방자치단체의 장은 소속 직원을 지휘·감독하고 법령과 조례·규칙으로 정하는 바에 따라 그 임면·교육훈련·복무·징계 등에 관한 사항을 처리한다.

22 지방자치법령에서 규정하는 내용으로 틀린 것은?

① 주민은 그 지방자치단체의 장 및 지방의회의원(비례대표 지방의회의원은 제외한다)을 소환할 권리를 가진다.
② 다른 기관에서 감사하였거나 감사 중인 사항은 주민의 감사청구의 대상에 포함한다.
③ 행정처분인 해당 행위의 취소 또는 변경을 요구하거나 그 행위의 효력 유무 또는 존재 여부의 확인을 요구하는 소송은 주민이 제기할 수 있다.
④ 지방자치단체의 장은 주민에게 과도한 부담을 주거나 중대한 영향을 미치는 지방자치단체의 주요 결정사항 등에 대하여 주민투표에 부칠 수 있다.

23 지방자치법령에 대한 설명으로 가장 옳지 않은 것은?

① 지방자치단체가 조례를 제정할 때 상위 법령에서 아니 된다고 규정해 놓은 것은 조례로 제정할 수 없다.

② 지방자치단체의 장이 대통령령의 범위를 넘는 행정기구의 설치 시에는 대통령의 확인을 받아야 한다.

③ 지방자치단체가 갖는 권한으로 자치입법권이 있지만 제약이 많다.

④ 지방자치단체는 지방세의 세목(稅目), 과세대상, 과세표준, 세율, 그 밖에 부과 · 징수에 필요한 사항을 정할 때에는 「지방세기본법」 또는 「지방세관계법 운영 예규」에서 정하는 범위에서 조례로 정하여야 한다.

24 지방자치단체의 갈등해결에 대한 설명으로 가장 옳은 것은?

① 지방자치단체 상호 간은 행정협의조정위원회, 국가와 지방자치단체는 분쟁조정위원회에서 다투는 것이 옳다.

② 지방자치단체와 주민의 갈등을 해결하는 방법에는 협의회와 협약, 공청회, 공람 등이 있다.

③ 행정협의조정위원회의 결정은 구속력이 있다.

④ 중앙정부와 지방정부 간의 인사교류의 활성화는 소모적 갈등의 완화에 기여한다.

25 특별지방행정기관에 대한 설명으로 옳지 않은 것은?

① 우리나라에는 특별지방행정기관이 없다.

② 지역주민의 의사를 반영시키는 제도적 연결장치가 결여되어 있다.

③ 현장의 정보를 중앙정부에 전달하거나 중앙정부와 지방자치단체 사이의 매개역할을 수행하기도 한다.

④ 국가업무의 효율적 · 광역적 추진을 위해 설치되었다.

2015.07.04. 시행

회독 CHECK 1 2 3

모바일
OMR
답안분석
서비스

☑ 시험시간 25분 ☑ 해설편 111쪽

2015 | 기출문제

01 우리나라의 정부조직 구성에 대한 설명 중 옳지 않은 것은?

① 복수차관을 두는 부처는 6개이다.

② 국무총리 소속으로 처를 두어 여러 부의 업무를 총괄하는 업무를 수행한다.

③ 해양경찰청과 소방방재청은 행정안전부로 흡수되었다.

④ 부는 고유의 행정사무를 수행하기 위한 기능별 · 대상별 기관으로 18개의 부가 있다.

02 다음 중 국가기획에 대한 입장으로 옳지 않은 것은?

① 하이예크(Hayek)는 저서 『노예에로의 길(The Road to Serfdom)』에서 큰 정부를 주장하며, 국가기획을 찬성하였다.

② 파이너(Finer)는 저서 『반동에로의 길(The Road to Reaction)』에서 민주적 기획론을 주장하며 국가기획을 찬성하였다.

③ 만하임(K. Mannheim)은 『자유 · 권력 및 민주적 기획론』에서 민주주의와 기획의 양립을 강조하면서 자유사회를 위한 민주적 기획을 주장하였다.

④ 홀콤(A. N. Holcomb)은 『계획적 민주정부론』에서 계획적 민주주의의 중요성을 강조하며 기획에 대한 찬성론적인 입장을 견지하였다.

03 다음 중 귤릭(Gulick)이 주장한 최고관리자의 7대 기능에 속하지 않는 것은?

① 조직(organizing)

② 조정(coordinating)

③ 인사(staffing)

④ 협력(cooperation)

04 미국의 현대 행정학에 대한 설명으로 옳은 것은?

① 해밀턴(Hamilton)은 중앙집권화에 의한 능률적인 행정방식이 최선임을 강조했다.

② 제퍼슨(Jefferson)은 중앙집권화와 지방분권화의 적절한 조화를 통한 민주주의의 실현을 주장했다.

③ 매디슨(Madison)은 공직에 대한 기회균등을 통한 민주주의의 실현을 주장했다.

④ 잭슨(Jackson)은 다양한 이익집단의 요구에 대한 조정을 위해 견제와 균형을 중시했다.

05 민츠버그의 조직 유형에 대한 설명으로 옳지 않은 것은?

① 사업부제 구조는 산출물의 표준화를 중시하며 성과관리에 적합한 조직이다.

② 전문적 관료제는 중간관리자의 힘이 강한 유형으로 단순하고 안정적인 환경에 적합한 조직이다.

③ 애드호크라시(adhocracy)는 동태적이고 복잡한 환경에 적합한 조직이다.

④ 기계적 관료제는 작업(업무)의 표준화를 중시하는 조직이다.

06 다음 중 포스트모더니즘에 대한 설명으로 옳지 않은 것은?

① 절대유일의 보편적 가치는 존재하지 않으며 다양한 가치가 공존한다고 본다.

② 주관주의를 중시하며, 언어의 중요성을 강조한다.

③ 타자를 도덕적 타자가 아닌 인식적 타자로 인정한다.

④ 거시적인 사회적 구조와 지시와 제약으로부터 해방되어야 한다고 주장한다.

07 정책네트워크모형 중 이슈네트워크와 구별되는 정책공동체의 특징으로 옳지 않은 것은?

① 참여자의 범위가 넓고, 개방적이다.

② 이슈네트워크에 비하여 국가가 좀 더 주도적이다.

③ 정책결정을 둘러싼 권력게임은 공동의 이익을 추구하는 포지티브섬 게임(positive-sum game)의 성격을 띤다.

④ 모든 참여자가 교환할 자원을 가지고 참여한다.

08 정책 오류에 대한 설명으로 옳지 않은 것은?

① 옳은 귀무가설을 기각하는 오류는 1종 오류이다.

② 정책효과가 있는데 없다고 판단하는 오류는 2종 오류이다.

③ 3종 오류는 주로 대안을 선정하는 과정에서 나타난다.

④ 정책문제 정의를 잘못하는 것은 3종 오류와 연관된다.

09 임시체제(adhocracy)의 특징에 대한 설명으로 옳지 않은 것은?

① 환경이 복잡하고 동태적인 곳에 적합하다.

② 구조적으로 책임이 불분명하다.

③ 전문화가 높게 나타난다.

④ 입체적인 조직의 특징을 가진다.

10 다음 중 다프트(Daft)가 주장한 조정기제에 대한 설명으로 옳지 않은 것은?

① 임시작업단(task force)은 수직적 조정기제이다.

② 장기간에 걸쳐 강력한 협동이 요구될 때에는 프로젝트 팀이 적합하다.

③ 임시작업단은 각 부서대표로 구성된 임시위원회이다.

④ 수평적 연결기제로 다수 부서 간의 긴밀한 연결과 조정을 위한 태스크포스의 설치 등이 있다.

11 다음 중 엽관주의에 대한 설명으로 옳지 않은 것은?

① 엽관주의는 인사권자의 개인적인 친분관계를 기준으로 하는 것이 아니다.
② 엽관주의는 행정의 민주성을 강화한다.
③ 엽관주의는 정당정치와 함께 발달하였다.
④ 엽관주의는 지도자들의 공무원 통제가 힘들다.

12 다음 〈보기〉의 근무성적평정의 오류가 나타나는 평정기법은?

〈보 기〉

- 관대화의 오차
- 집중화의 오차
- 연쇄화 효과

① 행태기준 척도법
② 체크리스트법
③ 도표식 평정방법
④ 서열법

13 다음 중 우리나라의 예산에 대한 설명으로 옳지 않은 것은?

① 정부는 재정건전성의 확보를 위하여 최선을 다하여야 한다.
② 한 회계연도의 모든 수입을 세입으로 하고, 모든 지출을 세출로 한다.
③ 중앙관서의 장은 다른 법률에 특별한 규정이 있는 경우를 제외하고는 그 소관 수입을 국고에 납입하여야 하며 이를 직접 사용하지 못한다.
④ 조세의 종목과 세율은 각 자치단체별로 행정규칙으로 정한다.

14 다음 중 영기준 예산제도의 특징이 아닌 것은?

① 기획과 사업분석 및 예산편성을 하나의 의사결정으로 통합하여 보다 합리적인 결정을 내릴 수 있도록 한다.
② 전년도 예산을 기준으로 하지 않고 새로이 정책 및 사업을 편성하는 예산제도이다.
③ 상향적 결정방식으로 의사전달과 참여가 수평적이고 분권적이다.
④ 조직의 모든 사업에 대하여 비용 및 효과를 지속적으로 재평가할 수 있다.

15 다음 중 지방자치단체의 기관 구성에 대한 설명으로 옳지 않은 것은?

① 기관통합형은 지방자치단체의 기관 구성에 있어서 의결 기능과 집행기능을 모두 하나의 기관에서 통합적으로 운영하는 방식을 말한다.
② 기관분리형은 지방자치단체의 기관 구성에 있어서 의결 기능과 집행기능을 각각 다른 기관으로 분리시켜 운영하는 방식을 말한다.
③ 기관통합형은 우리나라와 일본, 이탈리아 등 대부분의 국가에서 채택하고 있는 방식이다.
④ 기관통합형은 대부분의 국가에서 지배적으로 채택하고 있으나 기관분리형은 일부 국가에서만 채택·운영되고 있다.

16 다음 중 국고보조금의 특징으로 옳지 않은 것은?

① 국고보조금은 특정재원으로서 사용목적이 한정되어 있다.

② 국고보조금은 행정 수준의 전국적 통일성에 기여한다는 효용이 있다.

③ 국고보조금은 지방정부의 자율성을 떨어트리고 지방정부가 중앙정부에 예속될 수 있다는 문제점이 있다.

④ 국고보조금은 그에 상당한 반대급부가 수반되는 일종의 유상재원이다.

17 다음 중 경력개발의 절차와 그에 대한 설명이 알맞게 연결된 것은?

> ㉠ 경력과 관련된 목표를 설정하고 교육방향, 경력 경로를 구체적으로 선택하는 과정 등에 도움을 주는 단계이다.
> ㉡ 개개인의 직무경력이나 교육훈련 경력 등의 데이터를 관리하는 것으로 경력 계획의 효율적인 실천을 돕는다.
> ㉢ 목표했던 경력 계획의 달성 정도를 평가하고 그에 따른 보완점을 모색하며 반영하는 단계이다.
> ㉣ 직무의 구체적인 내용이나 직무 수행 방법, 다른 직무들과의 연계 등을 설계하는 단계이다.

> ⓐ 직무설계
> ⓑ 경력설계
> ⓒ 경력관리

① ㉠ - ⓐ

② ㉡ - ⓑ

③ ㉢ - ⓒ

④ ㉣ - ⓐ

18 다음 중 행태론에 대한 설명으로 옳지 않은 것은?

① 행태론은 사실의 경험적 연구를 강조한다.

② 논리실증주의를 철저하게 적용하였다.

③ 대표적인 학자로는 가우스(Gaus)와 리그스(Riggs)가 있다.

④ 인간의 동기는 고려하지 않았다.

19 다음 중 특별지방행정기관에 대한 설명으로 옳지 않은 것은?

① 특별지방행정기관은 지방의 고유 사무를 위해 설치한 기관이다.

② 행정의 전문성을 제고할 수 있도록 한다.

③ 중복 업무로 인해 비효율성을 유발할 수 있다.

④ 광역적 사무의 원활한 처리를 가능하도록 한다.

20 다음 정치와 행정의 관계에 관한 설명 중 옳지 않은 것은?

① 정치행정이원론은 결정과 집행을 분리하여 입법부에서 법률의 형식으로 정책을 결정하면 행정은 이를 단순히 집행하는 것에 불과하다고 인식하는 이론이다.

② 정치행정일원론은 정치와 행정을 연속된 과정으로 인식하고 행정의 정책형성 기능을 중시했다.

③ 정치행정이원론에서는 민주적인 정부의 구현이 강조된다.

④ 정치행정일원론의 대표적인 학자로는 가우스(Gaus), 디목(Dimock), 애플비(Appleby) 등이 있다.

21 다음 중 보조기관에 해당하지 않는 것은?

① 차관

② 차장

③ 실장

④ 차관보

22 다음 중 신공공관리론(NPM)과 뉴거버넌스에 대한 설명으로 옳지 않은 것은?

① 신공공관리론은 '신관리주의'와 '시장주의'를 결합하여 전통적 관료제 패러다임의 한계를 극복하고 작은 정부를 구현하기 위해 개발된 이론이다.

② 신공공관리론과 뉴거버넌스 모두 정부의 역할을 방향잡기(steering)로 본다는 공통점이 있다.

③ 뉴거버넌스는 고객 지향적 관리 방식을 취하는 반면, 신공공관리론은 임무 중심의 관리 방식을 취한다.

④ 신공공관리론은 행정에 경쟁을 도입하여 작동시키고자 하였으며, 뉴거버넌스는 신뢰를 기반으로 한 협력을 통해 행정을 작동시키고자 하였다.

23 다음 중 시민사회와 행정의 관계에 대한 설명으로 옳지 않은 것은?

① 현대적 의미의 시민사회는 민주화와 시장실패에 대처하려는 노력을 통하여 부활하였다.

② 시민사회는 공공선을 실현하기 위하여 국가에 영향력을 행사한다.

③ 시민사회 활동을 대표하는 NGO의 특징으로는 비정부성, 비영리성, 자발성 등을 들 수 있다.

④ 시민사회는 정부와 시장의 기능을 보완하며 서비스를 제공하는 기능을 담당할 수 있다.

24 다음 중 정부실패를 설명하기 위한 이론으로 적합한 것은?

① 공공선택이론

② 신행정학

③ 행태론

④ 신제도주의

25 정책결정모형 중 점증주의에 관한 설명으로 옳지 않은 것은?

① 급격한 환경 변화에 대한 적응력이 취약하다.

② 다원화된 민주주의가 확립되었을 때 바람직하게 적용된다.

③ 사회가 불안정할 때 유용성이 커진다.

④ 목표와 수단의 상호 조절이 이루어진다.

2014 기출문제

● 회독 CHECK 1 2 3

☑ 시험시간 25분 ☑ 해설편 117쪽

01 다음 중 '정부의 규제가 또 다른 규제를 낳는다'는 말과 가장 관련이 깊은 이론은?

① 피터의 법칙
② 버블 경제
③ 파킨슨 법칙
④ 타르 베이비 효과

02 다음 중 지방공무원이 아닌 것끼리 짝지은 것은?

> ㉠ 충청북도 행정부지사
> ㉡ 경상북도 정무부지사
> ㉢ 서대문구 부구청장
> ㉣ 경상남도 교육청 부교육감
> ㉤ 충청남도 지방의회 부의장

① ㉠, ㉡
② ㉠, ㉣
③ ㉢, ㉤
④ ㉣, ㉤

03 다음 중 감사원에 대한 설명으로 옳지 않은 것은?

① 감사원장은 각 부 장관의 동의를 얻어 대통령이 임명하며, 감사위원은 감사원장의 제청으로 대통령이 임명한다.
② 대법원과 국회에 소속한 공무원은 감사원의 직무감찰 대상이 아니다.
③ 감사원은 국가나 지방자치단체의 회계검사를 수행한다.
④ 감사원은 세입 · 세출의 결산을 매년 검사하여 대통령과 차년도 국회에 그 결과를 보고하여야 한다.

04 다음 중 주관적 미래예측기법에 해당하는 것은?

① 회귀분석
② 선형계획
③ 정책델파이
④ PERT

05 다음 중 점증모형에 대해 설명으로 옳은 것은?

① 완전한 합리적인 결정을 통한 '최적의 대안'을 선택하기가 어려우며, 현실적으로 만족할만한 수준에서 결정이 행하여진다고 본다.

② 합리모형의 비현실성을 비판하면서 기존의 정책이나 결정을 점증적이고 부분적으로 수정·개선해 나간다고 본다.

③ 정책은 불확실한 상황 속에서 우연히 정책결정이 이루어진다고 본다.

④ 마치(J. March)와 사이어트(R. Cyert)가 주장한 모형으로, 조직을 서로 다른 목표들을 지닌 구성원들의 연합체로 가정한다.

06 다음 중 행정에 관한 설명으로 옳지 않은 것은?

① 행정은 공공서비스의 생산·공급·분배와 공적문제의 해결이라는 목적을 달성하는 것이므로 규범적으로 공익을 지향한다.

② 좁은 의미의 행정은 행정부의 구조와 공무원을 포함한 정부 관료제를 중심으로 이뤄지는 공공목적의 달성을 위한 활동을 의미한다.

③ 행정은 공공가치의 달성을 위해서 정부가 독점적으로 하는 것이 아니라, 정치집단, 시민사회, 시장과의 상호작용 속에서 이루어진다.

④ 행정의 경영성은 행정이 가치판단적인 목표를 설정하고 정책결정기능을 수행할 때 강조된다.

07 다음 중 정부의 예산과 관련하여 옳지 않은 것은?

① 헌법은 정부가 회계연도마다 예산안을 편성하여 회계연도 개시 90일 전까지 국회에 제출하여야 한다고 규정한다.

② 지방세는 조세법률주의에 대한 예외로서 구체적인 부과·징수에 관한 사항을 조례로 정할 수 있다.

③ 국고채무부담행위에 대한 국회의 의결은 국가로 하여금 다음 연도 이후에 지출할 수 있는 권한과 채무를 부담할 권한을 부여한다.

④ 예비비는 기획재정부가 관리하지만 지출한 금액과 예산 과목은 국회의 사후 승인을 얻어야 한다.

08 다음 중 지방자치단체가 중앙정부의 승인 없이 독자적으로 조례를 통하여 행사할 수 있는 자치권은?

① 주민감사청구가 가능한 주민 수 조정

② 법정 외 세목 신설

③ 지방자치단체의 외채 발행

④ 인접 시·군의 경계 조정

09 다음 중 변혁적 리더십과 관련이 없는 것은?

① 영감적 리더십

② 카리스마적 리더십

③ 거래적 리더십

④ 개별적 배려

10 다음 중 정부예산집행의 신축성 유지 방안이 아닌 것은?

① 이용과 전용
② 총액계상예산
③ 예비비
④ 예산의 배정과 재배정

11 다음 중 쓰레기통모형에 관한 설명으로 옳지 않은 것은?

① 쓰레기통모형은 문제, 정치, 정책의 흐름이 각각 흘러 다니다가 우연한 계기로 모일 때 결정이 이루어진다고 본다.
② 쓰레기통모형은 대형 참사를 계기로 그동안 해결하지 못했던 미해결 문제들에 대한 대책을 마련하게 되는 상황을 설명하는 데 적합하다.
③ 조직화된 혼란 속에서 의사결정이 일어나는 과정을 현실성 있게 설명한다.
④ 코헨(Cohen), 마치(March), 올센(Olsen)이 주장하였다.

12 다음 중 지식정보사회에 관한 설명으로 옳지 않은 것은?

① 지식정보사회는 수평적인 네트워크구조나 가상조직의 형태를 주로 띠게 된다.
② 지식정보사회에서는 개인의 능력이 강조되는 데 반해 조직의 협력적인 부분에 대한 요구는 약해진다.
③ 지식정보사회가 도래함에 따라 오히려 정부의 계층제적 조직구조가 강해질 수 있다.
④ 지식성보사회는 소식의 신축성을 더욱 필요로 하며, 이를 보장해줄 이론의 도래를 강요하고 있다.

13 다음 중 정책의 유형과 관련된 설명으로 옳지 않은 것은?

① 재분배정책은 엘리트집단에 의해서 독자적·집권적·안정적으로 결정된다.
② 국민의 건강 보호를 위해서 식품위생 규제를 하는 것은 보호적 규제정책이다.
③ 항공노선 취항권을 부여하는 것은 보호적 규제정책이다.
④ TV·라디오 방송권을 부여하는 것은 경쟁적 규제정책의 유형 중 하나이다.

14 예산제도의 변화를 바르게 나열한 것은?

㉠ 성과주의 예산제도
㉡ 품목별 예산제도
㉢ 신성과주의 예산제도
㉣ 계획예산제도
㉤ 영기준예산제도

① ㉡ - ㉠ - ㉣ - ㉤ - ㉢
② ㉡ - ㉤ - ㉣ - ㉠ - ㉢
③ ㉠ - ㉤ - ㉡ - ㉣ - ㉢
④ ㉠ - ㉣ - ㉡ - ㉤ - ㉢

15 다음 중 가외성에 대한 설명으로 옳지 않은 것은?

① 가외성은 능률성을 높여 준다.
② 중요하지 않은 것에 대해서는 가외성을 두지 않아도 된다.
③ 조직에서 같은 기능이 중복해서 존재하게 되면 적응성이 증진된다.
④ 조직에서 가외성을 두게 되면 창의성이 증진된다.

16 다음 중 직위분류제에 대한 설명으로 옳지 않은 것은?

① 직위분류제의 실시는 계급제에 비해서 현재 공직에 있는 공무원들의 근무 의욕을 떨어뜨린다.

② 직위분류제는 계급제에 비해서 공무원의 신분을 강하게 보장한다.

③ 직위분류제는 보수의 합리화를 기대할 수 있다.

④ 직위분류제는 새로운 상황이나 새로운 직무에 대한 대처가 용이하다.

17 다음 중 다면평가제에 대한 설명으로 옳지 않은 것은?

① 다면평가제는 상급자뿐만 아니라 동료, 부하, 민원인까지 참여하여 평가하는 제도이다.

② 다면평가제는 객관성 확보가 가능하고, 인기투표로 변질될 위험이 적다.

③ 담합에 의해서 평가가 왜곡되어 나타날 가능성이 있다.

④ 평가의 공정성 · 신뢰성을 높여준다.

18 다음 중 전략적 관리기법에 대한 설명으로 옳지 않은 것은?

① 장기적 시간관과 조직이 처한 환경에 대한 이해를 강조한다.

② 하버드 정책모형의 SWOT 분석을 활용한다.

③ 조직의 내부 역량 분석을 강조한다.

④ 조직활동의 분산을 강조한다.

19 다음 설명 중 옳지 않은 것은?

① 내부고발자보호제도는 「공직자윤리법」에 규정되어 있다.

② 공무원 청렴의 의무는 구체적으로 규정된 윤리규범이다.

③ 우리나라는 공공기관의 사무처리에 관해서 국민감사청구제를 시행하고 있다.

④ 「공직자윤리법」에 근거할 때 1급 이상의 공무원에 상당하는 별정직 공무원은 재산등록대상자일 뿐만 아니라 재산공개대상자이다.

20 다음 중 행정학에 관한 설명으로 옳지 않은 것은?

① 우리나라 행정학은 1950년대에 미국의 행정학을 수용하였다.

② 한국의 대학교에서 행정학과는 1940년대 후반부터 생기기 시작하였다.

③ 미국 행정학은 정실주의의 비효율을 제거하기 위해서 시작되었다.

④ 고전기의 행정학은 절약과 능률을 최고의 가치로 삼았다.

21 다음 중 허즈버그(Herzberg)의 욕구충족이원론의 특징으로 옳지 않은 것은?

① 위생요인의 충족 시에는 단기적으로 불만을 줄일 수 있으며, 동기요인의 충족 시에는 생산성 향상을 가져온다.

② 위생요인과 동기요인은 서로 연관되어 있어서, 위생요인이 충족이 되면 동기요인의 충족을 실현하고자 한다.

③ 보수, 작업조건, 상관과 부하와의 인간관계는 위생요인에 해당되며, 직무, 책임감은 동기요인에 해당된다.

④ 허즈버그(Herzberg)의 욕구충족이원론에 따르면 불만과 만족은 별개의 차원에 있으며, 만족하지 못하는 상태가 불만인 것은 아니다.

22 다음 중 강화(학습)이론에 대한 옳은 설명만을 고른 것은?

> ㉠ 학습된 행동이 유발되는 과정이나 행동의 결과에 초점을 두었다.
> ㉡ 학습이론의 유형 중 고전적 조건화이론은 조건화된 자극의 제시를 통해 조건화된 반응이 도출되는 것을 설명한다.
> ㉢ 강화의 유형 중 소거는 행동자가 원하지 않는 상황을 제공함으로써 바람직하지 못한 행동의 감소를 가져온다.
> ㉣ 학습이론의 유형 중 '행동에는 외적 선행자극보다 내면적 욕구와 만족, 기대 등이 영향을 미친다'는 이론의 유형은 인식론적 학습이론이다.
> ㉤ 강화의 유형 중 소극적 강화는 보상의 부여를 통해 자극을 주고, 처벌은 보상을 주지 않음으로써 자극을 준다.

① ㉠, ㉢, ㉣
② ㉠, ㉡, ㉣
③ ㉡, ㉢, ㉤
④ ㉢, ㉣, ㉤

23 다음 중 책임운영기관에 관한 설명으로 옳지 않은 것은?

① 성과의 측정이 가능하거나 재정수입의 전부 또는 일부를 자체 확보할 수 있는 사무에 한하여 적용된다.
② 책임운영기관 구성원의 신분은 공무원이다.
③ 책임운영기관은 규제·집행·서비스 전달기능과 정책기능을 일괄적으로 수행한다.
④ 수익자 부담주의, 기업회계원칙 등 민간경영방식으로 운영된다.

24 행정통제에 관한 설명 중 옳은 것만 고른 것은?

> ㉠ 사법통제는 행정소송제도로서, 적극적이며 사전구제를 원칙으로 한다.
> ㉡ 민중통제에는 선거, 투표, 이익집단, 시민단체, 정당 등이 있다.
> ㉢ 국민권익위원회는 고충민원을 접수한 경우에는 접수일로부터 3개월 이내에 필요한 조사를 하여야 한다.
> ㉣ 국민권익위원회는 부패의 발생을 예방하며 부패행위를 효율적으로 규제하기 위한 국무총리소속의 행정위원회이다.
> ㉤ 국민권익위원회의 상임위원은 국무총리의 제청으로 대통령이 임명한다.
> ㉥ 국민권익위원회는 헌법상 기구가 아닌 법률상 기구이며, 행정기관만을 대상으로 조사한다.

① ㉠, ㉡, ㉤
② ㉡, ㉣, ㉥
③ ㉡, ㉢, ㉣
④ ㉠, ㉤, ㉥

25 지방재정에 관한 설명 중 옳은 것만 고른 것은?

> ㉠ 지방교부세는 일반재원으로 용도가 지정되지 않으며 수직적·수평적 조정제도이다.
> ㉡ 국고보조금은 특정 용도를 지정하여 교부되며 「보조금의 예산 및 관리에 관한 법률」에 근거한다.
> ㉢ 지방교부세는 자원의 효율적 배분의 기능을 한다.
> ㉣ 우리나라의 지방세로는 취득세, 주민세, 특별소비세, 자동차세가 있다.
> ㉤ 국세 등 다른 세의 과세표준 또는 세액에 대하여 일정한 정률로 이에 부가해서 과세하는 세금은 부가세이다.

① ㉠, ㉢, ㉤
② ㉢, ㉣, ㉤
③ ㉡, ㉢, ㉣
④ ㉠, ㉡, ㉤

2013 기출문제

모바일
OMR
답안분석
서비스

✅ 회독 CHECK 1 2 3

✅ 시험시간 25분 ✅ 해설편 123쪽

01 다음 중 행정과 경영에 대한 설명으로 옳지 않은 것은?

① 활동주체와 목적이 다르다.

② 권력성과 정치성이 다르다.

③ 공개성과 독점성이 다르다.

④ 관리기법과 의사결정방식이 다르다.

02 윌슨(Wilson)의 규제정치 모형 중 기업가적 정치에 대한 설명으로 옳은 것은?

> ㉠ 비용이 소수의 동질적 집단에 집중된다.
> ㉡ 환경오염규제, 자동차 안전규제, 위해물품규제 등 주로 사회적 규제이며 의제채택이 어렵다.
> ㉢ 규제의 수혜자들이 잘 조직화되어 있다.
> ㉣ 정부에 의해 해당 사업에 대한 신규사업자의 진입이 제한된다.
> ㉤ 편익을 기대할 수 있는 측은 집단행동의 딜레마에 빠진다.

① ㉠, ㉡, ㉣

② ㉠, ㉡, ㉤

③ ㉡, ㉢, ㉤

④ ㉠, ㉢, ㉣

03 다음 중 '민간화(privatisation)'의 긍정적 효과로 볼 수 없는 것은?

① 공공서비스 제공에 대한 형평성 제고

② 고객의 요구에 대한 대응성 확보

③ 서비스 공급의 융통성과 효율성 상승

④ 정치적인 부담 감소

04 우리나라의 정보공개제도에 관한 설명으로 옳은 것은?

① 국내에 학술·연구를 위하여 일시적으로 체류하는 외국인은 우리나라의 정보공개제도를 이용할 수 없다.

② 국회, 법원, 헌법재판소의 정보는 공개청구의 대상에서 제외되어 있다.

③ 일부 지방자치단체의 정보공개제도가 국가의 정보공개제도보다 앞서 도입되었다.

④ 지방자치단체를 포함한 공공기관은 직무상 작성·취득하여 관리하고 있는 정보에 대해 공개의 청구가 있으면 이에 따라야 한다.

05 행정이념에 대한 다음 설명 중 옳지 않은 것은?

① 합법성은 법치행정을 추구하여 국민의 자유와 권리를 보호해야 한다는 이념이다.

② 효율성은 행정목표의 달성도를 말하므로 수단적이고 과정적이 아니라 목적적이고 기능적인 이념이다.

③ 민주성은 국민에 대한 대응성을 강조하고 국민을 위한 행정을 수행하자는 이념이다.

④ 사회적 형평성은 가치배분의 공정성을 높여 모든 국민이 균등하게 잘 살게 해야 한다는 이념이다.

06 다음 중 행태주의와 제도주의에 대한 설명으로 옳지 않은 것은?

① 행태주의 접근방법은 사회로부터 정치체제에 대한 투입을 중시하였다.

② 행태주의 접근방법은 정치와 행정현상에서 개별 국가의 특수성을 중시하였다.

③ 1950년대까지 정치와 정부연구의 주류를 이루었던 전통적 제도주의는 정부의 공식적 구조에만 관심을 가졌다.

④ 1970년 이후 부활한 신제도주의는 제도를 개별 행위자들의 행태를 지배하고 제약하는 규칙의 집합으로 본다.

07 로위(Lowi)의 정책분류에 관한 설명으로 옳지 않은 것은?

① 분배정책의 비용부담자는 자신이 누구를 위해 얼마나 비용부담을 하고 있는지 인지하지 못한다.

② 규제정책은 정책결정 시에 정책으로부터 혜택을 보는 자와 피해를 보는 자를 선택한다.

③ 보호적 규제정책의 경우 다수의 수혜집단이 적극적인 지지활동을 전개하는 경향을 보인다.

④ 재분배정책은 평등한 대우의 문제가 아닌 평등한 소유를 문제로 삼는다.

08 다음 중 정책의제설정에 대한 설명으로 옳지 않은 것은?

① 사회 모든 문제가 다 정책의제가 되는 것은 아니다.

② 무의사결정은 정책의제 설정단계에서만 이뤄진다.

③ 정책의제 중 제도의제는 정책결정자가 직접 검토하고 관심을 가지는 의제를 말한다.

④ 정책의제 중 체제의제는 일반국민이 정부의 소관사항에 속한다고 보는 관심사를 말한다.

09 립스키(Lipsky)의 일선관료제는 정책과정에서 주로 어느 단계에 관한 설명인가?

① 정책결정

② 의제설정

③ 정책집행

④ 정책평가

10 다음 중에서 현재 정부의 행정 각부 장관과 그 소속 행정기관이 바르게 연결된 것끼리 묶은 것은?

> ㉠ 교육부장관 – 교육부
> ㉡ 환경부장관 – 기상청
> ㉢ 농림축산식품부장관 – 식품의약품안전처
> ㉣ 산업통상자원부장관 – 특허청

① ㉠, ㉢

② ㉡, ㉣

③ ㉡, ㉢

④ ㉠, ㉣

11 공기업에 대한 설명으로 옳지 않은 것은?

① 정부주관으로 운영하는 조직이지만 정규직인 정부조직보다는 더 많은 자율성을 누린다.

② 정부기업형은 일반행정기관에 적용되는 조직, 인사, 예산에 관한 규정의 적용을 원칙적으로 받지 않는다.

③ 주식회사형은 정부가 주식의 일부를 소유하여 회사의 관리에 참여한다.

④ 공사형은 전액 정부가 출자하여 설립한 법인이다.

12 다음 중 동기부여이론에 대한 설명으로 옳은 것은?

① 허즈버그(Herzberg)는 불만족을 야기시키는 위생요인이 충족되면 동기가 유발된다고 하였다.

② 맥그리거(McGregor)가 제시한 X·Y 인간관은 매슬로우(Maslow)의 욕구단계이론과 관련이 없다.

③ 브룸(Vroom)의 선호-기대이론은 동기이론의 범주 가운데 내용이론에 포함된다.

④ 페리(Perry)는 공공선택이론에 대한 대안으로 신공공서비스이론에 입각하여 시민정신에의 부응을 통한 관료들의 동기유발을 제시하였다.

13 다음 중 리더십 이론에 대한 설명으로 옳지 않은 것은?

① 특성론은 신체, 성격, 사회적 배경 등에서 리더로서의 요인이 타고나는 것으로 보는 이론이다.

② 형태론은 리더의 자질이 태어나면서부터 주어지는 것이 아니라 태어난 후에라도 리더의 행동특성을 훈련시킴으로써 리더를 만들어 갈 수 있다는 이론이다.

③ 아이오와 대학 모델, 오하이오 대학 모델, 미시간 대학 모델 등은 리더십의 상황론을 연구한 리더십 모델이다.

④ 관리망 모델은 리더의 생산과 사람에 대한 관심을 중심으로 리더십을 분류하여 각각 부족한 리더십을 훈련시키고자 하는 모델이다.

14 다음 중 시험의 효용성에 대한 설명으로 옳지 않은 것은?

① 매년 다른 기술과목을 시험 보는 것은 신뢰도(reliability)가 낮은 것이다.

② 주관식 시험은 객관식 시험에 비해 객관도(objectivity)가 더 높다.

③ 일반직 공무원에게 기술지식을 측정하는 것은 타당도(validity)가 낮은 것이다.

④ 면접시험은 필기시험에 비해 시험관의 주관성이 개입될 우려가 있고 신뢰도가 낮다.

15 다음 중 헤일로 효과(Halo effect)에 대한 설명으로 옳은 것은?

① 헤일로 효과란 특정 평정요소의 평정결과가 다른 평정요소에 영향을 주는 착오를 말한다.

② 헤일로 효과란 근무성적평정에서 최근의 실적·사건이 평정에 영향을 주는 근접오류를 말한다.

③ 헤일로 효과란 평정자의 편견이나 선입견 등에 의한 오차를 말한다.

④ 헤일로 효과란 근무성적평정에서 평정자가 무난하게 중간점수를 주려는 경향을 말한다.

16 다음 중 공직 부패(corruption)의 원인에 대한 시각과 접근법의 설명으로 옳지 않은 것은?

① 도덕적 접근은 부패의 원인을 공무원 개인의 윤리의식의 문제로 본다.

② 시장·교환적 접근은 부패를 시장실패 등 시장경제의 근본적인 모순에서 찾는다.

③ 제도적 접근법은 사회의 법과 제도상의 결함이나 운영상의 문제 등 부작용이 부패의 원인으로 작용한다고 본다.

④ 사회문화적 접근은 특정한 지배적 관습이나 경험적 습성이 부패를 조장한다고 본다.

17 다음 예산 관련 내용 중 헌법 규정사항이 아닌 것은?

① 예산총계주의

② 계속비

③ 예비비

④ 추가경정예산

18 다음 중 예산편성의 형식 순서로 옳은 것은?

㉠ 세입세출예산	㉡ 명시이월비
㉢ 국고채무부담행위	㉣ 예산총칙
㉤ 계속비	

① ㉠ - ㉡ - ㉢ - ㉣ - ㉤

② ㉣ - ㉠ - ㉤ - ㉡ - ㉢

③ ㉣ - ㉢ - ㉤ - ㉠ - ㉡

④ ㉠ - ㉢ - ㉣ - ㉡ - ㉤

19 다음 중 신축성을 유지하기 위한 예산집행 장치로 볼 수 없는 것은?

① 총괄예산제도

② 예산의 이용과 전용

③ 예산의 이체와 이월

④ 예산의 배정과 재배정

20 다음 중 예산제도에 대한 설명으로 옳지 않은 것은?

① 계획예산제도의 핵심 요소는 프로그램 예산 형식을 따른 다는 것이다.

② 성과주의 예산에서 재원들은 거리 청소, 노면 보수와 같은 활동단위를 중심으로 배분된다.

③ 품목별예산제도는 정부가 예산을 통해 의도하는 지출의 전체적인 성과를 알 수 없다.

④ 목표관리제는 감축관리를 추진할 때 그 의미가 특히 부각된다.

21 우리나라의 주민투표에 관한 설명으로 옳은 것은?

① 대한민국 국적을 취득할 때까지 외국인은 주민투표권자가 될 수 없다.

② 주민투표에 부치는 사항은 당해 지방자치단체의 주요결정사항에 한한다.

③ 주민투표의 발의는 지방자치단체의 장에게만 인정되고 있다.

④ 주민투표권이 없는 자라도 투표운동을 할 수 있다.

22 지방분권의 추진을 위해 2000년대 이후 우리 정부가 새롭게 실시한 정책이 아닌 것은?

① 지방양여금의 신설 및 증액교부금의 인상

② 분권교부세 및 부동산교부세의 신설

③ 지방교부세 및 지방교육재정교부금의 법정교부율 인상

④ 주민소송제 및 주민소환제의 도입

23 다음 중 특별지방행정기관의 효용으로 옳지 않은 것은?

① 통일성

② 전문성

③ 현지성

④ 사무효율성

24 다음 중 「지방자치분권 및 지방행정체제 개편에 관한 특별법」에 관한 내용으로 옳지 않은 것은?

① 특별시와 광역시의 구가 일정한 인구나 규모 이하일 경우 적정한 규모로 통합한다.

② 통합된 읍 · 면 · 동의 경우 풀뿌리자치의 활성화와 민주적 참여의식 고양을 위해 주민자치회를 설립한다.

③ 특별시 및 광역시는 지방자치단체로서 존치한다.

④ 주민자치회의 위원은 조례로 정하는 바에 따라 지방자치단체의 장이 위촉한다.

25 정책의제 설정모형에 관한 설명으로 옳지 않은 것은?

① 외부주도모형에서 사회적 쟁점은 주도자가 있어야 한다.

② 동원모형은 이슈를 자극하는 점화자의 역할이 중요하다.

③ 행정PR은 내부접근모형에서 가장 중요하다.

④ 동원모형의 과정은 사회문제 - 정부의제 - 공중의제의 순서로 진행된다.

2012 | 기출문제

✅ 회독 CHECK 1 2 3

✅ 시험시간 25분 ✅ 해설편 129쪽

01 다음 중 매트릭스 조직의 장점이 아닌 것은?

① 구성원의 자아 실현 유리

② 신속한 의사결정

③ 신축적인 인적 자원 활용

④ 특수사업의 추진 용이

02 다음 중 행정권 오용의 경우로 볼 수 없는 것은?

① 재량권을 행사하지 않고 적극적이지 않은 무사안일한 태도

② 법규 중심의 융통성 없는 인사

③ 실책을 은폐하기 위한 정보의 선별적 배포

④ 입법의도의 편향된 해석

03 전자거버넌스의 특징으로 볼 수 없는 것은?

① 다양한 네트워크의 형성

② 직접민주주의의 한계 극복

③ 충분한 정보 제공 및 상호작용

④ 다양한 이해관계자 참여

04 '발에 의한 투표'로 주민들이 지방정부를 선택한다고 보는 이론은?

① 달 모델

② 티부 모델

③ 피터슨 모델

④ 허쉬만 모델

05 다음 중 우리나라에서 시행 중인 예산제도가 아닌 것은?

① 가예산

② 예비타당성조사

③ 주민참여예산제도

④ 성인지예산제도

06 전자정부에 대한 설명으로 옳지 않은 것은?

① 행정업무를 효율적으로 재설계한다.

② 2008년 이후 행정안전부 주관으로 추진되었다.

③ UN이 분류한 전자정부의 마지막 단계는 '연계(connected)'이다.

④ 우리나라에는 아직 지능정보화책임관제도가 도입되지 않았다.

07 공직부패에 대한 설명으로 틀린 것은?

① 체제론적 접근법은 사회의 법과 제도의 결함이 부패의 원인으로 작용한다고 본다.

② 금품을 제공받은 업소를 단속에서 제외하는 것은 일탈형 부패이다.

③ 공무원 부패는 사익을 추구하고 공익을 침해하는 것이다.

④ 부패의 전형적 행위로는 뇌물수수가 있다.

08 지방자치의 긍정적인 측면이 아닌 것은?

① 지방정부 간의 경쟁을 촉진시킨다.

② 정책의 실험 및 혁신적인 추진이 가능하다.

③ 지역의 개성과 특징에 맞는 발전을 추구할 수 있다.

④ 지역 간의 형평성이 강화된다.

09 다음 중 조례제정권의 범위와 한계에 대한 설명으로 틀린 것은?

① 기관위임사무도 모두 조례로 제정할 수 있다.

② 조례의 내용은 법령의 범위 안에서만 가능하다.

③ 벌칙을 제정할 때에는 반드시 법률의 위임이 필요하다.

④ 주민의 권리 · 의무에 관련된 조례는 법률의 위임이 필요하다.

10 다음 중 정책분석과 정책평가에 대한 설명으로 틀린 것은?

① 정책분석은 사전적, 정책평가는 사후적 활동이다.

② 정책평가는 내용과, 정책분석은 과정과 관련된다.

③ 정책평가는 거시적 방법을, 정책분석은 미시적 방법을 활용한다.

④ 정책평가는 목표를 중시하여 효과성을 평가한다.

11 다음 중 엘리트이론과 다원론에 대한 설명으로 틀린 것은?

① 무의사결정론은 신엘리트론이라고 하기도 한다.

② 고전적 엘리트이론에서는 엘리트가 허용하는 소수의 문제만이 정책의제화 된다고 보았다.

③ 다원론에서 엘리트는 다수의 의사보다 자신들의 이익을 추구한다.

④ 엘리트론은 소수의 엘리트들이 정책을 지배하는 이론이다.

12 다음 중 에치오니(A. Etzioni)가 제시한 정책결정의 이론모형은?

① 점증모형

② 혼합주사모형

③ 만족모형

④ 최적모형

13 정책과정의 특성에 관한 설명으로 옳지 않은 것은?

① 정책과정은 계속적이고 순환적인 과정이다.

② 정책과정은 참여자들 간에 갈등과 타협이 존재하는 정치과정이다.

③ 정책과정에서는 상이한 성격의 집단 간의 연대가 어렵다.

④ 정책과정은 예측하기 힘든 매우 역동적 과정이다.

14 다음 중 실적주의의 본질적 요소가 아닌 것은?

① 공무원의 신분보장

② 공개경쟁시험

③ 공직취임의 기회균등

④ 정치적 충성

15 다음 중 공무원의 정치적 중립을 확보하기 위한 수단이 아닌 것은?

① 엽관주의 강화

② 실적주의 및 직업공무원제의 확립

③ 내부통제 강화

④ 평화적인 정권교체 정착

16 다음 중 가계보전수당에 해당하는 것은?

① 생활보조수당

② 정근수당

③ 직무수당

④ 휴일근무수당

17 비용편익분석의 평가기준인 내부수익률(IRR)에 대한 설명과 거리가 먼 것은?

① NPV가 0이 되도록 만드는 할인율이다.

② 할인율을 모를 때 적용한다.

③ 내부수익률보다 사회적 할인율이 높아야 타당성이 있다.

④ 일반적으로 내부수익률보다 NPV가 더 정확하다고 평가된다.

18 발생주의 회계에 대한 설명으로 틀린 것은?

① 인식 · 측정 가능하고 징수가능한 때에 수입으로 기록한다.

② 자기검정기능이 있다.

③ 부채를 정확하게 파악하여 재정의 투명성 · 책임성 확보에 유리하다.

④ 종합적인 재무정보를 반영할 수 있다.

19 목표관리(MBO)에 대한 설명으로 옳은 것은?

① 환류가 이루어지지 않는다.

② 의사결정은 하향적으로 이루어진다.

③ 목표를 중시하는 민주적 · 참여적 관리기법으로 참여를 중시한다.

④ 단기적 목표보다 장기적 목표에 치중한다.

20 총액배분 자율편성예산제도에 대한 설명으로 옳지 않은 것은?

① 주어진 지출한도 내에서 각 부처는 정책과 사업을 구상한다.

② 상향적 의사결정이다.

③ 전략적 배분과 국가의 통제를 중시한다.

④ 지출한도는 일반회계와 특별회계 및 기금까지 포괄하여 설정한다.

21 X-비효율성에 대한 설명으로 옳지 않은 것은?

① 정부실패의 원인이다.

② 법제적 비효율을 의미한다.

③ 경쟁압력에 노출되는 기회가 적기 때문에 발생한다.

④ 배분적 효율성과는 상반되는 개념이다.

22 부하가 오직 한 사람의 상관으로부터 명령을 받고 보고하도록 하는 명령통일의 원리와 관련이 깊은 조직 유형은?

① 막료

② 합의제 기관

③ 계선

④ 위원회

23 다음 중 동기부여이론에 대한 설명으로 옳지 않은 것은?

① 내용이론에는 욕구계층이론, ERG이론이 있다.

② 욕구충족요인 이원론은 동기요인, 위생요인으로 구분한다.

③ 기대이론은 수단성, 유인가, 기대감의 상호작용으로 동기부여를 설명한다.

④ 과정이론에는 성취동기이론과 직무특성이론이 있다.

24 다음 중 관료제의 단점에 해당하지 않는 것은?

① 비공식집단을 활성화시킨다.

② 할거주의를 초래한다.

③ 변동에 소극적이게 된다.

④ 번문욕례가 나타난다.

25 지식정보사회에 대한 설명으로 옳지 않은 것은?

① 횡적(수평적) 네트워크 형태 중심의 사회구조

② 지리적 장벽의 제거

③ 소품종 대량생산체제

④ 탈관료제적 조직 확산

2011 기출문제

01 행정과 경영의 차이점으로 적절하지 않은 것은?

① 법적 규제의 차이
② 관료제적 성격 면에서의 차이
③ 목적과 능률의 산출기준의 차이
④ 평등원칙의 적용범위에서의 차이

02 다음 중 비배제성과 경합성을 동시에 갖는 재화의 유형은?

① 공유재
② 요금재
③ 집합재
④ 민간재

03 사회적 형평성에 대한 설명으로 가장 적절하지 않은 것은?

① 사회적 형평성은 신행정론에서 적극 수용되었다.
② 형평성과 공정성은 동일한 개념으로 사용되고 있다.
③ 사회적 형평성을 강조할 경우 경제적 약자를 최우선적으로 고려해야 한다.
④ 사회적 형평성은 동일한 것은 동일하게, 동일하지 않은 것은 동일하지 않게 대우하는 것이다.

04 피터스(G. Peters)가 제시한 뉴거버넌스에 기초한 정부 개혁모형 중 설명이 틀린 것은?

	정부모형	문제의 진단 기준	관리개혁
①	시장적 정부모형	전통적 정부의 독점성	성과급, 민간경영기법 도입
②	참여적 정부모형	전통적 정부의 계층제	TQM, 팀제
③	신축적 정부모형	전통적 정부의 영속성	임시적 관리, 임시조직
④	탈내부규제 정부모형	전통적 정부의 내부규제	직업공무원제

05 신공공서비스론에 대한 내용으로 틀린 것은?

① 규범적 가치에 관한 이론을 제시했으나, 이러한 가치들을 구현하는 데 필요한 구체적 처방을 제시하지 못한 한계점이 있다.
② 공익과 공유가치 간의 관계를 강조하여, 행정가의 역할을 시민들의 참여와 대화의 촉진을 통한 그들의 공유된 가치에 근거하여 공익을 추구할 수 있도록 촉진하는 것이라 본다.
③ 시민을 하나의 고객으로 이해하고 공공서비스의 질을 향상시켜 시민의 만족도를 높이고자 하며, 이의 구체적인 구현방식은 서비스헌장 또는 시민헌장 등이다.
④ 행정가들은 공공자원의 관리자, 공공조직의 보호자, 시민의식과 민주적 담론의 중재자, 공동체사회와의 유기적 관계를 위한 촉매자로서 시민들에게 봉사하는 책임성을 발휘해야 한다고 본다.

06 다음 중 정책문제의 특징으로 보기 어려운 것은?

① 정책문제는 객관적이고, 인공적 성격을 띤다.

② 정책문제는 역사적 산물인 경우가 많다.

③ 정책문제는 공공성을 띤다.

④ 정책문제는 동태적이고, 상호의존적이다.

07 바흐라흐와 바라츠(P. Bachrach & M. Baratz)에 의한 무의사결정의 발생원인이 아닌 것은?

① 상급자에 대한 하급자의 반발

② 지배적 가치 · 신념에의 집착

③ 기득권 옹호

④ 특정 문제에 대한 정치적 편견

08 다음 중 고도의 불확실성 속에서 외부환경의 변화에 자신의 행동을 스스로 조정해 가면서 정보를 지속적으로 제어하고 환류해 나가는 정책결정모형은 무엇인가?

① 회사모형

② 만족모형

③ 사이버네틱스모형

④ 쓰레기통모형

09 나카무라와 스몰우드(R. T. Nakamura & F. Smallwood)의 정책집행모형 중에서 정책을 집행하는 관료들이 많은 권한을 보유하고, 전체적인 정책과정을 좌지우지하는 형태의 유형은?

① 고전적 기술자형

② 관료적 기업가형

③ 지시적 위임가형

④ 재량적 실험가형

10 다음 중 정책집행의 통합모형에서 사바티어(P. Sabatier)가 제시한 정책지지연합모형에 대한 설명으로 옳지 않은 것은?

① 신념체계를 기준으로 행위자의 집단을 구분하고, 이에 따른 지지연합이라는 행위자 집단에 초점을 두어 이들의 정책학습을 강조한다.

② 시간의 경과에 따라 자신들의 목표달성을 위해 정책의 법적 속성을 조정하려는 다양한 행위자들의 전략과 시도를 강조한다.

③ 정책집행연구의 접근방법을 전방향적 접근(forward mapping)과 후방향적 접근(backward mapping)으로 구분하고, 전방향적 접근에서는 정책결정자의 의도와 정책목표 집행성과를 비교하고, 후방향적 접근에서는 일선관료의 지식과 전문성이 충분히 발휘될 수 있도록 재량과 자원을 강조한다.

④ 특정한 정부기관이 아니라 정책하위 시스템, 즉 공공 및 민간조직의 행위자들로 구성되는 정책 하위 시스템이 현대 산업사회에서 정책변화를 이해하기 위한 가장 유용한 분석단위라고 전제한다.

11 다음은 정책집행의 성패를 좌우하는 요인들이다. 이 중 정책내용적 요인이 아니라, 정책환경적 요인에 해당하는 것은?

① 정책에 대한 순응
② 정책목표의 명확성
③ 정책이 초래할 혜택의 유형
④ 정책집행담당자의 능력과 태도

12 다음 중 기획과정이 순서대로 바르게 나열된 것은?

① 목표설정 → 상황분석 → 기획전제 설정 → 대안의 탐색 및 평가 → 최종안의 선택
② 목표설정 → 기획전제 설정 → 상황분석 → 대안의 탐색 및 평가 → 최종안의 선택
③ 상황분석 → 목표설정 → 기획전제 설정 → 대안의 탐색 및 평가 → 최종안의 선택
④ 상황분석 → 기획전제 설정 → 목표설정 → 대안의 탐색 및 평가 → 최종안의 선택

13 조직 구성원들의 참여 과정을 통해 명확하게 조직의 공동 목표를 설정하여 활동하고, 수행 결과를 측정 및 평가하는 조직관리기법으로 알맞은 것은?

① QC
② MBO
③ TQM
④ QWL

14 프렌치와 레이븐(J. R. French & B. Raven)의 권력 원천에 따른 권력유형으로 옳지 않은 것은?

① 전문적 권력은 조직에서의 공식적 지위와 무관하게 형성된다.
② 일반적으로 직위가 높으면 높을수록 합법적 권력 또한 더욱 커지는 경향이 있다.
③ 보상적 권력은 다른 사람들에게 보상을 주거나 중개할 수 있는 능력으로부터 나온다.
④ 강압적 권력은 상대방을 처벌할 수 있을 때 발생하는 권력으로서 권한과 그 개념이 유사하다.

15 맥그리거(D. McGregor)의 Y이론적 인간관의 관리전략으로 적절하지 않은 것은?

① 권위주의적 리더십
② 비공식적 조직 활용
③ 분권화와 권한 위임
④ 개인 · 조직 목표의 통합

16 다음 중 애드호크라시의 특징에 대한 설명으로 적절하지 않은 것은?

① 높은 수준의 수평적 분화와 낮은 수준의 수직적 분화를 추구한다.
② 전문적 지식과 기술을 가진 동질적 집단으로 조직된다.
③ 의사결정권이 전문가에게 분권화되어 있는 특징을 가지고 있다.
④ 칼리지아(collegia) 구조의 형태를 띤다.

17 다음 중 네트워크 구조의 장점에 대한 설명으로 적절하지 않은 것은?

① 정보기술을 활용하여 조직을 운용한다.
② 최고의 품질과 최저의 비용으로 자원들을 활용할 수 있다.
③ 외부자원의 활용으로 직접 감독에 대한 지원이나 관리인력이 많이 필요하지 않다.
④ 환경의 변화에 영향을 받지 않아 매우 안정적이다.

18 다음 중 대표관료제에 대한 설명으로 적합하지 않은 것은?

① 대표관료제는 그 사회를 구성하는 주요 집단으로부터 인구비례에 따라 관료를 충원한다.
② 대표관료제는 관료제 내에 민주적 가치를 주입시키려는 의도에서 발달되었다.
③ 대표관료제는 사회적 강자인 지배집단들의 이익을 보장해주고자 한다.
④ 대표관료제는 정부관료제가 그 사회의 모든 계층과 집단에 공평하게 대응하도록 하는 제도이다.

19 다음 중 「국가공무원법」 제65조에서 규정하고 있는 공무원의 정치운동금지에 대한 내용으로 적절하지 않은 것은?

① 문서나 도서를 공공시설 등에 게시하거나 게시하게 하는 것을 금지하고 있다.
② 투표를 하거나 하지 아니하도록 권유운동을 하는 것을 금지하고 있다.
③ 공무원이 다른 공무원에게 정치적 행위에 대한 보상 또는 보복으로서 이익 또는 불이익을 약속하는 것을 금지하고 있다.
④ 정치적 행위의 금지에 관한 한계를 국무총리령 등으로 정한 것으로 하고 있다.

20 다음 중 예산제도에 대한 설명으로 적절하지 않은 것은?

① 품목별 예산은 점증주의에 입각한 예산제도이나, 계획예산은 총체주의에 입각한 예산제도이다.
② 성과주의 예산은 책임이 집중되고, 계획예산은 책임이 분산된다.
③ 성과주의 예산은 1년도로 편성되고, 계획예산은 5개년 이상의 장기적 시계에 입각하여 편성된다.
④ 계획예산은 결정의 흐름이 상의하달식이나, 영기준예산은 결정의 흐름이 하의상달식이다.

21 전통적 예산원칙 중 다음 〈보기〉에 해당하는 원칙은?

─────── 〈보 기〉 ───────
예산은 주어진 사용목적 · 금액 및 기간에 따라 한정된 범위 내에서 집행되어야 한다.

① 통일성의 원칙
② 한정성의 원칙
③ 정확성의 원칙
④ 사전승인의 원칙

22 다음 예산의 원칙 중 성격이 다른 하나는?

① 완전성의 원칙
② 단일성의 원칙
③ 책임의 원칙
④ 공개성의 원칙

23 행정개혁을 위한 다음의 개선내용 중 접근방법이 다른 하나는?

① 기능중복의 제거
② 의사결정권한의 수정
③ 의사전달체계의 수정
④ 관리과학의 활용

24 지방자치단체의 기관구성 중 기관통합형에 대한 설명으로 옳지 않은 것은?

① 민주정치와 책임행정 구현이 용이하다.
② 의결기관과 집행기관 간 갈등과 대립이 적어 지방행정의 안정성을 추구한다.
③ 업무의 분담으로 전문성의 제고에 용이하다.
④ 소규모의 자치단체에 적합하다.

25 다음 중 특별지방행정기관의 특징이 아닌 것은?

① 지방자치단체가 아닌 국가의 하급행정기관이다.
② 법인격을 가지지 않는다.
③ 주민들의 직접적인 통제와 참여가 가능하다.
④ 현장의 정보를 중앙정부에 전달한다.

2010.06.26. 시행

2010 | 기출문제

모바일
OMR
답안분석
서비스

✅ 회독 CHECK 1 2 3   ✅ 시험시간 25분   ✅ 해설편 139쪽

01 다음 중 팀제의 도입 배경과 직접적인 관련이 가장 적은 것은?

① 정보화 및 세계화의 영향으로 조직 간 외부 연계성 강조
② 의사결정의 신속성 중시 풍조
③ 민주화와 인본주의 영향의 가속화
④ 조직관리의 공정성 제고의 필요성

02 다음 중 단층제와 중층제에 대한 설명으로 적절하지 않은 것은?

① 단층제는 지역의 특수성 및 개별성을 존중할 수 있다.
② 중층제는 주민의 접근성이 낮다.
③ 단층제는 행정수행상의 낭비를 제거하고 능률을 증진시킨다.
④ 중층제는 기능의 배분이 명확하지 않을 경우 행정 책임이 모호해질 수 있다.

03 다음 중 정책평가에 대한 설명으로 가장 적절하지 않은 것은?

① 정책평가는 범학문적인 특성을 가지는 활동이다.
② 총괄평가에는 능률성 평가, 효과성 평가, 공평성 평가 등이 있다.
③ 총괄평가는 정책이 집행되고 난 후에 정책이 사회에 미친 영향을 추정하는 판단활동으로 정책평가의 핵심이다.
④ 과정평가는 정책중단 등에 영향을 크게 받지 않는다.

04 다음 중 정부실패의 유형으로 보기에 적절하지 않은 것은?

① 파생적 외부효과
② 비용과 수입의 절연
③ 정보의 불완전성
④ 권력의 편재로 인한 불공평한 분배

05 다음 중 설명이 적절하지 않은 것은?

① 김대중 정부에서 공공부문 개혁은 신공공관리론에 의한 개혁이었다.
② 김대중 정부에서 노인복지 등에 전자바우처제도 시스템이 처음 도입되었다.
③ IMF 이후 정부는 NPS(National Pension Service) 방향으로 개혁을 추진하였다.
④ IMF 이후의 대표적인 이론은 신공공서비스론이다.

06 다음 중 신공공관리론에 대한 내용으로 적절하지 않은 것은?

① 기업가적 정부의 실현
② 수익자 부담원칙의 강조
③ 책임성의 약화
④ 정치 · 행정이원론

07 다음 중 카오스(chaos)이론의 특징으로 적절하지 않은 것은?

① 초합리성
② 자기조직화
③ 공진화(coevolution)
④ 비선형적 변화

08 다음 중 예산의 분류에 대한 설명으로 적절하지 않은 것은?

① 품목별 예산은 행정부에 대한 재정통제가 용이하다.
② 계획예산은 예산의 절약과 능률성 같은 자원배분에 최적을 기하려는 기획중심의 예산이다.
③ 성과주의 예산은 예산성과의 질적인 평가가 가능하다.
④ 영기준 예산은 0의 수준에서 새롭게 정책·사업을 편성하는 감축중심의 예산이다.

09 다음 중 입법부 우위의 예산원칙으로 적절하지 않은 것은?

① 예산 공개의 원칙
② 예산 완전성의 원칙
③ 예산 통일의 원칙
④ 예산 다원적 절차의 원칙

10 다음 중 우리나라 지방행정제도 및 재정제도의 문제점에 관한 설명으로 적절하지 않은 것은?

① 근본적으로 재정이 중앙정부에 의존하는 경향이 있다.
② 기관통합형이어서 견제와 균형이 잘 이루어지지 않는다.
③ 소수의 독점과 참여로 주민들이 무관심한 경향이 있다.
④ 지방세와 관련된 것들을 법률로써 규제하고 있어서 한계가 있다.

11 행정학의 접근방법에 대한 설명으로 옳지 않은 것은?

① 역사적 접근방법은 제도나 정책의 발생 및 기원을 연대기적으로 기술한다.
② 사회학적 접근방법은 행정 내부의 관리현상뿐만 아니라 환경과 외부요인 등과의 상호작용관계를 중심으로 연구한다.
③ 제도론적 접근방법은 행정학 분야에서 각종 제도나 직제에 대한 자세한 기술에 관심을 갖는다.
④ 생태학적 접근방법은 후진국의 행정현상을 설명하는 데 크게 기여했으며, 행정의 보편적 이론의 구축을 통한 행정의 과학화에 기여하였다.

12 자원배분에 대한 경제적 적용이 어려운 이유로 옳지 않은 것은?

① 자원배분 시 시간과 노력, 비용 등이 과다하게 발생한다.
② 자원배분을 위해서는 정치적 접근이 필요하다.
③ 자원배분이 비현실적인 면이 있다.
④ 자원배분 시 소수의 의견이 무시된다.

13 다음 중 사회적 자본과 관련이 없는 것은?

① 사회적 자본은 사람과 사람 사이의 협력, 규범 등의 사회적 자산을 포괄한다.
② 사회적 자본은 행위자에게 이익이 배타적으로 돌아간다.
③ 사회적 자본은 국가 간의 이동성과 대체성이 낮다.
④ 사회적 공동체주의를 지향한다.

14 다음 중 정책문제의 특성이 아닌 것은?

① 하나의 정책문제는 다른 정책문제에 영향을 미친다.

② 정책문제는 정태적인 성격이 강하다.

③ 정책문제는 인간의 주관적인 성격이 강하다.

④ 정책문제는 정치적인 영향을 받으며, 공공성이 강하다.

15 다음 중 지방의회의 의결사항에 해당되지 않는 것은?

① 조례의 제정·개정 및 폐지

② 결산의 승인

③ 국무총리령으로 정하는 공공시설의 설치·처분

④ 기금의 설치·운용

16 다음 중 윌슨(J. Q. Wilson)의 규제정치이론에 해당하지 않는 것은?

① 기업가적 정치

② 이익집단정치

③ 정당정치

④ 대중정치

17 베버(M. Weber)의 관료제의 특징에 대한 설명으로 옳지 않은 것은?

① 베버의 관료제는 소량 생산 체제에서 효과적인 생산의 결과를 낳았다.

② 조직이 바탕으로 삼는 권한의 유형을 전통적 권한, 카리스마적 권한, 합법적 권한으로 나누었다.

③ 관료제는 사적 조직과 공적 조직에 공통적으로 존재한다.

④ 관료제는 어떠한 목적달성을 위하여 기능하는 가장 합리적인 지배형식이다.

18 다음 중 행정윤리에 대한 설명으로 옳지 않은 것은?

① 특정직 공무원도 「공직자윤리법」의 적용을 받는다.

② 정치와 행정의 상호작용이 활발해지면 행정윤리의 확보가 어려워질 가능성이 높아진다.

③ 「국가공무원법」, 「공직자윤리법」은 부정부패 방지 등을 위한 구체적이고 적극적인 행정윤리를 강조한다.

④ 공무원의 행동규범은 공직윤리를 체현(體現)하는 태도와 행동의 기준이다.

19 다음 중 정책결정과 정책집행에 대한 설명으로 옳지 않은 것은?

① 정책결정은 이해관계자들 간에 갈등이 나타나는 정치적 과정이다.

② 정책집행은 선정된 문제를 해결하기 위해 여러 대안 중 최선의 대안을 선택하는 것이다.

③ 정책결정의 주체는 공식적인 정부이며, 공익을 추구한다.

④ 정책집행은 정책의 내용을 구체화하는 과정이다.

20 다음 중 유기적 구조의 조직특성에 대한 설명으로 옳지 않은 것은?

① 넓은 직무 범위
② 모호한 책임 관계
③ 비공식적 관계
④ 표준운영절차

21 다음 중 우리나라 예산분류의 일반적 기준에 해당하지 않는 것은?

① 조직별 분류
② 기능별 분류
③ 투입별 분류
④ 품목별 분류

22 다음 중 직업공무원제에 대한 설명으로 옳지 않은 것은?

① 직업공무원제는 공직을 평생직업으로 일할 수 있도록 직업의 안정을 보장한다.
② 직업공무원제는 결원 발생 시 내부임용을 통하여 충원한다.
③ 직업공무원제는 젊고 유능한 인재 유치에 장애요소로 작용한다.
④ 직업공무원제는 공개경쟁 채용시험을 거쳐 임용한다.

23 다음 〈보기〉에서 설명하고 있는 직무평가방법으로 알맞은 것은?

─〈보 기〉─
사전에 작성된 등급기준표에 의해 직무의 책임과 곤란도 등을 파악하는 방법으로 정부 부문에서 많이 사용한다.

① 서열법
② 분류법
③ 점수법
④ 요소비교법

24 다음 중 계급제에 대한 설명으로 옳지 않은 것은?

① 계급제는 전문행정가를 양성한다.
② 계급제는 배치전환이 용이하다.
③ 계급제는 개개인의 자격 · 능력 · 신분으로 분류된다.
④ 계급제는 직업공무원제의 확립이 용이하다.

25 다음 중 대표관료제의 특성에 대한 설명으로 옳지 않은 것은?

① 국민에 대한 책임을 중시하는 내부통제수단이다.
② 우리나라에서는 총액인건비제에서 적용되고 있다.
③ 실질적 기회균등보장과 수직적 형평성을 제고한다.
④ 인구집단의 규모에 직접 비례해서 관료들을 그 규모에 해당하는 비율로 충원하는 제도이다.

2009.09.27. 시행

2009 | 기출문제

모바일
OMR
답안분석
서비스

✅ 회독 CHECK 1 2 3

✅ 시험시간 25분   ✅ 해설편 144쪽

01 다음 중 공공서비스의 성과지표와 예시가 적절하게 연결된 것은?

> ㉠ 지역사회의 발전
> ㉡ 공사에 참여한 인력과 장비
> ㉢ 포장된 도로의 면적
> ㉣ 차량의 통행속도 증가

① ㉠ – 영향, ㉡ – 산출, ㉢ – 투입, ㉣ – 결과
② ㉠ – 결과, ㉡ – 영향, ㉢ – 투입, ㉣ – 산출
③ ㉠ – 결과, ㉡ – 투입, ㉢ – 영향, ㉣ – 산출
④ ㉠ – 영향, ㉡ – 투입, ㉢ – 산출, ㉣ – 결과

02 다음 중 합리성에 대한 설명으로 적절하지 않은 것은?

① 절차적 합리성은 목표에 비추어 적합한 행동이 선택되는 정도이다.
② 실제적 합리성은 개인의 이익을 증진하기 위해 실용적이며, 이기적인 관점에서 그들의 활동을 판단하려고 할 때에 나타난다.
③ 정치적 합리성은 보다 나은 정책을 추진할 수 있는 정책결정구조의 합리성을 의미한다.
④ 기술적 합리성은 하나의 목표를 성취하기 위해서 여러 가지 행위가 취해질 때에 나타난다.

03 다음 중 신공공관리론과 뉴거버넌스론의 관계에 대한 설명으로 적절하지 않은 것은?

① 신공공관리론은 정부관료제를 조직·관리하는 새로운 방법을 의미하는데 비해, 뉴거버넌스는 정부와 사회 간의 새로운 상호작용의 형태를 의미한다.
② 신공공관리론이 신자유주의에 기초하는데 비해, 뉴거버넌스론은 공동체주의에 기초하고 있다.
③ 신공공관리론이 부문 간 경쟁에 역점을 두고 있는데 비해, 뉴거버넌스론은 부문 간 협력에 중점을 두고 있다.
④ 신공공관리론이 조직 간 관계를 중시하는데 비해, 뉴거버넌스론은 조직 내 관계를 중시하는 경향이 있다.

04 다음 중 정책대안의 결과를 예측하기 위한 직관적 예측기법으로 적절하지 않은 것은?

① 상호영향분석
② 브레인스토밍
③ 선형계획
④ 전통적 델파이

05 다음 중 정책의제설정에서 외부주도형의 과정으로 적절한 것은?

① 사회문제 → 정부의제

② 사회문제 → 정부의제 → 공중의제

③ 사회문제 → 사회이슈 → 공중의제 → 정부의제

④ 사회문제 → 사회이슈 → 정부의제 → 공중의제

06 다음 중 비용편익분석에 대한 설명으로 적절하지 않은 것은?

① 대안의 성과를 화폐가치로 환산하여 측정할 수 있을 때에 사용되는 분석기법이다.

② 순현재가치(NPV)가 2보다 크면 사업의 타당성이 있다고 본다.

③ 내부수익률(IRR)이 클수록 바람직하며 투자가치가 있는 사업이다.

④ 복수의 대안평가 시 내부수익률이 큰 사업을 선택해야 오류가 없다.

07 다음 중 균형성과표(BSC)에 대한 설명으로 적절하지 않은 것은?

① 카플란과 노턴(R. Kaplan & D. Norton)이 재무적 수단에 의존하는 전통적 평가방법의 한계를 극복하기 위하여 주장하였다.

② 균형성과표는 과정중심의 성과관리보다는 결과중심의 성과관리에 초점을 맞춘다.

③ 균형성과표(BSC)의 평가기준에는 재무적 관점, 고객 관점, 내부프로세스 관점, 학습과 성장 관점 등이 있다.

④ 재무 상태가 양호해도 고객 만족도나 내부프로세스의 효율성이 낮다면 전체적인 균형성과표의 점수는 낮게 나타난다.

08 다음 중 엘리트이론에 대한 설명으로 적절한 것은?

① 공식적 참여자와 비공식적 참여자 간의 상호작용관계를 포괄적으로 분석한다.

② 국가는 스스로 결정하는 힘을 지닌 실체라고 주장한다.

③ 다양한 이익집단 간의 균형과 조절을 중시한다.

④ 엘리트의 가치와 선호에 의해 의사결정이 이루어진다.

09 민영화의 한 방식인 바우처제도에 대한 설명으로 적절하지 않은 것은?

① 공급자는 소비자에게 재화 및 서비스를 공급하고 바우처를 받고, 정부에 바우처를 제시하여 비용을 지불받는 방식이다.

② 전자바우처는 바우처관리의 투명성과 효율성 제고에 기여한다.

③ 식품이용권은 개인에게 쿠폰형태의 구매권을 지급하는 것이다.

④ 노인돌봄 서비스, 장애인활동 보조서비스 등은 종이바우처의 대표적 운영사례이다.

10 다음 중 위원회 조직의 장점으로 적절하지 않은 것은?

① 합의에 의한 신속한 의사결정을 할 수 있다.

② 정책 결정은 기관장이 단독으로 하지 않고 다수의 위원들이 집단적으로 참여하여 함께 한다.

③ 행정의 중립성과 정책의 계속성을 확보하고 조직의 안정성을 높일 수 있다.

④ 각 부문 간의 이해관계와 의견의 대립을 조정하고 통합할 수 있다.

11 잘못된 교통신호체계가 실제로 더 큰 문제임에도 불구하고 자가용 증대문제를 도심 교통 혼잡의 핵심이라고 잘못 정의하고 이를 해결하려 하는 경우를 나타내는 용어는?

① 환원주의 오류

② 알파 오류

③ 베타 오류

④ 메타 오류

12 다음 중 통제수단이나 제도의 미비로 인해 부패가 발생한다고 보는 접근방법으로 적절한 것은?

① 체제론적 접근

② 도덕적 접근

③ 제도적 접근

④ 사회 · 문화적 접근

13 다음 중 정보의 비대칭성을 완화하는 방법으로 옳지 않은 것은?

① 신호보내기(Singnalling): 대리인 스스로가 자신의 능력과 지식에 관한 정보를 주인에게 드러내는 방법

② 다수의 대리인(Multiple Agents): 다수의 대리인을 고용함으로써 대리인 간의 경쟁, 상호통제, 정보의 제공 등을 피하는 방법

③ 적절한 인센티브 제공: 가장 기본적이고 고전적인 방법으로 성과급의 도입 등

④ 적격심사(Screening): 대리인에게 차별화된 복수의 계약을 제공하여 주인으로 하여금 선택하게 함으로써 능력과 지식에 대한 정보를 얻는 방법

14 다음 중 네트워크 조직의 효용성에 대한 설명으로 적절하지 않은 것은?

① 조직 내의 안정성 및 정체성을 보다 확고히 할 수 있다.

② 정보통신기술의 활용으로 시간적 · 공간적 제약을 완화할 수 있다.

③ 인적 자원과 물적 자원의 투입을 줄임으로써 가격경쟁력을 높일 수 있다.

④ 환경변화에 신축적이고, 신속한 대응이 가능해진다.

15 다음 중 대리인이론에 대한 설명으로 적절하지 않은 것은?

① 대리인이론은 신공공관리론의 이론적 배경이 되고 있다.

② 비대칭적인 정보로 인하여 역선택의 문제가 나타날 수 있다.

③ 대리인의 자율성을 강화해야 한다.

④ 비경제적 요인의 고려를 소홀히 한다는 비판을 받는다.

16 다음 중 직무의 종류는 유사하나 곤란도 · 책임도가 서로 다른 직급의 계열에 해당하는 것으로 알맞은 것은?

① 직류

② 직렬

③ 직군

④ 직위

17 다음 중 다면평가제도에 대한 설명으로 적절하지 않은 것은?

① 조직의 계층적 구조가 완화되고 팀워크가 강조되는 현대 사회의 새로운 조직유형에 부합되는 제도이다.

② 평가자가 복수라서 평가의 객관성과 공정성을 높일 수 있다.

③ 고객의 평가가 포함되면서 고객 중심적 행정을 실현하는 데 도움을 줄 수 있다.

④ 입체적이며 다면적인 평가를 통해 인간관계 중심의 인기 위주의 투표화를 방지한다.

18 다음 중 기획담당자와 예산담당자의 특성을 비교한 것으로 적절하지 않은 것은?

① 기획담당자는 발전지향적이며, 예산담당자는 현상유지적이다.

② 기획담당자는 보수적이며, 예산담당자는 혁신적이다.

③ 기획담당자는 미래지향적이며, 예산담당자는 비판적이다.

④ 기획담당자는 소비지향적이며, 예산담당자는 저축지향적이다.

19 다음 중 정책과정의 참여자 중 공식적 참여자에 해당하는 참여자는?

① 언론기관

② 비정부기구

③ 정당

④ 사법부

20 다음 중 공공선택이론에 관한 설명으로 적절하지 않은 것은?

① 정부를 공공재의 생산자 · 공급자로, 국민을 소비자로 간주한다.

② 방법론적 개체주의에 입각하여 의사결정의 주체를 개인으로 본다.

③ 공공서비스를 공급하는 전통적인 관료제는 공공선택이론에 부합한다.

④ 공공선택이론은 사회를 유기체가 아니라 개개인의 결합으로 파악하며, 개인의 효용이 증가하면 사회적 효용이 증가한다고 본다.

21 다음 중 현금주의와 비교하여 발생주의에 대한 설명으로 적절하지 않은 것은?

① 재정성과에 대한 정보공유가 가능하다.

② 상대적으로 자의적인 주관의 개입 여지가 적다.

③ 대차평균의 원리에 의해 이중거래를 통한 자기검증기능을 가진다.

④ 복식부기가 용이하게 적용될 수 있다.

22 정책결정자들에 의해 목표가 수립되고 대체적인 방침만 정해진 뒤 나머지 부분은 집행자에게 위임되고, 집행자들은 이 목표와 방침에 합의한 상태에서 집행 시에 충분한 재량권을 부여받는 유형에 해당하는 것은?

① 재량적 실험가형

② 지시적 위임가형

③ 고전적 기술자형

④ 관료적 기업가형

23 다음 중 국고보조금에 관한 설명으로 적절하지 않은 것은?

① 중앙정부와 지방정부 간의 수평적 재정조정제도이다.
② 국고보조금은 의존재원 및 특정재원으로서의 성격을 지닌다.
③ 국고보조금은 그에 대한 반대급부가 수반되지 않는 보조금이다.
④ 우리나라의 국고보조금은 지나치게 통제 위주로 운영되어 지방자치단체의 자율성을 저해하는 측면이 존재한다.

24 다음 중 우리나라 현재 법령상 지방자치단체가 아닌 것은?

① 대전광역시 유성구
② 전라남도 곡성군
③ 경기도 수원시 팔달구
④ 제주특별자치도

25 다음 중 우편사업, 조달사업, 양곡관리 등과 관련된 특별회계를 설치하고 그 예산 등의 운용에 관한 사항을 규정하고 있는 법률은?

①「국가회계법」
②「국고금관리법」
③「정부기업예산법」
④「국가재정법」

2008 기출문제

모바일
OMR
답안분석
서비스

01 다음 중 정부와 행정에 대한 설명으로 옳지 않은 것은?

① 현대행정의 특징으로는 행정수요의 복잡 · 다양화, 정치와 행정의 일원화, 사회변동에 적극 대응 등을 들 수 있다.

② 행정과 경영은 능률성을 추구하는 관리기술, 관료제적 성격 등에서 유사하지만 목적, 법적 규제, 정치권력적 성격, 평등성, 권한 및 영향범위 등에서는 차이가 존재한다.

③ 보수주의 정부는 기회의 평등을 강조하는 반면, 진보주의 정부는 결과의 평등을 강조한다.

④ 자유방임사상가들은 정부의 역할을 국방, 공공토목사업, 환경규제 등의 최소한의 분야로 한정하고 있다.

02 다음 중 행정학의 접근 방법으로 적절하지 않은 것은?

① 신제도론적 접근법은 미시-거시(또는 행위-구조) 간의 매개과정을 규명할 수 있는 중범위이론이다.

② 신행정론은 반실증주의적 태도를 가지고 있다.

③ 현상학적 접근방법에서는 인간의 의도된 행위와 표출된 행태를 구별하고, 그중 관심을 기울여야 할 분야는 의도된 행위라고 본다.

④ 신공공관리론은 참여, 형평성, 적실성 등 사회적 문제에 대한 정부의 공적 역할을 중시한다.

03 다음 중 행정이론에 관한 설명으로 적절하지 않은 것은?

① 하몬(Harmon) 등의 현상학적 행정이론은 상징적 상호주의를 배경으로 한다.

② 리그스(Riggs)는 사회를 융합사회(농업사회), 분화사회(산업사회), 프리즘사회(신생국)로 구분하였다.

③ 윌슨-베버리안의 집권적 능률성 패러다임에 대항하여 공공서비스 공급에서 관할권의 중첩을 통한 경쟁원리를 도입하여 민주행정의 패러다임을 제시한 학자는 왈도(Waldo)이다.

④ 공공선택이론은 정치철학에서는 홉스와 스피노자와 사상적 배경을 같이하며, 정치학에서는 메디슨, 토크빌의 사상과 맥을 같이한다.

04 다음 중 공익에 대한 설명으로 적절하지 않은 것은?

① 공익은 절대적이며 확정적인 개념이다.

② 공익은 정확히 정의하기는 어려우나, 확실히 정의할 수 있는 몇몇 특징이 존재한다.

③ 공익은 다수 이익이나 사회적 약자의 이익이 포함되어 있다.

④ 공익은 논리상으로는 제약이 없는 개념이다.

05 다음 중 시장실패의 원인에 해당하는 것을 모두 고른 것은?

> ㉠ 불완전한 경쟁의 발생
> ㉡ 공공재의 존재
> ㉢ 외부효과의 발생

① ㉠, ㉡
② ㉡, ㉢
③ ㉠, ㉢
④ ㉠, ㉡, ㉢

06 공기업에 대한 설명으로 적절하지 않은 것은?

① 공기업은 공공수요의 충족을 목적으로 수지적합주의에 입각하여 경영하는 사업을 말한다.
② 시장형 공기업은 특별법에 의해 설치되며 특별법의 적용에 따라 운영된다.
③ 공사형 공기업의 직원은 공무원이다.
④ 공기업은 자체수입액이 총수입액의 50% 이상인 기관 중에서 지정한다.

07 공기업의 독립채산제를 설명한 내용 중 옳지 않은 것은?

① 독립채산제에서는 정부가 공기업에 대하여 중앙집권적으로 관리한다.
② 독립채산제는 재정과 경영을 분리하는 제도를 의미한다.
③ 독립채산제를 채택한 공기업은 수지채산의 독립과 균형을 확보할 수 있다.
④ 공기업은 독립채산제를 채택함으로써 정부나 의회로부터의 독립성을 확보할 수 있다.

08 다음 중 책임운영기관에 대한 설명으로 적절하지 않은 것은?

① 신공공관리론의 조직원리에 따라 등장한 모형이다.
② 1990년대 영국 Next Steps Program에서 처음 추진되었다.
③ 기관장은 공개모집을 통하여 임용된다.
④ 공기업보다 책임운영기관이 영리(이윤) 추구를 더 중시한다.

09 다음 중 동기이론에 관한 설명으로 옳지 않은 것은?

① 동기이론은 내용이론과 과정이론으로 나눌 수 있는데, 맥그리거의 이론은 내용이론에 속하고 브룸의 이론은 과정이론에 속한다.
② 허즈버그는 동기요인은 만족감을 느끼게 하는 것이 아니고 불만을 막는 작용을 하는 것이라고 주장하였다.
③ 매슬로우는 하위욕구가 충족될 때 상위욕구가 순차적으로 유발된다고 하였다.
④ 아지리스는 조직목표와 개인목표가 일치하는 조직이 건강한 조직이라고 하였다.

10 다음 중 NGO에 대한 설명으로 적절하지 않은 것은?

① NGO는 공익을 추구하는 자발적 조직으로 공적 조직이다.
② NGO는 의회, 정당 또는 행정부의 기능을 일부 보완할 수 있다.
③ NGO는 시장실패, 정부실패, 세계화, 민간화 등으로 인하여 등장하였다.
④ NGO는 정책의 각 과정에서 다양한 방법을 통해 참여하게 된다.

11 다음 중 시민참여를 '조작, 치료, 정보제공, 자문, 회유, 공동협력, 권한위임, 시민통제'의 8단계로 구분한 학자는?

① 샥터(Schachter)
② 로젠블룸(Rosenbloom)
③ 아른슈타인(Arnstein)
④ 프리드릭슨(Frederickson)

12 다음에서 설명하는 기법을 무엇이라 하는가?

> 각 데이터 간의 상관관계를 인공지능기법으로 자동적으로 알려주는 기법으로서 과거에는 알지 못했지만 축적된 데이터 속에서 유도된 새로운 데이터 모델을 발견하여 새로운 전략적 정보를 추출해내는 정보추출 및 지식발견기법이다.

① 데이터베이스(database)
② 데이터 웨어하우스(data warehouse)
③ 데이터 마이닝(data mining)
④ 데이터 마트(data mart)

13 다음 중 리더십의 효율성은 상황에 의존한다고 전제하면서 리더의 행동을 인간중심적 리더십과 과업중심적 리더십으로 나누고 여기에 효율성이라는 차원을 추가하여 리더십이론의 3차원 모형을 제시한 학자는?

① 번스(Burns)
② 피들러(Fiedler)
③ 블레이크와 머튼(Blake & Mouton)
④ 허시와 블랜차드(Hersey & Blanchard)

14 공직자 재산등록 등 우리나라의 행정윤리 및 공무원 부패와 관련된 설명으로 옳지 않은 것은?

① 「공직자윤리법」에 의하여 4급 이상(이에 상당하는 고위공무원 포함)의 일반직 국가 및 지방공무원은 재산을 등록·공개하고 있다.
② 법관 및 검사에 대하여는 「공직자윤리법」, 「부패방지 및 국민권익위원회 설치와 운영에 관한 법률」이 아닌 대법원 규칙이 적용된다.
③ 공공기관의 사무처리에 관하여 국민감사청구제를 시행하고 있다.
④ 부패행위를 신고한 사람에 대한 내부고발자보호제도가 시행되고 있다.

15 다음 중 일선관료제의 재량권 강화의 필요성이 아닌 것은?

① 추상적이고 일반적인 정책지침의 현실에 맞는 구체화
② 집행담당자의 자원·시간·능력의 부족
③ 집행 현장마다의 특수성
④ 현장에서 발생한 예기치 못한 사태에 대한 대비

16 다음 중 인사제도와 관련된 설명으로 적절하지 않은 것은?

① 직위분류제도는 인사행정의 능률성과 합리성을 수단으로 하며 엽관주의를 배경으로 추진되었다.
② 실적주의는 인사권자의 탄력적·신축적인 인적자원 운용에 걸림돌이 될 수 있다.
③ 엽관제도는 1829년 미국의 잭슨 대통령이 의회에서 발표한 연두교서에서부터 더욱 강화되었다.
④ 직업공무원제도는 젊고 유능한 인재들을 공직에 유치해 일생동안 공무원으로 근무하도록 운영하는 인사제도이다.

17 다음 중 직위분류제의 장 · 단점에 대한 설명 중 적절하지 않은 것은?

① 동일직무에 대한 동일보수의 원칙은 보수의 합리화를 실현함으로써 공평한 보수 체계의 확립을 이루어냈다.

② 인적 자원의 관리와 활용에 있어서 융통성이 있고 탄력적으로 운용이 가능하다.

③ 직무의 내용을 구체적으로 명시하므로 근무성적평정의 합리적 기준을 세우는 데 유용하다.

④ 구성원 간의 관계가 사무중심으로 이루어지므로 인간관계가 지나치게 사무적이게 된다.

18 다음 중 라이트(Wright)의 정부 간 관계모형(IGR)에서 가장 이상적인 모형으로 제시된 것은?

① 중첩권위형
② 분리권위형
③ 포괄권위형
④ 동반자모형

19 다음 중 오늘날 기업 내에서 인사관리 등에 가장 많이 사용하는 정보를 공유하는 수단으로 적절한 것은?

① 인터넷
② 인트라넷
③ 엑스트라넷
④ 부가가치통신망

20 다음 중 예산제도에 대한 설명으로 옳지 않은 것은?

① PPBS는 장기적인 계획에 치중하기 때문에 정책결정권이 고위층에 있다.

② 통제지향적 예산은 하향적 의사결정구조를 가지며 활동에 정보의 초점이 있다.

③ 성과주의예산은 전략계획서, 연간성과계획서 및 사업성과보고서 작성을 본질로 한다.

④ MBO는 단기적 목표에 치중한다.

21 다음 중 점증주의 예산결정이론에 대한 설명으로 적절한 것은?

① 예산규모는 사회후생의 극대화를 기준으로 결정한다.

② 예산은 한계효용관점에서 상대적 가치를 중시하여 결정한다.

③ 예산은 정부기관 및 이익집단 간의 갈등을 원만히 해결하여 결정한다.

④ 규범적 성격이 강한 예산결정이론이다.

22 예산회계제도에 대한 다음 설명 중 적절하지 않은 것은?

① 현금주의는 현금이 수납되었을 때 수입으로 기록하고 현금이 지급되었을 때 지출로 기록하는 것이다.

② 발생주의는 채무가 발생하였을 때 지출로 기록하고, 세입의 징수결정이 이루어졌을 때 수입으로 기록한다.

③ 재정융자특별회계의 출자계정에서는 정부출자 및 출연을 수행하였으나 지금은 폐지되었다.

④ 채무부담주의회계는 채무부담이 발생한 시점을 기준으로 기록 · 보고하는 방식으로 물품구매나 공사 등 주문이나 계약에 부적합한 제도이다.

23 다음 중 우리나라 예산심의과정에 대한 설명으로 옳지 않은 것은?

① 우리나라 국회에서의 예산심의기간은 헌법상 90일이다.

② 상임위의 예비심사를 마친 예산안은 예결위에서 종합심사를 한다.

③ 전년도 결산안은 내년도 예산안보다 먼저 국회로 제출된다.

④ 예산결산특별위원회는 소관 상임위원회에서 삭감한 예산금액을 증액하거나 새 비목을 설치하고자 할 경우 소관상임위의 동의를 얻어야 한다.

24 다음 중 지방자치제도에 대한 설명으로 적절하지 않은 것은?

① 조례는 지방자치단체가 법령의 범위 안에서 그 권한에 속하는 사무에 관하여 지방의회의 의결로써 제정하는 규범이다.

② 조례로 정할 사항을 규칙으로 정하거나 규칙으로 정할 사항을 조례로 정할 경우 그것은 무효가 된다.

③ 지방자치제도의 실시에 따라 세수입을 효과적으로 사용할 수 있다.

④ 예산, 회계, 계약, 재산관리, 지방세, 사용료, 공금의 부과 등에 관하여 위법한 행위에 대해서는 주민투표로만 시정이 가능하다.

25 지방재정의 효율적 관리제도 중 사후적 재정관리제도에 해당하는 것은?

① 기채승인제도

② 재정투융자심사제도

③ 재정분석진단제도

④ 중기지방재정계획

인생의 실패는 성공이 얼마나 가까이 있는지도 모르고 포기했을 때 생긴다.

— 토마스 에디슨 —

시대에듀의
면접 도서 시리즈
라인업

군무원 면접

장교/부사관 면접

국가직 공무원1 면접

국가직 공무원2 면접
(행정직)

국가직 공무원2 면접
(기술직)

2025

기출이 답이다

편저 | 시대군무원시험연구소

군무원

행정학

17개년 기출문제집

정답 및 해설

합격으로 가는
깊이가 다른 해설

시대에듀

행정학

해설편

2024 9급 기출문제 해설

☑ 점수 (   )점/100점 ☑ 문제편 002쪽

영역 분석

행정학 총론	7문항	★★★★★★★	28%
정책학	6문항	★★★★★★	24%
조직론	4문항	★★★★	16%
인사행정론	4문항	★★★★	16%
재무행정론	2문항	★★	8%
지방행정론	2문항	★★	8%

빠른 정답

01	02	03	04	05	06	07	08	09	10
①	③	②	③	②	④	①	③	①	④
11	12	13	14	15	16	17	18	19	20
③	④	③	②	②	④	④	④	②	④
21	22	23	24	25					
③	①	②	②	①					

01
정답 ①

영역 행정학 총론 > 행정이란 무엇인가?   난도중

정답의 이유

① 국방, 치안은 비배제성과 비경합성을 가지므로 공공재에 해당한다.

오답의 이유

②·③·④ 공유재는 비배제성과 경합성을 가지는 재화로, 대가를 치르지 않아도 소비를 배제할 수 없어 과잉 소비의 문제가 발생할 수 있다. 공유재의 예로는 자연자원(산, 강, 바다), 공공시설, 정부예산 등이 있다.

02
정답 ③

영역 조직론 > 조직의 기초이론   난도중

정답의 이유

③ 기계적 조직구조는 안정적인 환경, 반복적인 정형화된 업무를 다루는 조직에 효과적이다.

오답의 이유

① 기계적 조직구조는 높은 전문성·공식성을 가진 조직, 높은 복잡성, 집권화된 구조, 수직적 구조 등과 친화성을 가진다.

② 베버(M. Weber)의 관료제 모형은 기계적 조직구조의 특징을 잘 나타낸다.

④ 기계적 조직구조는 엄격하게 규정된 직무, 분명한 명령체계를 지닌 조직으로 내적 통제에 따른 예측 가능성이 높으며 조정, 효율화, 합리화에 유리하다.

03
정답 ②

영역 정책학 > 정책환경 및 정책과정의 참여자   난도중

정답의 이유

② 정책결정자의 무관심과 무능력에 근거한 것은 무의사결정이 아닌 의사결정의 소극적 측면이다. 무의사결정은 기존 엘리트 집단이 자신들의 기득권 수호를 위해 대중과 약자의 이익이나 요구를 정책문제 채택과정에서 봉쇄하고 저지한다는 입장으로, '보이지 않는 권력'을 비밀리에 행사하는 엘리트집단에 의한 무의사결정의 영역이 있음을 강조한다.

오답의 이유

① 바흐라흐(Bachrach)와 바라츠(Baratz)는 달(Dahl)의 실증적 접근방법이 엘리트의 권력행사에 관한 어두운 측면을 고려하지 못했다고 비난하면서 '정치권력의 두 얼굴'을 통해 무의사결정론을 제시하였다.

③ 무의사결정은 의사결정자의 가치나 이익에 대한 잠재적인 도전을 억압하고 방해하는 결과를 초래하는 결정을 의미한다.

④ 정책 결정단계에서 고려되는 정책대안의 범위나 내용을 한정·수정시켜서 내용은 없고, 상징에 그치는 정책대안이 채택되도록 영향력을 행사한다.

04

영역 행정학 총론 > 행정과 환경　　　　　　　　난도 **중**

정답의 이유

③ 보몰 효과에 의하면 공공부문 서비스의 노동집약적 성격으로 인해 공공부문은 민간에 비하여 필수재의 성격이 강하다. 이 때문에 생산비용이 증가하여도 서비스의 공급을 줄일 수 없어 정부 지출은 증가한다. 이는 공공재 과다공급설에 해당한다.

오답의 이유

① 니스카넨에 따르면 관료들은 자신들의 권력 극대화를 위하여 예산 팽창을 유도한다. 이에 따라 공공재는 과다 공급된다.

② 파킨슨의 법칙에 따르면 본질적인 업무량에 관계없이 관료들의 심리적인 요인으로 인하여 공무원 수가 증가하며 이에 따라 공공재가 과다 공급된다.

④ 다운스에 의하면 국민의 합리적 무지로 인하여 공공재와 관련한 정보 수집을 적극적으로 하지 않고 공공재 공급 확대에 저항하는 일이 발생하여 공공재가 과소 공급된다.

05

영역 인사행정론 > 공직구조의 형성　　　　　　　난도 **중**

정답의 이유

② 직업공무원제는 실적주의의 확립을 바탕으로 한다. 그러나 실적주의가 확립되었다고 해서 직업공무원제가 반드시 확립되는 것은 아니다. 따라서 직업공무원제를 실적주의의 확립 요건 또는 구성요소 중 하나로 볼 수 없다.

오답의 이유

① 직업공무원제는 폐쇄형 충원방식, 신분보장을 특징으로 한다. 따라서 실적주의를 개방형 충원과 동시에 시행하면 직업공무원제는 확립되기 어렵다.

③ 직업공무원제는 폐쇄형 공무원제, 계급제에 가깝고 실적주의는 직위분류제, 개방형 공무원제, 전문가주의에 가깝다.

④ 직업공무원제는 장기적인 안목에서 채용이나 승진, 전보 등 인사가 공정하게 이루어져야 하고, 교육훈련 등을 통하여 능력발전 기회도 지속적으로 제공되어야 한다.

06

영역 정책학 > 정책학의 기초　　　　　　　　　　난도 **중**

정답의 이유

④ 포지티브 규제는 법률·정책상으로 허용하는 것을 제시한 뒤 나머지는 모두 금지하는 방식이다. 어떤 행위를 원칙적으로 허용하되 금지되는 행위만 예외적으로 규정하는 것은 네거티브 규제이다.

오답의 이유

① 경쟁적 규제는 고속버스 노선허가, 방송국 설립인가, 항공노선 취항권 부여 등과 같이 다수의 경쟁자 중에서 특정한 개인이나 단체에게 일정한 재화나 서비스, 권리 등을 공급할 수 있도록 제한하는 규제이다.

② 보호적 규제는 소비자보호법, 최저임금제, 근로자기준법 등과 같이 개인이나 집단의 권리행사나 행동의 자유를 구속·통제하여 일반 대중을 보호하려는 규제이다.

③ 정부의 규제에 민간이 순응할 때 비용이 발생할 수 있다. 이를 '규제에 의한 조세' 또는 '숨겨진 조세'라고 하기도 한다.

07

영역 정책학 > 정책환경 및 정책과정의 참여자　　　난도 **중**

정답의 이유

① 정책공동체는 공동의 이익을 추구하는 포지티브섬 게임(Positive-Sum Game)의 속성이 강하고, 정책문제망(이슈네트워크)은 참여자들 사이에 갈등이 있고 지배집단이 일방적으로 정책을 결정하는 경우가 많기 때문에 제로섬 게임(Zero-sum Game) 또는 네거티브섬 게임(Negative-Sum Game)의 속성이 강하다.

오답의 이유

② 정책문제망(이슈네트워크)은 특정한 정책 문제별로 형성되며 경계가 모호하고 개방성은 높기 때문에 관심 있는 사람들은 누구나 참여할 수 있다.

③ 정책공동체는 정책 분야별로 형성되며 특정 정책영역과 관련된 행정기관과 그 소속 공무원, 정치인, 이익집단, 전문가들로 구성된다. 참여자의 범위는 하위정부보다는 넓고 정책문제망(이슈네트워크)보다는 제한적이다.

④ 하위정부 모형은 입법부·행정부·이익집단 세 부문의 행동자들이 상호작용하고 협력하는 체제로, '철의 삼각' 또는 '삼각동맹'이라 부른다.

08

영역 행정학 총론 > 행정이란 무엇인가?　　　　　**난도** 하

정답의 이유

③ 행정은 규제와 기속행위가 많지만 경영은 규제가 적으며 재량행위가 많다. 즉, 행정은 경영에 비하여 엄격한 법적 규제가 적용된다.

오답의 이유

① 행정과 경영은 목표를 달성하기 위하여 자원을 효율적으로 동원하고 활용하는 관리기술이라는 면에서 서로 유사하다.

② 행정과 경영은 관료제적 성격을 띠는 대규모 조직이라는 점에서 서로 유사하다.

④ 행정과 경영은 목표를 달성하기 위한 합리적이고 집단적인 협동행위라는 점에서 서로 유사하다.

09
정답 ①

영역 행정학 총론 > 행정이란 무엇인가?　　　　　**난도** 중

정답의 이유

① 소속 책임운영기관은 정부조직이며 별도의 법인격이 없고 구성원은 공무원이다. 소속 책임운영기관의 장은 임기제 공무원으로 임용한다. 기관장의 근무기간은 5년의 범위에서 소속중앙행정기관의 장이 정하되, 최소한 2년 이상으로 하여야 한다.

오답의 이유

② 책임운영기관은 신공공관리론의 조직원리에 따라 등장한 새로운 형태의 정부 조직이다.

③ 책임운영기관은 공공성을 유지하면서도 시장원리에 따라 운영하는 것이 바람직하거나 전문성이 있는 사무에 대해 운영상 자율성을 부여하고 성과를 책임지도록 설치된 조직이다. 이때 시장원리를 지나치게 강조하면 공공성이 훼손되고 공공서비스의 형평성과 안정성이 저하될 수 있다.

④ 책임운영기관은 정책기능으로부터 분리된 집행 및 서비스 기능을 수행하는 집행 중심의 사업부서 조직이다.

10
정답 ④

영역 재무행정론 > 예산과정론　　　　　**난도** 중

정답의 이유

④ 일반예비비는 회계연도를 달리하여 사용할 수 없다.

오답의 이유

① 미리 사용목적을 지정해 놓은 목적예비비는 별도로 세입·세출예산에 계상할 수 있다.

② 예비비는 예측할 수 없는 예산 외의 지출 또는 예산초과지출에 충당하기 위하여 총액으로 국회의 승인을 얻어 세입·세출예산에 계상한 금액이다.

③ 목적예비비는 재해대책비, 공공요금, 환율 변동으로 인한 원화 부족액 보전, 구조조정으로 인한 어려움을 겪는 업종 지원, 수출 규제 및 국제통상마찰에 대응하기 위한 재정지원 등에 사용할 수 있다.

11
정답 ③

영역 조직론 > 조직의 양태와 조직유형　　　　　**난도** 중

정답의 이유

③ 전문적 관료제는 복잡하고 안정적인 환경에 적절하다.

오답의 이유

① 기술의 표준화가 핵심적인 조정 장치로 개인의 전문성에 의존하고 전문가들은 많은 자율권을 부여받는다.

② 전문적 관료제의 구조적 특징은 높은 분화 수준과 낮은 공식화 수준이다.

④ 전문적 관료제는 전문가들로 구성된 핵심운영층에 해당하는 작업 계층의 힘이 강력하다.

12
정답 ④

영역 행정학 총론 > 행정학의 주요접근　　　　　**난도** 중

정답의 이유

④ 관청형성전략은 일상적 업무는 준정부조직이나 외부계약으로 넘기고 권력 중심에 있는 부서에서 참모적 기능을 수행한다. 따라서 탈관료화 성향이 강화된다.

오답의 이유

① 중위투표자 이론은 양당제하에서 중위투표자의 선호에 맞춘 정책을 제시하여 결국은 중간 수준의 정책대안이 채택된다는 이론이다. 이에 따라 모든 투표자의 선호가 고려되지 않고, 자원의 효율적 배분도 보장하지 못한다.

② 티부가설은 주민의 자유로운 지방 간 이동과 다수의 지방정부가 전제되는 경우 '발로 하는 투표(Vote by Foot)'에 의해 지방공공재 공급의 적정규모가 결정될 수 있다는 이론이다.

③ 공공선택이론은 공공재의 공급에서 시민의 선택을 중시하는 접근법으로, 정부를 공공재의 생산자로 시민을 공공재의 소비자로 규정한다. 경쟁을 통한 행정 서비스 공급을 처방하고 행정의 대응성 향상과 공공재 배분결정의 합리성 제고를 추구한다.

13

영역 행정학 총론 > 행정이란 무엇인가?　　　　난도 **하**

정답의 이유

③ 진보주의는 조세를 통한 소득재분배를 주장한다. 조세 감면 확대를 강조하는 것은 보수주의이다.

14

영역 인사행정론 > 공직구조의 형성　　　　난도 **중**

정답의 이유

② 지방자치단체 및 지방교육행정기관의 지방공무원이 아닌, 국가공무원 중 국장급 직위에 상당하는 직위이다(국가공무원법 제2조의2 제2항 제3호).

「국가공무원법」

제2조의2(고위공무원단)

① 국가의 고위공무원을 범정부적 차원에서 효율적으로 인사관리하여 정부의 경쟁력을 높이기 위하여 고위공무원단을 구성한다.

② 제1항의 "고위공무원단"이란 직무의 곤란성과 책임도가 높은 다음 각 호의 직위(이하 "고위공무원단 직위"라 한다)에 임용되어 재직 중이거나 파견 · 휴직 등으로 인사관리되고 있는 일반직공무원, 별정직공무원 및 특정직공무원(특정직공무원은 다른 법률에서 고위공무원단에 속하는 공무원으로 임용할 수 있도록 규정하고 있는 경우만 해당한다)의 군(群)을 말한다.

  1. 「정부조직법」 제2조에 따른 중앙행정기관의 실장 · 국장 및 이에 상당하는 보좌기관

  2. 행정부 각급 기관(감사원은 제외한다)의 직위 중 제1호의 직위에 상당하는 직위

  3. 「지방자치법」 제123조 제2항 · 제125조 제5항 및 「지방교육자치에 관한 법률」 제33조 제2항에 따라 국가공무원으로 보하는 지방자치단체 및 지방교육행정기관의 직위 중 제1호의 직위에 상당하는 직위

  4. 그 밖에 다른 법령에서 고위공무원단에 속하는 공무원으로 임용할 수 있도록 정한 직위

「감사원법」

제17조의2(고위감사공무원단의 구성 · 운영)

① 고위감사공무원의 인사관리를 효율적으로 함으로써 감사의 전문성과 책임성을 높이기 위하여 고위감사공무원단을 구성한다.

② "고위감사공무원단"이란 다음 각 호의 군(群)을 말한다.

  1. 직무의 곤란성과 책임도가 높은 감사원 사무차장 · 감사교육원장 · 감사연구원장 · 실장 · 국장

  2. 제1호에 상당하는 보좌기관

  3. 감사원규칙으로 고위감사공무원단에 속하는 공무원으로 임명하도록 정한 직위에 임용되어 재직 중이거나 파견 · 휴직 등으로 인사관리되고 있는 일반직공무원 · 별정직공무원

15

영역 지방행정론 > 지방자치단체(종류 및 기관)　　　　난도 **중**

정답의 이유

② 단층제를 채택하고 있는 지역은 제주특별자치도와 세종특별자치시이다. 강원특별자치도와 전북특별자치도는 해당하지 않는다.

오답의 이유

① 우리나라는 광역과 기초로 구분되는 2계층의 중층제를 채택하고 있다.

③ · ④ 행정계층은 행정의 효율성을 중시하는 개념으로, 수직적인 지휘 · 복종 관계가 형성되어 있다. 자치계층은 정치적 민주성을 중시하는 개념으로, 엄밀한 의미에서 지방자치단체들은 그 각각이 법인이므로 상호 간의 상하 수직적 관계가 있을 수 없다.

16

영역 지방행정론 > 지방재정　　　　난도 **중**

정답의 이유

④ 재정자립도는 지방자치단체의 일반회계 세입 중 자주재원이 차지하는 비중을 말한다. 즉 지방정부가 재정 활동에 필요한 자금을 어느 정도 조달하고 있는가를 나타내는 지표이다. 일반회계 세입에서 자주재원과 지방교부세 등을 반영하여 실질적인 지방자치단체의 재원 활용능력을 표시할 수 있는 지표는 '재정자주도'이다.

오답의 이유

① 재정자립도는 일반회계만을 고려하고 특별회계와 기금 등을 종합적으로 고려하지 못하기 때문에 실제 재정 능력이 과소평가된다.

② 재정자립도는 세입 중심의 개념으로 세출 측면의 변화는 고려하지 않아 세출의 질을 파악할 수 없다.

③ 재정자립도는 중앙정부의 재정지원을 의존재원으로 파악하며 의존재원에는 지방교부세, 국시비보조금, 조정교부금이 포함된다. 일반회계 총세입 중에서 자주재원이 차지하는 비율을 의미하는 재정자립도만으로는 이러한 재정지원의 형태나 성격을 제대로 파악할 수 없다.

17

영역 조직론 > 조직의 양태와 조직유형　　　　난도 **하**

정답의 이유

④ 네트워크 구조는 조직의 자체 기능은 핵심역량 위주로 합리화하고 부수적인 기능은 외부기관들과 계약관계를 통해 연계하여 수행하는 유기적 조직으로 조직 구성원의 자율성이 높고 구성원의 관계가 수평적이다.

18

영역 정책학 > 정책분석

난도 중

정답의 이유

③ 장래에 일어날 가능성이 있는 사건의 줄거리를 가상의 시나리오로 구상해 전개 과정을 추정하는 미래예측기법은 시나리오 기법이다.

오답의 이유

①·②·④ 델파이 기법은 관련 분야의 전문지식을 가진 전문가들에게 설문지 등 서면으로 자문을 의뢰하고 이를 반복·종합하여 예측 결과를 도출하는 기법이다.

(•)) 적중레이더

델파이 기법의 절차

① 주제와 관련된 지식과 경험을 갖춘 전문가 그룹을 구성한다.

② 문제해결 방안에 대한 설문지를 만들어 응답자에게 보낸다.

③ 응답자들은 각자 따로 응답을 기록하여 설문지를 반송한다.

④ 응답을 요약하고 종합하여 보고서를 만들고 이를 응답자에게 다시 보낸다.

⑤ 응답자는 보고서를 평가하고 그에 대한 질문에 답한다. 이때 응답자들은 집단 의견을 바탕으로 답변을 수정할 수 있다.

⑥ 합의가 도출될 때까지 절차가 반복되며, 마지막으로 보고서를 작성한다.

19

정답 ②

영역 행정학 총론 > 행정학의 주요접근

난도 중

정답의 이유

② 탈신공공관리는 신공공관리론에 대한 비판적 관점에 기초하여 신공공관리 개혁의 한계를 수정·보완하기 위해 만든 다양한 조치이다. 신공공관리의 주요 아이디어들을 대체하는 것은 아니다.

오답의 이유

① 탈신공공관리는 신공공관리의 역기능적 측면을 교정하고 재집권화와 재규제를 주창한다.

③·④ 탈신공공관리는 구조적 통합을 통한 분절화의 축소를 추구하고 정부의 정치·행정적 역량 강화를 통한 총체적 정부를 강조한다.

20

정답 ④

영역 정책학 > 정책결정

난도 상

정답의 이유

④ 증거기반 정책결정은 과학적 증거에 기반한 정책결정을 의미한다. 증거기반 정책결정을 주장하는 학자들은 정치적 결정 과정에서 과학적 증거의 활용을 배제할 수 없다는 의견을 제기한다. 정치적 결정 과정을 증거기반 정책결정으로 대체할 수 있다고 주장한 것은 아니다.

오답의 이유

① 증거기반 정책결정은 검증되지 않은 이념, 신념, 의견이나 과학적 증거가 부족한 담론에 의한 정책 결정을 지양하고 과학적 방법으로 수집한 증거(evidence)에 의한 정책결정을 강조한다.

② 헤드(Head)는 증거기반 정책결정이 성공적으로 도입되려면 관련 정책영역에서 상당한 수준의 정보기반이 갖추어져야 한다고 하였다.

③ 증거기반 정책결정은 보건정책 분야, 사회복지정책 분야, 교육정책 분야, 형사정책 분야 등에 적용하기에 적합하다.

(•)) 적중레이더

증거기반 정책결정

• 정책개발과 집행의 핵심에서 연구를 최상의 이용 가능한 증거들을 도출하여 정책과 프로젝트 또는 프로그램에 대하여 사람들이 충분한 정보를 갖고 의사결정을 하도록 돕는 접근(Davies, 1999)

• '증거기반(evidence–based)' 개념은 의학 분야에서 처음 사용되었으며, 현재 임상심리학, 사회복지학, 경찰학, 교육학 등 다양한 분야에서 광범위하게 사용

• 증거기반 정책 결정의 효과

  – 고도의 정책성

  – 정부 영역에서 합리성과 객관성의 부활

  – 정책을 위해 확증된 평가방법론의 개발 및 적용

  – 정책 신뢰성을 높이는 제도적 장치 보급

  – 예산 절감 및 정책 창안의 기회 제공

  – 서비스 제공 기관의 책임성 고양

21

정답 ③

영역 재무행정론 > 정부회계 및 조달행정

난도 중

정답의 이유

③ 현금주의 회계는 현금의 유입과 유출시점을 기준으로 수익과 비용을 인식하는 것으로, 감가상각을 비용으로 인식하지 않는다. 발생주의 회계는 현금의 유입이나 유출 시점과는 관계없이 재무상태를 변동시킨 거래나 사건이 실제로 발생한 시점, 즉 지출원인행위가 발생한 시점을 중심으로 수익과 비용을 인식하는 것으로 감가상각을 비용으로 인식한다.

① 현금주의 회계는 비교적 절차가 간편하고 이해와 통제가 용이하다.

② 현금주의 회계는 무상거래를 인식하지 않지만 발생주의 회계는 이중거래로 인식한다.

④ 발생주의 회계는 재정의 실질적 객관성이 확보되고 재정성과 파악이 용이하다.

22

정답 ①

영역 조직론 > 조직관리   난도 **상**

① 자아실현적 인간관은 조직 속의 인간을 '자아를 실현하려는 주체'로 파악한다. 조직 내외의 여러 상황조건과 구성원의 차별성을 고려하여 다원적인 관리 전략을 사용하는 것은 복잡한 인간관에서의 관리 전략이다.

② 자아실현적 인간관에서는 구성원이 자신들의 직무에서 의미를 발견하고 그에 대하여 긍지와 자존심을 갖고 도전적으로 직무를 담당하도록 관리한다.

③ 자아실현적 인간관에서 관리자는 구성원을 지시하고 통제하기보다는 촉매자의 역할을 하여 구성원 스스로 문제를 해결할 수 있도록 지원하고 촉진한다.

④ 자아실현적 인간관에서는 통합모형에 근거하여 개인과 조직의 목표를 융합하고 통합할 수 있도록 구성원을 의사결정 과정에 참여시켜 조직의 목표달성을 위해 기여하도록 한다.

23

정답 ②

영역 인사행정론 > 공직부패 및 공직윤리와 행위규범   난도 **중**

② 공무원 부패에 대한 체제론적 접근에서는 부패를 그 나라의 문화적 특성·제도상 결함·구조상 모순·공무원의 부정적 행태 등 복합적인 요인에 의하여 발생한다고 본다. 사회의 법과 제도상의 결함이나 이에 대한 관리기구와 운영상의 문제를 부패의 원인으로 보는 입장은 제도적 접근이다.

① 부패방지 및 국민권익위원회의 설치와 운영에 관한 법률 제2조 제4호

③ '백색부패'는 사회에 심각한 해를 끼치지 않거나 사익추구가 없는 선의의 부패 등을 의미한다.

④ '권력형 부패'는 사회적 권력층이 정치권력을 이용해 막대한 이익을 부당하게 얻기 위해 저지르는 부패를 의미하며 사회적 지탄의 대상이 된다.

24

정답 ②

영역 인사행정론 > 능력발전   난도 **중**

② 역량평가는 실제와 유사한 모의사항 등에서 피평가자의 행동특성을 다수의 평가자가 평가하는 방식이다. 특정 피평가자에 대해 다양한 사람으로부터 다면적인 평가 결과를 도출하는 것은 다면평가제이다.

① 우리나라의 역량평가제는 고위공무원단의 구성과 함께 고위공무원에게 요구되는 역량의 사전검증장치로 도입되었다.

③ 역량평가제는 업무수행을 위한 충분한 역량을 보유하고 있는지를 평가하는 것을 목적으로 한다. 이를 위하여 실제와 유사한 모의상황을 설정하고 피평가자의 행동을 관찰하여 평가한다.

④ 역량평가제는 다양한 실행 과제를 종합적으로 활용함으로써 개별 평가기법의 한계를 극복하고 대상자의 몰입을 유도하여 다양한 역량을 측정할 수 있다.

25

정답 ①

영역 정책학 > 정책집행   난도 **중**

① 정책목표의 명확성과 그 실현을 위한 다양한 수단의 필요성을 강조하는 합리모형에 입각한 이론은 하향식 접근법이다. 상향적 접근법은 정책집행을 다수의 참여자들 사이에서 발생하는 상호작용으로 인식하고 정책집행이 현장에서 실제 어떻게 이루어지는가를 기술하고 설명하는 데 중점을 둔다.

2024 7급 기출문제 해설

☑ 점수 (　　)점/100점　☑ 문제편 008쪽

영역 분석

영역	문항		비율
행정학 총론	6문항	★★★★★★	24%
정책학	6문항	★★★★★★	24%
조직론	5문항	★★★★★	20%
인사행정론	4문항	★★★★	16%
재무행정론	2문항	★★	8%
지방행정론	2문항	★★	8%

빠른 정답

01	02	03	04	05	06	07	08	09	10
①	③	②	③	②	③	④	①	②	③
11	12	13	14	15	16	17	18	19	20
②	④	②	①	②	①	④	③	④	①
21	22	23	24	25					
①	④	③	④	②					

01

정답 ①

영역 행정학 총론 > 행정과 환경　난도 중

정답의 이유

① 사회적 자본은 정신적·무형적 자본이므로 경제적 자본에 비해 형성과정이나 규모가 불투명하고 불확실하다.

오답의 이유

② 사회적 자본은 공동의 목적을 위해서 협력을 바탕으로 한 사람들 사이의 사회적 구조로서 사회 내 인간의 활동을 통해 축적되어 단기간에 이루어지기 힘들다.

③ 사회적 자본은 공동체주의적 지향성을 가지며 개인과 사회의 공식·비공식적 모든 활동과 가치관에 영향을 주고 사회의 규범, 신뢰, 네트워크를 형성한다.

④ 사회적 자본은 측정이 용이하지 않고 측정지표도 지역특성에 따라 달라진다.

02

정답 ③

영역 조직론 > 조직의 양태와 조직유형　난도 하

정답의 이유

③ 탈관료제는 자율적·참여적·협동적 관계를 통한 집단적 의사결정 및 문제해결을 강조한다. 분업화에 의한 문제해결을 강조하는 것은 관료제이다.

오답의 이유

①·②·④ 탈관료제의 집합적 특징에는 '비계서 구조, 조직의 잠정성, 경계관념의 타파, 임무와 능력의 중시, 상황 적응성 강조, 집단적 문제해결 강조, 의사전달의 공개주의, 구성원의 직업적 유동성에 대한 전제' 등이 있다.

03

정답 ②

영역 지방행정론 > 지방행정　난도 중

정답의 이유

② 국민적 최저수준 유지에 대한 요청이 확대되면서 경제 및 사회적 불평등 해소를 위해 촉진된 것은 신중앙집권이다.

오답의 이유

① 신중앙집권은 지방분권의 단점인 비능률성과 중앙집권의 비민주성이라는 두 가지 문제를 해결하는 새로운 형태의 집권으로 지방자치의 민주화와 중앙집권에 의한 행정 능률화를 조화한다.

③ 신지방분권은 국가의 간섭과 지원을 배척하지 않고, 중앙정부에 의한 지도의 필요성을 인정하고 국가발전에 적극 협력하는 상대적 의미의 분권이다.

④ 신중앙집권은 수평적·협동적 집권으로 과거의 중앙집권과 달리 비권력적 지도의 폭이 넓어졌다.

04

정답 ③

영역 행정학 총론 > 행정학의 주요 접근 　　　　난도 **중**

[정답의 이유]

③ 사회학적 신제도주의는 방법론적 전체주의에 의한 거시이론적 성격을 나타내며, 귀납적 접근에 의한 연구를 전개한다. 방법론적 개체주의에 의해 분석하는 것은 합리선택적 신제도주의이다.

[오답의 이유]

① 구제도주의와 신제도주의는 제도를 연구의 중심개념으로 사용하고 합리적 행동모형에 대하여 회의적이라는 공통적인 특성을 지닌다.

② 역사적 신제도주의는 제도를 장기간의 역사적 과정에서 형성된 인간행동의 정형화된 패턴으로 인식하고, 형성된 제도는 지속성과 경로의존성을 갖고 현재의 정책선택을 제약한다고 본다.

④ 합리선택적 신제도주의는 개인을 분석의 단위로 하고 개인에 대한 가정을 통해 제도를 설명한다. 그 가정에서 결론으로 도달하는 데에는 연역적 접근을 사용한다.

05

정답 ②

영역 정책학 > 정책결정 　　　　난도 **중**

[정답의 이유]

② 정책딜레마는 상호갈등적인 정책대안들이 구체적이고 명료할 때 발생할 가능성이 높다.

[오답의 이유]

① 정책 딜레마는 정책문제에 대한 정부조직의 관할이 중첩될 때 발생한다.

③ 정책 딜레마 상황에서는 갈등집단들의 내부 응집력이 강하다.

④ 정책 딜레마는 갈등집단 간의 권력 균형 상황에서 발생한다.

06

정답 ③

영역 조직론 > 조직의 양태와 조직유형 　　　　난도 **중**

[정답의 이유]

③ 보조기관은 상하 간 명령복종 관계를 지닌 수직적 계층구조를 형성하여 조직의 목표달성에 기여하는 조직의 중추기관이다. 권한과 책임의 한계가 명확하기 때문에 조직이 경직화될 수 있고, 부문 간 조정이 어려워 조직운영의 효율성이 저하될 수 있다.

[오답의 이유]

① 보조기관은 결정권이 최고관리층에 집중되어 있어 조직의 규모가 커질 경우 조직의 장에게 업무가 과중될 수 있다.

② 보좌기관은 계선기관의 기능이 원활하게 수행되도록 지원ㆍ보조ㆍ촉진하는 기관이다. 이에 따라 계선의 통솔범위를 확대시킬 수 있다.

④ 보좌기관은 전문지식을 통한 합리적 결정을 지원한다.

07

정답 ④

영역 행정학 총론 > 행정학의 주요 접근 　　　　난도 **중**

[정답의 이유]

④ 신공공서비스이론은 시민의 공동체 중심적ㆍ공익 추구적 성향을 과신한다. 따라서 민주적 목적 성취를 위하여 수단적ㆍ기술적 전문성은 소홀히 다룬다.

[오답의 이유]

① 신공공서비스이론에서는 관료들은 시민을 위해 관심을 기울이고 봉사해야 한다고 주장한다.

② 신공공서비스론에서 관료들은 시민들로 하여금 공동의 이해관계를 표명하게 하고 충족하도록 돕는다. 따라서 행정이 가치갈등상황에 직면하면 시민참여와 토론을 통하여 결정할 것을 주장한다.

③ 신공공관리론은 시민참여의 확대를 강조하여 다양한 사회세력의 이익을 조정하는 정부의 역할을 과소평가한다.

08

정답 ①

영역 정책학 > 정책결정 　　　　난도 **중**

[정답의 이유]

① 정책결정모형은 초점을 두는 분석단위가 개인적 차원과 집단적 차원으로 나뉜다. 에치오니(A. Etzioni)의 혼합주사모형은 이 중 개인적 차원의 정책결정모형이다.

[오답의 이유]

② 점증모형은 기존 정책을 토대로 약간 개선된 내용을 추구하는 방식의 의사결정모형으로 수단에 의해 목표가 수정될 수 있다고 본다.

③ 만족모형의 의사결정자는 모든 대안을 무작위적이고 순차적으로 탐색하다가 어느 정도 만족할 만한 결과를 가져오는 대안이 나타나면 의사결정을 종료한다. 이러한 만족모형은 공무원의 보수주의와 책임회피를 심화시킬 수 있다.

④ 최적모형은 계량적 측면과 질적 측면을 모두 결합한 모형으로 지속적인 환류를 통한 정책결정 능력의 고양을 시도한다.

09

영역 정책학 > 정책평가	난도 중

정답의 이유

② 위원회의 회의는 재적위원 과반수의 출석으로 개의하고 출석위원 과반수의 찬성으로 의결한다(정부업무평가 기본법 제10조 제6항).

오답의 이유

① 정부업무평가 기본법 제10조 제1항 및 제5항

③ 정부업무평가 기본법 제14조 및 제18조

④ 정부업무평가 기본법 제28조 제3항

「정부업무평가 기본법」

제10조(위원회의 구성 및 운영)

① 위원회는 위원장 2인을 포함한 15인 이내의 위원으로 구성한다.

⑤ 공무원이 아닌 위원의 임기는 2년으로 하되, 1차에 한하여 연임할 수 있다.

⑥ 위원회의 회의는 재적위원 과반수의 출석으로 개의하고 출석위원 과반수의 찬성으로 의결한다.

제14조(중앙행정기관의 자체평가)

① 중앙행정기관의 장은 그 소속기관의 정책 등을 포함하여 자체평가를 실시하여야 한다.

제18조(지방자치단체의 자체평가)

① 지방자치단체의 장은 그 소속기관의 정책 등을 포함하여 자체평가를 실시하여야 한다.

제28조(평가결과의 예산·인사 등에의 연계·반영)

③ 기획재정부장관은 평가 결과를 중앙행정기관의 다음 연도 예산편성 시 반영하여야 한다.

10

영역 인사행정론 > 인사행정의 기초	난도 중

정답의 이유

③ 대표관료제는 능력과 업적에 따른 인사관리를 강조하는 실적주의와 충돌할 가능성이 있다.

오답의 이유

① 대표관료제는 다양한 사회집단들의 구성비율에 따라 관료를 충원하는 원리가 적용되는 관료제로 사회의 인적 구성을 잘 반영하도록 함으로써 관료제 내에 민주적 가치를 주입한다.

② 대표관료제는 국민의 다양한 요구에 대한 정부의 대응성을 향상시키고 정책에 대한 관료의 책임성을 제고시킨다.

④ 적극적 대표가 지나치게 활성화되어 정부관료제 내의 각 관료집단들이 자신들의 출신집단의 이익을 극대화하기 위해 경쟁할 경우, 집단이기주의가 발생할 수 있다.

11

영역 조직론 > 조직연구의 기초	난도 중

정답의 이유

② 상황론적 조직이론은 모든 상황에 적합하고 유일한 최선의 관리방법(The best one way)은 없으며 개별 조직이 놓인 상황에 따라 해결책이 다양하다는 이론이다. 따라서 보편·일반 원리적인 이론을 긍정하지 않는다.

((·)) 적중레이더

상황론적 조직이론(상황적응이론, contingency theory)

• 1960년대 등장한 상황적응이론은 원리접근법을 비판하면서 조직은 환경에 피동적으로 적응해 간다고 보았다. 환경에 대한 적합성이 조직 생존의 관건이라고 보고 환경의 절대성을 강조하였다.

• 로렌스(Lawrence)와 로쉬(Lorsch)는 모든 상황에서 효과적인 유일한 조직의 유형은 없으며 효과적인 조직설계의 유형은 환경의 불확실성에 따라 다르다고 주장하였다. 로렌스(Lawrence)와 로쉬(Lorsch)의 상황적응이론은 개방체제론을 조직현상에 응용한 것으로 분화와 통합을 강조한다.

• 유일한 최선의 방법(The best one way)을 부정하였으나 부분적으로 효과적인 방법(차선)은 인정하였다. 즉, 유일한 최선의 방법은 오직 상황적응적으로만 존재할 수 있다고 본다.

12

영역 행정학 총론 > 행정학의 주요 접근	난도 중

정답의 이유

④ 공공선택론은 개인을 분석의 기초단위로 삼고, 인간을 개인의 효용 극대화를 추구하는 존재로 가정한다. 방법론적 집합주의가 아닌 방법론적 개체주의를 가정한다.

오답의 이유

① 공공선택론은 공공재의 공급에서 시민의 선택을 중시하는 접근방법으로, 전통적인 정부관료제는 공공서비스를 독점 공급하고 소비자의 선택을 억압하여 시민의 요구에 민감하게 반응할 수 없다고 지적한다.

② 공공선택론은 공공재의 수요와 공급이 부합될 수 있도록 외부비용(외부효과로 인한 비용)을 최소화할 수 있는 공급영역을 설정해야 한다고 주장한다.

③ 공공선택론은 정책결정 구조가 공공재의 산출과 소비에 어떻게 영향을 미치는지 분석하고 대안을 모색한다.

13

영역 행정학 총론 > 행정이 추구하는 가치　　　난도 **중**

정답의 이유

② 가외성은 중첩성, 반복성, 초과분, 잉여분의 개념으로 행정의 경제성·능률성과 충돌하는 개념이다.

오답의 이유

① 재판의 3심제, 권력분립(입법부·행정부·사법부), 연방주의 등은 가외성의 사례에 해당한다.

③ 가외성은 여분이나 중복 등을 고려하여 불확실성의 오류를 방지하는 개념이다. 이를 볼 때 다양한 정책대안이 요구되는 것도 가외성의 개념에 부합한다고 볼 수 있다.

④ 가외성은 불확실성의 과업환경에서의 생존가능성이나 신뢰성, 운영의 안정성을 확보하기 위한 가치이다.

14

정답 ①

영역 정책학 > 정책환경 및 정책과정의 참여자　　　난도 **중**

정답의 이유

① ㉠ 정책네트워크는 여러 하위체제로 구성된 분산적·분권적 정치체제를 전제로 한다.

오답의 이유

㉡ 하위정부 모형에서는 참여자들의 관계가 안정적이고 자율성이 높으며 폐쇄적·동맹적이라고 본다.

㉢ 이슈네트워크 모형에서는 참여자 간의 안정성이 낮으며 공동체 의식은 약하다고 본다.

㉣ 정책공동체 모형에서는 참여자 사이에 권력이 균형을 이루고 있다고 본다.

15

정답 ②

영역 조직론 > 조직구조의 형성　　　난도 **중**

정답의 이유

② 유기적 구조는 동적이고 비정형화된 업무에 효과적인 조직구조이다. 조직 환경이 안정적일 때 효과적인 것은 기계적 구조이다.

오답의 이유

① 유기적 구조는 권한과 책임이 분화된 조직으로 쌍방향의 상호작용 관계를 유지한다.

③ 유기적 구조는 의사소통이 수평적이고 업무가 전문화에 의해 명확하게 구분되지 않기 때문에 부서 간 구분이 모호하고 업무가 중복될 수 있다.

④ 유기적 구조는 적응성이 강한 것이 특징인 조직이다.

16

정답 ①

영역 조직론 > 조직구조의 형성　　　난도 **중**

정답의 이유

① ㉠ 매슬로우는 하위 단계의 욕구가 어느 정도 충족되면 그 다음 단계 욕구가 나타난다고 보았다.

㉡ 앨더퍼(Alderfer)는 매슬로우(Maslow)처럼 욕구를 계층화하고 계층에 따라 다음 욕구가 나타난다고 보았다. 다만 앨더퍼는 두 가지 이상의 욕구가 한 가지 행동을 유발한다고 하였다.

오답의 이유

㉢ 맥그리거(McGregor)는 욕구단계이론을 바탕으로 인간관을 X·Y 두 가지로 제시하였다. 욕구좌절로 인한 후진적·하향적 퇴행을 제시한 것은 앨더퍼의 E.R.G 이론이다.

㉣ 아지리스(Argyris)는 인간이 '미성숙'에서 '성숙'의 단계로 발전한다며 모든 구성원이 스스로 욕구를 충족시킬 수 있는 분위기를 조성해야 함을 강조하였다. 개인의 동기를 사회문화와 상호작용하는 과정에서 취득되고 학습된다고 본 것은 맥클리랜드의 성취동기이론이다.

((•)) **적중레이더**

매슬로우의 욕구계층이론과 앨더퍼의 E.R.G이론

매슬로		앨더퍼
자기실현욕구		성장욕구(G: Growth)
존경의 욕구	자기존중	
	타인의 인정	
사회적욕구(소속 및 애정의 욕구)		관계욕구(R: Relatedness)
안전의 욕구	신분보장	
	물리적 안전	
생리적 욕구		존재욕구(E: Existence)

17

영역 지방행정론 > 지방자치 　　　　　　　　　　　　　난도 **중**

정답의 이유

④ 행정안전부장관이나 시·도지사는 지방자치단체의 자치사무에 관하여 보고를 받거나 서류·장부 또는 회계를 감사할 수 있다(지방자치법 제190조 제1항).

오답의 이유

① 지방자치단체의 사무는 자치사무, 위임사무로 구분되며 위임사무는 단체위임사무, 기관위임사무로 구분된다.

② 지방자치법 제49조 제1항

③ 지방자치법 제185조 제1항

> 「지방자치법」
>
> **제49조(행정사무 감사권 및 조사권)**
>
> ① 지방의회는 매년 1회 그 지방자치단체의 사무에 대하여 시·도에서는 14일의 범위에서, 시·군 및 자치구에서는 9일의 범위에서 감사를 실시하고, 지방자치단체의 사무 중 특정 사안에 관하여 본회의 의결로 본회의나 위원회에서 조사하게 할 수 있다.
>
> **제185조(국가사무나 시·도 사무 처리의 지도·감독)**
>
> ① 지방자치단체나 그 장이 위임받아 처리하는 국가사무에 관하여 시·도에서는 주무부장관, 시·군 및 자치구에서는 1차로 시·도지사, 2차로 주무부장관의 지도·감독을 받는다.
>
> **제191조(지방자치단체에 대한 감사 절차 등)**
>
> ① 주무부장관, 행정안전부장관 또는 시·도지사는 이미 감사원 감사 등이 실시된 사안에 대해서는 새로운 사실이 발견되거나 중요한 사항이 누락된 경우 등 대통령령으로 정하는 경우를 제외하고는 감사 대상에서 제외하고 종전의 감사 결과를 활용하여야 한다.

18

정답 ③

영역 인사행정론 > 공직구조의 형성 　　　　　　　　　난도 **중**

정답의 이유

③ 정무직공무원은 선거로 취임하거나 임명할 때 국회의 동의가 필요한 공무원, 고도의 정책결정 업무를 담당하거나 이러한 업무를 보조하는 공무원으로서 법률이나 대통령령에서 정무직으로 지정하는 공무원이다. 공무원으로 임명 시 반드시 국회의 동의가 필요한 것은 아니다.

> 「국가공무원법」
>
> **제2조(공무원의 구분)**
>
> ① 국가공무원(이하 "공무원"이라 한다)은 경력직공무원과 특수경력직공무원으로 구분한다.
>
> ② "경력직공무원"이란 실적과 자격에 따라 임용되고 그 신분이 보장되며 평생 동안(근무기간을 정하여 임용하는 공무원의 경우에는 그 기간 동안을 말한다) 공무원으로 근무할 것이 예정되는 공무원을 말하며, 그 종류는 다음 각 호와 같다.
>
> 　1. 일반직공무원: 기술·연구 또는 행정 일반에 대한 업무를 담당하는 공무원
>
> 　2. 특정직공무원: 법관, 검사, 외무공무원, 경찰공무원, 소방공무원, 교육공무원, 군인, 군무원, 헌법재판소 헌법연구관, 국가정보원의 직원, 경호공무원과 특수 분야의 업무를 담당하는 공무원으로서 다른 법률에서 특정직공무원으로 지정하는 공무원
>
> ③ "특수경력직공무원"이란 경력직공무원 외의 공무원을 말하며, 그 종류는 다음 각 호와 같다.
>
> 　1. 정무직공무원
>
> 　　가. 선거로 취임하거나 임명할 때 국회의 동의가 필요한 공무원
>
> 　　나. 고도의 정책결정 업무를 담당하거나 이러한 업무를 보조하는 공무원으로서 법률이나 대통령령(대통령비서실 및 국가안보실의 조직에 관한 대통령령만 해당한다)에서 정무직으로 지정하는 공무원
>
> 　2. 별정직공무원: 비서관·비서 등 보좌업무 등을 수행하거나 특정한 업무 수행을 위하여 법령에서 별정직으로 지정하는 공무원

19

정답 ④

영역 재무행정론 > 예산과정론 　　　　　　　　　　　난도 **상**

정답의 이유

④ 국회법 제84조 제2항

> 「국회법」
>
> **제84조(예산안·결산의 회부 및 심사)**
>
> ② 의장은 예산안과 결산에 제1항의 보고서를 첨부하여 이를 예산결산특별위원회에 회부하고 그 심사가 끝난 후 본회의에 부의한다. 결산의 심사 결과 위법하거나 부당한 사항이 있는 경우에 국회는 본회의 의결 후 정부 또는 해당 기관에 변상 및 징계조치 등 그 시정을 요구하고, 정부 또는 해당 기관은 시정 요구를 받은 사항을 지체 없이 처리하여 그 결과를 국회에 보고하여야 한다.

① 각 중앙관서의 장은 중앙관서결산보고서를 기획재정부장관에게 제출하여야 한다(국가재정법 제58조 제1항).

② 기획재정부장관은 대통령의 승인을 받은 국가결산보고서를 감사원에게 제출하여야 한다(국가재정법 제59조).

③ 정부는 감사원의 검사를 거친 국가결산보고서를 국회에 제출하여야 한다(국가재정법 제61조).

> 「국가재정법」
>
> 제58조(중앙관서결산보고서의 작성 및 제출)
> ① 각 중앙관서의 장은 「국가회계법」에서 정하는 바에 따라 회계연도마다 작성한 결산보고서(이하 "중앙관서결산보고서"라 한다)를 다음 연도 2월 말일까지 기획재정부장관에게 제출하여야 한다.
>
> 제59조(국가결산보고서의 작성 및 제출)
> 기획재정부장관은 「국가회계법」에서 정하는 바에 따라 회계연도마다 작성하여 대통령의 승인을 받은 국가결산보고서를 다음 연도 4월 10일까지 감사원에 제출하여야 한다.
>
> 제60조(결산검사)
> 감사원은 제59조에 따라 제출된 국가결산보고서를 검사하고 그 보고서를 다음 연도 5월 20일까지 기획재정부장관에게 송부하여야 한다.
>
> 제61조(국가결산보고서의 국회제출)
> 정부는 제60조에 따라 감사원의 검사를 거친 국가결산보고서를 다음 연도 5월 31일까지 국회에 제출하여야 한다.

20

정답 ①

영역 행정학 총론 > 행정학의 주요 접근　　　난도 **중**

정답의 이유

① 신자유주의의 영향으로 등장한 '작은 정부'는 큰 정부에 반발하여 규모와 역할을 축소하는 외형적인 면에 중점을 두었다. '작지만 효율적인 정부'는 그보다 한 단계 진전하여 작으면서 어떻게 효율적인 정부를 만들 수 있을까에 관심을 갖고 시장원리와 민간부문의 경영 기법을 도입하고 공공서비스 공급에서의 경쟁구조, 고객지향의 행정을 추구하는 개혁이다.

오답의 이유

②·③·④ '작지만 효율적인 정부'를 지향하는 것은 신관리주의와 시장주의가 결합한 신공공관리론이다. 신공공관리론은 1980년대 이후 영미 국가를 중심으로 등장한 정부 운영 및 개혁에 관한 이론이다. 신공공관리론은 경쟁의 원리에 기반한 시장 체제를 기반으로 하여 정부관료제의 효율성을 높이고자 하였다. 또한 성과와 실적중심의 관리를 중요시하며 성과지향적 정부를 구현하겠다는 목표를 가지고 있다.

21

정답 ①

영역 인사행정론 > 공직구조의 형성　　　난도 **중**

정답의 이유

① 직위분류제는 직무의 종류·책임도·곤란도에 따라 공직을 분류하는 방식이다. 직위분류제는 동일 직렬에서의 승진이나 전보는 가능하나 다른 직렬로의 전직이 어렵기 때문에 인사관리의 탄력성과 신축성이 결여된다.

오답의 이유

② 직위분류제는 직무 또는 직위라는 관념에 기초하여 직무의 종류·성질에 따라 직류·직렬·직군별로 수직적으로 분류하고, 직무의 곤란도·책임도를 기준으로 직급·등급별로 수평적으로 분류한다.

③ 미국에서는 엽관제의 개방형적 요소와 직무수행에 필요한 지식과 기술에 의한 임용이라는 실적제의 요소를 모두 충족시킨다는 점에서 직위분류제가 발전하였다.

④ 직위분류제는 동일직무에 대한 동일보수의 원칙을 고수하고 있다.

22

정답 ④

영역 정책학 > 정책결정　　　난도 **중**

정답의 이유

④ 앨리슨은 집단적 의사결정을 유형화하여 세 가지 의사결정모형(합리모형, 조직과정모형, 관료정치모형)을 제시하였는데, 실제 정책결정에서는 어느 한 모형이 아니라 세 가지 모형이 모두 적용될 수 있다고 보았다.

오답의 이유

①·② 앨리슨은 기존의 분석가들의 사용한 합리모형은 정부정책을 예측하는 데 심리 및 정치적 변수를 고려하지 않은 약점이 있다고 지적하며 이를 보완하기 위한 대안으로 조직과정모형과 관료정치모형을 제시하였다.

③ 앨리슨은 1960년대 초 쿠바 미사일 사건과 관련된 미국의 외교정책 과정을 분석한 후 정부의 정책결정 과정을 설명하고 예측하기 위한 분석틀로 기존에 제시되었던 합리모형과 조직과정모형에 관료정치모형을 새롭게 추가하여 세 가지 의사결정모형을 제시하였다.

앨리슨(Allison) 모형의 비교

구분	합리적 행위자 모형(합리모형)	조직과정모형	관료정치모형
조직관	조정과 통제가 잘된 유기체	느슨하게 연결된 반독립적인 하위 조직들의 연합체	독립적인 개인적 행위자들의 집합체
목표의 공유도	강함	중간	약함
행위자의 목표	조직전체의 목표	조직전체의 목표+하위 조직의 목표	조직전체의 목표+하위 조직의 목표 +행위자 개인의 목표
정책결정 일관성	매우 강함	약함	매우 약함
권력의 소재	조직의 두뇌와 같은 최고 지도자가 보유	반독립적인 하위 조직에 분산	개인적 행위자들의 정치적 자원에 의존
정책결정 양태	최고 지도자의 명령과 지시	SOP에 의한 관습적 결정	정치적 결정 (타협·협상)
적용계층	전체 계층	하위 계층	상위 계층
합리성	완전한 합리성	제한된 합리성	정치적 합리성

23

정답 ③

영역 재무행정론 > 예산개혁론(예산제도의 변천)　　난도 **중**

[정답의 이유]

③ 성과주의 예산제도는 정부가 수행하는 업무에 중점을 두는 관리지향적 예산제도이다. 지출대상이나 지출금액이 명확하게 표현되어 관료의 재량권이 줄고 예산의 남용이 방지되는 것을 목적으로 하는 것은 품목별 예산제도이다.

[오답의 이유]

① 성과주의 예산제도는 정부의 운영과정이나 기능. 활동을 강조하면서 설계된 예산제도이다.

② 성과주의 예산제도는 사업 또는 정책의 목표. 성과 및 재원을 연계해 사업 또는 활동별로 예산을 편성한다.

④ 성과주의 예산제도는 능률지향적 예산으로 내부관리의 효율성제고와 서비스 공급비용의 감소를 추구한다.

24

정답 ④

영역 인사행정론 > 공직구조의 형성　　난도 **중**

[정답의 이유]

④ 고위공무원단은 행정기관 국장급 이상 공무원으로 구성한다. 일반직·별정직·특정직(외무직)·감사고위공무원 등 약 1,500여 명이 고위공무원단의 구성원이 되고, 부지사·부교육감 등 지방자치단체에 국가공무원으로 보하는 일부 고위직도 고위공무원단에 포함된다. 지방공무원은 고위공무원단에 소속되지 않는다.

[오답의 이유]

① 국가공무원법 제32조 제1항

② 정치적 임용이 확대되어 정실개입 우려가 있으며 신분보장 완화로 직업공무원제 약화 및 공무원의 사기가 저하될 우려가 있다.

③ 고위공무원단으로 진입하기 위해서는 후보자 교육과정을 마치고 역량평가를 통과해야 한다(고위공무원단 인사규정 제8조, 제9조). 그러나 역량평가의 경우 예외가 존재하여 ③번도 최종 정답으로 인정되었다.

25

정답 ②

영역 정책학 > 정책변동　　난도 **중**

[정답의 이유]

② 정책유지는 기존 정책의 목표나 수단 등 기본 골격은 유지하면서 부분적인 변화만 이루어지는 경우를 말한다. 따라서 사업 내용의 일부를 수정하고 예산의 조정이나 집행 절차를 조금만 변형하는 것은 정책유지에 대한 설명으로 적절하다.

[오답의 이유]

① 기존의 정책목표를 이어받으면서 주요 정책수단을 일부 수정하는 것은 정책승계 중 정책대체(선형적 승계)에 해당한다.

③ 정책의 성격을 전면적으로 대체하거나 부분적으로 종결하는 것은 현존하는 정책의 기본적 성격을 바꾸는 정책승계에 해당한다.

④ 기존에 정부가 개입하지 않았던 분야나 영역에 대해 새로운 정책을 추진하는 것은 완전히 새로운 정책을 채택하는 정책혁신에 해당한다.

2023 9급 기출문제 해설

☑ 점수 (   )점/100점 ☑ 문제편 013쪽

영역 분석

행정학 총론	7문항	★★★★★★★	28%
정책학	5문항	★★★★★	20%
조직론	4문항	★★★★	16%
인사행정론	4문항	★★★★	16%
재무행정론	3문항	★★★	12%
지방행정론	2문항	★★	8%

빠른 정답

01	02	03	04	05	06	07	08	09	10
④	②	②	①	②	①	④	②	③	①
11	12	13	14	15	16	17	18	19	20
④	③	④	②	①	③	④	①	②	③
21	22	23	24	25					
④	①	④	③	③					

01
정답 ④

영역 행정학 총론 > 행정학의 주요 이론 　　난도 **중**

정답의 이유

④ 비교행정론은 문화적 배경을 달리하는 각국의 행정체계를 비교·연구하여 보편적인 이론을 도출하는 데 초점을 두었던 이론으로 행정의 과학화에 기여하였다.

오답의 이유

① 비교행정론의 대표 학자에는 리그스(Riggs), 헤디(Heady) 등이 있다.

② 리그스(Riggs)는 가우스의 생태론적 접근방법을 이어받아 개발도상국의 행정행태를 사회문화적 맥락에서 파악하였다.

③ 비교행정론은 전후 개발도상국 행정에 대한 기술 원조 과정에서 미국 행정이론의 보편타당성에 의문이 제기되면서, 각국의 비교연구를 통한 행정학의 과학성 제고와 일반화된 행정이론의 개발을 위해 대두되었다. 하지만 행정행태의 특징 중 환경을 지나치게 강조한 나머지 후진국의 발전에 비관적이었다.

02
정답 ②

영역 조직론 > 조직 행동(행태)론 　　난도 **중**

정답의 이유

② 욕구충족이론에 의하면 위생요인의 충족은 구성원의 불만을 줄여주는 효과가 있을 뿐이다. 동기요인(만족요인)이 충족되어야 비로소 동기유발이 이루어진다.

오답의 이유

① 매슬로우(Maslow)는 인간의 욕구는 그 중요성에 따라 계층(hierachy)을 이룬다고 보았다. 이러한 욕구계층은 고정성을 전제로 한다.

③ 샤인(Schein)은 인간은 다양한 욕구와 잠재력을 가졌고, 매우 복잡한 존재이며, 그 복잡성의 유형도 사람마다 다르다고 보았다. 따라서 조직 구성원의 서로 다른 동기와 욕구에 따른 관리전략을 사용해야 한다고 주장하였다.

④ 맥그리거(McGregor)의 X이론은 인간의 하급욕구에 착안하여 통제에 입각한 관리전략을 처방하는 전통적인 관점을 반영하는 것이고, Y이론은 인간의 고급욕구에 착안하여 통합형의 관리전략을 처방하는 관점이다.

03
정답 ②

영역 정책학 > 정책학의 기초 　　난도 **중**

정답의 이유

② 종합소득세, 임대주택, 노령연금 등은 정부가 사회적·경제적 보상의 기본적 관계를 재구성하는 것과 관련된 재분배정책에 해당한다.

오답의 이유

① 규제정책은 국민의 생활과 활동을 규제하는 사법, 경찰에 관련된 정책으로 환경규제, 금연정책, 마약단속, 독과점 규제 등이 해당한다.

③ 상징정책은 정치지도자들이 국민에게 상징적으로 호소하려는 정책으로 국경일, 한일월드컵, 국군의 날, 공휴일 등이 해당한다. 다만 이는 로위(T. J. Lowi)가 아닌 앨먼드(Almond)와 파웰(Powell)이 분류한 내용이다. 복수정답 가능성이 있었으나 최종 정답으로 인정되지는 않았다.

④ 구성정책은 정부조직 내부에 관련된 정책으로 정부조직 개편, 선거구 조정, 행정구역 통합, 행정개혁 등이 해당한다.

04

영역 조직론 > 조직이론　　　　　　　　　　　　　난도 **중**

[정답의 이유]

① 조직은 일정한 목표를 달성하기 위하여 구성원 간에 상호작용을 하는 집단이다. 조직은 개인을 통하여 목표를 실현하고, 개인은 조직을 통하여 자아를 실현한다. 조직이론의 핵심은 조직과 개인의 마찰을 어떻게 하면 극복할 수 있는가, 어떻게 하면 조직과 개인의 공존관계를 보다 조화 있게 유지할 수 있는가에 대한 해답을 구하는 데 있다고 할 수 있다.

[오답의 이유]

② 고전 이론(과학적 관리론)과 신고전 이론(인간관계론)은 인간의 피동성, 동기부여의 외재성, 개인목표와 조직목표의 양립, 폐쇄적 조직관을 전제로 하였다.

③ 관료제는 구성원 간의 협력보다는 엄격한 분업을 통한 효율성을 중시한다. 조직 내 대인관계의 지나친 비정의성은 인간소외나 인간성 상실을 초래할 수 있다.

④ 현대적 조직이론은 인간을 다양한 욕구를 가진 복잡인으로 가정하고 조직 환경을 중요성을 강조하였다.

05

정답 ②

영역 정책학 > 정책결정이론　　　　　　　　　　　　난도 **하**

[정답의 이유]

② 정책의제는 정부가 공식적으로 다루기로 채택한 정책문제로 정책적 해결이 필요한 사회문제를 의미한다.

06

정답 ①

영역 재무행정론 > 재무행정의 기초이론　　　　　　　난도 **하**

[정답의 이유]

① 준예산은 새로운 회계연도가 개시될 때까지 예산이 국회에서 의결되지 못한 때, 의회의 승인 없이 전년도 예산에 준하여 경비를 지출할 수 있는 예산이다.

[오답의 이유]

② 가예산은 최초 1개월분의 예산을 국회의 의결을 거쳐 집행하는 것으로, 우리나라는 1948년 정부수립 후 가예산제도를 채택하여 운영한 경험이 있다.

③ 계속비는 완성에 수년을 요하는 공사나 제조 및 연구개발사업을 경비의 총액과 연부액을 정하여 미리 국회의 의결을 얻은 범위 안에서 수년에 걸쳐 지출하는 것을 말한다.

④ 잠정예산은 회계연도 개시일 전까지 예산이 국회를 통과하지 못하는 경우 일정기간 동안 일정금액(최초 3~4개월분) 예산의 국고지출을 잠정적으로 허용하는 제도이다.

📡 적중레이더

예산 불성립 시 예산제도

종류	기간	국회 의결	지출항목	채택국가
준예산	무제한	불필요	한정적	현재 우리나라, 독일
잠정예산	무제한	필요	전반적	영국, 미국, 일본, 캐나다
가예산	최초 1개월	필요	전반적	프랑스, 한국의 제1공화국

07

정답 ④

영역 재무행정론 > 재무행정의 기초이론　　　　　　　난도 **중**

[정답의 이유]

④ 정부는 국회에서 추가경정예산안이 확정되기 전에 이를 배정하거나 집행할 수 없다(국가재정법 제89조 제2항).

[오답의 이유]

① 추가경정예산은 예산 성립 후에 생긴 사유로 인하여 필요한 경비의 부족 등이 발생하여 본예산에 추가 또는 변경을 가한 예산을 의미한다.

② 추가경정예산은 일반적으로 일반회계·특별회계 등 예산에 변경을 가져오지만 필요한 재원을 기금의 여유 재원으로 확보하기도 하므로 기금운용계획변경이 이루어지기도 한다.

③ 추가경정예산은 전쟁이나 대규모 자연재해가 발생한 경우나 경기 침체, 대량실업, 남북관계의 변화, 경제협력과 같은 대내·외 여건에 중대한 변화가 발생하였거나 발생할 우려가 있는 경우, 법령에 따라 국가가 지급하여야 하는 지출이 발생하거나 증가하는 경우 편성할 수 있다(국가재정법 제89조).

08

정답 ②

영역 지방행정론 > 지방자치　　　　　　　　　　　　난도 **중**

[정답의 이유]

② 행정의 통일성·전문성·능률성의 확보는 중앙집권의 장점에 해당한다.

[오답의 이유]

① 지방자치는 지역 주민과 그 대표자가 공동문제의 처리에 참여하여 토론·비판·협조를 실천함으로써 민주정치 훈련에 기여한다.

③ 중앙정부와 지방단체 간의 행정기능 분담을 통하여 행정 효율이 증진되고 행정의 대응성이 제고된다.

④ 정책의 지역 실험을 가능하게 하여 전국에서 실시했을 경우 발생할지도 모르는 시행착오를 최소화한다.

09

영역 행정학 총론 > 행정학의 주요 이론　　　　　난도 **중**

정답의 이유

③ 뉴거버넌스는 정치·행정 일원론적 성격을 지니며, 행정관료를 다양한 이해관계의 조정자나 중재자로 여긴다. 행정의 경영화와 시장화를 중시하고 행정과 정치의 관계를 이원론적으로 보는 것은 신공공관리론이다.

오답의 이유

① 뉴거버넌스는 시민을 국정관리의 한 주체로 인식하고 민주적 참여를 통해 정부에 대한 신뢰를 높인다.
② 뉴거버넌스는 효율성만을 중시하는 신공공관리론의 지나친 시장주의가 국민을 고객으로 간주하는 고객중심적 접근을 한다고 비판하였다.
④ 뉴거버넌스는 구성원 간의 참여와 합의를 중시하고 행정의 민주성에 초점을 둔다.

적중레이더

뉴거버넌스와 신공공관리론의 비교

구분	뉴거버넌스	신공공관리론
인식론적 기초	공동체주의·참여주의	신자유주의·신공공관리
관리 가치	과정(민주성, 신뢰)	결과(생산성)
관리 기구	서비스연계망(공동체)에 의한 공동생산	시장주의
관료 역할	조정자	공공기업가
서비스	공동생산 (시민·기업의 참여)	민영화, 민간위탁
작동 원리	신뢰와 협력체제	시장 메커니즘
관리 방식	임무 중심	고객지향
분석 수준	조직 간	조직 내
정치성	정치·행정 일원론	정치·행정 이원론
정부 역할	방향키(심판관)	방향키(수비수)

10

영역 행정학 총론 > 행정학의 주요 이론　　　　　난도 **중**

정답의 이유

① 신공공관리론은 1980년대 영미계 국가의 행정개혁을 뒷받침하기 위해 등장한 이론으로, 신관리주의와 시장주의를 강조하는 이론이다. 신공공관리론은 공공부문에 시장원리를 도입함으로써 경쟁주의와 고객주의를 실현하며 공기업이나 공공서비스의 민영화 등으로 나타난다.

오답의 이유

② 신공공관리론은 정부 기능의 민간화·민영화·민간위탁 등을 통하여 행정조직의 규모와 기능이 감축된다. 서비스 공급을 여러 조직과 기관들이 관여하여 추진하기 때문에 집행에 대한 통제를 상실하여 행정의 공동화가 발생할 수 있다.
③ 신공공관리론은 고객지향적 관리 방식을 취한다. 이에 따라 시민은 권리의 주체인 정치적 시민이 아니라 소비의 주체인 경제인으로 인식되어 시민의식을 약화시킬 수 있다. 정부, 시장, 시민사회의 평등한 관계를 중시하는 것은 뉴거버넌스이다.
④ 신공공관리론은 투입·과정(절차)보다 결과와 성과에 중점을 둔다.

11

영역 행정학 총론 > 행정과 환경　　　　　난도 **중**

정답의 이유

④ 불완전경쟁(독점·과점)에 대해서는 정부규제 등으로 대응할 수 있다.

오답의 이유

① 비경합성과 비배제성을 특징으로 하는 공공재의 경우 시장경제원리에 의해 공급이 곤란해지면 정부가 개입하여 직접공급한다.
② 외부효과가 발생하면 정부는 보조금 등을 통해 공급을 지원하거나, 조세나 벌금 등 정부규제를 통하여 대응할 수 있다.
③ 시장에서는 소득분배의 공평성을 보장하지 않는다. 따라서 정부는 소득불평등을 해결하기 위하여 사회·경제적 약자를 위한 사회보장정책 등을 시행한다.

12

영역 정책학 > 정책집행과 기획　　　　　난도 **중**

정답의 이유

③ 고전적 기술자형은 구체적인 목표를 수립하고, 정책결정자가 이러한 목표 달성을 위하여 기술적 문제에 관한 권한을 집행자에게 위임한다. 집행자는 정책결정자가 수립한 목표를 그대로 받아들이며 정책결정자가 집행과정에 강력한 통제를 행사하고 집행자는 약간의 기술적인 재량권만 가진다.

오답의 이유

① 정책결정자가 구체적인 정책을 결정할 수 없어 집행자에게 광범위한 재량권을 위임하는 유형은 재량적 실험가형이다.
② 고전적 기술자형에서 집행자는 기술적인 문제에서만 약간의 재량권을 가진다.
④ 정책결정자가 목표를 수립하고, 정책집행자는 목표달성을 위한 수단에 관하여 결정자와 협상을 하는 유형은 협상형이다.

13

영역 정책학 > 정책결정모형   난도 **중**

정답의 이유

④ 점증모형은 능력·시간·정보의 부족으로 약간의 변화만 있는 정책을 시행하고 상황변화를 고려하여 지속적으로 수정하고 보완한다. 의사결정자의 완전한 합리성을 가정하고 전지전능한 인간으로 정보접근성이 완전하다고 전제하는 것은 합리모형이다.

오답의 이유

① 점증모형은 매몰 비용을 근거로 하여 현존정책에 약간의 수정만을 가해 오류를 방지하고, 정치적 실현가능성과 정책의 안정성을 도모한다.

②·③ 점증주의는 기존의 정책이나 결정을 점증적이고 부분적으로 수정·개선해 나가는 모형으로, 제한된 합리성과 정치적 다원론을 전제로 실현가능한 범위 내에서 소폭 변화를 대안으로 정책을 결정하자는 현실적·실증적 이론이다.

14

영역 행정학 총론 > 행정과 환경   난도 **중**

정답의 이유

② 자원봉사는 서비스의 생산과 관련된 현금지출에 대해서만 보상받고 직접적인 보수를 받지 않으면서 정부를 위해 봉사하는 사람들을 활용하는 방식이다. 간접적인 보수 역시 허용되지 않는다.

오답의 이유

① 민간위탁은 정부가 계약을 통해 민간부문에 서비스의 생산을 맡기는 대신 정부가 그 비용을 현금으로 지불하고 그 서비스에 대해 일정한 책임을 지는 방식이다.

③ 면허는 일정구역 내에서 공공서비스를 제공할 수 있는 권리를 인정하는 협정을 말하는 것으로 정부가 운영하던 특정자산 등에 대한 면허권을 부여하는 방식을 통해 운영권을 민간에 부여하는 방식이다.

④ 바우처는 특정재화나 서비스를 구매할 수 있는 이용권·증서를 지급하여 시민들이 이를 시장에서 자유로이 선택하도록 하고 그 비용은 정부가 지불하는 방식이다.

15

영역 행정학 총론 > 행정과 환경   난도 **중**

정답의 이유

① 비정부조직이 생산하는 공공재나 집합재의 생산비용을 정부가 지원하면 정부와 비정부조직은 보완적 관계를 형성한다.

오답의 이유

② 정부와 비정부조직은 서로의 존재를 인정하는 동반자적 관계가 점차 일반화되는 추세이다.

③ 비영리조직은 시민의 자발적 참여로 결성되는 민간단체이며, 결성과 운영에 관한 결정을 자율적으로 하고, 이윤획득과 배분을 추구하지 않으며(편익의 비배분성) 공익을 추구한다.

④ 정부가 지지나 지원의 필요성을 위해 특정한 비정부조직 분야의 성장을 유도한 경우 나타나는 의존적 관계는 산업화를 거친 개발도상국에서 많이 나타나는 유형이다.

16

영역 인사행정론 > 인사행정의 기초   난도 **중**

정답의 이유

③ 엽관주의는 정권교체 시마다 공무원이 빈번하게 교체되어 행정의 무질서와 비전문화·비능률화가 초래되고 행정의 중립성·안정성·지속성·계속성의 확보가 어려워진다.

오답의 이유

① 국민의 지지를 받은 정당의 당원이 임용되므로 국민에 의한 민주적 통제가 가능하고, 국민의 요구에 따른 행정이 수행되어 행정이 민주화될 수 있다.

② 우리나라는 이승만 정권의 권력 강화를 위한 1952년 자유당 창당을 계기로 대두되어, 1956년 선거 후 부분적으로 성행하였으나 대폭 경질이나 민주정치 발달과 관련 없이 이뤄졌으므로 미국의 엽관주의보다 오히려 영국의 정실주의와 유사하다.

④ 관직이 개방됨으로써 공무원의 특권화와 관료주의화를 막을 수 있고 평등의 이념에 부합되어 평등이념을 실현할 수 있다.

17 정답 ④

영역 인사행정론 > 인사행정의 기초이론   난도 중

정답의 이유

④ 전략적 인적자원관리(SHRM)는 개인의 요구를 조직의 전략적 목표달성을 위해 희생해야 하는 것으로 보지 않고, 조직과 개인 목표의 통합을 강조하며, 조직구성원의 인간적 측면을 강조하기에 직업 생활의 질 향상을 중시한다.

오답의 이유

① 전략적 인적자원관리는 장기적 관점에서 조직의 목표 성과를 중심으로 인적자원을 관리한다.

② 전략적 인적자원관리는 조직의 전략과 인적자원관리 활동 간의 연계가 조직의 성과에 미치는 영향에 중점을 둔다.

③ 전략적 인적자원관리는 인사업무 책임자가 조직 전략의 수립 및 실행에 적극적으로 관여한다.

18 정답 ①

영역 재무행정론 > 예산제도   난도 중

정답의 이유

① 장기적인 계획과 단기적인 예산편성을 프로그램을 활용해 유기적으로 연결시킴으로써 합리적인 자원배분을 이룩하려는 제도는 계획예산제도(PPBS)이다.

오답의 이유

② 성과주의예산은 사업별·활동별로 분류해 예산을 편성하여 예산 집행에 있어서 신축성·능률성이 향상된다.

③ 성과주의예산은 투입되는 예산의 성과를 비교·파악하기 쉬워 환류가 강화된다.

④ 업무단위의 선정과 단위원가의 과학적 계산에 의해 합리적이고 효율적인 자원배분 및 투입되는 예산의 성과를 파악할 수 있다.

19 정답 ②

영역 정책학 > 정책학의 기초   난도 중

정답의 이유

② 정책은 공공문제 해결과 공적 목표달성을 위해 정부가 결정하는 행동방침이다. 정부에 의한 정책결정은 정치행정일원론적 성격이 강하다.

20 정답 ③

영역 행정학 총론 > 행정학의 기초이론   난도 중

정답의 이유

③ 경제적 규제는 바람직한 경제질서의 확립을 위해 기업이 본원적 활동(생산, 유통, 가격 등)에 가하는 규제이다.

오답의 이유

①·② 규제는 정부가 사회·경제질서 유지 등 특정 공익목적의 실현을 위하여 법령에 근거하여 개인이나 기업의 권리를 제한하거나 의무를 부과하는 정책수단이다.

④ 사회적 규제는 삶의 질 향상을 위하여 정부가 개인 및 기업의 사회적 행동을 규제하는 것으로 환경오염, 근로자 보건 및 안전에 대한 위협, 소비자 권익의 침해 등 기업의 사회적 행동에 대한 규제가 주를 이룬다.

21 정답 ④

영역 조직론 > 조직의 양태와 조직유형   난도 중

정답의 이유

④ 네트워크 조직은 핵심역량을 수행하는 조직을 중심에 놓고 부수적인 기능은 외부기관들과 계약관계를 통해 연계하여 수행하는 유기적인 조직이다.

오답의 이유

① 태스크 포스는 특별한 임무를 수행하기 위하여 편성되는 임시조직으로서 과업이 완성된 후 해체되는 조직을 말한다.

② 프로젝트 팀은 특정 사업을 추진하거나 과제를 해결하기 위하여 전문가나 이해관계자로 구성되는 임시적·동태적 조직을 말한다.

③ 매트릭스 조직은 기능 구조와 사업 구조의 화학적 결합을 시도하는 조직 구조로서 기능부서 통제 권한의 계층은 수직적으로 흐르고, 사업부서 간 조정권한의 계층은 수평적으로 흐르는 이원적 권한체계를 지닌다.

22 정답 ①

영역 조직론 > 조직관리   난도 상

정답의 이유

① 임파워먼트는 리더가 업무수행에 필요한 책임과 권한, 자원에 대한 통제력 등을 구성원에게 배분하거나 공유하는 것이다. 이를 통하여 구성원은 급변하는 환경에 능동적으로 대응하고 자기결정권을 느껴 스스로 직무를 관리할 수 있게 된다. 일단 변화의 장애가 되는 요소는 그대로 두는 것은 임파워먼트에 해당하지 않는다.

23

영역 인사행정론 > 공직구조의 형성　　　**난도 중**

정답의 이유

④ 경력개방형직위제도란 개방형 직위 중 특히 공직 외부의 경험과 전문성을 적극 활용할 필요가 있는 직위를 공직 외부에서만 적격자를 선발하는 개방형 직위이다.

오답의 이유

① 고위공무원단제도는 정부의 주요 정책결정 및 관리에 있어서 핵심적 역할을 담당하는 실·국장급 공무원을 범정부적 차원에서 적재적소에 활용하고 개방과 경쟁을 확대하며 성과책임을 강화함으로써 역량 있는 정부를 구현하고자 도입되었다.

② 고위공무원단제도는 기존의 1~3급 계급을 폐지하고 직무의 난이도와 책임에 따라 가급, 나급으로 구분하여 인사관리를 한다.

③ 고위공무원단제도는 민간부문과 경쟁하는 개방형제도와 타 부처 공무원과 경쟁하는 직위공모제를 실시한다. 개방형 직위(20% 이내)는 민간에 개방하며, 공모직위(30% 이내)는 타 부처에 개방하고, 부처자율직위(50%)는 당해 부처 소속공무원으로 제청 가능하다.

24

정답 ③

영역 인사행정론 > 공직구조의 형성　　　**난도 중**

정답의 이유

③ 미국에서는 펜들턴법에 의해 실적주의 인사제도가 도입되었다. 현재 미국에서는 직무의 특성·차이를 중심으로 공직구조를 형성하는 직위분류제를 시행하고 있다.

오답의 이유

①·④ 직업공무원제는 공무원들이 정부관료제에 종사하는 것이 전 생애(全生涯)에 걸쳐 보람과 긍지를 가질 수 있는 직업이 될 수 있도록 조직·운영하는 인사제도를 말한다. 직업공무원제의 핵심은 젊은이들이 그들의 첫 직업으로 공직을 선택하여 그것을 명예로운 직업이라 생각하고 거기에 일생을 바치게 하는 데 있다.

② 영국은 일찍이 의회민주주의가 확립되어 관리 임명에 국왕의 영향력을 차단하고자 종신직 공무원제를 제도화하였다. 이후 추밀원령에 의해 실적주의가 확립되어 사람 중심의 공직구조인 계급제 형태의 직업공무원제로 발전하였다.

25

정답 ③

영역 지방행정론 > 지방자치단체와 국가와의 관계　　　**난도 중**

정답의 이유

③ 지방자치단체는 독자적인 법인격이 있다.

> **지방자치법**
> 제3조(지방자치단체의 법인격과 관할)
> ① 지방자치단체는 법인으로 한다.

20　**시대에듀** | 군무원 행정학

2023 | **7급** 기출문제 해설

☑ 점수 (   )점/100점   ☑ 문제편 018쪽

영역 분석

영역	문항		비율
행정학 총론	6문항	★★★★★★	24%
정책학	2문항	★★	8%
조직론	6문항	★★★★★★	24%
인사행정론	4문항	★★★★	16%
재무행정론	3문항	★★★	12%
행정환류론	1문항	★	4%
지방행정론	3문항	★★★	12%

빠른 정답

01	02	03	04	05	06	07	08	09	10
③	①	②	④	③	④	①	③	②	①
11	12	13	14	15	16	17	18	19	20
④	②	②	②	④	③	①	④	③	③
21	22	23	24	25					
②	④	①	②	④					

01

정답 ③

영역 행정학 총론 > 행정학의 주요 이론   난도 **하**

정답의 이유

③ 귤릭(Gulick)은 관리활동의 원리로서 조직의 최고관리층이 담당해야 할 관리기능으로 기획(Planning), 조직(Organizing), 인사(Staffing), 지휘(Directing), 조정(Co-ordinating), 보고(Reporting), 예산(Budgeting)의 7대 기능을 합성한 'POSDCORB'라는 신조어를 제시하였다. 폴랜드(Poland)는 귤릭이 제시한 POSDCORB에 평가(Evaluating)의 첫 문자인 'E'를 추가한 POSDECORB를 제창하였다.

02

정답 ①

영역 행정학 총론 > 행정이 추구하는 가치   난도 **중**

정답의 이유

① 행정이 달성하고자 하는 미래의 바람직한 상태는 행정목표이다.

오답의 이유

② · ③ · ④ 행정이념은 행정이 지향하는 최고가치, 이상적인 미래상 또는 행정의 지도정신, 나아가 공무원의 행동 지침 및 방향을 의미한다. 우선순위를 엄격히 구별할 수 있는 것이 아니라 상호보완적 · 상대적 성격을 띠며, 역사적 · 정치적 · 상황적 요인에 따라 그 평가 기준이 달라진다.

03

정답 ②

영역 조직론 > 조직발전과 조직관리기법   난도 **중**

정답의 이유

② 조직 구성원 간의 불화나 비협조는 사무의 정신능률을 저해하는 요인이다.

오답의 이유

① 사무관리는 사무작업을 능률화하고 사무비용을 경제화하기 위한 각종 관리활동이다.

③ 적절하지 못한 인사관리는 사무의 정신능률을 저해하는 요인에 해당한다.

④ 균형능률을 극대화하기 위하여 적재적소에 인력을 배치하는 것이 고려되어야 한다.

사무관리

사무작업을 능률화하고 사무비용을 경제화하기 위한 각종 관리활동

사무 작업의 능률화	작업 능률	• 노동을 할 때 인간이 소비한 에너지량과 노동의 결과로 생긴 생산물량 또는 작업량의 비(比)로서 나타내는 노동 효율 • 고려 사항 　– 사무적인 이동거리(흐름)의 최소화 　– 작업의 용이화, 작업과정의 간소화·표준화 　– 동작의 경제화 　– 사무의 자동화·기계화 　– 각종 사무집기의 인체공학적 설계
	정신 능률	• 사무작업에 있어서 정신적인 요소의 최적화 • 정신능률 저해 요인 　– 부적절한 인사관리 　– 위험이 수반되는 작업방법 　– 많은 동작이 연속되는 작업과정 　– 조직 구성원 간의 불화 및 구성원의 비협조
	균형 능률	• 일정한 목적을 달성하는 데 필요한 수단이 적절하게 조화된 상태 • 고려 사항 　– 적재적소에 배치 　– 능력에 적합한 사무분담 　– 피로, 과로 요인 제거 　– 공정한 사무관리
사무 비용의 경제화		• 사무처리에 경제원칙을 도입하여 최소 비용으로 최대 효과를 올릴 수 있도록 관리하는 것 • 사무제품을 생산하는 재료비 외 사무처리방법 등 제도적인 요소와 사무원에 관한 인적요소, 사무시설과 환경 등 물리적 요소가 있음 • 사무비용 경제화 방안 　– 비용 절감: 소모품비, 인건비 및 사무기기와 같은 비품비 등 직접적인 비용 절감 　– 낭비 제거: 정당한 이유 없이 불필요하게 소비되는 현상을 줄임. 무비판적으로 선례를 답습하는 태도를 없애고, 사무의 표준화·전문화·자동화. 관리층의 진지한 관심과 노력 필요

04

정답 ④

영역 조직론 > 조직의 기초이론　　　　난도 **상**

정답의 이유

④ 페이욜(Fayol)은 경영자가 수행해야 할 다섯 가지 관리기능으로 '계획, 조직, 동기화(지휘), 조정, 통제'를 제시하였다.

페이욜(Fayol)의 5가지 관리요소(기능)

• 계획(Planning): 목표를 설정하고 이를 달성하기 위한 구체적인 방법을 마련하는 과정
• 조직(Organizing): 경영자원을 적절히 배분하고 구조화하는 과정
• 동기화(Commanding): 계획된 일을 실제로 실행하도록 지시하고 이끄는 과정
• 조정(Coordinating): 모든 활동이 원활하게 이루어지도록 조율하는 과정
• 통제(Controlling): 실제 성과를 평가하고, 계획과 비교하여 수정하는 과정

05

정답 ③

영역 행정학 총론 > 행정과 환경　　　　난도 **중**

정답의 이유

③ 자연독점의 경우 정부는 공적 공급 또는 정부규제로 대응한다.

오답의 이유

① 공공재의 존재는 공적 공급으로 대응한다.
② 외부효과의 발생은 공적 유도(외부경제효과) 또는 정부규제(외부비경제효과)로 대응한다.
④ 정보의 비대칭성은 공적 유도 또는 정부규제로 대응한다.

06

정답 ④

영역 정책학 > 정책결정　　　　난도 **중**

정답의 이유

④ 드로어(Y. Dror)는 합리모형과 점증모형이 타성(Inertia)을 정당화한다고 비판하며 최적모형을 제시하였다. 또한 점증모형의 단점을 합리모형과의 통합으로 보완하려는 시도는 혼합모형이다.

오답의 이유

① 합리모형은 의사결정자의 완전한 합리성을 전제로, 목표나 가치가 명확하게 고정되어 있다는 가정하에 목표달성의 극대화를 위해 최선의 대안 선택을 추구하는 모형이다. 신제도주의의 합리적 선택모형은 개인이 합리적이고 자기이익을 추구한다고 가정함으로 합리모형과 맥을 같이 한다.
② 합리모형은 인간을 합리적 사고방식을 따르는 경제인으로 전제하면서, 정책결정자는 전지전능한 존재라는 가정하에 목표·문제를 완전히 파악하고, 대안을 포괄적으로 탐색·평가할 수 있는 지적능력이 존재한다고 본다.
③ 점증모형은 기존 정책을 토대로 하여 그보다 약간 수정된 내용의 정책을 추구하는 방식의 의사결정모형이다. 따라서 합리모형의 복잡성이나 비현실성을 줄여 줄 수 있다.

07

영역 행정학 총론 > 행정과 환경 　　　　　 난도 **상**

정답의 이유

① 행동경제학에서는 인간의 제한된 합리성으로 인한 휴리스틱과 행동 편향에 따른 의사결정 즉 내부효과가 행동적 시장실패를 야기한다고 본다. '외부효과'는 개인, 기업 등 어떤 경제주체의 행위가 다른 경제주체에게 기대되지 않은 혜택이나 손해를 발생시키는 효과를 의미하므로 행동경제학에서는 외부효과가 행동적 시장실패의 핵심 요소라고 본다는 내용은 적절하지 않다.

08

정답 ③

영역 지방행정론 > 지방재정 　　　　　 난도 **중**

정답의 이유

③ 행정안전부장관은 특별교부세의 사용에 관하여 조건을 붙이거나 용도를 제한할 수 있다(지방교부세법 제9조 제4항).

오답의 이유

① 지방교부세법 제3조
② 지방교부세법 제6조
④ 지방교부세법 제9조

> 「지방교부세법」
>
> 제3조(교부세의 종류)
>
> 지방교부세(이하 "교부세"라 한다)의 종류는 보통교부세 · 특별교부세 · 부동산교부세 및 소방안전교부세로 구분한다.
>
> 제6조(보통교부세의 교부)
>
> ① 보통교부세는 해마다 기준재정수입액이 기준재정수요액에 못 미치는 지방자치단체에 그 미달액을 기초로 교부한다. 다만, 자치구의 경우에는 기준재정수요액과 기준재정수입액을 각각 해당 특별시 또는 광역시의 기준재정수요액 및 기준재정수입액과 합산하여 산정한 후, 그 특별시 또는 광역시에 교부한다.
>
> 제9조(특별교부세의 교부)
>
> ② 행정안전부장관은 지방자치단체의 장이 제1항 각 호에 따른 특별교부세의 교부를 신청하는 경우에는 이를 심사하여 특별교부세를 교부한다. 다만, 행정안전부장관이 필요하다고 인정하는 경우에는 신청이 없는 경우에도 일정한 기준을 정하여 특별교부세를 교부할 수 있다.
>
> ④ 행정안전부장관은 제1항에 따른 특별교부세의 사용에 관하여 조건을 붙이거나 용도를 제한할 수 있다.

09

정답 ②

영역 조직론 > 조직구조의 형성 　　　　　 난도 **중**

정답의 이유

② 공공기관의 운영에 관한 법률 제5조 제1항

오답의 이유

① 공기업 · 준정부기관 지정기준은 직원 정원 300명 이상, 수입액 200억 원 이상, 자산규모 30억 원 이상이다(공공기관의 운영에 관한 법률 시행령 제7조 제1항).
③ 공공기관으로 지정할 수 없다.

> 「공공기관의 운영에 관한 법률」
>
> 제4조(공공기관)
>
> ② 제1항에도 불구하고 기획재정부장관은 다음 각 호의 어느 하나에 해당하는 기관을 공공기관으로 지정할 수 없다.
>
> 　1. 구성원 상호 간의 상호부조 · 복리증진 · 권익향상 또는 영업질서 유지 등을 목적으로 설립된 기관
> 　2. 지방자치단체가 설립하고, 그 운영에 관여하는 기관
> 　3. 「방송법」에 따른 한국방송공사와 「한국교육방송공사법」에 따른 한국교육방송공사

④ 기획재정부장관은 제1항 및 제2항에 따라 기타공공기관을 지정하는 경우 기관의 성격 및 업무 특성 등을 고려하여 기타공공기관 중 일부를 연구개발을 목적으로 하는 기관 등으로 세분하여 지정할 수 있다(공공기관의 운영에 관한 법률 제5조 제5항).

10

정답 ①

영역 조직론 > 조직발전과 조직관리기법 　　　　　 난도 **중**

정답의 이유

① 의사결정과정에 시민참여는 내부프로세스 관점의 성과지표이다.

((·)) 적중레이더

균형성과표 관점에 따른 성과지표

재무적 관점	매출, 자본수익률, 예산 대비 차이 등 전통적인 후행지표 등
고객 관점	정책순응도, 고객만족도, 잘못된 업무처리 건수, 민원인의 불만율, 신규 고객의 증가, 삶의 질에 대한 통계지표 등
내부프로세스 관점	의사결정과정의 시민참여, 적법절차, 커뮤니케이션 구조, 관련 정보의 공개, 정책수단의 적실성, 서비스 전달시스템의 효율성 등
학습과 성장 관점	공무원의 직무만족도, 내부 제안 건수, 스터디그룹(학습동아리) 등

11

영역 행정학 총론 > 행정이 추구하는 가치　　난도 **중**

정답의 이유

④ '공정한 기회 균등의 원리'와 '차등 원리'가 충돌할 때에는 '공정한 기회 균등의 원리'가 우선된다.

오답의 이유

① '기본적 자유의 평등 원리'는 모든 사람은 다른 사람의 유사한 자유와 상충되지 않는 한도 내에서 최대한의 기본적 자유에의 평등한 권리를 인정하는 것이다.

② '차등 원리'는 불평등한 상황의 조정은 저축의 원리와 양립하는 범위 내에서 가장 불우한 사람들의 편익을 최대화해야 한다는 원리이다.

③ '공정한 기회 균등의 원리'는 사회·경제적 불평등은 그 모체가 되는 모든 직무와 지위에 대한 기회균등이 공정하게 이루어진 조건 하에서 직무나 지위에 부수해 존재해야 한다는 원리이다.

12

정답 ②

영역 재무행정론 > 예산　　난도 **중**

정답의 이유

② 전쟁이나 대규모 재해(재난 및 안전관리기본법상 자연재난과 사회재난에 따른 피해)가 발생한 경우에 추가경정예산안을 편성할 수 있다.

> 「국가재정법」 제89조(추가경정예산안의 편성)
> ① 정부는 다음의 어느 하나에 해당하게 되어 이미 확정된 예산에 변경을 가할 필요가 있는 경우에는 추가경정예산안을 편성할 수 있다.
> 　1. 전쟁이나 대규모 재해가 발생한 경우
> 　2. 경기침체, 대량실업, 남북관계의 변화, 경제협력과 같은 대내·외 여건에 중대한 변화가 발생하였거나 발생할 우려가 있는 경우
> 　3. 법령에 따라 국가가 지급하여야 하는 지출이 발생하거나 증가하는 경우
> ② 정부는 국회에서 추가경정예산안이 확정되기 전에 이를 미리 배정하거나 집행할 수 없다.

13

정답 ②

영역 인사행정론 > 공직부패 및 공직윤리와 행위규범　　난도 **상**

정답의 이유

② 시험 날짜 기준으로 공직자윤리법상 '소유자별 합계액 1천만원 이상의 가상화폐'는 등록대상재산이 아니다.

※ 2024.7.19. 시행된 공직자윤리법상 가상자산 이용자 보호 등에 관한 법률 제2조 제1호에 따른 가상자산은 등록대상재산에 해당한다.

> 「공직자윤리법」 제4조(등록대상재산)
> ② 등록의무자가 등록할 재산은 다음 각 호와 같다.
> 　1. 부동산에 관한 소유권·지상권 및 전세권
> 　2. 광업권·어업권·양식업권, 그 밖에 부동산에 관한 규정이 준용되는 권리
> 　3. 다음 각 목의 동산·증권·채권·채무 및 지식재산권(知識財産權)
> 　　아. 품목당 500만원 이상의 골동품 및 예술품
> 　　차. 소유자별 연간 1천만원 이상의 소득이 있는 지식재산권
> 　4. 합명회사·합자회사 및 유한회사의 출자지분
> 　5. 주식매수선택권
> 　6. 「가상자산 이용자 보호 등에 관한 법률」 제2조 제1호에 따른 가상자산(이하 "가상자산"이라 한다)

14

정답 ②

영역 재무행정론 > 예산과정　　난도 **중**

정답의 이유

② 예비타당성조사 대상사업은 기획재정부장관이 중앙관서의 장의 신청에 따라 또는 직권으로 선정할 수 있다(국가재정법 제38조 제3항).

오답의 이유

① 국가재정법 제38조 제1항
③ 국가재정법 제38조 제4항
④ 국가재정법 제38조의3

> 「국가재정법」 제38조(예비타당성조사)
> ① 기획재정부장관은 총사업비가 500억원 이상이고 국가의 재정지원 규모가 300억원 이상인 신규 사업으로서 다음 각 호의 어느 하나에 해당하는 대규모사업에 대한 예산을 편성하기 위하여 미리 예비타당성조사를 실시하고, 그 결과를 요약하여 국회 소관 상임위원회와 예산결산특별위원회에 제출하여야 한다. 다만, 제4호의 사업은 제28조에 따라 제출된 중기사업계획서에 의한 재정지출이 500억원 이상 수반되는 신규 사업으로 한다.
> 　1. 건설공사가 포함된 사업
> 　2. 「지능정보화 기본법」 제14조제1항에 따른 지능정보화 사업
> 　3. 「과학기술기본법」 제11조에 따른 국가연구개발사업
> 　4. 그 밖에 사회복지, 보건, 교육, 노동, 문화 및 관광, 환경 보호, 농림해양수산, 산업·중소기업 분야의 사업
> ③ 제1항의 규정에 따라 실시하는 예비타당성조사 대상사업은 기획재정부장관이 중앙관서의 장의 신청에 따라 또는 직권으로 선정할 수 있다.

④ 기획재정부장관은 국회가 그 의결로 요구하는 사업에 대하여는 예비타당성조사를 실시하여야 한다.

제38조의3(국가연구개발사업 예비타당성조사의 특례)
① 기획재정부장관은 제8조의2, 제38조 및 제38조의2에 규정된 사항 중 「과학기술기본법」 제11조에 따른 국가연구개발사업에 대한 예비타당성조사에 관해서는 대통령령으로 정하는 바에 따라 과학기술정보통신부장관에게 위탁할 수 있다.

15 정답 ④

영역 행정학 총론 > 행정이란 무엇인가? 난도 **하**

정답의 이유
④ 비경합성과 비배타성(비배제성)을 모두 가진 재화는 집합재로 국방, 외교 등 순수공공재가 여기에 속한다.

오답의 이유
① 시장재(민간재)는 경합성과 배재성을 가진 재화이다.
② 요금재는 비경합성과 배제성을 가진 재화이다.
③ 공유재는 경합성과 비배타성(비배제성)을 가진 재화이다.

16 정답 ③

영역 지방행정론 > 지방재정 난도 **중**

정답의 이유
③ 국세 중 간접세에 해당하는 것은 ⓒ 부가가치세, ② 주세, ⑩ 개별소비세이다.

오답의 이유
㉠ 자동차세는 지방세이면서 직접세이다.
ⓒ 담배소비세는 지방세이면서 간접세이다.
ⓑ 종합부동산세는 국세이면서 직접세이다.

17 정답 ①

영역 정책학 > 정책학의 기초 난도 **하**

정답의 이유
① 분배정책(배분정책)은 국민에게 권리나 이익·편익·서비스를 배분하는 정책이다. 수혜자집단들이 서비스와 편익을 더 많이 배분받으려는 포크배럴(Pork Barrel)이 나타나거나 승자와 패자 간 정면대결의 필요성이 없으므로 서로 상부상조하는 로그롤링(Log-Rolling) 현상이 발생한다.

오답의 이유
② 규제정책은 개인이나 일부집단에 대해 재산권 행사나 행동의 자유를 제한·억제하여 반사적으로 다른 많은 사람들을 보호하려는 정책이다.
③ 재분배정책은 정부가 사회적·경제적 보상의 기본적 관계를 재구성하는 것과 관련된 정책. 소득·재산 등의 가치를 고소득층에서 저소득층으로 이전하는 것을 목적으로 한다.
④ 상징정책은 징치지도자들이 국민들에게 역사, 용기, 과감싱, 지혜 등을 강조하거나, 평등·자유·민주주의 등의 이념을 호소할 때 사용하며, 미래의 업적 또는 보상을 약속하는 정책을 말한다.

18 정답 ④

영역 인사행정론 > 능력발전 난도 **중**

정답의 이유
④ 워크아웃 프로그램(work-out program)은 조직의 수직적·수평적 장벽을 제거하고 전 구성원의 자발적 참여에 의한 행정혁신을 추진하는 방법으로, 관리자의 신속한 의사결정과 문제 해결을 도와준다는 장점이 있다.

오답의 이유
① 멘토링(mentoring)은 조직 내 경험 있는 멘토가 1:1로 멘티를 지도함으로써 핵심 인재의 육성과 지식 이전, 구성원들 간의 학습활동을 촉진할 수 있는 방법으로, 조직 내 업무 역량을 조기에 배양할 수 있다.
② 학습조직은 조직 내 구성원의 학습과 개발을 촉진시키는 조직 형태이다.
③ 액션 러닝(action learning)은 참여와 성과 중심의 교육훈련을 지향하는 방법으로, 현장에서 발생하는 현안 문제를 가지고 자율적 학습 또는 전문가의 지원을 받아 구체적인 문제 해결 방안을 모색한다.

19 정답 ③

영역 조직론 > 조직 행동(행태)론 난도 **중**

정답의 이유
③ 블레이크(Blake)와 머튼(Mouton)의 리더십 격자모형은 리더의 행태를 사람과 과업(생산)의 두 차원으로 나눈다. 또한 행동 유형론은 특정 리더가 나타내는 행동에 초점을 둔 연구이다. 리더십을 리더, 구성원, 그리고 상황 간의 통합적인 맥락구조라고 규정한 것은 통합적 리더십이다.

① 초창기 연구자들은 위대한 인물들이 어떻게 막강한 영향력을 행사하는 리더가 될 수 있었던가에 관심을 집중하여 효과적인 리더를 만드는 리더의 자질이나 행태를 연구하였다.

② 행태론적 접근 중 아이오와 대학의 연구는 민주형 리더가 가장 효율적임을 발견하였고, 오하이오 대학의 연구는 높은 구조와 높은 배려의 스타일이 가장 효과적임을 발견하였으며, 미시간 대학의 연구는 직원중심적인 리더의 태도와 행동이 효과적이라는 결론을 얻었다.

④ 피들러(Fiedler)는 상황적합적 리더십 이론에서 상황 요소로 리더와 구성원 간의 관계, 과업구조, 지위권력을 들었다.

20 정답 ③

영역 조직론 > 조직구조의 형성　　난도 **중**

③ 중앙행정기관은 국가행정사무를 담당하여 전국적 관할권을 가진 행정기관으로 설치와 직무범위는 법률(정부조직법 또는 개별법)로 정한다. 제시된 기관 중 정부조직법상 중앙행정기관은 개인정보보호위원회이다.

「정부조직법」

제2조(중앙행정기관의 설치와 조직 등)

② 중앙행정기관은 이 법에 따라 설치된 부·처·청과 다음 각 호의 행정기관으로 하되, 중앙행정기관은 이 법 및 다음 각 호의 법률에 따르지 아니하고는 설치할 수 없다.

1. 「방송통신위원회의 설치 및 운영에 관한 법률」 제3조에 따른 방송통신위원회
2. 「독점규제 및 공정거래에 관한 법률」 제54조에 따른 공정거래위원회
3. 「부패방지 및 국민권익위원회의 설치와 운영에 관한 법률」 제11조에 따른 국민권익위원회
4. 「금융위원회의 설치 등에 관한 법률」 제3조에 따른 금융위원회
5. 「개인정보 보호법」 제7조에 따른 개인정보 보호위원회
6. 「원자력안전위원회의 설치 및 운영에 관한 법률」 제3조에 따른 원자력안전위원회
7. 「우주항공청의 설치 및 운영에 관한 특별법」 제6조에 따른 우주항공청
8. 「신행정수도 후속대책을 위한 연기·공주지역 행정중심복합도시 건설을 위한 특별법」 제38조에 따른 행정중심복합도시건설청
9. 「새만금사업 추진 및 지원에 관한 특별법」 제34조에 따른 새만금개발청

---

21 정답 ②

영역 재무행정론 > 예산개혁론　　난도 **중**

② 영기준예산제도는 의사결정단위로 예산이 편성되고 상향적으로 의사결정이 진행되므로 실무자의 참여가 확대된다.

① 영기준예산제도는 기존 사업의 근본적인 재평가에 관심을 갖는다. 따라서 감축 관리에 적합하다.

③ 영기준예산제도는 사업 검토가 조직 내에서 결정되는 폐쇄적 의사결정이다.

④ 연구와 예산준비에 과다한 노력과 시간이 소요되고 상급 관리계층에 업무부담이 가중된다.

22 정답 ④

영역 인사행정론 > 공직구조의 형성　　난도 **하**

④ 검찰청 검찰사무관은 일반직 공무원에 해당한다.

「국가공무원법」

제2조(공무원의 구분)

① 국가공무원(이하 "공무원"이라 한다)은 경력직공무원과 특수경력직공무원으로 구분한다.

② "경력직공무원"이란 실적과 자격에 따라 임용되고 그 신분이 보장되며 평생 동안(근무기간을 정하여 임용하는 공무원의 경우에는 그 기간 동안을 말한다) 공무원으로 근무할 것이 예정되는 공무원을 말하며, 그 종류는 다음 각 호와 같다.

1. 일반직공무원: 기술·연구 또는 행정 일반에 대한 업무를 담당하는 공무원
2. 특정직공무원: 법관, 검사, 외무공무원, 경찰공무원, 소방공무원, 교육공무원, 군인, 군무원, 헌법재판소 헌법연구관, 국가정보원의 직원, 경호공무원과 특수 분야의 업무를 담당하는 공무원으로서 다른 법률에서 특정직공무원으로 지정하는 공무원

③ "특수경력직공무원"이란 경력직공무원 외의 공무원을 말하며, 그 종류는 다음 각 호와 같다.

1. 정무직공무원
   가. 선거로 취임하거나 임명할 때 국회의 동의가 필요한 공무원
   나. 고도의 정책결정 업무를 담당하거나 이러한 업무를 보조하는 공무원으로서 법률이나 대통령령(대통령비서실 및 국가안보실의 조직에 관한 대통령령만 해당한다)에서 정무직으로 지정하는 공무원
2. 별정직공무원: 비서관·비서 등 보좌업무 등을 수행하거나 특정한 업무 수행을 위하여 법령에서 별정직으로 지정하는 공무원

23

영역 지방행정론 > 지방자치단체의 조직   난도 **중**

정답의 이유

① 지방자치단체의 소속 행정기관은 직속기관, 사업소, 출장소, 합의제 행정기관, 자문기관 등이 있다. 보조기관은 소속 행정기관에 속하지 않는다.

24

정답 ②

영역 인사행정론 > 인사행정의 기초   난도 **중**

정답의 이유

② 대표 관료제는 사회를 구성하는 모든 주요 집단으로부터 인구비례에 따라 관료를 충원하고, 그들을 정부관료제 내의 모든 직무분야와 계급에 비례적으로 배치함으로써, 정부관료제가 사회의 모든 계층과 집단에 공평하게 대응하도록 하는 인사제도이다. 주기적인 선거 결과에 따라 주요 관직을 임명하는 것은 엽관주의이다.

오답의 이유

① 영국의 킹슬리(Kingsley)가 '대표 관료제' 용어를 처음으로 사용하며 대표관료제를 '사회 내 여러 세력을 그대로 반영한 관료제'라고 정의하였다.

③ 국민의 다양한 요구에 대한 정부의 대응성이 향상되고, 실질적인 기회균등과 사회적 형평성이 제고된다.

④ 대표 관료제는 능력과 업적에 따른 인사관리를 강조하는 실적주의와 상충된다.

25

정답 ④

영역 행정환류론 > 정보화와 행정(전자정부와 지식관리 행정)   난도 **중**

정답의 이유

④ '전자정부의 국제협력 강화'는 전자정부법에 명시된 전자정부의 원칙이 아니다.

> 「전자정부법」
> **제4조(전자정부의 원칙)**
> ① 행정기관등은 전자정부의 구현·운영 및 발전을 추진할 때 다음 각 호의 사항을 우선적으로 고려하고 이에 필요한 대책을 마련하여야 한다.
> 1. 대민서비스의 전자화 및 국민편익의 증진
> 2. 행정업무의 혁신 및 생산성·효율성의 향상
> 3. 정보시스템의 안전성·신뢰성의 확보
> 4. 개인정보 및 사생활의 보호
> 5. 행정정보의 공개 및 공동이용의 확대
> 6. 중복투자의 방지 및 상호운용성 증진

2022 | **9급** 기출문제 해설

☑ 점수 ( )점/100점 ☑ 문제편 022쪽

영역 분석

행정학 총론	3문항	★★★	12%
정책학	5문항	★★★★★	20%
조직론	6문항	★★★★★★	24%
인사행정론	3문항	★★★	12%
재무행정론	2문항	★★	8%
행정환류론	2문항	★★	8%
지방행정론	4문항	★★★★	16%

빠른 정답

01	02	03	04	05	06	07	08	09	10
③	②	④	①	③	②	③	④	②	④
11	12	13	14	15	16	17	18	19	20
④	③	①	④	②	③	①	④	②	③
21	22	23	24	25					
①	③	①	④	①					

01

정답 ③

영역 재무행정론 > 예산과정론　　　　난도 **상**

정답의 이유

③ 국가재정운용계획은 정부예산안 제출 시 국회에 함께 제출되고 있으나, 예산은 국회 심의·의결로 확정되는 반면, 국가재정운용계획은 기획재정부의 최종 결정으로 확정되는 행정내부계획으로 볼 수 있으므로 국회의 심의를 받지 않는다.

오답의 이유

① · ② 정부는 재정운용의 효율화와 건전화를 위하여 매년 해당 회계연도부터 5회계연도 이상의 기간에 대한 재정운용계획을 수립하여 회계연도 개시 120일 전까지 국회에 제출하여야 한다(국가재정법 제7조 제1항).

④ 국가재정운용계획은 예산의 단년도 시계를 넓혀 중·장기적 시각에서 재원을 전략적으로 배분하는 것이다.

적중레이더

국가재정운용계획의 수립절차

기획재정부의 지침통보 → 의견수렴 → 자료제출 요청 및 협의 → 최종 수립을 위한 중앙관서장과의 협의 → 국회 소관 상임위 보고 → 국회제출

02

정답 ②

영역 정책학 > 정책평가　　　　난도 **상**

정답의 이유

② 전략기획(strategic planning)은 내·외부 환경에 대한 분석이 중요하므로 상대적으로 정치·경제 등이 안정적인 환경 속에서 유용성이 높다.

오답의 이유

① 전략기획이란 미래의 불확실한 상황에 대비하여 목표를 설정하고, 이를 가능케 할 수 있는 절차와 방식을 통해 집행하고, 그 결과를 평가한 뒤, 다시 새로운 전략기획을 통해 새롭게 혁신하는 일련의 과정이다.

③ 전략기획은 미래를 대비하고 문제를 예측하기 위함이므로 전략기획 과정에서 전문가의 역할이 강조되며, 정책결정에 비해 외부 환경에 덜 개방적이다.

④ 전략기획은 조직내부의 역량과 외부환경의 분석을 통해 조직이 장기적으로 성과를 높이기 위한 전략적 이슈를 선택하여 보다 실현 가능한 설계에 초점을 맞춘다.

03

정답 ④

영역 정책학 > 정책결정　　　　난도 **중**

정답의 이유

④ 드로어(Y. Dror)는 합리모형과 점증모형 양자에 모두 불신을 가지고, 합리모형의 경제적 합리성과 점증모형의 정치적 합리성을 조화시키기 위해 직관, 판단력, 창의력과 같은 초합리적 요인을 추가하여 합리모형을 보완하는 최적모형을 제시하였다.

① 합리모형은 정책결정자가 이성과 고도의 합리성에 따라 목표 달성의 극대화를 위한 최적의 대안을 탐색·선택하게 된다는 이상적·규범적 모형이지만, 정책과정의 역동성, 변화가능성을 고려하지 못한다는 한계가 있다.

② 만족모형은 인간의 주관적 합리성과 제한된 합리성을 전제로 여러 대안 중에서 어느 정도 만족스러운 정책 대안을 선택함으로써 정책 결정이 이루어진다는 이론이다.

③ 점증모형은 합리모형의 비현실성을 비판하면서 정치적 현실을 반영하고, 기존의 정책이나 결정을 점증적이고 부분적으로 수정·개선해 나가는 모형으로, 정책을 이해관계자들 사이의 타협과 조정의 산물로 본다.

(((•))) 적중레이더

초합리성의 필요성
자원·시간·노력이 부족하고 상황이 불확실한 경우, 특히 선례가 없거나 매우 중요한 비정형적 결정에는 직관·창의·판단과 같은 초합리적 요소가 필요하다.

04
정답 ①

영역 행정환류론 > 행정개혁 난도 **중**

오답의 이유
① 행정개혁이란 현재보다 더 효과적이며 능률적인 행정이 수행될 수 있도록 행정의 기구, 관리방법, 기술, 행정인의 능력과 가치관 및 태도를 의도적이며 계획적으로 변화시키는 것을 말한다. 조직의 가외성(redundancy)은 개혁을 안정적으로 추진하는 데 도움을 주므로 행정개혁에 대한 저항이라고 볼 수 없으며, 개혁을 담당하는 조직의 중복 또한 혼란이 야기될 수는 있어도, 개혁에 대한 저항의 원인으로는 볼 수 없다.

(((•))) 적중레이더

행정개혁에 대한 저항 원인

정치적 요인	• 기득권 상실 • 추진자에 대한 불신, 피개혁자의 능력 부족 • 고객 집단의 저항
기술적 요인	• 관습과 타성 • 미래에 대한 불안과 미래 예견력 상실 • 매몰비용 • 성과에 대한 불신, 개혁내용의 불명확
문화적 요인	• 경직된 문화, 폐쇄적 개혁 추진 • 현실 안주형 • 무관심·비협조 • 비공식적 인간관계 경시

05
정답 ③

영역 정책학 > 정책환경 및 정책과정의 참여자 난도 **상**

정답의 이유
③ 정책결정요인론은 정책의 내용을 결정 또는 좌우하는 요인이 무엇인가를 밝히는 이론으로, 정치체제 중 정량적 변수(투표율, 소득수준 등)는 포함되나, 그보다 더 중요하지만 계량화가 곤란한 정성적 변수(단체행동, 규제정책 등)는 무시하였다는 비판을 받는다.

오답의 이유
①·② 정치체제의 매개·경로적 역할과 정치체제나 정책의 환경에 대한 영향력을 무시하였다는 비판을 받는다.

④ 사회경제적 환경변수가 정책에 미치는 영향은 과대평가하고 정치적 변수(정치체제의 특성)가 정책에 미치는 영향은 과소평가했다는 비판을 받는다.

06
정답 ②

영역 지방행정론 > 지방자치 난도 **상**

정답의 이유
② 법률의 위임이 있다면 주민의 권리 또는 의무 부과에 관한 사항이나 벌칙을 정할 수 있다.

> **「지방자치법」 제28조【조례】**
> ① 지방자치단체는 법령의 범위에서 그 사무에 관하여 조례를 제정할 수 있다. 다만, 주민의 권리 제한 또는 의무 부과에 관한 사항이나 벌칙을 정할 때에는 법률의 위임이 있어야 한다.

오답의 이유
① 지방자치단체는 주민의 복리에 관한 사무를 처리하고 재산을 관리하며, 법령의 범위 안에서 자치에 관한 규정을 제정할 수 있다(헌법 제117조).

③·④ 자치입법권에 근거한 자치법규는 지방 의회가 제정하는 조례, 자치단체장이 제정하는 규칙과 시·도 교육감이 제정하는 교육규칙이 있다.

07

정답 ③

영역 지방행정론 > 지방자치단체(종류 및 기관)   난도 **중**

정답의 이유

③ 주민은 지방자치단체의 장이 아닌 지방의회에 조례의 제정과 개폐를 청구할 수 있다.

> 「주민조례발안에 관한 법률」 제2조【주민조례청구권자】
> 18세 이상의 주민으로서 다음 각 호의 어느 하나에 해당하는 사람은 해당 지방자치단체의 의회에 조례를 제정하거나 개정 또는 폐지할 것을 청구할 수 있다.

오답의 이유

① 공금의 지출에 관한 사항, 재산의 취득 · 관리 · 처분에 관한 사항, 해당 지방자치단체를 당사자로 하는 매매 · 임차 · 도급 계약이나 그 밖의 계약의 체결 · 이행에 관한 사항 또는 지방세 · 사용료 · 수수료 · 과태료 등 공금의 부과 · 징수를 게을리한 사항을 감사 청구한 주민은 규정에 해당하는 경우에 그 감사 청구한 사항과 관련이 있는 위법한 행위나 업무를 게을리한 사실에 대하여 해당 지방자치단체의 장을 상대방으로 하여 소송을 제기할 수 있다(지방자치법 제22조 제1항).

② 주민은 그 지방자치단체의 장 및 지방의회의원(비례대표 지방의회의원은 제외한다)을 소환할 권리를 가진다(지방자치법 제25조 제1항).

④ 지방자치단체의 장은 대통령령으로 정하는 바에 따라 지방예산 편성 등 예산과정에 주민이 참여할 수 있는 제도를 마련하여 시행하여야 한다(지방재정법 제39조 제1항).

📡 적중레이더

주민조례청구제도 개편(2022. 1. 13 시행)

청구권자	18세 이상의 주민(선거권 없는 자 제외)
청구신청	지방의회에 직접 청구

청구대상	• 「지방자치법」 제28조에 따른 조례로 규정할 수 있는 사항
	• 조례의 제정 외에 기존 조례의 개정 · 폐지 청구도 가능
	• 청구제외대상(「주민조례발안에 관한 법률」 제4조)
	  – 법령을 위반하는 사항(법령에는 헌법, 법률, 대통령령, 총리령, 부령뿐만 아니라 헌법에 의하여 체결 · 공포된 조약과 일반적으로 승인된 국제법규도 포함)
	  – 지방세 · 사용료 · 수수료 · 부담금의 부과 · 징수 또는 감면에 관한 사항
	  – 행정기구의 설치하거나 변경하는 사항
	  – 공공시설의 설치를 반대하는 사항

청구요건	• 특별시와 인구 800만 이상의 광역시 · 도: 청구권자 총수의 200분의 1 • 100만~800만 광역단체: 청구권자 총수의 150분의 1 • 50만~100만 기초단체: 청구권자 총수의 100분의 1 • 10만~50만 기초단체: 청구권자 총수의 70분의 1 • 5만~10만 기초단체: 청구권자 총수의 50분의 1 • 5만 미만 기초단체: 청구권자 총수의 20분의 1 ※ 제주특별자치도와 세종특별자치시는 특별법에 별도로 규정됨
처리시한	지방의회는 조례청구안이 수리된 날부터 1년 이내에 의결

08

정답 ④

영역 정책학 > 정책학의 기초   난도 **중**

정답의 이유

④ 정부가 사회적 · 경제적 보상의 기본적 관계를 재구성하는 것과 관련된 정책, 부 · 소득 · 재산 등의 가치를 고소득층에서 저소득층으로 이전하는 것을 목적으로 하는 것은 재분배정책이다. 추출정책은 정부가 체제의 존립을 위해 인적 · 물적 자원을 동원해 내는 것과 관련된 정책을 말한다.

오답의 이유

① 구성정책은 대외적 가치배분에는 직접적인 영향을 주지 않지만 대내적으로는 게임의 법칙(rule of game)이 일어나며, 총체적 기능과 권위적 성격을 특징으로 한다.

② 규제정책은 개인이나 일부집단에 대해 재산권 행사나 행동의 자유를 제한 · 억제하여 반사적으로 다른 많은 사람들을 보호하려는 정책(예 환경오염과 관련된 규제, 독과점규제, 최저임금제도 등)이다.

③ 분배정책은 수혜자집단들이 서비스와 편익을 더 많이 배분받으려는 나눠먹기식 다툼(pork-barrel)이 나타나거나 승자와 패자 간 정면대결의 필요성이 없으므로 서로 상부상조하는 로그롤링(logrolling) 현상이 발생한다.

09

정답 ②

영역 인사행정론 > 임용   난도 **상**

정답의 이유

② 시보공무원 역시 국가공무원법 적용을 받는 공무원으로, 시보기간에도 보직을 부여받아 임용예정직의 업무를 수행하며, 적격성 여부를 판단하여 정규공무원으로 임용된다.

① 시보기간 동안 신분은 보장되지 않으나 공무원의 경력에는 포함된다. 다만, 시보기간 동안 휴직 또는 직위해제, 징계에 의한 정직 또는 감봉처분을 받은 기간은 경력에 포함되지 않는다.

③ 시보기간 중에 직권면직이 된 경우 공무원 임용 결격사유에 해당하지 않는다.

④ 시보공무원은 신분 보장에 제약이 있지만 시보기간이라도 징계처분을 받았을 경우 소청심사를 청구할 수 있다.

📡 적중레이더

시보임용

개념	임용후보자에게 임용예정직의 업무를 상당한 기간 실제로 수행할 기회를 주고, 적격성 여부를 판단하는 제도
목적	공직 적격성 판정, 초임자의 적응훈련, 예비적인 실무 습득, 시험, 시험제도의 연장
대상	신규채용되는 5급 이하 공무원(4급 이상부터는 시보 없음)
시보기간	5급은 1년, 6급 이하 및 기능직은 6개월
신분보장의 제약성	시보공무원은 징계처분을 받았을 경우 소청심사를 청구할 수 있다. 그러나 시보임용기간 중에 있는 공무원이 근무성적 또는 교육훈련 성적이 불량한 때에는 면직시키거나 면직을 제청할 수 있으며 이에 대한 소청심사청구는 할 수 없다.

10
정답 ④

영역 조직론 > 조직 행동(행태)론   난도 **중**

정답의 이유

④ 공직동기이론은 공공부문 구성원들이 고유하게 가지고 있는 동기 또는 내재적 경향에 주목한 이론으로, 성과급 등의 외재적 보상을 가지고 조직성과를 높이려는 신공공관리론에 대한 비판과 반성에서 출발하였다.

오답의 이유

① 공공부문의 종사자들은 민간부문의 종사자들과 다르게 자신의 일을 직업이라기보다는 소명·의무라고 여기며, 대중과 공공의 이익에 봉사하려는 희망에 의해서 동기부여된다.

② 공직동기이론은 국민과 사회, 그리고 국가를 위해 봉사하려는 이타적 동기를 가지고 공익 증진 및 공공의 목표 달성을 위해 헌신적으로 기여하고자 하는 공무원들의 고유한 동기로 정의할 수 있다.

③ 공직동기이론의 대표적 학자인 페리와 와이즈(Perry & Wise)에 따르면 공직 동기를 합리적 차원, 규범적 차원, 감성적(정서적) 차원 세 가지로 설명했다.

📡 적중레이더

공공봉사동기의 세 가지 차원

• 합리성 차원: 공직 종사자들도 합리적 계산, 즉 자신의 효용의 극대화라는 이기적 동기로 공직 봉사를 한다는 것이다.

• 규범성 차원: 소수가 아닌 전체 이익에 대한 봉사를 해야 한다는 의무감. 정부는 국민 전체를 위해 존재하기 때문에 복종해야 한다는 의무감. 사회에서 강자보다는 약자에게 좀 더 우호적으로 정책이 실행되어 형평성이나 정의를 실현해야 한다는 의무감 등이 이런 규범성을 구성하는 요소이다.

• 감성적 차원: 이성에 의한 계산이나 의무감보다는 감정적으로 생기는 봉사를 해야겠다는 느낌이 동인이 되는 동기이다.

例 사회적으로 중요한 정책을 보고 느끼는 감정. 애국가를 부를 때나 국기를 볼 때 생기는 애국심 등

11
정답 ④

영역 조직론 > 조직의 양태와 조직유형   난도 **중**

정답의 이유

④ 관료제는 일정한 자격 또는 능력에 따라 규정된 기능을 수행하는 분업의 원리에 따르기 때문에 조직의 구성원들은 조직 전반의 일반적인 업무에 대해 책임을 지는 것이 아닌 자신에게 부여된 직무상의 책임만을 진다.

오답의 이유

① 베버(Max Weber)는 합리적이고 작업능률을 극대화할 수 있는 이상적 조직형태로서 관료제에 대한 이념형을 설정하였다.

② 관료제는 임무수행에 필요한 전문적 능력을 갖춘 사람들이 관료로 채용되는 실적주의를 바탕으로 한다.

③ 관료제는 권한과 책임한계를 명확히 하고 목표를 효율적으로 달성하기 위해 관료의 업무수행에 있어서 반드시 문서로 그 근거를 남겨야 한다.

12
정답 ③

영역 행정학 총론 > 행정이란 무엇인가?   난도 **중**

정답의 이유

③ 정치행정이원론은 정치로부터 행정의 독자성을 강조하면서 과학적 관리법에 기반한 행정주의설의 관점을 지지한다. 행태주의적 관점은 과학적 관리법의 기계적 인간관을 비판한 이론으로 정치행정이원론과는 무관하다.

오답의 이유

① 정치행정이원론은 행정을 정치적인 권력의 작용이라는 측면으로 보지 않고, 정치와는 분리된 관리 또는 기술적인 과정으로 보았다.

② 정치행정이원론은 엽관주의의 비효율을 극복하기 위해 실적주의를 확립하는 과정에서 등장하였으며, 우드로 윌슨(W. Wilson)은 1883년 펜들턴법을 제정하여 정치와 행정을 분리시키기 위한 공무원 개혁을 시행하였다.

④ 엽관주의의 폐해로 등장한 정치행정이원론은 관료들의 행정운영에 있어 비전문성과 비능률성을 극복하고자 행정개혁운동을 전개하여 행정의 능률성과 전문성을 강조하였다.

13
정답 ①

영역 행정학 총론 > 행정이 추구하는 가치　　　　　난도 **중**

[정답의 이유]

① 과정설이 아닌 실체설에 대한 설명이다. 실체설(적극설)은 사익을 초월한 실체적 · 규범적 · 도덕적 개념으로서, 공익과 사익의 갈등이란 있을 수 없다고 본다. 구체적으로 정의 · 형평 · 복지 · 인간존중 등 매우 다양하다. 반면, 과정설은 공익은 상호경쟁적 · 대립적인 다원적 이익이 조정되고 균형화된 결과(경험적 공익관)이며, 사익과 본질적으로 구분되는 사회전체의 이익은 존재하지 않는다고 보는 입장이다.

(ᐧᑊᐟ) 적중레이더

실체설과 과정설의 비교

구분	실체설	과정설
공익	공익은 사익을 초월한 실체로 존재	공익은 사익 간 갈등의 조정 · 타협의 산물
관료	공익의 규정과 목민적 역할	사익 간 갈등의 조정자적 역할
의제 설정	내부주도형	외부주도형
설명력	국가의 힘이 강력한 개도국	민주적 의견수렴절차가 발달한 선진국
장점	대립적 이익들을 평가할 수 있는 기준들을 제시	민주적 조정과정에 의한 공익의 도출을 중시
한계	공익이 소수의 엘리트에 의해 규정됨으로써 권위주의가 발생될 가능성	가치관에 따라 공익관이 변경될 수 있고 소수의 집단에서 주도될 가능성

14
정답 ④

영역 조직론 > 조직 행동(행태)론　　　　　난도 **중**

[정답의 이유]

④ 투명성은 정부의 의사결정과 집행과정 등 다양한 공적 정보를 외부로 공개하는 것으로 국민의 알권리를 충족하고 행정의 부패를 방지하기 위한 가장 중요한 요소이다.

15
정답 ②

영역 지방행정론 > 지방자치단체와 국가와의 관계　　　　　난도 **상**

[정답의 이유]

② 중앙과 지방의 관계가 지주–마름 모형에 가깝다고 주장한 것은 그린피스(J. A. Griffith)가 아니라 챈들러(J. Chandler)이다. 그린피스는 영국의 중앙정부와 지방정부의 관계가 대체로 대등하다고 보았다.

[오답의 이유]

① 라이트(D. S. Wright)는 정부 간 관계모형을 중앙정부와 지방정부의 권력관계 및 기능적 상호의존관계를 기준으로 분리권위형, 포괄권위형, 중첩권위형으로 구분하였다.

③ 로데스(R. A. W. Rhodes)는 중앙이 지방정부에게 상당한 영향력을 행사하더라도, 중앙이 지방정부에게 의존하는 것도 어느 정도 있다는 권력의존모형을 주장하였다.

④ 무라마쓰 미치오는 일본의 중앙 · 지방 관계를 수직적 행정통제모형(지방정부가 중앙정부의 지시와 명령에 복종하는 수직적 상하관계)과 수평적 정치경쟁모형(중앙과 지방 간의 상호의존성을 중시하며 서로 대등한 관계)으로 설명하였다.

16
정답 ③

영역 정책학 > 정책환경 및 정책과정의 참여자　　　　　난도 **중**

[정답의 이유]

③ 시민단체의 해석에서 개인의 자유를 중시하는 전통적 자유주의와 개인의 책임을 강조하는 보수주의를 절충한 입장은 다원주의가 아닌 공동체주의에 대한 설명이다. 다원주의는 사회적 다원성을 전제로 하는 민주주의 체제에서 정부를 보완하는 차원으로 시민사회와 시민단체가 등장한 것으로 본다.

17

영역 지방행정론 > 지방자치 　　　　　　　난도 **상**

정답의 이유

① 주민자치위원회 위원은 읍 · 면 · 동장이 위촉하고, 주민자치회 위원은 조례로 정하는 바에 따라 지방자치단체장(시 · 군 · 구청장)이 위촉한다.

(((•))) 적중레이더

주민자치위원회와 주민자치회의 비교

구분	주민자치위원회	주민자치회
법적 근거	시 · 군 · 구 주민자치센터 설치 · 운영 조례	지방자치분권 및 지방행정체제개편에 관한 특별법
위촉권자	읍 · 면 · 동장	시 · 군 · 구청장
기능	자치사무에 대한 단순 자문기구	주민자치 협의 · 실행기구
대표성	낮음	높음
자치단체와의 관계	자문관계	대등한 협력관계

18

정답 ④

영역 행정학 총론 > 우리나라 행정환경 　　　　　난도 **중**

정답의 이유

④ 과거의 한국사회는 공동체의식이 강하였지만, 현재는 단절화 · 파편화가 지속되면서 공동체의식은 약화되어 가고 있으며 저출산, 고령화에 따른 인구문제 등으로 인해 사회환경이 복잡하거나 불확실할 가능성이 높다.

19

정답 ②

영역 조직론 > 조직의 양태와 조직유형 　　　　　난도 **중**

정답의 이유

② 애드호크라시(adhocracy)는 문제해결을 위한 다양한 전문가들로 구성된 이질적 집단이며 특별히 정형화된 형태가 존재하지 않는 조직으로 구조적으로 복잡성, 공식화, 집권화의 정도가 낮은 수준이다.

오답의 이유

① · ③ 애드호크라시는 탈관료화 현상의 하나로 불확실한 환경에 적합한 조직이므로 창의성과 환경적응성을 특징으로 한다.

④ 애드호크라시는 계층제 형태를 띠지 않기 때문에 오히려 권한과 책임이 모호하여 조직 내 갈등이 발생할 가능성이 높다.

(((•))) 적중레이더

관료제와 탈관료제의 비교

구분	관료제(Bureaucracy)	탈관료제(Adhocracy)
특징	• 명령 · 복종관계 • 정당성의 근거는 직위 • 일상적 · 정형적 조직활동 • 생애적 · 전임성, 역할의 특정성이 강함 • 폐쇄성(기계적 · 정태적 · 경직적 구조)	• 상하 간 자율적 · 협동적 관계 • 정당성의 근거는 전문지식, 비일상적 · 비정형적 조직활동 • 직업의 유동성 보장, 역할의 특정성이 약함 • 개방성(유기적 · 동태적 · 신축적 구조)
고객관	• 조직과 환경(고객)과의 경직된 경계 • 관중심행정, Fordism(대량생산 – 공급자 중심)	• 고객과 행정의 경계타파 (탈경계) – 고객을 동료처럼 대함 • 고객중심행정, Post – Fordism(다품종 소량생산 – 소비자 중심)
구조적 특징	• 좁은 직무범위(엄격하게 규정된 직무) • 표준운영절차(많은 규칙과 규정) • 분명한 책임관계, 계층제 • 낮은 팀워크 • 공식적 · 몰인간적 대면관계 • 좁은 통솔범위	• 넓은 직무범위 • 적은 규칙 · 절차 • 모호한 책임관계, 분화된 채널 • 높은 팀워크 • 비공식적 · 인간적 대면관계 • 넓은 통솔범위

20

정답 ③

영역 행정환류론 > 정보화와 행정(전자정부와 지식관리 행정) 　　난도 **상**

정답의 이유

③ 기존 전자 정부는 생애주기별 맞춤형 서비스를 제공하였고, 지능형 정부는 디지털을 이용하여 문제를 자동 인지하고 스스로 대안을 제시해주어 사용자의 일상을 빈틈없이 채우는 개인비서와 같은 지능화된 맞춤형 행정서비스를 제공한다.

전자 정부와 지능형 정부의 비교

구분	전자 정부	지능형 정부
행정 업무	국민/공무원 문제 제기 → 개선	문제 자동 인지 → 스스로 대안 제시 → 개선
정책 결정	정부 주도	국민 주도
현장 결정	단순업무 처리 중심	복합문제 해결 가능
서비스 목표	양적 · 효율적 서비스 제공	질적 · 공감적 서비스 공동생산
서비스 내용	생애주기별 맞춤형	일상틈새+생애주기별 비서형
전달 방식	온라인+모바일 채널	수요기반 온 · 오프라인 멀티채널

21

정답 ①

영역 조직론 > 조직 행동(행태)론　　　　　난도 **상**

정답의 이유

① 귀인이론의 합의성, 특이성, 일관성 어느 조건에도 적합하지 않은 내용이다.

오답의 이유

② 귀인이론에서 판단대상이 다른 상황에서는 달리 행동하는 정도가 높은 것은 특이성이 높은 상황으로 그 행동의 원인을 외적 요소에 귀인하는 경향이 나타난다.

③ 귀인이론에서 판단대상이 동일한 상황에서 과거와 동일한 행동을 보이는 정도가 높다는 것은 일관성이 높은 상황으로 그 행동의 원인을 내적 요소에 귀인하는 경향이 나타난다.

④ 귀인이론에서 판단대상 외 다른 사람들도 동일한 상황에 대해 동일한 행동을 보이는 정도가 높은 것은 합의성이 높은 상황으로 그 행동의 원인을 외적 요소에 귀인하는 경향이 나타난다.

적중레이더

켈리(Kelly)의 귀인이론

행동 유형	개념		행동의 원인
합의성	특정 행동이 많은 사람들에게 동일하게 나타나는 현상으로 다른 사람들의 결과와 비교를 말함	높음	외재적 요인
		낮음	내재적 요인
특이성	특정 결과가 특정 이유가 있을 때만 나타나는 것으로 원인이 없으면 결과도 없다는 것을 의미	높음	외재적 요인
		낮음	내재적 요인
일관성	시간과는 상관없이 특정 상황에서는 항상 동일한 행동을 하는 것을 의미	높음	내재적 요인
		낮음	외재적 요인

22　※출제오류로 선지 교체

정답 ③

영역 인사행정론 > 인사행정의 기초　　　　　난도 **중**

정답의 이유

③ 2008년 중앙인사위원회의 폐지 이후 2013년까지 행정안전부를 거쳐 안전행정부로 인사관리기능이 비독립형 단독제 기관으로 통합되어 운영되었다.

※ 2022 행정학 기출 원형_복수정답

22 중앙인사기관의 조직 형태에 대한 설명으로 가장 옳지 않은 것은?

① 1948년 대한민국 정부 수립 이후 비독립형 단독제 기관으로서 총무처를 두고 있었다.

② 1999년 독립형 합의제 기관으로서 중앙인사위원회가 설치되어 행정자치부와 업무를 분담하였으며, 2004년부터는 중앙인사위원회로 통합되어 정부인사기능이 일원화되었다.

③ 2008년 중앙인사위원회의 폐지 이후 2013년까지 행정안전부를 거쳐 안전행정부로 인사관리기능이 독립형 단독제 기관으로 통합되어 운영되었다.

④ 2014년 국무총리 소속으로 인사혁신처가 신설되어 현재까지 비독립형 단독제기관의 형태로 중앙인사기관이 운영되고 있다.

정답의 이유

② 1999년 설치된 중앙인사위원회는 대통령 소속기관으로 비독립형 합의제 기관이며, 2004년부터는 중앙인사위원회로 통합되어 정부인사 기능이 일원화되었다.

23

정답 ①

영역 조직론 > 조직구조　　　　　난도 **상**

정답의 이유

① 기술(technology)과 집권화의 관계는 상관도가 비교적 낮으며, 다른 변수(규모나 환경 등)에 영향을 받지만 일상적 기술일수록 집권화되고, 비일상적 기술일수록 분권화되는 경향이 있다.

오답의 이유

② 우드워드(J. Woodward)는 생산회사 조직을 그 조직이 사용하는 기술의 유형에 따라 소단위 생산체제, 대량 생산체제, 연속 생산체제로 분류하였으며, 그중 대량 생산체제는 기계적 · 관료제적 조직구조가 효과적이라고 주장했다.

③ 톰슨(V. A. Thompson)에 의하면 기술이 조직의 내부적 상호의존성(구조)을 규제한다고 하면서 기술을 길게 연결된 기술, 중개적 기술, 집약적 기술 세 가지로 분류했다.

④ 페로우(C. Perrow)는 문제의 분석가능성(전환과정에 적용되는 표준적 · 객관적 절차의 수립가능성)과 과업의 다양성(전환과정에서 발생하는 새로운 사건의 발생빈도) 차원에 따라 장인기술, 비일상적 기술, 일상적 기술, 공학기술 네 가지로 유형화했다.

24

영역 인사행정론 > 능력발전 　　　　　　　　　 난도 **중**

정답의 이유

④ 데이터 수집을 심층면담, 참여관찰, 집단면담, 인터뷰 등 질적인 방
　법에 의존하는 것은 질적평가방법에 해당한다.

((•)) 적중레이더

양적평가방법과 질적평가방법의 비교

구분	양적평가방법(계량평가)	질적평가방법(비계량평가)
자료 수집	통계, 비율, 등 수치적 · 정량적 자료	인터뷰, 관찰, 사례연구, 설문지 등 정성적 자료
자료 성격	강성자료	연성자료
자료 해석	객관적	주관적
자료 분석	연역적 방법	귀납적 방법

25

영역 재무행정론 > 예산과정론 　　　　　　　　　 난도 **중**

정답의 이유

① 우리나라의 예산안 심의는 '정부 예산안 제출 → 정부의 시정연설
　→ 소관 상임위원회 예비심사 → 예산결산특별위원회 종합심사 →
　본회의 심의 · 의결' 순으로 진행된다.

오답의 이유

② 예산심의는 정책결정(형성)이자, 행정부에 대한 감독(관리통제기
　능)이다.

③ 의회를 구성하는 정당의 성향과 이념은 예산심의의 방향에 영향을
　미친다.

④ 우리나라와 같은 대통령 중심제의 경우 삼권분립주의에 근거하여
　행정부와 입법부가 견제와 균형을 이루므로 의원내각제인 나라에
　비해 예산심의가 상대적으로 상세하고 엄격하다.

((•)) 적중레이더

우리나라의 예산심의 절차

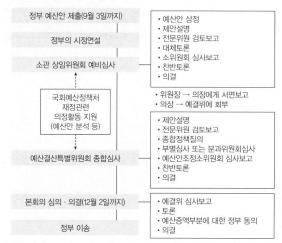

2022 7급 기출문제 해설

☑ 점수 (　　)점/100점　☑ 문제편 028쪽

영역 분석

행정학 총론	8문항	★★★★★★★★	32%
정책학	1문항	★	4%
조직론	5문항	★★★★★	20%
인사행정론	3문항	★★★	12%
재무행정론	2문항	★★	8%
지방행정론	6문항	★★★★★★	24%

빠른 정답

01	02	03	04	05	06	07	08	09	10
①	③	①	④	②	③	④	②	③	①
11	12	13	14	15	16	17	18	19	20
②	④	④	④	①	④	④	④	③	①
21	22	23	24	25					
②	④	②	③	①					

01

정답 ①

영역 정책학 > 정책환경 및 정책과정의 참여자　난도 **하**

정답의 이유

① 정책과정에서 관료가 우월적 지위를 차지할 수 있는 근원으로는 전문성, 정보의 통제, 사회적 신뢰와 지지, 전략적 지위, 리더십 등이 있다.

02

정답 ③

영역 행정학 총론 > 행정학의 주요 접근　난도 **중**

정답의 이유

③ 거버넌스는 정부우위적인 시장과의 관례를 청산하고 정부와 시장 그리고 시민사회가 자발적으로 협조하여 보다 효과적이고 민주적으로 국가를 운영하고자 하는 새로운 패러다임으로, 지역 거버넌스를 구축함으로써 지역주민이 배제되는 문제를 해결할 수 있다.

오답의 이유

① 경제적 효과 극대화는 지역주민이 배제되는 문제를 야기한 기존의 재정비 방식이므로, 반성의 방안이 될 수 없다.

② 하향식 의사결정은 지역주민이 배제되는 문제를 야기한 기존의 재정비 방식이므로, 반성의 방안이 될 수 없다.

④ 기존의 재정비 방식이 문제를 야기했으므로 지속적으로 기존의 재개발 사업을 추진하는 것은 반성의 방안이 될 수 없다.

03

정답 ①

영역 인사행정론 > 공무원의 사기　난도 **중**

정답의 이유

① 연봉제란 호봉제에 대응되는 개념으로, 개인의 능력, 실적, 공헌도에 대한 평가를 바탕으로 연단위의 계약에 의해 임금액이 결정되는 능력 중시형 임금 지급체계이다. '기본연봉(직무급)+성과급'을 지급받는 직무성과급적 연봉제가 적용되는 공무원은 고위공무원단이다.

오답의 이유

② 1~5급 공무원은 성과급적 연봉제를 적용한다.

③ 임기제 공무원은 성과급적 연봉제를 적용한다.

④ 정무직 공무원은 고정급적 연봉제를 적용한다.

04

정답 ④

영역 지방행정론 > 지방자치단체(종류 및 기관)　난도 **중**

정답의 이유

④ 중앙정부는 기관위임사무에 대해 시정명령, 직무이행명령 등 필요한 조치를 직접 할 수 있으므로 소송을 제기하는 것은 허용되지 않는다.

오답의 이유

① 기관위임사무는 국가가 전액 경비를 부담한다.

② 기관위임사무는 법령에 의해 국가나 상급자치단체로부터 지방자치단체의 집행기관에게 위임된 사무이므로 지방자치단체의 장은 위임한 국가 또는 상급지방자치단체의 장의 지위에서 위임사무를 처리한다.

③ 기관위임사무는 집행기관에게 위임된 사무이므로 지방의회가 관여하지 않는 것이 원칙이다. 그러나 기관위임사무의 처리를 위해 지방자치단체의 예산이 소요되는 경우에는 지방의회가 관여할 수 있다.

적중레이더

[관련 판례]
건설교통부장관은 지방자치단체의 장이 기관위임사무인 국토이용계획 사무를 처리함에 있어 자신과 의견이 다를 경우 행정협의조정위원회에 협의·조정 신청을 하여 그 협의·조정 결정에 따라 의견불일치를 해소할 수 있고, 법원에 의한 판결을 받지 않고서도 행정권한의 위임 및 위탁에 관한 규정이나 구 지방자치법에서 정하고 있는 지도·감독을 통하여 직접 지방자치단체의 장의 사무처리에 대하여 시정명령을 발하고 그 사무처리를 취소 또는 정지할 수 있으며, 지방자치단체의 장에게 기간을 정하여 직무이행명령을 하고 지방자치단체의 장이 이를 이행하지 아니할 때에는 직접 필요한 조치를 할 수도 있으므로, 국가가 국토이용계획과 관련한 지방자치단체의 장의 기관위임사무의 처리에 관하여 지방자치단체의 장을 상대로 취소소송을 제기하는 것은 허용되지 않는다(대판 2007.9.20, 2005두6935).

05
정답 ②

영역 행정학 총론 > 행정과 환경 난도 **중**

정답의 이유
② 바우처(vouchers)는 특정 소비를 장려하기 위해 특정 재화나 서비스를 구매할 수 있는 이용권·증서를 지급하여 소비자가 이를 시장에서 자유로이 선택하도록 하고, 그 비용은 정부가 지불하는 제도이다. 선택권을 보장하기 때문에 서비스 혜택자의 만족도가 높지만, 관료와 서비스 제공자 간의 유착으로 부정부패가 발생할 수 있다.

오답의 이유
① 면허(franchise) 방식에서는 시민이 서비스 제공자에게 비용을 지불하는 대신 정부는 서비스의 수준과 질을 규제하며, 서비스 제공자들 사이에 경쟁이 미약하면 이용자의 비용부담이 과중된다.
③ 민간위탁(contracting-out)은 기업 간 경쟁 입찰을 통해 서비스 생산주체를 결정하여 정부 재정부담을 경감시킬 수 있고, 인력 운영의 유연성을 제고시켜 관료조직의 팽창을 억제할 수 있다.
④ 집합적 공동생산(collective co-production)은 공동생산의 한 유형으로 서비스 투입을 위해 참여하는 사람과 관계없이, 그 편익은 공동체 전체에게 돌아가게 한다는 재분배적 특징이 있다.

06
정답 ③

영역 인사행정론 > 공직구조의 형성 난도 **하**

정답의 이유
③ 감사원법 제19조 제1항에서는 '사무총장은 정무직으로, 사무차장은 일반직으로 한다.'라는 규정을 통해 감사원 사무차장이 일반직 공무원임을 알 수 있다.

오답의 이유
①·②·④ 특정직공무원으로는 법관, 검사, 외무공무원, 경찰공무원, 소방공무원, 교육공무원, 군인, 군무원, 헌법재판소 헌법연구관, 국가정보원의 직원, 경호공무원과 특수 분야의 업무를 담당하는 공무원으로서 다른 법률에서 특정직공무원으로 지정하는 공무원이 있다(국가공무원법 제2조 제2항 제2호).

07
정답 ④

영역 지방행정론 > 지방자치단체(종류 및 기관) 난도 **상**

정답의 이유
④ 지방자치법 제21조 제1항

> **제21조【주민의 감사 청구】**
> ① 지방자치단체의 18세 이상의 주민으로서 해당 지방자치단체의 관할 구역에 주민등록이 되어 있는 사람, 「출입국관리법」 제10조에 따른 영주(永住)할 수 있는 체류자격 취득일 후 3년이 경과한 외국인으로서 같은 법 제34조에 따라 해당 지방자치단체의 외국인등록대장에 올라 있는 사람의 어느 하나에 해당하는 사람은 시·도는 300명, 제198조에 따른 인구 50만 이상 대도시는 200명, 그 밖의 시·군 및 자치구는 150명 이내에서 그 지방자치단체의 조례로 정하는 수 이상 의 18세 이상의 주민이 연대 서명하여 그 지방자치단체와 그 장의 권한에 속하는 사무의 처리가 법령에 위반되거나 공익을 현저히 해친다고 인정되면 시·도의 경우에는 주무부장관에게, 시·군 및 자치구의 경우에는 시·도지사에게 감사를 청구할 수 있다.

08

영역 조직론 > 조직구조 난도 **중**

정답의 이유

② 매트릭스(matrix) 조직은 조정 곤란이라는 기능구조의 단점과 비용 중복이라는 사업구조의 단점을 해소하려는 조직으로, 기능부서의 통제권한 계층은 수직적으로 흐르고 사업부서 간 조정권한 계층은 수평적으로 흐르는 입체적 조직이다.

오답의 이유

① 매트릭스 조직은 구성원들이 다양한 경험을 통해 전문기술을 개발하면서, 넓은 시야와 목표관을 가질 수 있는 장점이 있다.

③ 매트릭스 조직은 구성원의 역할갈등, 역할모호성, 과업조정의 어려움 등이 발생할 우려와 조직 내 갈등으로 기능부서와 사업부서 관리자 간의 권력투쟁이 발생할 우려가 있다.

④ 매트릭스 조직은 경직화되어 가는 대규모 관료제 조직에 융통성을 부여할 수 있고, 자아실현욕구를 충족시켜 동기부여에 유리하다.

📡 **적중레이더**

매트릭스(Matrix) 구조의 장 · 단점

장점	• 부족한 자원을 공유해야 할 때 효과적 • 외부환경의 불확실성에 대해 신축적 대응성을 갖춤 • 개인들은 다양한 경험을 통해 전문기술의 개발과 더불어 좀 더 넓은 시야와 목표관을 가질 수 있어 동기부여 효과가 있음
단점	• 이중 권한 체계로 인해 기능부서와 사업부서 간 갈등이 발생할 경우 개인은 혼란 · 갈등에 빠짐 • 갈등해결에 요구되는 시간과 조정비용이 발생

09

정답 ③

영역 행정학 총론 > 행정학의 주요 접근 난도 **중**

정답의 이유

③ 탈신공공관리론의 주요 아이디어는 ㉠, ㉢, ㉤, ㉥ 외에 구조적 통합을 통한 분절화의 축소, 재집권화와 재규제화의 주장, 역할 모호성의 제거 및 명확한 역할 관계의 안출(案出), 집권화, 역량 및 조정의 증대로 정리될 수 있다.

오답의 이유

㉡, ㉣은 신공공관리의 특징이다.

📡 **적중레이더**

신공공관리론과 탈신공공관리론의 비교

비교국면		신공공관리론	탈신공공관리론
정부 기능	정부 – 시장 관계의 기본 철학	시장지향주의 – 규제완화	정부의 정치 · 행정력 역량 강화 – 재규제의 주장 – 정치적 통제 강조
	주요 행정가치	능률성, 경제적 가치 강조	민주성 · 형평성 등 전통적 행정가치 동시 고려
	정부규모와 기능	정부규모와 기능 감축 – 민간화 · 민영화 · 민간위탁	민간화 · 민영화의 신중한 접근
	공공서비스 제공 방식	시장 메커니즘의 활용	민간 – 공공부문의 파트너십 강조
조직 구조	기본모형	탈관료제 모형	관료제 모형과 탈관료제 모형의 조화
	조직구조의 특징	비항구적 · 유기적 구조, 분권화	재집권화 – 분권과 집권의 조화
	조직개편의 방향	소규모의 준자율적 조직으로 행정의 분절화 (예) 책임운영기관)	• 분절화 축소 • 총체적 정부 강조 • 집권화, 역량 및 조정의 증대
관리 기법	조직관리의 기본철학	경쟁과 자율성을 강조하는 민간부문의 관리기법 도입	자율성과 책임성의 증대
	인사관리	경쟁적 인사관리, 개방형 인사제도	공공책임성 중시

10

정답 ①

영역 재무행정론 > 예산개혁론(예산제도의 변천) 난도 **중**

정답의 이유

① 계획예산제도는 합리모형에 의한 예산결정이다. 합리모형은 예산의 목표와 목표 간 우선순위를 명확하게 설정하고 합리적 분석을 통해 효율적인 예산 배분을 추구한다.

📡 **적중레이더**

총체주의와 점증주의

총체주의	• 총체주의적 예산결정은 합리모형에 입각한 예산상의 의사결정을 의미하는데 합리적 선택모형은 의사결정에서의 합리적 · 분석적 선택을 의미한다. • 예산결정과정을 합리화하여 예산상의 편익을 극대화하기 위한 결정방식으로서 규범적 성격이 강하다.
점증주의	• 총체주의와 대비되는 모형으로 상황의 불확실성과 인간 능력의 부족을 전제로 한 결정모형을 제시한다. • 점증주의는 인간의 지적능력의 한계와 의사결정상의 기술적인 제약 때문에 이미 알려진 대안들을 중심으로 선택적 모방에 의해 대안들을 탐색한다.

11

정답 ②

영역 조직론 > 조직발전과 조직관리기법　　　　　**난도** 중

정답의 이유

② WO 전략(방향 전환 전략): 조직이 스스로의 약점을 최소화하고 기회를 최대한 활용하려는 전략을 말한다.

오답의 이유

① SO 전략(공격적 전략): 공격적 전략은 조직의 강점과 기회를 모두 극대화하려는 것을 말한다.

③ ST 전략(다양화 전략): 환경으로부터의 위협에 대처할 수 있는 조직의 강점에 주목하는 전략이다. 즉, 이 전략은 강점을 극대화하고 위협요소를 극소화하는 데 그 목적이 있는 것이다.

④ WT 전략(방어적 전략): 조직이 처한 약점과 위협요인에 주목하여 이를 최소화하는 것을 말한다.

((•)) 적중레이더

전략의 형성(SWOT 매트릭스 활용)

내부 요인	외부 요인	환경	
		위협(Threats)	기회(Opportunities)
역량	약점 (Weakness)	방어적 전략 (WT 전략)	방향전환적 전략 (WO 전략)
	강점 (Strength)	다양화 전략 (ST 전략)	공격적 전략 (SO 전략)

12

정답 ④

영역 인사행정론 > 공직구조의 형성　　　　　**난도** 중

정답의 이유

④ 행정조직의 성과평가는 대체로 전년도를 기준으로 이루어지기 때문에 즉각적인 환류가 어렵다.

오답의 이유

① 목표관리제는 목표성취의 결과를 측정하는 데 치중하기 때문에 사람들이 높은 수준의 목표설정을 회피하여 너무 쉬운 목표를 채택하거나 중요하지 않은 목표를 채택하도록 하는 경향이 있다.

② 성과관리제도는 재정 사업의 목표와 성과지표를 설정하고 지표에 의한 평가 결과를 재정 운영에 반영하는 것으로 성과평가를 통한 합리적이고 과학적인 조직관리이지만 평가 대상자 간의 과열경쟁에 따른 조직 협력의 저하로 조직 전반의 성과수준이 저하될 수 있다.

③ 목표관리제는 개인목표와 조직목표의 통합으로 목표 달성에 유리하게 조직을 재구조화할 수 있고 조직 상하 간 갈등을 해소할 수 있다.

13

정답 ②

영역 조직론 > 조직 행동(형태)론　　　　　**난도** 중

정답의 이유

② 보편주의 대 특수주의는 호프스테드(Hofstede)의 문화의 비교차원이 아니다.

((•)) 적중레이더

호프스테드(Hofstede)의 문화차원

- 불확실성 회피
- 권력 거리
- 개인주의 대 집단주의
- 남성성 대 여성성(과업 지향성–인간 지향성)
- 장기 지향성 대 단기 지향성
- 쾌락추구와 절제

14

정답 ④

영역 지방행정론 > 지방행정　　　　　**난도** 중

정답의 이유

④ 세계화와 신자유주의가 촉진한 것은 신중앙집권화가 아니라 신지방분권화이다. 신지방분권화란 세계화, 민주화, 지식정보화라는 최근의 행정환경과 동시에 나타나는 현상을 말한다.

((•)) 적중레이더

신중앙집권화와 신지방분권화의 비교

구분	신중앙집권화	신지방분권화
개념	지방자치를 발전시켜온 영미 등에서 행정국가화, 광역화, 국제화 등으로 중앙집권이 새로이 일어나는 현상	중앙집권적 성향이 강했던 프랑스 등에서 정보화, 국제화, 도시화, 지역불균형화 등으로 1980년대 이후 나타난 지방분권의 경향
촉진 요인	• 행정사무의 양적 증가와 질적 변화 • 과학, 기술과 교통통신의 발달 • 중앙재정에의 의존 • 국민생활권의 확대와 경제규제의 필요성 • 국민적 최저수준 유지 필요성	• 중앙집권화의 폐해로 인한 지역 간 불균형 • 도시화의 진전 • 정보화의 확산 • 국제화, 세계화의 추세로 활동영역 확대

15

영역 행정학 총론 > 행정학의 주요 접근　　　난도 **중**

정답의 이유

① 신공공관리론은 전통적인 관료제를 극복하고 작은 정부를 구현하기 위해 개발된 이론으로, 시장에 대한 규제를 완화하고 관료에 대한 내부 규제를 완화하여 관리자에게 예산과 인사상의 권한을 위임해주는 형태로 실시되었다.

오답의 이유

② 신공공관리론은 현대국가의 팽창과 복지국가 위기에 대한 대응방안으로 등장하여 작고 효율적인 정부를 추구한 이론이다.

③ 신공공관리론은 시장주의와 신관리주의를 결합해 전통적인 관료제 패러다임의 한계를 극복하기 위해 개발되었다.

④ 신공공관리론에서는 수익자부담원칙의 강화, 민간부문 상호 간 경쟁원리를 활용한 공공서비스 제공을 위한 민간위탁 및 민영화의 확대, 정부부문 내 경쟁원리 도입, 규제완화 등을 행정개혁의 방향으로 제시하였다.

16

정답 ③

영역 재무행정론 > 예산　　　난도 **중**

정답의 이유

③ 성인지예산제도는 성 중립적(gender neutral) 관점에 기반한 제도가 아니라, 성 주류화(gender mainstreaming)의 입장 및 성인지적 관점에 기반하고 있다.

오답의 이유

① 정부는 여성과 남성에게 미칠 영향을 미리 분석한 보고서(성인지예산서)를 작성하여야 하며, 여성과 남성이 동등하게 예산의 수혜를 받고 예산이 성차별을 개선하는 방향으로 집행되었는지를 평가하는 보고서(성인지결산서)를 작성하여야 한다(국가재정법 제26조, 제57조).

② 정부는 기금이 여성과 남성에게 미칠 영향을 미리 분석한 보고서(성인지 기금운용계획서)를 작성하여야 한다(국가재정법 제68조의2).

④ 성인지예산은 남녀평등예산제도라 하며 세입뿐만 아니라 세출에 관해서도 차별철폐를 추구한다.

17

정답 ④

영역 행정학 총론 > 행정과 환경　　　난도 **중**

정답의 이유

④ 바그너(Wagner)는 1인당 국민소득이 증가할 때 공공부문의 상대적 크기가 증가한다고 주장하였다.

오답의 이유

① 니스카넨(Niskanen)은 '관료는 자기가 차지하고 있는 자리가 가지는 힘을 극대화하려는 동기를 가지고 있다'고 보았으며, 그 힘은 자신에게 배정되는 예산과 비례관계에 있다고 가정하였다.

② 파킨슨(Parkinson)은 공무원 수는 본질적 업무량(행정수요를 충족시키기 위한 업무량)의 증감과 무관하게 일정비율로 증가한다고 주장하였다.

③ 피콕-와이즈만(Peacock-Wiseman)은 공공지출이 결정되는 과정을 분석하여 전위효과 · 점검효과 등의 개념을 분석하고 공공지출이 불연속적으로 증대되는 과정을 설명하였다.

18

정답 ④

영역 조직론 > 조직연구의 기초　　　난도 **중**

정답의 이유

④ 조직군 생태학이론은 조직의 주도적 선택을 강조하는 이론이 아니라, 조직 환경의 절대성을 강조하는 극단적인 결정론이다. 조직군 생태학이론은 마치 다윈의 자연선택이론처럼 환경에 적응한 조직만이 유지, 발전할 수 있다는 환경결정론의 관점을 띤다.

오답의 이유

① 자원의존이론에서 조직은 환경으로부터 필요한 자원을 획득하기 위하여 환경에 주도적 · 능동적으로 대처한다고 보았다.

② 공동체 생태학이론은 조직들 간 공동체적 호혜관계를 통한 능동적 환경적응과정을 강조하는 이론, 즉 조직 간의 관계를 강조한 이론이다.

③ 구조적 상황이론은 상황변수(환경, 기술, 규모), 조직특성 변수(조직구조, 관리체계, 관리과정), 조직의 효과성의 세 가지 변수 간의 관계에서 상황과 조직특성의 적합이 조직의 효과성을 결정한다는 이론으로, 환경에 적응하는 조직의 구조 실체를 강조하였다.

19

정답 ③

영역 조직론 > 조직 행동(형태)론　　　난도 **중**

정답의 이유

③ 허즈버그(Herzberg)의 동기-위생이론에서 불만 요인이 제거되는 것은 동기의 감소를 줄여주는 소극적인 요인으로 만족을 보장하는 것은 아니다. 또한 만족 요인이 충족되는 것은 자기실현욕구를 자극하고, 만족을 보장하며, 동기 유발로 작용할 수 있다.

오답의 이유

① 애덤스(Adams)는 형평성이론에서 모든 사람이 공정하게 대접받기를 원한다는 전제에 기초를 두고 있으며 동기부여, 업적의 평가, 만족의 수준 등에서 공정성(공평성)이 중요한 영향을 미친다고 보았다.

40 시대에듀 | 군무원 행정학

② 앨더퍼(Alderfer)는 ERG이론에서 상위 욕구가 만족되지 않거나 좌절될 때 하위 욕구를 더욱 충족시키고자 한다는 좌절 퇴행 접근법을 주장하였다.

④ 핵맨과 올드햄(Hackman & Oldham)의 직무특성이론에 따르면 직무특성을 결정하는 변수로는 기술 다양성, 직무 정체성, 직무 중요성, 자율성, 환류(피드백)가 있다. 이런 요인들은 조직 구성원의 심리 상태에 영향을 주고, 이는 다시 조직 구성원의 업무성과에 영향을 준다.

20

정답 ①

영역 지방행정론 > 지방자치/지방자치단체(종류 및 기관)　난도**중**

정답의 이유

① 중앙정부의 사무는 정부조직법에서, 지방정부의 사무는 지방자치법에서 규정하고 있지만 각 정부 간의 업무가 명확히 구분되어 있지 않다. 자치권은 국가로부터 수여된 권리로 국가와 자치단체 간의 사무배분 또는 기능배분 문제가 나타나며, 지방자치단체의 계층 간 기능배분이 모호하여 불명확한 기능분리로 행정의 비효율성이 야기된다.

21

정답 ②

영역 행정학 총론 > 행정학의 주요 접근　난도**중**

정답의 이유

② 참여적 정부모형에 대한 설명이다.

오답의 이유

① 신축적 정부모형은 조직의 영속성에 대한 비판에서 출발하여, 환경변화와 현 국정관리 속성의 변화에 따라 창조적 대응을 하기 위해서 신축적 조직인 임시조직이나 가상조직을 강조한 모형이다.

③ 시장적 정부모형은 정부 관료제의 비효율성과 시장의 효율성에 대한 신뢰를 전제로 하며 이는 신고전 경제학에 기초한 것이다.

④ 탈규제적 정부모형은 정부 내부의 규제를 철폐함으로써 공공부문에 내재하고 있는 잠재력과 독창성을 분출시키는 모형이다.

22

정답 ④

영역 지방행정론 > 사무배분의 원칙　난도**중**

정답의 이유

④ 국가 및 지방자치단체는 사무를 배분할 때 민간부문의 자율성을 존중하여 국가 또는 지방자치단체의 관여를 최소화하여야 하며, 민간의 행정참여기회를 확대하여야 한다(지방자치분권 및 지방행정체제개편에 관한 특별법 제9조 제4항).

오답의 이유

① 지방자치법 제11조 제1항

② 지방자치법 제11조 제2항

③ 지방자치법 제11조 제3항

23

정답 ②

영역 행정학 총론 > 행정학의 주요 접근　난도**중**

정답의 이유

② 제도의 횡단적 측면을 중시하면서 국가 간에 어떻게 유사한 제도의 형태를 취하는가에 관심을 갖는 것은 사회학적 제도주의이다. 역사적 제도주의는 제도의 종단적 측면을 중시하면서 국가 간 제도의 차이점에 관심을 갖는다.

오답의 이유

① 사회학적 제도주의는 제도의 변화에서 개인의 역할을 인정하지 않고, 개인은 자신의 의도에 따라 제도를 만들거나 변화시킬 수 없으며 제도에 종속될 뿐이라고 본다.

③ 역사적 제도주의는 주로 국가 간 사례연구와 비교연구를 통한 귀납적 방법으로 이론화를 시도하려는 경향이 있는 것이 특징이다.

④ 개인의 이기심을 전제로 한 철저히 계산된 행동을 중요시한 합리적 선택 제도주의는 방법론적 개인주의를 취하는 반면 제도의 범위를 관습과 문화를 포함하는 폭넓은 개념으로 이해하는 사회학적 제도주의는 방법론적 전체주의 입장을 취한다.

(ᵗᵗ) 적중레이더

신제도주의의 비교

비교	합리적 선택 제도주의	사회학적 제도주의	역사적 제도주의
제도의 개념	개인의 합리적 (전략적) 계산	사회문화 및 상징	역사적 특수성(맥락)과 경로의존성
초점	개인 > 제도	개인 < 제도(문화)	개인 ≤ 제도(국가)
제도의 측면	공식적 측면 > 비공식적 측면	비공식적 측면(규범, 문화, 상징, 의미, 신념, 인지구조 등)	공식적 측면 > 비공식적 측면
제도의 변화원인	전략적 선택, 비용편익 비교	동형화, 적절성의 논리	외부적 충격, 결절된 균형
개인의 선호형성	안정, 외생적·선험적	제한, 내생적 (사회가 개인을 창조)	제한, 내생적
접근법	연역론 (일반이론 추구) 방법론적 개체주의	귀납적(경험적, 형이상학적 신비주의, 해석학, 민속학, 현상학적 연구)	귀납적(사례연구, 비교연구)

24

영역 행정학 총론 > 사회적 형평성	난도 중

정답의 이유

③ 정부의 환경보존사업에 필요한 비용을 현 세대에게만 부담하는 것은 형평성에 어긋나므로 공채 발행으로 다음 세대에게 일부 비용의 부담을 전가하는 것은 수직적 형평성에 해당한다.

오답의 이유

① 대표관료제는 사회를 구성하는 모든 주요 집단으로부터 인구비례에 따라 관료를 충원하고, 그들을 정부관료제 내의 모든 직무분야와 계급에 비례적으로 배치함으로써, 정부관료제가 사회의 모든 계층과 집단에 공평하게 대응하도록 하는 것으로, 수직적 형평성을 확보하기 위한 제도이다.

② 롤스(J. Rawls)의 『정의론(The Theory of Justice)』에서 말하는 원초적 상태하에서 합리적 인간은 최대 극소화의 원리가 아니라 최소 극대화의 원리에 따른다. 즉, 최악의 상황을 가정하고 대안을 선택하는 것이다.

④ 사회적 형평성이란 사회정의 · 평등과 유사한 것으로, 부유층이나 특정집단 대신 사회적 · 경제적 · 정치적으로 불리한 입장에 있는 계층을 위하여 국가의 특별한 배려에 의해 서비스 배분이 공평성과 평등성을 보장받는 것을 말한다. 총체적 효용 개념을 강조하는 공리주의 관점이다.

25

영역 지방행정론 > 도시의 행정 및 계획의 패러다임	난도 중

정답의 이유

① 뉴어바니즘(new urbanism)에 대한 설명이다. 어반빌리지(urban village)는 1989년 영국에서 시작된 운동으로 지속가능한 커뮤니티 개발을 목적으로 다양한 계층의 사람들이 함께 거주하며 다양한 커뮤니티가 혼합되어 있는 전원도시를 말한다.

오답의 이유

② 뉴어바니즘(new urbanism)은 근린주구가 중심인 도시로 회귀하는 것을 목표로 하여 대중교통을 중심으로 지역의 성장 한계를 압축적으로 조직, 친근한 보행체계 구축, 상업 · 공공시설 등을 보행거리 내에 위치, 도시의 다양성 추구, 생태계 및 오픈스페이스의 보존, 개발을 대중교통의 축에 따라 배치, 혼합토지이용 등을 원칙으로 한다.

③ 스마트성장(smart growth)은 기본적으로 무질서하고, 무계획적인 교외확산에 의한 기존의 도시개발방식에 대해 반성하고, 환경을 파괴하지 않고 지속가능한 개발과 관리가 가능한 자연친화적인 성장을 말한다.

④ 압축도시(compact city)는 교외지역 주거지를 저밀도로 확산시키는 개발방식 대신 시가화된 기존의 도시 또는 신도시로 설정된 지역을 고밀도로 집중적으로 개발하는 것으로 토지이용의 효율성과 자연환경의 보전을 동시에 추구한다.

2021 | 9급 기출문제 해설

영역 분석

행정학 총론	6문항	★★★★★★	24%
정책학	2문항	★★	8%
조직론	5문항	★★★★★	20%
인사행정론	3문항	★★★	12%
재무행정론	6문항	★★★★★★	24%
지방행정론	3문항	★★★	12%

빠른 정답

01	02	03	04	05	06	07	08	09	10
③	④	①	④	④	②	①	②	②	④
11	12	13	14	15	16	17	18	19	20
③	②	③	④	③	①	①	②	②	④
21	22	23	24	25					
①	③	④	①	③					

01

정답 ③

영역 행정학 총론 > 행정학의 주요 접근 난도 **하**

정답의 이유

③ 신제도주의는 제도를 중시하지만 제도가 개인과 조직, 국가의 성패를 결정하는 절대적인 요소는 아니다.

📡 적중레이더

신제도주의의 유형

사회학적 신제도론	제도가 개인과 조직, 국가의 성패를 결정함
경제학 (합리선택적) 신제도론	제도와 관련 행위자 간의 상호작용을 동태적으로 분석하였으며, 제도는 개인의 선호와 행위를 결정하는 것이 아니라 제약한다고 보았음
정치학 (역사론적) 신제도론	제도만이 개인의 선호와 행위를 결정하는 것이 아니라 다른 요인도 영향을 미칠 수 있다는 가능성을 열어둠

02

정답 ④

영역 조직론 > 조직의 양태와 조직유형 난도 **하**

정답의 이유

④ 베버(M. Weber)는 행정조직 발전에 대한 패러다임의 관점에서 관료제 모형을 제시하기보다, 산업혁명 이후 전통사회와 과도기적 사회와 구별되는 근대사회의 이념형으로서 관료제 모형을 제시한 것이다.

03

정답 ①

영역 재무행정론 > 정부회계 및 조달행정 난도 **하**

정답의 이유

가 · 라. 발생주의란 현금의 입출이 아니라 실질적인 자산의 증감이나 변동의 발생사실에 따라 회계를 기록하는 회계방식이다.

오답의 이유

나. 부채규모와 총자산의 파악이 용이하지 않은 것은 현금주의이며, 발생주의에서는 부채나 자산의 파악이 가능하다.

다. 현금의 입출을 중심으로 회계를 기록하는 방식은 발생주의가 아니라 현금주의이다.

04

정답 ④

영역 행정학 총론 > 행정이란 무엇인가? 난도 **하**

정답의 이유

④ 행정과 경영은 법적 규제의 정도가 다르다. 행정은 엄격한 법적 규제를 받지만 경영은 느슨한 법적 규제를 받는다.

공행정(행정)과 사행정(경영)의 차이 · 유사점

구분	행정	경영
차이점	• 규제와 기속행위가 많음 • 행정은 정치로부터 분리되지 않음 • 강제적 · 물리적 · 일방적 권력을 행사함 • 엄격한 평등의 원칙이 적용되고, 획일적임 • 공익실현을 위하여 다양함 • 합법성, 능률성, 민주성, 효과성, 사회적 형평성 등 다원적 기준에서 평가됨 • 전 국토와 전 국민에 미치므로 영향력이 광범위함 • 비경쟁성(비경합성)이 강한 분야가 대부분임 • 공개행정의 원칙이 강조됨	• 규제가 적으며 재량행위가 많음 • 경영은 정치로부터 분리되어 있음 • 공리적 · 쌍방적 권력 권력을 행사함 • 차등이 인정되고, 자율적임 • 이윤추구를 위한 활동이기에 그 성질이 단일적임 • 능률성(수익성)이라는 단일적 기준에서 평가됨 • 특정 이해관계자나 소비자에게 국한되므로 영향력이 협소함 • 독점성이 약하고 경쟁성이 강한 분야가 대부분임 • 경영기법이 노하우이므로 비공개경영이 많음
유사점	목표 달성을 위한 수단성, 관료제적 성격, 관리성, 관리기술의 적용성, 협동성, 봉사성, 의사결정성	

05

정답 ④

영역 행정학 총론 > 행정이 추구하는 가치 　　　난도 **하**

정답의 이유

④ 수직적 형평성과 수평적 형평성의 설명이 반대로 되어 있다. 다른 것을 다르게 취급하는 것을 수직적 형평성, 같은 것을 같게 취급하는 것은 수평적 형평성에 해당한다.

06

정답 ②

영역 행정학 총론 > 행정학의 주요 접근 　　　난도 **중**

정답의 이유

② 신공공관리(NPM)는 정부의 크기와 관계없는 것이 아니라, 거대정부의 문제점인 정부실패에 대응하고자 정부의 역할과 규모를 줄이고 민간기업의 관리방식과 시장논리를 도입하려는 행정개혁운동으로 1980년대 영미 중심으로 전개된 신자유주의를 기반으로 등장하였다.

(((•))) 적중레이더

신공공관리론
• 이론적 토대: 우파적 신자유주의(신보수주의), 작고 효율적인 정부
• 정치적 토대
  – 신보수주의: 1980년대 영국 대처 행정부, 작은 정부(정부기능 축소)
  – 신연방주의: 1980년대 미국 레이건 행정부, 작은 정부(정부지출 축소)

07

정답 ①

영역 조직론 > 조직 행동(행태)론 　　　난도 **하**

정답의 이유

① 허츠버그(F. Herzberg)의 욕구충족 2개요인 이론을 설명하고 있다. 구성원의 동기유발은 불만을 제거(위생요인)해주는 것만으로는 어려우며, 동기요인(만족요인)이 충족되어야 비로소 동기유발이 이루어진다고 하였다.

오답의 이유

② 아지리스(C. Argyris)는 성숙–미성숙 이론을 제시한 학자이다.
③ 매슬로우(A. H. Maslow)는 인간욕구 5단계 이론을 제시한 학자이다.
④ 브룸(V. H. Vroom)은 기대이론을 제시한 학자이다.

08

정답 ②

영역 행정학 총론 > 행정학의 주요 접근 　　　난도 **하**

정답의 이유

② 생태론은 환경변수를 최초로 고려한 접근방법이며 유기체로서의 행정체제에 영향을 미치는 환경과의 관계를 연구한 거시적 접근법이다. 행정체제 내부적인 요소인 사람의 행태나 권력적 측면, 소통 등 미시적 요소에 대해서는 소홀하였다는 비판을 받는다. 사람의 행태를 주된 연구대상으로 한 이론은 행태론적 접근법이다.

09

정답 ②

영역 정책학 > 정책학의 기초 　　　난도 **하**

정답의 이유

② 정책은 인간의 존엄성 구현을 궁극목표로 하는 규범(가치)지향성을 특징으로 한다.

(((•))) 적중레이더

정책의 특성에 대한 학자들의 견해

라스웰 (Lasswell)	목표지향성, 계획성, 실제성, 사회변동성
이스턴 (D. Easton)	권위성, 정치성, 공식성, 사회지향성, 가치함축성

10

정답 ④

영역 인사행정론 > 공직부패 및 공직윤리와 행위규범   난도 **중**

정답의 이유

④ 상벌사항 공개는 공직자윤리법에 규정되어 있지 않다. 공직자윤리법에 규정된 사항은 재산등록 및 공개, 이해충돌회피, 선물수수신고·등록, 주식백지신탁, 퇴직자취업제한, 행위·업무취급 제한 등이다.

적중레이더

공직윤리규정

대한민국 헌법	• 공무원은 국민에 대한 봉사자이며 국민에 대해 책임을 짐 • 공무원의 정치적 중립과 신분은 법률로 보장됨
국가 공무원법	• 성실의무: 법령을 준수하며 성실히 직무 수행 • 복종의무: 상관의 정당한 직무상 명령 • 직장이탈금지의무: 상관의 허가 필요 • 친절·공정의무 • 종교중립의 의무 • 비밀엄수의무: 재직 중 + 퇴직 후 • 청렴의무: 사례·증여·향응 금지 • 영예 등의 수령규제: 대통령 허가 필요 • 품위유지의무 • 영리행위 및 겸직금지: 기관장 허가 필요 • 집단행위금지 • 정치활동금지 • 선서의 의무
공직자 윤리법	• 재산등록 및 공개의무: 4급 이상 등록, 1급 이상 공개 • 선물수수의 신고·등록의무(미화 100불, 한화 10만 원 이상) • 취업제한의무(재산등록의무자): 퇴직 후 3년간(퇴직 전 5년) • 이해충돌방지의무 • 주식백지신탁의무: 1급 이상, 3,000만 원 이상 • 행위제한의무: 업무취급제한 등
부패방지 및 국민권익위 설치운영법	• 공직내부비리 발견 시 신고할 의무(내부고발자 보호제도) • 비위공직자 취업제한 의무(퇴직 후 5년간, 퇴직 전 5년) • 국민감사청구제도: 감사원에 청구(300명 이상 서명)
부정청탁 및 금품 등 수수 금지에 관한 법률	• 공직자 등에 부정청탁 금지: 법령 위반 청탁 금지 • 공직자 등의 금품수수 금지: 대가성 여부와 관계없이 1회 100만 원, 연간 300만 원 이상 금품수수 시 형사 처벌(음식물 3만 원, 선물 5만 원, 경조사비 5만 원 이하는 허용) • 위반행위 신고의무

11

정답 ③

영역 정책학 > 정책결정   난도 **중**

정답의 이유

③ 조합주의(corporatism)는 정책결정과정에서 정부는 사회적 합의를 유도하기 위하여 이익 집단 등 민간부문에 대해 강력한 주도권을 행사하며, 조합주의 아래에서 이익 집단은 국가로부터 자유롭지 못하고 확장된 정부의 일부분으로 기능하게 된다.

적중레이더

조합주의(Corporatism)

• 개념: 국가에서 공인받은 소수의 유력한 이익조직들과 국가 사이에 독점적 이익표출과 정책순응이 정치적으로 교환되는 이익대표체계이다.

  예) 영국의 국민경제발전평의회, 독일의 협력위원회, 오스트리아의 가격, 임금규제문제위원회, 스웨덴의 국가노동시장위원회 등 삼자협의체제 등장

• 특징

 - 이익집단은 기능적으로 분화된 범주를 가지고 단일의 비경쟁적, 계층적 질서에 따라 조직화되었다. 이익집단들 사이에는 경쟁보다는 협력이 이루어진다.

 - 국가는 중립적이지 않고 특정집단은 차별적으로 배제하며, 특정집단에게는 독점적인 이익대표권을 부여할 수 있다.

 - 결정과정에서 국가와 이익집단 사이에 합의가 이루어지며 이러한 합의는 공식화된 제도 속에서 이루어진다.

 - 국가와 이익집단 사이에는 편익의 상호교환 관계가 형성되어 있는 것으로 본다.

 - 국가가 이익집단의 요구를 수용하고 독점적 이익대표권을 부여하는 한편, 국가는 이익집단의 활동범위를 제한할 수 있다.

 - 완전한 조합주의 체제에서 조합과 정부사이의 관계는 밀접하다.

• 유형

 - 국가조합주의: 개발도상국(남미 중심)이나 권위주의 국가에서 보여주는 유형으로 조직구조 자체가 국가의 권위에 의해서 위로부터 조직된 사회집단이다. 이러한 조직체는 국가에 종속되어 있거나 보조적 조직형태를 취한다. 즉, 국가는 조합을 지도하고 감독한다. 다시 말하면 국가는 정책을 결정하고 조합이 이러한 정책을 집행한다.

 - 사회조합주의: 다원주의 사회(서구 중심)의 양상으로 국가조합주의와는 달리 국가에 의한 하향적 통제기능을 배제하고 상향적 투입기능을 중시한다. 즉, 사회에 자생적으로 나타난 조직이 점차 이익집단화 되어 자기들의 이익을 관철시키기 위하여 국가기관으로 침투해 들어감으로써 국가의 정당성과 기능이 자동적으로 사회집단에 의존한다는 주장이다.

12

정답 ②

영역 조직론 > 조직 행동(행태)론 난도 **중**

정답의 이유

② 리더가 부하에게 최종(모든) 책임을 위임하는 것은 방임형에 가깝다. 민주형 리더십은 리더가 구성원에게 권한과 책임을 적절히(일부) 위임하고 부하가 의사결정에 참여하도록 하며, 쌍방향적이고 원활한 의사소통을 특징으로 한다.

오답의 이유

③·④ 하우스와 에반스(House & Evans)의 경로–목표이론(path–goal theory)이다.

📡 적중레이더

경로–목표이론(Path–goal theory)

하우스와 에반스의 경로–목표이론에 의하면 부하는 리더의 행동이 그들의 기대감에 영향을 미치는 정도에 따라 동기가 유발된다. 즉 리더는 부하가 바라는 목표를 받게 해 줄 수 있는 경로가 무엇인가를 명확하게 해줌으로써 부하의 성과를 높일 수 있다는 것이다. 하우스와 에반스는 동기부여의 기대이론을 수용하여 리더의 행동(원인변수)이 부하의 행동(결과변수)에 영향을 미치지만, 그 과정에서 부하의 기대감과 유인가가 매개를 하며(매개변수), 아울러 부하의 특성과 작업환경요인이 상황변수로서 영향을 미친다는 것이다.

13

정답 ③

영역 조직론 > 조직의 양태와 조직유형 난도 **중**

정답의 이유

③ 매트릭스 구조는 기능구조와 사업구조를 결합시킨 이원적·입체적 조직구조이다.

📡 적중레이더

매트릭스 구조(Matrix Structure)

기능구조와 사업구조를 화학적(이중적)으로 결합한 이중적 권한구조를 가지는 조직구조로서 기능부서의 전문성과 사업부서(프로젝트구조)의 신속한 대응성을 결합한 조직이다. 조정곤란이라는 기능구조의 단점과 비용중복이라는 사업구조의 단점을 해소하려는 조직으로 수직적으로는 기능부서의 권한이 흐르고, 수평적으로는 사업구조의 권한구조가 지배하는 입체적 조직이다.

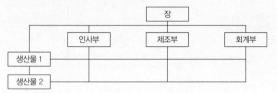

14

정답 ④

영역 재무행정론 > 예산개혁론(예산제도의 변천) 난도 **중**

정답의 이유

④ PPBS(계획예산)는 구성원들의 참여를 배제하고 최고위층이 주도하는 집권적이고 하향적인 예산으로 비민주적인 예산제도이다.

오답의 이유

① ZBB(영기준예산)는 조직의 모든 계층이 예산편성에 참여하는 상향적 예산으로 민주적인 예산제도라고 할 수 있다.

② MBO(목표에 의한 관리)는 상하구성원의 참여에 의하여 목표를 설정하고 자신의 권한과 책임하에 목표달성도를 극대화시키는 상향적·민주적 관리제도이다.

③ 브레인스토밍은 주관적 예측기법으로 다양한 전문가들이 자유분방하게 의견을 수렴하여 미래를 예측하는 민주적 미래예측기법이다.

15

정답 ③

영역 인사행정론 > 공직구조의 형성 난도 **상**

정답의 이유

③ 직위분류제는 전체 조직업무를 체계적으로 분업화하고 직무의 종류와 곤란도·책임도를 기준으로 직무를 분류하는 직무지향적 분류제도이다. 직무의 특성과 그에 결부된 조직의 구조적 특성을 기준으로 직무를 분류한다. 한 사람의 적정 업무량을 '조직상 위계(계급제)'에서가 아니라 '직무의 종류와 곤란도·책임도'를 기준으로 분류한다.

16

정답 ①

영역 인사행정론 > 인사행정의 기초　　　　　**난도 하**

[정답의 이유]

① 직업공무원제는 개방형이 아니라 폐쇄형을 전제로 한다.

17

정답 ①

영역 재무행정론 > 예산과정론　　　　　　　**난도 하**

[정답의 이유]

① 예산심의는 행정부에 대한 재정동의권을 부여하는 재정민주주의의 실현과정이다. 이러한 측면에서 예산심의과정은 사실상 국민주권의 실현과정이라 할 수 있다.

18

정답 ②

영역 재무행정론 > 예산개혁론(예산제도의 변천)　　**난도 상**

[정답의 이유]

② 품목별 예산제도는 통제중심의 예산제도로 분석의 초점은 지출의 성질과 대상이며 이를 통해 엄격한 재정통제를 강조한다.

[오답의 이유]

① 성과주의 예산제도는 업무단위 비용과 업무량의 파악을 통해 능률성(효율성)을 높이고자 하나 산출을 통한 목표달성 즉, 효과성까지는 알려주지 못한다. 산출을 통한 목표달성 즉, 효과성을 높이는 예산제도는 신성과주의 예산제도이다.
③ 새로운 성과주의 예산제도는 1950년대 성과주의 예산의 특징에 해당하는 것으로, 산출보다는 최종성과나 결과에 관심이 있으며 이를 통해 효과성을 높이고자 한다.
④ 신성과주의 예산에 대한 특징으로 계획예산제도는 제한된 재정자원을 합리적으로 배분하여 효율적인 예산집행을 위한 제도이다.

19

정답 ②

영역 지방행정론 > 지방행정　　　　　　　　**난도 하**

[정답의 이유]

② 지역 간 격차 해소를 위해서는 중앙집권화 또는 광역행정이 필요하다.

20　　※출제오류로 선지 교체

정답 ④

영역 지방행정론 > 지방자치　　　　　　　　**난도 중**

[오답의 이유]

다. '중앙정부와 지방자치단체의 관계는 기능적 협력관계이다.'는 단체자치가 아닌 주민자치로 보아야 한다.

※ 2021 행정학 기출 원형_정답없음

20 단체자치에 대한 설명으로 옳은 것만을 모두 고르면?

> 가. 자치권에 대한 인식은 전래권으로 본다.
> 나. 권한부여 방식은 포괄적 위임주의이다.
> 다. 중앙정부와 지방자치단체의 관계는 기능적 협력관계이다.
> 라. 유럽대륙을 중심으로 발전해 왔다.

① 가, 나　　　　　　　　② 가, 다, 라
③ 나, 다, 라　　　　　　④ 가, 나, 다, 라

((•)) 적중레이더

주민자치와 단체자치의 비교

구분	주민자치(영국형)	단체자치(대륙형)
자치권의 유래	고유권설(자연권설): 국가 이전부터 존재함	전래권설(국권설): 국가의 성립을 전제로 함
자치의 의미	정치적(주권재민): 민주주의 사상에 기초	법률적
자치권의 근거와 범위	주민고유권리(광범)	국가로부터 주어진 권리(협소)
이념	민주주의사상	지방분권사상: 중앙집권을 전제로 하여 중앙의 권한이 지방으로 위임됨
중앙과 지방의 관계	기능적 협력관계	권력적 감독관계
권한배분 방식	개별적 지정주의	포괄적(개괄적) 위임(수권)주의
중앙통제의 방식	입법적 · 사법적 통제	행정적 통제
지방정부 형태	기관통합형(의회)	기관대립형
자치사무의 성격과 구분	고유사무(미구분)	고유사무 + 위임사무(구분)
지방세	독립세(자주재원)	부가세(의존재원)
민주주의와의 관계	상관관계인정	상관관계부정
우월적 지위	의결기관 우월주의	집행기관 우월주의
자치의 초점	주민과 지방정부의 관계	지방정부와 중앙정부의 관계

출처: 김종표, 『지방행정론』, 법문사, 1991; 최창호, 『지방자치학』, 삼영사, 2009

21

정답 ①

영역 재무행정론 > 예산결정　　　　　　　난도 **하**

정답의 이유

① 욕구체계이론은 예산이론과는 관계가 없으며 동기부여이론 중 욕구이론과 연관된다.

오답의 이유

② 다중합리성 모형은 예산단계별(세입, 세출, 균형, 집행, 과정)로 복수의 서로 다른 합리성이 지배한다고 보는 예산이론이다. 다중합리성 이론은 예산결정조직에 다양한 합리성 존재하며 이는 다양한 가치 반영, 이들이 상호작용하는 특징이 있다고 본다. 예산과정에서 예산결정자와 예산결정조직이 경제적 합리성이라는 하나의 기준이 아닌 다양한 합리성을 추구할 수 있음을 강조한다.

③ 단절균형모형은 균형상태가 지속되다가 어떤 조건하에서 단절적인 변화 발생하고 다시 균형상태가 지속된다고 본다. 예산은 점증적으로 진행되는 것이 아니라 단절을 겪은 후에 다시 균형을 이루어나간다는 이론이다.

④ 점증주의는 예산이 항상 전년 대비 일정한 비율로 계속 늘어나는 경향이 있다는 이론으로 총체주의와 상반된 이론이다.

22

정답 ③

영역 지방행정론 > 지방재정　　　　　　　난도 **하**

정답의 이유

③ '자율적으로 사용가능한 재원'이란 자주재원이 아니라 중앙정부의 통제를 받지 않는 일반재원을 말한다. 따라서 설문은 '재정자립도'를 묻는 것이 아니라 '재정자주도'를 묻는 지문이다.

((•)) 적중레이더

지방재정지표

재정규모 (재정력)	자주재원 + 의존재원 + 지방채	지방재정자립도 등을 반영하지 못함
재정자립도	자주재원 / 일반회계 총세입	자립도가 높다고 해서 재정이 건전하다 할 수 없음(재정규모, 세출의 질, 실질적 재정상태, 정부지원규모내역 등을 알 수 없기 때문)
재정력지수	기준재정수입액 / 기준재정수요액	지수가 클수록 재정력이 좋음(보통교부세 교부기준)
재정자주도	일반재원 / 일반회계 총세입	차등보조금 교부기준, 재정자립도 미반영이 한계

23

정답 ④

영역 조직론 > 조직구조　　　　　　　난도 **하**

정답의 이유

④ 관료제하에서 구성원들은 보편타당한 행정을 위하여 인간으로서의 감정이나 충동을 멀리해야 하는 비정의적 행동(impersonal conduct)을 요구받는다.

오답의 이유

① 테일러의 과학적 관리론은 행정관리설, 관료제이론, 원리주의 등과 함께 고전적 조직론의 주류를 이루었던 이론으로 1900년대 초까지 효율성과 구조중심의 조직관을 담고 있었다.

② 고전적ㆍ기계적 조직으로서의 관료제는 합리적 경제인의 인간관을 반영하고 있는데 테일러의 차등성과급제가 이러한 인간관에 기초한 대표적인 보상시스템이다.

③ 관료제는 피라미드의 계층제를 기반으로 하는 수직적 명령복종관계를 근간으로 한다.

24

정답 ①

영역 행정학 총론 > 행정학의 주요 접근　　　　난도 **하**

정답의 이유

① 공공선택론은 방법론적 집단주의가 아니라 방법론적 개체주의(개인주의)를 지향한다. 공공정책의 결정에 참여하는 모든 개인들은 모두 이기적이고 합리적인 경제인이라 가정하고, 정부의 일방적이고 독점적인 공급이 정부실패를 가져온다고 본다. 특히 공공선택론은 파레토 최적을 찾을 때 개체주의 방법론을 취한다.

25

정답 ③

영역 재무행정론 > 예산과정론　　　　　　난도 **상**

정답의 이유

③ 총액배분자율편성제도가 도입됨으로써 각 부처의 의견을 존중하지만 기획재정부의 예산사정 작업은 과거와 같다. 5월 31일까지 각 중앙관서와 기금관리주체의 예산 요구서와 기금운영계획안이 기획재정부에 제출되면 6월부터 본격적인 조정 작업이 시작된다.

((•)) 적중레이더

기획재정부의 예산안 및 기금운영계획안에 대한 조정 작업

- 당초 지침에 통보한 대로 작성되었는지에 대한 기술적인 부분 검토
- 각 중앙관서 및 기금관리주체 기관의 예산담당자 뿐 아니라 사업 담당자들의 의견을 청취
- 개별 사업(세부사업)의 타당성과 각 사업별 우선순위의 검토
- 대통령의 공약사항이나 정부의 정책 중요도
- 중앙정부의 사업 지원 예산과 관련된 지방자치단체의 의견(주로 시ㆍ도 지사협의회와 협의) 수렴
- 당정 협의회를 통하여 여당의 의견 수렴 등 다양한 내부 분석과 외부 협의 절차를 거침

2021 7급 기출문제 해설

☑ 점수 (　)점/100점　　☑ 문제편 039쪽

영역 분석

행정학 총론	6문항	★★★★★★	24%
정책학	5문항	★★★★★	20%
조직론	8문항	★★★★★★★★	32%
인사행정론	1문항	★	4%
재무행정론	3문항	★★★	12%
행정환류론	1문항	★	4%
지방행정론	1문항	★	4%

빠른 정답

01	02	03	04	05	06	07	08	09	10
③	④	①	③	④	③	①	④	④	②
11	12	13	14	15	16	17	18	19	20
④	①	②	③	③	①	②	③	②	①
21	22	23	24	25					
②	①	②	④	①					

01

정답 ③

영역 행정학 총론 > 행정학의 주요 접근　　난도 **중**

정답의 이유

③ 신행정론자 왈도(Waldo)는 행정학의 정체성 확립을 위하여 전문 직업주의를 강조하였으나, 대다수의 신행정론 학자들은 전문직업 주의와 가치중립성을 비판하였다.

오답의 이유

① 신행정학은 1960년대 후기행태주의의 적실성의 신조를 바탕으로 사회현실문제의 해결을 중시하였다.

② 신행정학은 외부지향성(고객지향성)과 인본주의적 행정과 민주적 행정모형을 강조한다.

④ 신행정학은 격동의 상황 속에서 사회적 취약계층의 인권보장을 위하여 사회적 형평성을 강조한다.

02

정답 ④

영역 재무행정론 > 재정과 재정 관련 법　　난도 **중**

정답의 이유

④ 우리나라는 예산의결주의에 근거하여 예산과 법률이 형식과 성립 요건이 달라 상호 수정이나 개폐가 불가능하다고 본다.

오답의 이유

① 조세법률주의에 근거하여 조세의 종목과 세율은 법률로 정한다 (헌법 제59조).

② 확정법률이 정부에 이송된 후 5일 이내에 대통령이 공포하지 아니할 때에는 국회의장이 이를 공포한다(헌법 제53조).

③ 예산은 국회가 심의하고 의결로 확정함으로써 효력을 가지며, 공포는 불필요하다.

(◎) 적중레이더

법률과 예산의 비교

구분	법률	예산
제안권자	정부와 국회	정부
국회 심의 범위	수정에 제한 없음	증액이나 새로운 비목 설치 불가
대통령 거부권 행사	가능	불가
공포 절차	필요	불필요
대인적 효력	국가기관, 국민 모두 기속	국가기관만 기속
지역적 효력	원칙상 국내에 한정됨	국내외 효력 발생
상호 관계	법률로서 예산 변경 불가	예산으로 법률 개폐불가

출처: 윤영진, 『재무행정학』, 대영문화사, 2016

03

영역 행정학 총론 > 행정학의 주요 접근

정답 ①

난도 **상**

정답의 이유

① 구제도주의에서는 정책을 법규로서만 이해하고, 행정환경을 경시하였다. 이와 달리 신제도주의에서는 정책과 환경을 내생변수로 취급하여 제도와의 연관성까지도 종합적으로 다룬다.

📡 **적중레이더**

다원주의와 행태론

다원주의와 행태론에서는 행위자의 선호(preferences)가 주어진 것(외생적으로 주어짐)으로 가정될 뿐이다. 즉 이들 이론에서는 모든 행위자들이 그들이 극대화하고자 하는 구체적인 이익(interests)과 선호구조(preference structure)를 가지게 되었느냐는 설명하지 못한다. 이와 달리 마치(March)와 올슨(Olsen)은 선호란 설명되어야 할 대상이지 논의의 출발점일 수는 없다고 본다. March와 Olsen은 개인의 가치와 선호는 외부적으로 주어지는 것이 아니라 제도적 맥락 속에서 형성됨을 강조한다. 다시 말해, 개인이 지니는 선호와 이익(preference and interests)은 제도의 산물(artifact)이라는 것이며, 제도적 규칙과 과정이 가치와 선호를 다양하게 형성시키고 변화시킬 수 있다는 것이다.

출처: 하연섭, 『제도분석』, 다산출판사, 2004

04

영역 행정학 총론 > 행정학의 주요 접근

정답 ③

난도 **하**

정답의 이유

③ 참여정부모형의 관리개혁방안은 TQM과 팀제이며, 가변적 인사관리는 신축적 정부모형이다.

📡 **적중레이더**

뉴거버넌스 정부개혁 모형[피터스(G. Peters)의 모형]

구분	전통적 정부모형	시장적 정부모형	참여적 정부모형	신축적 정부모형	탈내부규제 정부모형
문제의식	전근대적 권위	독점	계층제	영속성	내부규제
조직 개혁	계층제	분권화	평면조직	가상조직	–
관리 개혁	직업 공무원제, 절차적 통제	성과급, 민간기법	총체적 품질관리 (TQM), 팀제	가변적 인사관리, 임시조직	재량권 확대
정책결정 개혁방안	정치·행정 구분	내부시장, 시장적 유인	전문가 회의협의, 협상	실험	기업형 정부
공익 기준	안정성, 평등	저비용	참여, 협의	저비용, 조정	창의성, 활동성, 활동주의

조정방안	상의 하달식 명령통일	보이지 않는 손	하의 상달식	조직개편	관리자의 자기이익
공무원제 개혁방안	실적제	시장 기제로 대체	계층제 축소	임시고용, SES	내부규제 철폐

05

영역 행정학 총론 > 행정학의 주요 접근

정답 ④

난도 **중**

정답의 이유

④ 전통적 관료제가 지출 절감 위주인 것과 달리 기업가적 정부는 지출 절감보다 수익 창출을 중시한다.

📡 **적중레이더**

기업가적 정부 운영의 10대 원리

• 촉진적 정부: 신공공관리론은 정부부문의 시장화를 강조하고 있는데, 이에는 공기업 및 공공서비스의 민영화를 통하여 정부의 노젓기(rowing)와 방향잡기(steering)를 구별하고 노젓기보다는 방향잡기식의 촉진적 정부를 강조한다.

• 시장 및 수요자지향 정부: 정부의 기능 및 정책지향에서 전통적 관료제 패러다임에서는 공공재의 독점 생산(공급)과 공급자 중심의 행정을 지향하였으나, 거버넌스 모형에서는 서비스의 경쟁적 공급 및 공공부문의 축소(민영화나 외부조달)를 지향하며, 규제완화와 시장메커니즘에 의한 행정지향을 특징으로 하고 있다.

• 분권적 정부: 조직구조의 항구성을 토대로 하는 대규모 계층제 중심의 조직에서 비항구적 유기적 구조와 소규모조직으로서 참여와 팀워크 중심의 탈계층제적 분권관리가 되도록 조직, 인사, 재무 등의 각 분야의 관리자에게 보다 많은 신축성과 재량권을 부여함으로써 융통적, 반응적, 창의적, 생산적 조직을 지향한다.

• 성과지향 정부: 조직관리에서 투입, 과정, 규칙중심의 통제지향적 관리에서 신공공관리론은 성공을 보상하지 않아 결국 실패를 보상하는 것이라는 시각에 입각하여, 통제지향적 투입중심보다는 성과와 연계한 예산배분 및 결과 지향적 정부를 강조한다.

• 경쟁적 정부: 경쟁의 이점은 효율성, 고객의 욕구에 대한 반응성, 혁신의 촉진과 아울러 공무원의 사기와 긍지를 높인다고 보고, 서비스 제공에 경쟁도입을 강조한다. 중앙정부 부문에서 시행되는 시장성테스트(공공부문 내부 작업팀과 민간 외부공급자를 대상으로 하는 경쟁 입찰)이나 지방정부에서 시행되는 내·외부 동시입찰인 CCT 등도 경쟁적 정부구현을 위한 제도이다.

• 기업가적 정부: 정부도 이윤동기를 공공사업에 활용하고, 행정 관리자에서 기업가로의 전환을 통한 기업가적 정부를 강조한다.

• 사명지향적 정부: 소극적으로 법이나 준수하는 규칙지향적 조직보다 사명지향적 정부가 훨씬 효율적이며, 혁신성과 융통성을 강조하고, 공공기관에 대한 규제철폐 및 일몰법이나 지출통제예산의 도입을 강조한다.

- 고객지향 정부: 기관 지향적 정부에서 고객욕구를 충족시키는 고객 지향적 정부를 강조한다. 이를 위하여 TQM(Total Quality Management)의 도입, 전자정부(e-government)의 실현, 옴부즈맨(ombudsman) 강화, 시민헌장(citizen charter)제도의 실현을 추구한다.
- 지역사회지향 정부: 지역사회 조직은 관료체제보다 유연하고 창조적이며, 빈곤계층에 대해 지역사회 내 공유된 가치체계를 바탕으로 고객인 자신의 구성원에 대해 더 많은 관심을 가지며, 자신의 문제를 더 잘 이해함으로써 문제의 본질을 해결할 수 있다.
- 미래지향 정부: 전통적 행정관리가 문제를 예방하기보다는 문제발생 후에 해결의 역점을 두는 데 비해, 신공공관리론은 지역사회 내미래에 대한 집단적 비전을 이끌어 내고 이로부터 공동이익을 창출할 수 있는 미래지향적 예측능력을 제고하는 정부를 지향한다.

06
정답 ③

영역 조직론 > 조직 행동(행태)론   난도 **하**

정답의 이유

③ 존경, 자긍심, 자아실현욕구는 ERG 중 성장욕구(G)에 해당한다.

오답의 이유

① 존재욕구(E)는 생리적욕구, 안전욕구 등과 관련된다.
② 관계욕구(R)는 애정욕구, 존경욕구, 사회적욕구 등과 관련된다.
④ 애정욕구는 ERG 중 관계욕구(R)에 해당한다.

07
정답 ①

영역 행정학 총론 > 행정학의 주요 접근   난도 **중**

정답의 이유

① 공공선택론은 정책에 대한 정치경제학적 접근을 취한다. 따라서 경제학적 관점에 근거하여 모든 개인은 자신의 선호만을 고려하고 행동하는 이기적인 개인들이라고 가정한다. 또한 시민 개개인의 선호가 동시에 최적화 할 수 있는 최적점에서 공공재의 배분을 강조하기에 민주행정 구현을 추구한다. 그리고 공공재와 공공서비스의 효율적 공급을 가져올 수 있는 연역적 설명을 제공함으로써 행정의 분권화와 민주행정의 실현과 자원 배분상 효율성을 달성할 수 있게 한다.

08
정답 ④

영역 인사행정론 > 공직구조의 형성   난도 **중**

정답의 이유

④ 국가공무원법 제1조

> 제1조 【목적】
> 이 법은 각급 기관에서 근무하는 모든 국가공무원에게 적용할 인사행정의 근본 기준을 확립하여 그 공정을 기함과 아울러 국가공무원에게 국민 전체의 봉사자로서 행정의 민주적이며 능률적인 운영을 기하게 하는 것을 목적으로 한다.

지방공무원법 제1조

> 제1조 【목적】
> 이 법은 지방자치단체의 공무원에게 적용할 인사행정의 근본 기준을 확립하여 지방자치행정의 민주적이며 능률적인 운영을 도모함을 목적으로 한다.

09
정답 ④

영역 정책학 > 정책평가   난도 **하**

정답의 이유

④ 기획은 확실한 가정이 아닌 불확실한 가정이다. 미래의 바람직한 활동계획을 준비하는 예측과정으로 불확실성이 지배한다.

10
정답 ②

영역 정책학 > 정책결정   난도 **하**

정답의 이유

② 정책결정과정의 민주화는 다양한 의견을 듣는 과정에서 시간과 비용이 투입 증대되는 만큼 능률성을 제고하기 어려울 수 있다.

11
정답 ④

영역 조직론 > 조직연구의 기초   난도 **상**

정답의 이유

④ 조직이 투자한 자산은 '고정적'이다. 한편 대리관계의 비효율은 대리손실을 의미한다. 따라서 자산이 고정적이어서 자산 특정성이 높으면 조직 내의 여러 관계나 외부공급자들과의 관계가 고착화되어 대리손실(비효율)이 나더라도 이를 바꾸기 어렵다.

자산의 특성성

자산의 특성성은 하나의 특별한 교환관계에 있어서 가치를 만들어 내는 기술, 지식, 정보에 대한 투자로 어느 특정 교환관계에서만 가치를 가지며 다른 교환관계에 있어서는 가치를 가지지 않으며, 자산의 성질상 거래의 대상이 그 사용처나 사용자를 쉽게 떠날 수 없어서 이를 억지로 떠나게 하는 경우 손해를 수반하는 정도를 말한다.

어떤 투자자가 특정거래를 고집한다면 그 거래상대방이 지닌 자산에 대한 특성성이 높다고 할 수 있다. 예를 들어 공급자가 제품을 특정 사람이 아닌 다른 사람에게도 쉽게 공급하며 구매자도 쉽게 구매할 수 있다면 자산의 특성성은 낮은 것이다.

12

영역 행정학 총론 > 행정학의 주요 접근 　　　　**난도 상**

정답의 이유

① 포스트모더니티 사회의 행정의 특징 중 하나로 상상(imagination)은 소극적으로는 과거의 관행과 규칙에 얽매이지 않는 행정의 운영이며, 적극적으로는 문제(사안)의 특수성을 인정하는 것이다.

오답의 이유

② 해체(deconstruction)는 종전의 합리주의나 지배적인 과학적 지식에 대하여 우월적 지위를 인정하지 않고, 텍스트(언어, 몸짓, 이야기, 설화, 이론)의 근거를 끊임없이 파헤치는 입장을 취한다.

③ 영역 해체(deterritorialization)는 지식의 고유영역과 학문영역의 경계를 타파함으로써 더 풍부한 지식의 자원을 원용할 수 있음을 강조한다.

④ 타자성(alterity)이란 타인의 존재와 견해에 대한 개방성과 다양성 인정, 기존 제도에 대한 반대 등의 특성을 지향하며, 다른 사람을 인식적 객체로서가 아니라 도덕적 타자로 인정하는 것이다.

포스트모더니티의 행정이론의 특성

- 규칙에 얽매이지 않는 상상(imagination): 합리성이 모더니즘의 주요 특성이라면, 포스트모더니즘은 소극적으로는 규칙에 얽매이지 않고, 적극적으로는 문제의 특수성을 인정하는 입장을 취한다.
- 탈구성으로서의 해체(de-construction): 종전의 합리주의나 지배적인 과학적 지식에 대하여 우월적 지위를 인정하지 않고, Text(언어, 몸짓, 이야기, 설화, 이론)의 근거를 끊임없이 파헤쳐 해부하는 입장을 취한다.
- 고유영역의 경계가 사라지는 탈영역화(de-territorialization): 지식의 고유영역과 학문영역의 경계를 타파함으로써 더 풍부한 지식의 자원을 원용할 수 있음을 강조한다.
- 타인에 대한 개방성과 다양성을 선호하는 타자성(alterity): 타인의 존재와 견해에 대한 개방성과 다양성 인정, 기존 제도에 대한 반대 등의 특성을 지향한다. 타자성의 인정은 행정조직에서 근무하는 공

무원에게 공동체 권력에 바탕을 둔 시민참여론으로 발전하고 있다.
- 반행정(anti-administration): 관료제에 대한 해체를 의미하는 동시에 직접민주주의 요소인 적극적인 시민의 참여를 강조한다.

13

영역 조직론 > 조직의 양태와 조직유형 　　　　**난도 중**

정답의 이유

② 기계적 관료제는 높은 분화·전문화 수준을 가진다.

조직유형의 비교

분류		단순구조	기계적 관료제	전문적 관료제	애드호 크라시
조정 기제와 구성부분	조정기제	직접통제	업무 (작업) 표준화	기술 표준화	상호조절
	구성부분	최고 (전략)층	기술구조	핵심 운영층 (작업 계층)	지원참모
상황요인	역사	신생조직	오래된 조직	가변적	신생조직
	규모	소규모	대규모	가변적	가변적
	기술	단순	비교적 단순	복잡	매우 복잡
	환경	단순, 동태적	단순, 안정적	복잡, 안정적	복잡, 동태적
	권력	최고 관리층	기술관료	전문가	전문가
구조적 특성	전문화	낮음	높음	높음 (수평적)	높음 (수평적)
	공식화	낮음	높음	낮음	낮음
	통합필요	낮음	낮음	높음	높음
	집권/분권	집권	제한된 수평적 분권	수평·수직적 분권	선택적 분권
	예	신생조직	행정부, 교도소	종합대학, 종합병원	연구소
장·단점	장점	신축성· 적응성 높음	효율성 높음	전문성 높음	창의성· 적응성
	단점	장기적· 전략적 결정 소홀	상하간 갈등, 환경 부적응	환경 부적응	책임 불분명, 갈등 유발

14

영역 조직론 > 조직의 양태와 조직유형   난도 하

정답의 이유

③ 관료들은 외부환경에 있는 고객과의 일체감이나 특별한 사정을 경시하며(폐쇄체제이론) 중립적이고 비정의적인 행정을 수행한다.

15

정답 ③

영역 조직론 > 조직연구의 기초   난도 하

정답의 이유

③ 행정조직이 사회적 · 경제적 환경과 조건의 변동에 따라 탄력적으로 대응하기 위해서는 그 구조와 형태가 신축성을 띠어야 한다. 즉, 안정된 환경에서는 기계적 구조가, 불확실한 환경에서는 유기적 구조가 적합하다.

오답의 이유

① 신속 정확한 결정과 조치가 필요할 경우에는 원칙적으로 단독제를, 반면에 신중하고 공정한 결정을 할 경우에는 합의제 형태를 취하고 있다.

② 합의제의 채택은 행정조직의 기본원리인 단독제와는 모순되지만 다수의 합의를 통한 결정이기에 행정의 민주화의 요청이 양자를 공존시키고 있다.

④ 현대행정조직은 행정수요의 변동에 적응하는 탄력성을 지닌 유기적 구조이다.

16

정답 ①

영역 정책학 > 정책결정   난도 중

정답의 이유

① 정책결정과정에서 집단 간에 요구가 모두 수용되지 않고 타협하는 수준에서 대안을 찾는다는 갈등의 준해결은 쓰레기통모형이 아니라 연합(회사)모형이다.

📡 적중레이더

쓰레기통모형의 전제조건

쓰레기통모형은 의사결정 과정에서 참여자 스스로가 어떠한 목표가 좋은지 무슨 대안이 좋은지도 모르는 상황에서, 회의에 참여하기도 하고 불참하기도 하는 상태에서 아주 극단적으로 비합리적 의사결정이 이루어지는 상황을 말한다.

• 문제성 있는 불확정적 선호(problematic preference): 의사결정 참여자간에 무엇을 선택하는 것이 바람직한지 합의가 없고, 심지어는 자신의 선호가 무엇인지 모르면서 참여하는 참여자의 경우도 많다는 것이다. 결정이 진행되는 과정에 가서야 무엇인 좋은지, 자신의 선호가 무엇인지 발견하면서 참여하는 상황이라는 것이다.

• 불명확한 기술(unclear technology): 행정체제가 달성하려는 목표와 이를 달성하기 위한 수단 사이에 존재하는 인과관계를 기술이라고 할 때, 목표달성을 위한 최선의 수단이 무엇인지 불분명한 상황을 말한다.

• 수시적 · 일시적 참여자(part-time participations): 의사결정에 참여해야할 참여자가 문제의 성질에 따라서 참여하기도 하고 불참하기도 하는 현상을 말한다.

17

정답 ②

영역 지방행정론 > 지방자치단체(종류 및 기관)   난도 하

정답의 이유

② 주민투표법 제5조(주민투표권)에서는 공직선거법 제18조(선거권이 없는 자)에 따라 선거권이 없는 사람에게는 주민투표권이 없다고 규정하고 있다.

오답의 이유

① · ③ · ④는 모두 맞는 지문이다. 또한 공직선거법 개정으로 공직선거연령은 18세로 하향조정되었으나 관련 법들이 일괄개정되지 못해 주민소환투표청구연령은 여전히 19세이다(주민소환에 관한 법률). 선거는 18세 이상이면 가능한데 소환은 19세 이상만 가능하다는 모순을 해소하기 위해서 조만간 주민소환청구연령도 18세 이상으로 개정될 것으로 보인다. 또한 지방자치법 개정으로 주민감사청구연령이 18세 이상으로 하향조정되었다.

18

영역 정책학 > 정책결정	난도 하

정답의 이유

③ 정부조직은 행정수요의 다원화로 2개 이상의 목표를 지닌다. 이를 목표의 다원성이라 한다.

📡 적중레이더

합리적 의사결정의 저해요인

정책 결정자의 요인	• 결정자의 가치관·태도의 차이 • 편견·선입관의 작용 • 권위주의적 의식 • 정보 및 정책분석 능력의 부족 • 과거의 경험에 대한 지나친 의존 • 집단사고(groupthinks)의 작용: 강한 응집력을 보이는 집단의 구성원들이 획일성을 강조하며 반대 의견을 억압하여 비합리적인 결정을 내리는 의사결정 양식
구조적 요인	• 표준운영절차(SOP)의 강조: 선례를 강조하며 쇄신적 결정을 저해, 급격한 상황변화에 적응하지 못하는 문제 발생 • 정책결정구조의 집권화 • 의사전달체제의 미비 • 지나친 분화나 전문화 • 기타: 선례답습적 보수주의에 의한 품의제적 결정방식, 정책연구기관의 부족 및 정책분석기구의 미비, 행정참모기능 약화 등
환경적 요인	• 복잡성을 띠는 정책문제 및 목표의 다양성 • 사회규범이나 관습의 강한 영향 • 정보 및 물적 자원의 부족 • 매몰비용(sunk cost)의 문제 • 정책결정과정의 폐쇄성과 여론 투입기능의 취약성 • 외부준거집단의 영향에 의존 • 분석적 결정을 할 수 없는 혼란상황

19

영역 행정환류론 > 행정개혁	난도 중

정답의 이유

② 영국에서는 종전의 책임집행기관(Executive Agency)을 폐지한 것이 아니라 1988년 Next Steps Program에서 책임집행기관을 설치하고 중앙행정기관으로부터 집행성격의 사무를 분리하였다.

오답의 이유

① 미국의 조세저항운동을 대표하는 것은 티파티(Tea Party)라고 하며, 특정 정당이 없는 무정형의 형태로 정치적으로는 보수 성향을 띠어 '극우 반정부 운동'을 뜻하기도 한다. 1773년 영국 식민지 시절 무리한 세금 징수에 분노한 보스턴 시민들이 영국정부가 과세한 홍차를 거부하면서 보스턴 항구에 수입되려던 홍차를 모두 바다에 던져버린 보스턴 차사건(Boston Tea Party, 미국 독립전쟁의

도화선이 됨)에서 유래되어, 티파티 운동은 식민지 거주민들의 저항뿐만 아니라 조세 저항을 상징하는 말로 쓰이고 있다. 정부의 건전한 재정운용, 작은 정부와 세금 인하 등을 기치로 한다.

③ 일본에서는 1997년 정부개혁의 일환으로 책임운영기관의 일종인 독립행정법인을 준정부조직으로 창설했다.

④ 책임운영기관은 정책기능과 정책집행기능을 분리하여 집행을 관장하며, 자율성을 제고하고 그 결과에 대한 평가를 강화하는 성과 중심의 행정을 강조한다.

20

영역 정책학 > 정책분석	난도 하

정답의 이유

① 추측을 대표하는 기법들이 이에 해당된다. 델파이, 정책델파이, 브레인스토밍, 명목집단법, 스토리 보딩 등이 이에 해당된다.

📡 적중레이더

미래예측기법의 유형

• 투사(projection): 현재까지의 역사적인 경향을 장래로 연결하여 미래를 예측하는 기법으로 시계열분석이 이를 대표한다.
• 예견(prediction): 예견은 명확한 이론적인 가정을 통하여 예측이 이루어지며 법칙이나 명제 또는 수리적 기법을 이용한다. 선형계획, 회귀분석, 상관관계 등이 이에 해당된다.
• 추측(conjecture): 이는 미래상태를 주관적인 판단이나 직관적인 진술의 형태로 파악하는 기법으로 델파이기법이나 패널기법, 브레인스토밍 등이 이에 해당한다.

예측의 유형	접근방법	근거	기법
투사	추세 연장적 예측	지속성과 규칙성	시계열분석, 선형경향추정, 비선형경향추정(지수가중, 자료변환), 불연속추정(격변방법론)
예견	이론적 예측	이론	선형계획, 회귀분석, 상관관계 분석, 이론지도작성(구조모형), 인과모형화, 구간추정
추측	주관적 예측	주관적 판단	델파이기법, 패널기법, 브레인스토밍, 교차영향분석, 실현가능성 평가, 명목집단 기법(normal group technique), 스토리보딩, 변증법적 토론

21

영역 재무행정론 > 예산

[정답의 이유]

② 조세와 국공채의 위치가 바뀌어야 한다. 지문은 조세가 아니라 국공채의 특성과 장점을 설명한 것이다. 국공채는 내구성이 큰 투자사업의 경비를 조달하기에 적합하며 사업이나 시설로 인해 편익을 얻게 될 후세대도 비용을 분담하기 때문에 세대 간 공평성을 높일 수 있다는 점에서 조세와 다르다.

[오답의 이유]

① 벌금이나 과태료에 비교한 조세의 특성을 기술한 지문이다.

③ 수수료나 수익자부담금에 비교한 조세의 특성을 기술한 지문이다.

④ 공기업수입, 재산수입, 기부금 등과 비교한 조세를 기술한 지문이다.

22

정답 ①

영역 조직론 > 조직구조   난도 **하**

[정답의 이유]

① 업무의 명확한 구분에서 야기되는 문제점은 기계적 구조(mechanistic structure)가 아닌 유기적 구조(organic structure)로 처방한다. 기계적 구조는 높은 공식화와 분명한 역할·책임관계, 지나친 분업 등을 특징으로 한다. 이로 인해 발생할 수 있는 문제점은 분업보다 협업(팀워크)을 중시하는 팀조직 등 유기적 구조로 해결해야 한다.

23

정답 ②

영역 조직론 > 조직구조   난도 **중**

[정답의 이유]

② 상황이론은 조직이 처한 다양한 상황요인을 중시한 것이지 리더의 상황 판단 능력을 중시한 학자는 없다.

[오답의 이유]

① 조직구성원의 심리적·업무적 성숙도는 허쉬와 블랜차드(Hersey & Blanchard)의 생애주기이론에서 상황요인으로 중시한 요소이다. 부하의 성숙도가 낮은 상황에는 과업성 행동이 효과적이고, 부하의 성숙도가 중간 상황에는 관계성 행동이 효과적이다. 부하의 성숙도가 높은 상황에서의 효과적인 리더의 행동은 부하에게 대폭 권한을 이양해 주어 부하 스스로 과업을 수행할 수 있도록 배려해 주는 것이다. 이들은 리더의 유형을 지시적, 설득적, 참여적, 위양적 리더로 유형화하였다.

③ 과업의 구조화 또는 비구조화의 정도는 하우스와 에반스(House & Evans)의 경로-목표모형에서 과업환경이라는 상황변수에서 제시한 요소이다. 하우스와 에반스는 부하의 특성과 과업환경을 상황변수로 제시하였다.

④ 리더와 부하와의 인간관계는 피들러(Fiedler)가 상황적응모형에서 상황요인으로 제시한 요소이다. 피들러는 집단분위기(리더와 부하와의 관계), 과업구조, 직권력(직위권력)의 크기를 상황변수로 들었다.

24

정답 ④

영역 재무행정론 > 재정과 재정 관련 법   난도 **중**

[정답의 이유]

④ 국고채무부담행위는 국가가 법률에 따른 것과 세출예산금액 또는 계속비의 총액의 범위 안의 것 외에 채무를 부담하는 행위를 말하는 것으로 이런 행위를 하고자 하는 때에는 미리 예산으로서 사전에 국회의 의결(승인)을 얻어야 한다(국가재정법 제25조).

[오답의 이유]

① 예비비에 대한 설명이다.

② 계속비에 대한 설명이다.

③ 이월에 대한 설명이다.

25

정답 ①

영역 조직론 > 조직 행동(행태)론   난도 **하**

[정답의 이유]

① 샤인(A. Schein)의 인간관, 합리적 또는 경제적 인간인, 사회적 인간인, 자아실현인, 복잡인은 과정이론이 아닌 내용이론에 해당된다.

2020 | 9급 기출문제 해설

☑ 점수 (   )점/100점 ☑ 문제편 045쪽

영역 분석

행정학 총론	7문항	★★★★★★★	28%
정책학	3문항	★★★	12%
조직론	4문항	★★★★	16%
인사행정론	4문항	★★★★	16%
재무행정론	3문항	★★★	12%
행정환류론	1문항	★	4%
지방행정론	3문항	★★★	12%

빠른 정답

01	02	03	04	05	06	07	08	09	10
①	①	④	②	①	③	③	②	④	①
11	12	13	14	15	16	17	18	19	20
③	②	③	④	②	④	①	①	②	③
21	22	23	24	25					
④	①	③	①	②					

01
정답 ①

영역 행정학 총론 > 행정학의 이해 난도 **상**

[정답의 이유]

① 왈도(D. Waldo)는 기술성을 'art' 또는 'profession'란 용어로 지칭했고, 'practice'란 용어로 지칭한 학자는 사이먼(Simon)이다.

02
정답 ①

영역 행정학 총론 > 행정이 추구하는 가치 난도 **하**

[정답의 이유]

① 사회적 능률은 형평성이 아닌 능률성(합목적적 능률, 상대적 능률, 장기적 능률, 인간적 능률)을 보장하기 위한 개념이다.

(((•))) **적중레이더**

기계적 능률과 사회적 능률

구분	기계적 능률	사회적 능률(민주성)
의미	투입에 대한 산출의 비율을 높이는 것	인간가치의 실현(조직 내 인간관리의 인간화)
행정이론	행정관리론, 고전적 조직론(과학적 관리론, 베버의 관료제, 원리접근법)	인간관계론(메이요, Mayo): 대내적 민주성 강조(인간≠기계)
관련조직	공식적 조직, 관료제, 계층제	비공식적
인간관	경제적 · 합리인, X이론	사회인, Y이론

03
정답 ④

영역 조직론 > 조직과 환경 난도 **중**

[정답의 이유]

④ 리비트(H. Leavitt)가 제시하는 조직 혁신의 주요 대상 변수는 업무(task), 기술(technology), 인간(people), 구조(structure)이다.

(((•))) **적중레이더**

조직 혁신의 주요 대상 변수
- 과업(task): 행정의 존립목적이 되는 기본적 활동
- 기술(technology): 문제해결을 위해 사용되는 업무수행상의 기술
- 인간(people): 조직 내의 구성원
- 구조(structure): 의사전달 · 권위와 역할 · 작업의 흐름 등

04
정답 ②

영역 지방행정론 > 지방자치단체(종류 및 기관) 난도 **상**

[오답의 이유]

① 자치구는 지방자치단체인 구(이하 "자치구"라 한다)는 특별시와 광역시의 관할 구역의 구만을 말하며, 자치구의 자치권의 범위는 법령으로 정하는 바에 따라 시 · 군과 다르게 할 수 있다(지방자치법 제2조 제2항).

③ 특별시·광역시 또는 특별자치시가 아닌 인구 50만 이상의 시에는 자치구가 아닌 구를 둘 수 있고, 군에는 읍·면을 두며, 시와 구(자치구를 포함한다)에는 동을, 읍·면에는 리를 둔다(지방자치법 제3조 제3항).

④ 제주도는 특별자치도로 제주특별자치도 설치 및 국제자유도시 조성을 위한 특별법의 적용을 받는다.

05
정답 ①

영역 행정학 총론 > 행정학의 주요 접근　　　　　난도**중**

[정답의 이유]

① 미국이 가지고 있는 심각한 도시 빈민 문제, 인종 분규 문제 등과 연계된 분배적 정의 문제를 해결하고자 왈도(D. Waldo)를 구심점으로, 소장 학자들의 시대가 요구하는 새로운 패러다임을 정립하기 위한 제1차 미노브룩 회의를 1968년에 개최되었다. 왈도(D. Waldo), 프리드릭슨(H. G. Frederickson), 마리니(F. Marini), 페이지(R. S. Page) 등이 참여했다. 이때 행정학의 새로운 이론으로 신행정론이 제시되었다.

[오답의 이유]

② 발전행정론은 개발도상국의 국가 발전을 이룩하기 위한 국가의 모든 발전사업을 행정이 주도적으로 수행하며, 또한 그러한 역할과 기능을 수행하기 위해 자체의 능력 내지 역량을 발전시키는 것을 의미한다. 하지만 행정학에서 가치에 관한 연구가 본격적으로 관심을 끌기 시작한 학문적 계기라고 할 수 없다.

③ 뉴거버넌스론은 1980년대 이후 신공공관리론에 대한 비판으로 국정운영에 기존의 불평등하고 정부우위적인 시장과의 관례를 청산하고 정부와 시장 그리고 시민사회가 자발적으로 협조하여 보다 효과적이고 민주적으로 국가를 운영한다.

④ 공공선택론은 정치 과정을 경제학의 원리와 방법으로 분석한 이론이다.

06
정답 ③

영역 정책학 > 정책결정　　　　　난도**중**

[정답의 이유]

③ 합리모형에서 의사결정자는 경제인으로서 완전한 합리성하에서 결정하고, 만족모형에서 의사결정자는 행정인으로서 제한된 합리성하에서 결정한다. 직관과 영감에 기초한 결정은 드로어(Y.Dror)의 최적모형이다.

07
정답 ③

영역 행정학 총론 > 행정과 환경　　　　　난도**중**

[정답의 이유]

③ 민영화는 서비스 공급의 경쟁을 촉진시켜 가격을 낮추고, 선택의 기회를 넓히기 위해 시행되는 것이므로 경쟁의 심화는 민영화의 문제점으로 볼 수 없다.

[오답의 이유]

①·②·④ 민간은 영리추구가 우선시되므로 행정의 공공성 및 형평성, 책임성, 서비스의 품질이 저해되는 문제점을 가지고 있다.

08
정답 ②

영역 재무행정론 > 예산　　　　　난도**하**

[정답의 이유]

② 우리나라는 중앙정부차원에서 2011년 회계연도부터 조세지출예산제도를 도입하여 시행하고 있으며, 지방정부 역시 2010년 회계연도부터 지방세지출예산제도를 도입하여 시행하고 있다. 지방자치단체의 장은 지방세 감면 등 지방세 특례에 따른 재정 지원의 직전 회계연도의 실적과 해당 회계연도의 추정 금액에 대한 보고서(이하 "지방세지출보고서"라 한다)를 작성하여 지방의회에 제출하여야 한다(지방세특례제한법 제5조).

09
정답 ④

영역 조직론 > 조직의 양태와 조직유형　　　　　난도**중**

[정답의 이유]

④ 에치오니(A. Etzioni)의 조직목표 유형에 사회적 목표는 포함되지 않는다.

((•)) 적중레이더

에치오니(A. Etzioni)의 조직 분류

구분	목표	권력·관여	예
강제적 지배	질서 목표	소외적(굴종적) 복종	강제수용소, 교도소
보수적 지배	경제적 목표	계산적(타산적) 복종	사기업, 이익단체
규범적 지배	문화적 목표	도의적(규범적) 복종	종교단체, 정당

10

정답 ①

영역 행정학 총론 > 행정학의 주요 접근   **난도 상**

정답의 이유

① 테일러(F. W. Taylor)는 과학적 관리의 핵심을 조직 구조의 능률향상에 두고, 노동자가 과학적인 방법을 활용하여 이에 따라 작업이 되도록 하는 것이다.

11

정답 ③

영역 조직론 > 조직구조   **난도 중**

정답의 이유

③ 조직구성원은 동시에 두 상관에게 보고하는 체계를 가지기 때문에 원만한 인간관계 형성에 기여하지 않는다.

(((•))) **적중레이더**

매트릭스 조직의 특징

- 기능구조와 사업구조를 화학적(이중적)으로 결합하여 이중적 권한 구조를 가지는 조직구조로, 기능부서의 전문성과 사업부서(프로젝트 구조)의 신속한 대응성을 결합한 조직이다.
- 이원적 권한 체계(Dual Line of Authority)를 갖는다. 즉, 조직구성원은 동시에 두 상관에게 보고하는 체계를 가진다. 따라서 탁월한 인간관계 기술이 필요하다.
- 조정 곤란이라는 기능구조의 단점과 비용 중복이라는 사업구조의 단점을 해소하려는 조직으로 수직적으로는 기능부서의 권한이 흐르고, 수평적으로는 사업구조의 권한구조가 지배하는 입체적 조직이다.

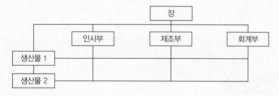

12

정답 ②

영역 조직론 > 조직의 양태와 조직유형   **난도 중**

정답의 이유

② 조직체제의 목표달성기능과 관련된 유형은 정치조직이다.

(((•))) **적중레이더**

파슨스(T. Parsons)의 분류

구분	적응기능	목표달성기능	통합기능	현상유지기능
내용	환경에 대한 적응기능을 수행하는 조직	사회체계의 목표를 수립, 진행하는 기능	사회 구성원을 통제하고 갈등을 조정하는 기능	사회체제의 유형 유지 기능
조직 유형	경제적 조직	정치적 조직	통합조직	체제(형상) 유지조직
예	회사 · 공기업 등	행정기관 · 정당 등	사법기관, 경찰 등	학교 · 교회 · 가정 등

13

정답 ③

영역 인사행정론 > 공직구조의 형성   **난도 중**

오답의 이유

① 시간선택제전환공무원은 통상적인 근무시간(주 40시간, 일 8시간) 동안 근무하던 공무원이 본인의 필요에 따라 시간선택제 근무를 신청하여 근무하는 제도(2010년부터 시행 중)이다.

② 시간선택제임기제공무원은 통상적인 근무시간보다 짧은 시간(주당 15시간 이상 35시간 이하의 범위에서 임용권자 또는 임용제청권자가 정한 시간을 말한다)을 근무하는 공무원으로 임용되는 일반임기제공무원 또는 전문임기제공무원이다(공무원임용령 제3조의2 제3호).

④ 한시임기제공무원은 휴직하는 공무원의 업무를 대행하기 위하여 1년 6개월 이내의 기간 동안 임용되는 공무원으로서 국가공무원법 제26조의2에 따라 통상적인 근무시간보다 짧은 시간을 근무하는 임기제공무원이다(공무원임용령 제3조의2 제4호).

(((•))) **적중레이더**

「공무원임용령」

제3조의2【임기제공무원의 종류】
1. 일반임기제공무원: 직제 등 법령에 규정된 경력직공무원의 정원에 해당하는 직위에 임용되는 임기제공무원
2. 전문임기제공무원: 특정 분야에 대한 전문적 지식이나 기술 등이 요구되는 업무를 수행하기 위하여 임용되는 임기제공무원
3. 시간선택제임기제공무원: 법 제26조의2에 따라 통상적인 근무시간보다 짧은 시간(주당 15시간 이상 35시간 이하의 범위에서 임용권자 또는 임용제청권자가 정한 시간을 말한다. 이하 이 조에서 같다)을 근무하는 공무원으로 임용되는 일반임기제공무원(이하 "시간선택제일반임기제공무원"이라 한다) 또는 전문임기제공무원(이하 "시간선택제전문임기제공무원"이라 한다)

4. 한시임기제공무원: 다음 각 목의 어느 하나에 해당하는 공무원의 업무를 대행하기 위하여 1년 6개월 이내의 기간 동안 임용되는 공무원으로서 법 제26조의2에 따라 통상적인 근무시간보다 짧은 시간을 근무하는 임기제공무원

　　가. 법 제71조제1항 또는 제2항에 따라 휴직하는 공무원

　　나. 「국가공무원 복무규정」 제18조제1항 또는 제2항에 따라 30일 이상의 병가를 실시하는 공무원

　　다. 「국가공무원 복무규정」 제20조제2항 또는 제10항에 따라 30일 이상의 특별휴가를 실시하는 공무원

　　라. 제57조의3제1항에 따라 통상적인 근무시간보다 짧은 시간을 근무하는 공무원으로 지정된 공무원(이하 "시간선택제전환공무원"이라 한다)

제3조의3 【시간선택제채용공무원의 임용】

① 임용권자 또는 임용제청권자는 법 제26조의2에 따라 통상적인 근무시간보다 짧은 시간을 근무하는 일반직공무원(임기제공무원은 제외한다)을 신규채용할 수 있다.

② 제1항에 따라 채용된 공무원(이하 "시간선택제채용공무원"이라 한다)의 주당 근무시간은 「국가공무원 복무규정」 제9조에도 불구하고 15시간 이상 35시간 이하의 범위에서 임용권자 또는 임용제청권자가 정한다. 이 경우 근무시간을 정하는 방법 및 절차 등은 인사혁신처장이 정한다.

③ 시간선택제채용공무원을 통상적인 근무시간 동안 근무하는 공무원으로 임용하는 경우에는 어떠한 우선권도 인정하지 아니한다.

---

14 ※출제오류로 선지 교체 　　　　　　　　　　　　　　정답 ④

영역 재무행정론 > 예산과정론 　　　　　　　　　　난도 **중**

정답의 이유

④ 예산의 이용은 입법과목(장. 관. 항) 간의 융통으로 국회의 의결과 기획재정부장관의 승인이 필요하다.

오답의 이유

① 예산의 전용은 행정과목(세항. 목) 간의 융통으로 기획재정부 장관의 승인이 필요하다.

③ 예산의 이월은 예산을 회계연도를 넘겨 사용하는 것으로 예산의 시간적 한정성 원칙의 예외다.

※ 2020 행정학 기출 원형_복수정답

14 정부조직 개편으로 예산을 조직 간 상호 이용하는 것으로 예산의 원칙 중 목적 외 사용 금지 원칙의 예외인 것으로 옳은 것은?

① 예산의 전용

② 예산의 이체

③ 예산의 이월

④ 예산의 이용

정답의 이유

② 정부조직 개편으로 예산을 조직 간 상호 이용하는 것은 예산의 이체다.

---

15 ※출제오류로 선지 교체 　　　　　　　　　　　　　정답 ②

영역 행정학 총론 > 행정이 추구하는 가치 　　　　난도 **상**

정답의 이유

② 질문에 해당하는 행정가치는 가외성이다.

※ 2020 행정학 기출 원형_전체정답

15 현대적 행정이념에 가장 적절하지 않은 것은?

① 민주성

② 가외성

③ 신뢰성

④ 성찰성

16 　　　　　　　　　　　　　　　　　　　　　　정답 ④

영역 정책학 > 정책집행 　　　　　　　　　　　　난도 **상**

정답의 이유

④ 정책결정자의 행태는 주요 변수에 포함되지 않는다.

((·)) 적중레이더

윈터(S. Winter)의 통합모형

정책집행 성과를 결정하는 주요 변수로서 정책형성과정의 특성. 조직 내 혹은 조직상호 간의 집행행태. 일선집행관료의 행태. 정책대상집단의 행태 등 네 가지를 들고 있다. 또한 정책집행의 성과를 결정하는 주요 변수 중 하나로 정책형성과정상의 특징을 제시함으로써 정책결정과 정책집행의 연계성을 강조한다.

17

정답 ①

영역 지방행정론 > 지방자치단체와 국가와의 관계 난도 **하**

정답의 이유

① 시·군의 통합으로 규모가 커지면서 행정의 대응성이 저하될 수 있다.

📡 적중레이더

통합옹호론과 통합반대론

통합 옹호론	• 규모에 경제에 따른 효율성의 확보 • 생활권과 행정권의 일치 • 광역적 문제의 효과적 해결 • 통합을 통한 지방자치단체의 공공서비스 제공 능력 확대 • 광역 행정의 통합성 확보 • 구역 내 수평적 형평성 확보 면에서 유리 • 행정의 책임 소재 명확 • 분절화로 인한 소모적인 경쟁의 회피
통합 반대론	• 행정의 대응성 저하 • 규모가 지나치게 과대할 경우 오히려 규모의 불경제 초래 • 지방자치를 해치고, 주민들 간의 일체감 부족을 야기 • 지방정부 간 경쟁이 공공서비스의 혁신과 효율성 증대를 가져온다고 주장(티부모형) • 중앙정부와 지방정부, 광역정부와 기초정부 간 수직적 형평성의 확보 차원에서는 유리하다고 단정할 수 없음 • 통합의 효과는 공공서비스 유형에 따라 다름

18

정답 ①

영역 행정학 총론 > 행정이란 무엇인가? 난도 **하**

정답의 이유

① 조세 감면 확대는 보수주의 정부에서 선호하는 정책이다.

📡 적중레이더

이념에 따른 정부관

구분	진보주의	보수주의
인간관	• 욕구, 협동, 오류가능성의 여지가 있는 인간관 • 경제인 인간관 부정	합리적이고 이기적인 경제인
가치판단	• 자유를 열렬히 옹호 • 평등을 증진시키기 위해 실질적인 정부개입 허용	• 자유(정부로부터의 자유) 강조 • 기회평등과 경제적 자유를 강조

시장과 정부에 대한 평가	• 효율과 공정, 번영과 진보에 대한 자유시장 잠재력 인정 • 시장 결함과 윤리적 결여를 인지하고 시장실패는 정부 치유책에 의해 수정 가능	• 자유시장에 대한 신념 • 정부 불신, 정부는 개인 자유를 위태롭게 하고, 경제 조건을 악화시키는 전제적 횡포
선호하는 정책	• 소외집단을 위한 정책 • 공익 목적의 정부규제 • 조세제도를 통한 소득 재분배	• 소외집단 지원정책 비선호 • 경제적 규제완화, 시장 지향 정책 • 조세감면, 완화
비고	복지국가, 혼합자본주의, 진보주의, 규제된 자본주의, 개혁주의	자유방임적 자본주의

19

정답 ②

영역 행정환류론 > 행정책임과 통제 난도 **중**

정답의 이유

② 옴부즈맨(ombudsman)은 행정 외부 통제의 한계를 보완하는 제도로 도입되었다.

20

정답 ③

영역 인사행정론 > 임용 난도 **중**

정답의 이유

③ 고위공무원단이나 그에 상응하는 계급으로의 승진은 능력과 경력을 고려하여 고위공무원임용심사위원회의 승진심사를 거쳐 임용 제청한다. 별도의 승진시험은 존재하지 않으며 역량평가를 통해 일정 점수를 넘지 못하면 통과하지 못한다.

※ 2020 행정학 기출 원형_복수정답

20 공무원의 임용에 대한 설명으로 옳지 않은 것은?

① 신규채용은 공개경쟁 채용시험을 통해 채용하지만 퇴직 공무원의 재임용의 경우에는 경력경쟁채용시험에 의한다.

② 전입은 국회·행정부·지방자치단체 등 서로 다른 기관에 소속되어 있는 공무원의 인사이동을 의미한다.

③ 고위공무원단이나 그에 상응하는 계급으로의 승진은 능력과 경력을 고려하며, 5급으로의 승진은 별도의 승진시험을 거쳐야 한다.

④ 국가직은 고위공무원단을 포함한 1급~2급에 해당하는 직위 모두를 개방형 직위로 간주한다.

정답의 이유
④ 개방형 직위의 범위는 특별시 · 광역시 · 도 또는 특별자치도별로 1급부터 5급까지의 공무원 또는 이에 상응하는 공무원과 시 · 군 및 자치구별로 2급부터 5급까지의 공무원 또는 이에 상응하는 공무원으로 임명할 수 있는 직위 총수의 100분의 10 범위에서 지정한다.

21

정답 ④

영역 재무행정론 > 예산과정론   난도 **하**

정답의 이유

④ 예산의 재배정은 통제방안으로 각 중앙관서의 장이 승인된 예산 또는 법령의 규정에 따라 특정된 금액을 집행하기 위하여 그 산하기관의 종사자에게 지출원인행위 등을 할 수 있도록 할당하는 것을 말한다.

적중레이더

예산집행의 통제방안과 신축성 유지방안

통제방안	신축성 유지방안
• 예산배정	• 계속비 · 예비비
• 예산재배정	• 국고채무부담행위
• 지출원인행위에 대한 통제	• 국고여유자금의 활용
• 정원 · 보수에 대한 통제	• 총액예산
• 회계기록 및 보고제도	• 이용 · 전용
• 계약의 통제	• 이체 · 이월
• 총사업비 관리	• 준예산
• 예비타당성조사	• 추가경정예산

22 ※출제오류로 선지 교체

정답 ①

영역 지방행정론 > 지방자치단체(종류 및 기관)   난도 **중**

정답의 이유

① 주민발안(지방자치법 제19조), 주민소환(지방자치법 제25조)

오답의 이유

② 주민소환(지방자치법 제25조), 주민참여예산(지방자치법에 포함되지 않는 제도)

③ 주민투표(지방자치법 제18조), 주민자치회의(지방자치법에 포함되지 않는 제도)

④ 주민소송(지방자치법 제22조), 주민총회(우리나라에서 인정하지 않는 제도)

22 우리나라 지방자치법이 인정하는 주민직접참여제도로 옳은 것은?

① 주민발안, 주민소환

② 주민소환, 주민참여예산

③ 주민투표, 주민의 감사 청구

④ 주민소송, 주민총회

정답의 이유

③ 주민투표(지방자치법 제18조), 주민의 감사 청구(지방자치법 제21조)

적중레이더

「지방재정법」

제39조 【지방예산 편성 등 예산과정의 주민 참여】

① 지방자치단체의 장은 대통령령으로 정하는 바에 따라 지방예산 편성 등 예산과정(「지방자치법」 제47조에 따른 지방의회의 의결사항은 제외한다. 이하 이 조에서 같다)에 주민이 참여할 수 있는 제도(이하 이 조에서 "주민참여예산제도"라 한다)를 마련하여 시행하여야 한다.

② 지방예산 편성 등 예산과정의 주민 참여와 관련되는 다음 각 호의 사항을 심의하기 위하여 지방자치단체의 장 소속으로 주민참여예산위원회 등 주민참여예산기구(이하 "주민참여예산기구"라 한다)를 둘 수 있다.

1. 주민참여예산제도의 운영에 관한 사항

2. 제3항에 따라 지방의회에 제출하는 예산안에 첨부하여야 하는 의견서의 내용에 관한 사항

3. 그 밖에 지방자치단체의 장이 주민참여예산제도의 운영에 필요하다고 인정하는 사항

③ 지방자치단체의 장은 주민참여예산제도를 통하여 수렴한 주민의 의견서를 지방의회에 제출하는 예산안에 첨부하여야 한다.

④ 행정안전부장관은 지방자치단체의 재정적 · 지역적 여건 등을 고려하여 대통령령으로 정하는 바에 따라 지방자치단체별 주민참여예산제도의 운영에 대하여 평가를 실시할 수 있다.

⑤ 주민참여예산기구의 구성 · 운영과 그 밖에 필요한 사항은 해당 지방자치단체의 조례로 정한다.

23

영역 인사행정론 > 인사행정의 기초   난도 **하**

정답의 이유

③ 엽관주의의 이론적 정당성은 정당에 의한 행정공무원의 지배이며 민주주의 원리를 실현한다는 데에 있다. 공무원의 임면은 민의와 직결되어야 한다는 이념 때문이다(정치적 책임성 확보, 국민에 대한 대응성).

오답의 이유

① 엽관주의는 선거에서 승리한 정당이 적극적인 지지자에게 대가로 관직을 주는 제도로 정당이 바뀔 때마다 관료가 바뀌기 때문에 행정의 안정성과 계속성을 확보할 수 없다.

② 엽관주의는 충성도에 따라 관직이 배분되므로 행정의 공정성을 확보할 수 없다.

④ 엽관주의는 충성도에 따라 관직이 배분되므로 유능한 인재를 등용할 수 없고 이를 극복하기 위해 실적주의가 등장하였다.

24

정답 ①

영역 정책학 > 정책학의 기초   난도 **하**

정답의 이유

① 정부기관 개편은 로위(Lowi)의 구성정책 사례이지만, 국경일의 제정은 알몬드와 파웰(Almond & Powell)의 상징정책 사례에 해당한다.

((•)) 적중레이더

로위(Lowi)의 분류

구분	개념	특징	예
구성정책	행정체제 정비	체제정책·입헌정책, 대외적인 가치 배분과는 무관	정부기관 신설 선거구역 확정
배분정책	재화·서비스 배분	다수에게 이익이 분산되는 개별화된 정책, 갈등 없음	SOC, 보조금, 국공립학교 등
규제정책	제약과 통제	법률로 표현, 집단 간 갈등	진입규제, 독과점규제
재분배정책	부의 이전	계급 간 투쟁으로 집행 곤란, 집권적·독자적·안정적 결정	사회보장정책, 계급·이전정책

알몬드와 파웰(Almond & Powell)의 분류

구분	개념	예
상징정책	정치체제의 정당성 및 국민 통합을 위한 이미지 정책	동상, 궁궐, 스포츠, 축제, 국기, 국화 등
추출정책	환경으로부터 인적·물적 자원을 확보하는 동원 정책	징세, 징집, 물자수용 등
분배정책	행정서비스의 제공이나 이득·기회를 제공하는 정책	도로, 공원 등 SOC 건설, 보조금 등
규제정책	개인·집단의 행동에 제약과 통제를 가하는 정책	진입규제, 가격규제, 안전규제, 환경규제 등

25

정답 ②

영역 인사행정론 > 공직부패 및 공직윤리와 행위규범   난도 **중**

정답의 이유

② 재산등록의무자는 4급 이상의 일반직 국가공무원 및 지방공무원과 이에 상당하는 보수를 받는 별정직 공무원이다(공직자윤리법 제3조 제3항).

오답의 이유

① 공직유관단체에는 공기업이 포함된다(공직자윤리법 제3조의2 제1항 제2호).

③ 등록할 재산에는 본인의 직계존속 것도 포함된다(공직자윤리법 제4조 제1항 제3호).

④ 등록할 재산에 혼인한 직계비속인 여성 것은 제외한다(공직자윤리법 제4조 제1항 제3호).

2020 | 7급 기출문제 해설

☑ 점수 ( )점/100점   ☑ 문제편 049쪽

영역 분석

행정학 총론	7문항	★★★★★★★	28%
정책학	4문항	★★★★	16%
조직론	5문항	★★★★★	20%
인사행정론	3문항	★★★	12%
재무행정론	2문항	★★	8%
행정환류론	1문항	★	4%
지방행정론	3문항	★★★	12%

빠른 정답

01	02	03	04	05	06	07	08	09	10
①	④	④	②	④	④	③	②	①	①
11	12	13	14	15	16	17	18	19	20
④	③	③	②	①	②	③	④	④	①
21	22	23	24	25					
①	②	②	①	②					

01

정답 ①

영역 지방행정론 > 지방재정   난도 **중**

정답의 이유

① 재정위기 사전 경보 시스템이라 함은 지방자치단체의 주요재정지표를 모니터링하여 지방자치단체의 재정위기를 사전에 예측하고 선제적으로 대응하는 일련의 과정을 말한다. 그러나 이는 ① 이미 재정 위험이 나타난 자치단체를 대상으로 더 악화되지 않도록 대응하는 것이므로 사후통제에 해당한다.

오답의 이유

② 재정투융자심사는 재정투자사업에 관한 예산안을 편성할 때 그 필요성과 타당성에 대한 심사(이하 "투자심사"라 한다)를 의미한다(지방재정법 제37조).

③ 성별영향평가제도는 성별영향평가법에 근거한 제도로서, 중앙행정기관의 장 및 지방자치단체의 장이 정책을 수립하거나 시행하는 과정에서 그 정책이 성평등에 미칠 영향을 평가하여 정책이 성평등의 실현에 기여할 수 있도록 하는 것을 말한다.

④ 지방자치단체장은 재정투자사업, 재해예방 및 복구사업, 지방채의 차환 등을 이유로 자금조달이 필요할 때 지방채를 발행할 수 있다.

((•)) 적중레이더

사전 재정관리제도와 사후 재정관리제도

사전 재정관리제도	사후 재정관리제도
• 중기지방재정제도 • 지방재정투 · 융자 심사제도 • 지방채발행승인제도 • 지방자치단체 예산편성기준 • 성인지예산제도 • 재정운용업무편람과 예산편성기준	• 예산 및 결산의 보고 • 재정분석 및 진단제도 • 재정공시제도 • 보통교부세 인센티브제 • 발생주의 · 복식부기 회계제도 • 국고보조사업평가 • 긴급재정관리단체의 지정 • 성인지결산제도

02

정답 ④

영역 행정환류론 > 정보화와 행정(전자정부와 지식관리 행정)   난도 **하**

정답의 이유

ⓒ 컴퓨터시스템의 온라인화와 네트워크화로 중요한 데이터베이스에 접근이 쉬워져 해킹 등 데이터 조작에 의한 컴퓨터 범죄가 늘어날 가능성이 높아진다.

ⓒ 국민 개개인에 대한 인적 · 물적 정보가 확보되어 개인의 프라이버시를 침해(빅브라더)할 우려가 높아진다.

ⓔ 사회적 · 경제적 · 지역적 · 신체적 여건으로 인해 정보통신서비스에 대한 접근이 어렵거나 이용기회에 차이가 생길 수 있다.

오답의 이유

ⓐ 전자정부는 시간적 · 공간적 제약이 극복되고, 전자적 참여를 통해 온라인 상호작용으로 정책결정을 할 수 있어 전자민주주의가 실현된다.

03

정답 ④

영역 조직론 > 조직 행동(행태)론 난도 **상**

[정답의 이유]

④ 이타적 행동은 개인에 대한 조직시민행동(OCB-I)에 속한다.

(((•))) 적중레이더

윌리엄스와 앤더슨의 조직시민행동(OCB)
- 조직에 대한 조직시민행동(OCB-O): 신사적행동(스포츠맨십), 양심적행동(성실행동), 시민의식행동(시민정신)
- 개인에 대한 조직시민행동(OCB-I): 이타적행동, 예의적행동

04

정답 ②

영역 인사행정론 > 임용 난도 **중**

[정답의 이유]

② 시보공무원도 공무원법상 공무원에 해당한다. 따라서 시보기간 동안에도 공무원과 동일한 업무를 수행할 수 있다.

[오답의 이유]

① 시보기간이 종료되면 보직을 부여받을 필요 없이 정규공무원으로 임용된다.

③ 시보기간 중에 직권면직이 된 경우 공무원 임용 결격사유에 해당하지 않는다.

④ 시보기간 동안은 신분은 보장되지 않으나 공무원의 경력에는 포함된다.

05

정답 ④

영역 정책학 > 정책학의 기초 난도 **하**

[정답의 이유]

④ 분배정책은 관료나 하위정부가 주요 행위자이고, 재분배정책은 대통령이 주요 행위자이다.

[오답의 이유]

① 분배정책은 한정된 자원을 여러 대상에게 배분하는 것을 목표로 하는 자원적 효율성을 추구한다면, 재분배정책은 자원의 재분배를 통한 계층 간 형평성을 추구한다.

② · ③ 분배정책은 불특정 다수가 비용부담자이기 때문에 정책순응도가 높은 편이고, 재분배정책은 고소득층이 비용부담자이기 때문에 정책순응도가 낮다.

06

정답 ④

영역 행정학 총론 > 행정학의 주요 접근 난도 **중**

[정답의 이유]

④ 관료의 역할을 방향을 잡고(steering) 시민을 지원하는 데 있다고 보는 이론은 신공공관리론이다. 신공공서비스론에서 관료의 역할은 시민에게 봉사하는 것이다.

07

정답 ③

영역 조직론 > 조직 행동(행태)론 난도 **상**

[정답의 이유]

③ 개인이 다른 사건에서 미래에 동일하게 반응하는 정도가 높다면, 그 행동의 원인을 외적 요소에 귀인하려는 경향이 나타난다.

(((•))) 적중레이더

켈리(Kelly)의 귀인이론
켈리에 따르면 공변모형(covariance model)은 '합의성, 특이성, 일관성'의 세 가지 정보를 토대로 원인 귀속의 방향을 결정한다고 정의한다.

합의성 (consensus)	특정 행동이 많은 사람들에게 동일하게 나타나는 현상으로 다른 사람들의 결과와 비교를 말한다. 즉, 동일한 상황에 접한 사람들이 동일한 결과를 일으키는지 의미하는 것이다.
특이성 (distinctiveness)	특정 결과가 특정 이유가 있을 때만 나타나는 것으로 원인이 없으면 결과도 없다는 것을 의미한다.
일관성 (consistency)	시간과는 상관없이 특정 상황에서는 항상 동일한 행동을 하는 것을 의미한다.

08

정답 ②

영역 행정학 총론 > 행정학의 이해　　　　　　　난도 **상**

오답의 이유

① 직업공무원제를 옹호했으며, 직업공무원의 적극적 역할을 주장하였다.

③ · ④ 정부를 재구축하고 민간부분이 공공서비스 공급에 참여할 필요가 있다고 강조하였으며, 고객중심적 행정을 주요 대상으로 하는 입장은 오스본과 게블러(Osborne & Gaebler)의 '정부재창조론'이다.

🗼 적중레이더

정부재창조론의 10대 원리

- 촉진적 정부: 정부의 역할이 직접 노젓기보다 방향 설정을 중시하는 정부
- 지역사회의 주도정부: 지역사회에 권한 부여와 주민참여를 중시하는 정부
- 경쟁적 정부: 보다 능률적 · 창의적인 경쟁력을 갖춘 정부
- 사명지향적 정부: 규칙 · 규정 위주의 정부가 아니라 실질적인 사명을 중시하는 임무위주의 정부
- 성과지향적 정부: 투입보다 결과에 중점을 두는 정부
- 고객위주의 정부: 관료의 편의가 아니라 고객의 요구에 충실한 정부
- 기업가적 정부: 지출보다 수익을 높이는 기업적인 정부
- 미래대비적 정부: 사후조치보다 사전예방을 강구할 수 있는 대비적 정부
- 분권적 정부: 계층제 위주가 아닌 참여와 팀워크 중심의 분권적 정부
- 시장지향적 정부: 시장원리에 따라 행정서비스의 수요 · 공급을 행할 수 있는 정부

09

정답 ①

영역 행정학 총론 > 행정과 환경　　　　　　　난도 **중**

정답의 이유

㉠ · ㉣ · ㉤은 민자유치 사업방식에 대한 설명으로 옳은 설명이다.

오답의 이유

㉡ BOT방식은 민간투자기관이 민간자본으로 공공시설을 건설하고, 시설완공 후 일정기간 동안 민간투자기관이 소유권을 가지고 직접 운영하여 투자비를 회수한 다음, 기간 만료 시 시설 소유권을 정부에 이전하는 방식이다.

㉢ BOO방식은 민간투자기관이 민간자본으로 공공시설을 건설하고 시설완공 후 일정기간 동안 민간투자기관이 소유권을 가지고 직접 운영하여 투자비를 회수하는 방식이다.

🗼 적중레이더

민간유치 방식

- BOT방식: 민간투자기관이 민간자본으로 공공시설을 건설하고, 시설 완공 후 일정기간 동안 민간투자기관이 소유권을 가지고 직접 운영하여 투자비를 회수한 다음, 기간 만료 시 시설 소유권을 정부에 이전하는 방식
- BTO방식: 민간투자기관이 민간자본으로 공공시설을 건설하고, 시설의 완공과 동시에 소유권을 정부에 이전하는 대신, 민간투자기관이 일정기간 시설을 운영하여 투자비를 회수하는 방식
- BLT방식: 민간의 투자자본으로 건설한 공공시설을 정부가 사업을 운영하며 민간에 임대료를 지불하는 방식으로, 운용 종료 시점에 정부가 소유권을 이전받는 방식
- BTL방식: 민간투자기관이 민간자본으로 공공시설을 건설하고, 완공 시 소유권을 정부에게 이전하는 대신, 정부는 소유권과 운영권을 가지고 민간투자 기관에게 임대료를 지급하도록 하여 시설투자비를 회수하는 방식

구분	BOT	BTO	BLT	BTL
운영기간 동안 시설소유 주체	민간	정부	민간	정부
소유권 이전시기	운영종료 시점	준공 시점	운영종료 시점	준공 시점

10

정답 ①

영역 지방행정론 > 지방자치단체(종류 및 기관)　　　　난도 **중**

정답의 이유

① 특별지방행정기관은 국가의 특정 중앙행정기관에 소속되어 당해 관할 구역 내에서 시행되는 행정사무를 관장하는 국가의 지방행정조직이다.

오답의 이유

② 지방환경청은 환경부의 특별지방행정기관이다.

③ 2개 이상의 지방자치단체가 공동으로 특정한 목적을 위하여 광역적으로 사무를 처리할 필요가 있을 때에는 특별지방자치단체를 설치할 수 있다. 이 경우 특별지방자치단체를 구성하는 지방자치단체(이하 "구성 지방자치단체"라 한다)는 상호 협의에 따른 규약을 정하여 구성 지방자치단체의 지방의회 의결을 거쳐 행정안전부장관의 승인을 받아야 한다(지방자치법 제199조 제1항).

④ 세종특별자치시와 제주특별자치도는 보통지방자치단체인(단층형태의) 광역지방자치단체다.

11

영역 조직론 > 조직연구의 기초　　　　　　　　난도 **중**

정답의 이유

④ 상황론적 조직이론은 개별 조직이 놓여있는 상황에 따라 적합한 조직구조나 관리방식을 처방해야한다고 생각한다. 독립변수나 상황적 조건들을 한정하거나 유형화하지 않는 유연한 분석을 통해 문제에 대한 처방을 추구해야 한다는 이론은 중범위이론이다.

오답의 이유

① 상황변수와 조직구조변수의 관계를 경험적으로 연구한 경험적 조직이론으로서 관료제이론과 행정원리론에서 추구한 보편적인 조직원리를 비판하면서 등장했다.
② 일반체제이론의 거시적 관점을 실용화하려는 중범위라는 제한된 수준 내에서 일반성과 규칙성의 발견을 추구한다.
③ 상황에 따라 조직설계와 관리방식이 달라져야 한다는 관점이기 때문에 상대적인 입장을 취해 조직설계와 관리방식의 융통성을 꾀한다.

12

영역 인사행정론 > 공직부패 및 공직윤리와 행위규범　　　난도 **중**

정답의 이유

③ 공무원이 외국 정부로부터 영예나 증여를 받을 경우에는 대통령의 허가를 받아야 한다(국가공무원법 제62조).

오답의 이유

① 국가공무원법 제58조
② 국가공무원법 제64조 제1항
④ 사실상 노무에 종사하는 공무원으로서 노동조합에 가입된 자가 조합 업무에 전임하려면 소속 장관의 허가를 받아야 한다(국가공무원법 제66조 제3항).

(◦)) 적중레이더

「국가공무원법」 제7장 복무

제56조【성실 의무】
모든 공무원은 법령을 준수하며 성실히 직무를 수행하여야 한다.
제57조【복종의 의무】
공무원은 직무를 수행할 때 소속 상관의 직무상 명령에 복종하여야 한다.
제58조【직장 이탈 금지】
① 공무원은 소속 상관의 허가 또는 정당한 사유가 없으면 직장을 이탈하지 못한다.
제59조【친절·공정의 의무】
공무원은 국민 전체의 봉사자로서 친절하고 공정하게 직무를 수행하여야 한다.

제59조의2【종교중립의 의무】
① 공무원은 종교에 따른 차별 없이 직무를 수행하여야 한다.
제60조【비밀 엄수의 의무】
공무원은 재직 중은 물론 퇴직 후에도 직무상 알게 된 비밀을 엄수(嚴守)하여야 한다.
제61조【청렴의 의무】
① 공무원은 직무와 관련하여 직접적이든 간접적이든 사례·증여 또는 향응을 주거나 받을 수 없다.
② 공무원은 직무상의 관계가 있든 없든 그 소속 상관에게 증여하거나 소속 공무원으로부터 증여를 받아서는 아니 된다.
제62조【외국 정부의 영예 등을 받을 경우】
공무원이 외국 정부로부터 영예나 증여를 받을 경우에는 대통령의 허가를 받아야 한다.
제63조【품위 유지의 의무】
공무원은 직무의 내외를 불문하고 그 품위가 손상되는 행위를 하여서는 아니 된다.
제64조【영리 업무 및 겸직 금지】
① 공무원은 공무 외에 영리를 목적으로 하는 업무에 종사하지 못하며 소속 기관장의 허가 없이 다른 직무를 겸할 수 없다.
제65조【정치 운동의 금지】
① 공무원은 정당이나 그 밖의 정치단체의 결성에 관여하거나 이에 가입할 수 없다.
② 공무원은 선거에서 특정 정당 또는 특정인을 지지 또는 반대하기 위한 다음의 행위를 하여서는 아니 된다.
제66조【집단 행위의 금지】
① 공무원은 노동운동이나 그 밖에 공무 외의 일을 위한 집단 행위를 하여서는 아니 된다. 다만, 사실상 노무에 종사하는 공무원은 예외로 한다.
제67조【위임 규정】
공무원의 복무에 관하여 필요한 사항은 이 법에 규정한 것 외에는 대통령령등으로 정한다.

13

영역 정책학 > 정책학의 기초　　　　　　　　난도 **상**

오답의 이유

㉣ 슈나이더와 잉그램(Schneider & Ingram)의 사회구성주의에서 이탈집단은 집단에 대한 사회적 인식은 부정적이며 권력도 약한 집단이다. 이들에게는 강력한 제제가 허용되고 강력히 저항하지 못한다.

슈나이더와 잉그램(Schneider & Ingram)의 정책대상집단

사회적 형상(인식) (social image) / 정치적 권력 (political power)	긍정적 (positive)	부정적 (negative)
강 (strong)	수혜집단 (advantaged) – 과학자, 퇴역군인, 노인층	주장집단 (contenders) – 부장, 노동조합
약 (weak)	의존집단 (dependents) – 어린이 어머니, 장애인 등	이탈집단 (deviants) – 범죄자 테러리스트 등

14

정답 ②

영역 조직론 > 조직구조　　　　난도 **중**

정답의 이유

② 부서 간 횡적 조정이 어려운 경우 상부로 권한을 집중시켜 부서 간 조정이 필요해 집권화의 요소가 된다.

집권화와 분권화의 요소

집권화의 요소	분권화의 요소
• 조직이 소규모인 경우 • 역사가 짧은 조직인 경우 • 환경을 위기로 인식하는 경우 • 상하 구성원 간에 능력의 차이가 커 하부층은 능력이 매우 미약하고, 상부층 직원들이 주로 유능한 자들로 구성되어 있는 경우 • 리더의 권력욕의 정도, 제도보다 자기 개인의 영향력이 많이 미쳐야 된다고 생각하는 정도, 공격적이고 활동적인 리더십의 정도가 강한 경우 • 교통·통신 및 정보통신기술의 발달로 의사결정이 필요한 정보가 집중되는 경우 • 동일 내용의 업무를 동일한 방법으로 취급하기를 원하는 경우	• 대규모 조직인 경우 • 오래된 조직인 경우 • 관리의 민주화가 필요한 경우 • 환경이 불확실하여 격동적인 환경에 신속하게 대응하고자 하는 경우 • 인적 전문화 및 조직 구성원의 능력 향상을 위한 경우 • 조직이 기술수준의 고도화에 대응하는 경우 • 지방의 실정에 적합한 결정이 필요한 경우 • 일선, 지방, 또는 하위계층의 직원들에게 장차 더 높은 계층의 관리자로 일할 수 있는 능력을 배양하게 하기 위하여 이들에게 미리 권한을 위임해 주어서 경험을 쌓도록 하는 것이 필요

15

정답 ①

영역 재무행정론 > 예산　　　　난도 **하**

정답의 이유

① 세입예산은 관·항·목으로 구분하고, 세출예산은 장·관·항·세항·목으로 구분한다.

16

정답 ②

영역 행정학 총론 > 행정과 환경　　　　난도 **상**

정답의 이유

② 분권화 전략을 사용하지만 중앙정부로부터 대리정부가 이관받은 임무를 성공적으로 수행하지 못할 경우 생기는 오류를 교정하는 데 비용이 들 수 있다.

오답의 이유

① 주인–대리인 관계에서 나타나는 정보의 왜곡현상(정보의 비대칭 현상)이 발생할 수 있다.

③ 대리정부의 형태가 다양하므로 행정관료가 전문적 리더십을 가져야 한다.

④ 시민 개개인의 행동이 정부정책의 성과를 결정하기 때문에 대리정부가 공공서비스 공급을 제대로 할 수 있도록 대리정부에 대한 시민들의 관심과 통제가 중요해진다.

대리정부

• 배경: 대리정부이론은 분권화와 자치정부론에 근거한 작은 정부 경향과 더불어 관료의 자기 이익극대화는 비효율적이고 비공익을 추구하는 비합리성을 초래한다는 공공선택이론의 이론적 토대를 가짐

• 장점: 대리정부는 국가의 모든 부분에 속하는 전략과 자원을 가장 효율적으로 이용할 수 있으며, 국가 정책을 국지적인 상황에 맞게 집행할 수 있고, 교육적인 면에서도 유익

• 문제점
– 중앙정부로부터 대리정부가 이관받은 임무를 성공적으로 수행하지 못할 경우 생기는 오류(정보의 비대칭성 등)를 교정하는 비용 발생
– 대리정부에 대한 중앙정부의 재규제는 새로운 중앙집권을 유발시킴

• 대응방안
– 중앙정부와 대리정부 간의 목표의 상호조정과 책임있는 환류 전략을 통해 상호의존을 긴밀하게 해야함
– 행정관료가 전문가적 리더가 되어야 함(계약관계로, 예를 들면 행정관리자는 계약에 관련된 사항들을 주지하고 그 계약의 장래 변동사항까지도 미리 예측할 수 있어야 함)
– 시민 개개인이 공익에 부합하는 행동을 할 때 중앙정부의 목표 가치와 대리정부의 목표와 가치에 동일화 될 수 있음

17

영역 행정학 총론 > 행정과 환경　　　　**난도** 중

[정답의 이유]

③ 보조금 방식은 서비스가 기술적으로 복잡하여 서비스에 대한 요건을 명시하기가 구체적으로 곤란하거나 예측이 어렵고 서비스의 양과 질, 목표달성 방법을 정확히 알 수 없을 때 주로 이용한다. 설명에 해당하는 방식은 자원봉사(volunteer)이다.

[오답의 이유]

① 면허(franchise)는 정부가 민간기업에게 특별히 지정한 지역 내에서 특정 서비스공급에 관한 특허권을 부여하는 방식이다. 정부가 공급을 결정하고 민간기구가 생산하여 사용하고, 비용은 서비스 이용자(소비자)가 공급자에게 직접 지불한다. 수익자부담방식이므로, 사회적 약자의 희생이 나타날 수 있다.

② 바우처(vouching) 제도는 특정 소비를 장려하기 위해 특정 재화나 서비스를 구매할 수 있는 이용권 · 증서를 지급하여 소비자가 원하는 것을 시장에서 자유로이 선택하도록 하고 그 비용을 정부가 지불한다.

④ 자조활동(self-help)은 공공서비스의 수혜자와 제공자가 같은 집단에 소속되어 서로 돕는 방식(예 주민순찰, 보육, 고령자 대책 등)이다.

18

정답 ④

영역 지방행정론 > 지방자치단체(종류 및 기관)　　　　**난도** 중

[정답의 이유]

④ 지방자치단체장은 지방의회의 의결사항을 제외하고 예산과정에 주민참여예산제도를 마련하여 시행하여야 한다(지방재정법 제39조 제1항).

[오답의 이유]

① 지방재정법에 근거조항이 마련되어 있다(지방재정법 제39조).

② 지방재정법 제39조 제5항

③ 지방재정법 제39조 제3항

19

정답 ④

영역 조직론 > 조직 행동(행태)론　　　　**난도** 상

[정답의 이유]

④ 특징부여 프레임은 갈등 상대방이 속한 집단과 구성원에 대한 의미 부여를 의미하고, 갈등이슈와 관련된 위험 수준과 유형에 대한 당사자의 평가는 손익프레임에 해당한다.

((•)) **적중레이더**

갈등프레임의 유형(심준섭)

정체성 프레임 (identity frames)	갈등당사자 자신 또는 자신이 속한 집단을 어떻게 정의하는가. 당사자들이 갈등 상황의 맥락 속에서 '피해자'나 '희생자' 등 특정한 정체성을 지님
특징부여 프레임 (characterization frames)	갈등상대방이 속한 집단과 구성원을 어떻게 정의(규정)하는가. 상대방에 대한 자신들의 행동을 정당화하고 자신들의 정체성을 강화하는데 사용
갈등관리 프레임 (conflict management frames)	갈등관리 방안과 절차에 대한 당사자의 선호. 갈등 당사자 간 갈등관리 프레임이 유사할수록 갈등해결 가능성이 높아짐
사회적 통제 프레임 (social control frames)	문제해결주체에 대한 인식. 사회적 이슈들은 누구에 의해 어떤 방식으로 결정되어야 하는가에 대한 인식. 권력의 정당성과 권력 행사의 절차와 기준에 대한 인식
위험 프레임 (risk frames)	갈등 이슈와 관련된 위험의 유형과 수준에 대한 당사자의 평가. 과학적이고 객관적인 평가 여부와 별개로 당사자 개인의 주관적인 판단에 의해서도 위험 인식 여부가 결정됨
손익 프레임 (gain vs loss frames)	갈등 상황에서 자신의 이익과 손해에 대한 평가. 위험 프레임과도 연관되어 있으며, 갈등 당사자들은 손실과 이익의 관점에서 프레이밍 되는 방식에 따라 다르게 반응

20

정답 ①

영역 정책학 > 정책평가　　　　**난도** 중

[정답의 이유]

① 정부업무평가의 실시와 평가기반의 구축을 체계적 · 효율적으로 추진하기 위하여 국무총리 소속하에 정부업무평가위원회를 둔다(정부업무평가 기본법 제9조 제1항).

[오답의 이유]

② 행정안전부장관은 평가의 객관성 및 공정성을 위하여 평가지표, 평가방법, 평가기반의 구축 등에 관하여 지방자치단체를 지원할 수 있다(정부업무평가 기본법 제18조 제4항).

③ 중앙행정기관장은 성과관리전략계획에 기초하여 당해연도의 성과목표를 달성하기 위한 연도별 시행계획을 수립 · 시행하여야 한다(정부업무평가 기본법 제6조 제1항).

④ 중앙행정기관장과 지방자치단체장은 자체평가조직 및 자체평가위원회를 구성 · 운영하여야 한다(정부업무평가 기본법 제14조 제2항, 제18조 제2항).

21

정답 ①

영역 행정학 총론 > 행정학의 주요 접근   난도 **중**

오답의 이유

② 행태론적 접근방법은 인접과학의 협동연구를 중시하는 입장에서 인간행태에 대해 연구하고, 행위자의 의도나 동기보다는 관찰이 가능한 외면적 행태(표출된 행태)에 관심을 가진다. 그러나 인간행위의 의도에 대해 관심을 가지고 연구하는 것은 현상학이다.

③ 공공선택론적 접근방법은 방법론적 개체주의 입장에서 공공재의 수요자들 간의 효율적 자원 배분에 관심을 가진다.

④ 신제도주의의 역사적 접근방법은 각종 행정제도의 성격과 그 형성에 있어서 종적 연구를 진행함으로써 보편적 방법이 아닌 특수성을 인식하는 수단을 제공한다.

22

정답 ②

영역 재무행정론 > 예산결정   난도 **하**

정답의 이유

② 총체주의적 예산결정모형에서는 계획예산(PPBS), 영기준예산(ZBB) 등이 대표적인 예산제도이다. 품목별 예산제도는 점증주의적 예산결정모형이다.

23

정답 ②

영역 행정학 총론 > 행정이 추구하는 가치   난도 **중**

정답의 이유

② 합리목표모형은 조직의 생산성과 능률성을 목적으로 조직의 기획, 목표성, 합리적 통제를 중요하게 생각한다. 조직의 성장과 자원 확보를 목표로 하는 것은 개방체제모형이며, 정보관리를 중요하게 생각하는 것은 내부과정모형이다.

((•)) 적중레이더

퀸과 로보그(R. Quinne & J. Rohrbaugh)의 경합가치모형

초점 구조	조직(외부)	인간(내부)
통제	합리목표모형 – 합리문화 • 목적: 생산성, 능률성 • 수단: 기획, 목표설정, 합리적 통제	내부과정모형 – 위계문화 • 목적: 안정성, 통제와 감독, 균형 • 수단: 정보관리, 의사소통
유연성	개방체제모형 – 발전(혁신)문화 • 목적: 성장, 자원획득, 환경 적응 • 수단: 유연성, 용이함	인간관계모형 – 집단문화 • 목적: 인적자원 발달, 팀워크, 능력발휘, 구성원 만족 • 수단: 응집력, 사기

24

정답 ①

영역 정책학 > 정책평가   난도 **중**

정답의 이유

① 신뢰도는 타당도의 필요조건으로, 신뢰성이 없는 측정은 항상 타당성이 없다.

오답의 이유

② 신뢰성은 척도 또는 측정도구가 얼마나 일관성 있게 작용하는가에 영향을 받는다.

③ 타당성이 있는 측정은 항상 신뢰성도 높다.

④ 타당성은 척도 또는 측정도구가 측정하고자 하는 것을 얼마나 정확히 반영하는가에 영향을 받는다.

25

정답 ②

영역 인사행정론 > 인사행정의 기초   난도 **중**

정답의 이유

② 실적주의는 공직취임에 있어서 실질적 기회균등을 보장받지 못하는 현상을 가지고 있다. 대표관료제란 사회의 모든 계층과 집단을 공평하게 대응하도록 하는 인사제도로 실적주의를 극복하기 위해 나타났다.

2019 | 추가채용 기출문제 해설

☑ 점수 (   )점/100점   ☑ 문제편 054쪽

영역 분석

행정학 총론	5문항	★★★★★	20%
정책학	3문항	★★★	12%
조직론	2문항	★★	8%
인사행정론	5문항	★★★★★	20%
재무행정론	5문항	★★★★★	20%
행정환류론	2문항	★★	8%
지방행정론	3문항	★★★	12%

빠른 정답

01	02	03	04	05	06	07	08	09	10
④	④	②	②	①	③	③	④	③	④
11	12	13	14	15	16	17	18	19	20
③	④	④	②	②	③	①	②	③	①
21	22	23	24	25					
③	④	①	③	④					

01

정답 ④

영역 정책학 > 정책학의 기초   난도 **하**

정답의 이유

④ 재분배정책은 빈부 간의 계급 대립적 성격이 강하고, 비용부담집 단이 특정되어 있으므로 비용부담집단의 저항이 심하게 나타난다. 따라서 분배정책보다 재분배정책의 반발이 심하다.

02

정답 ④

영역 인사행정론 > 공직구조의 형성   난도 **하**

정답의 이유

④ 상시 고용은 직업공무원 제도를 성공적으로 수립하기 위한 조건이 아니며, 개방형 고용은 실적주의에 해당하는 내용이다. 또한, 직업 공무원 제도는 결원보충방식에 있어서 폐쇄적이다.

(⸱) **적중레이더**

직업공무원 제도의 확립요건

• 직업공무원 제도는 계급제, 폐쇄형, 일반행정가주의에 바탕을 둔 제도이다.

• 공공서비스의 봉사자로서 공직에 대한 높은 사회적 평가가 이루어 져야 한다.

• 젊은 인재를 채용하여 일생을 거쳐 고위직까지 승진하게 하여야 한다.

• 개인의 잠재적인 능력과 소질을 개발하고 발전시켜 성취감과 자아 실현에 도움을 주어야 한다.

• 보수의 적정화, 적절한 연금제도 등을 갖추어야 한다.

• 장기적인 안목에서 인사의 불공정, 침체를 방지하기 위하여 직급별 인력수급계획을 세워야 한다.

03

정답 ②

영역 재무행정론 > 예산   난도 **하**

정답의 이유

② 우리나라의 특별회계는 재정팽창의 수단이다.

(⸱) **적중레이더**

특별회계

국가에서 특정한 사업을 운영하고자 할 때, 특정한 자금을 보유하여 운영하고자 할 때, 특정한 세입으로 특정한 세출에 충당함으로써 일 반회계와 구분하여 계리할 필요가 있을 때 법률로 설치한다. 특별회 계는 국민의 세금이 아닌 별도의 특정한 수입이 재원이 되며, 주로 정부부처형 공기업의 사업소득이나 책임운영기관의 사업소득, 부담 금, 수수료 등과 일반회계의 전입금이 재원이 된다. 일반회계와 같이 국회의 통제대상이지만, 세부적인 측면에서 일반회계보다 신축성과 자율성이 높다.

04

영역 행정학 총론 > 행정과 환경　　　　　　**난도** 중

[정답의 이유]

② 행정기구의 확대 및 공무원 수 증가는 양적 특징에 해당한다.

((•))적중레이더

현대행정의 특징

- 양적 특징(구조적 측면)
  - 행정기능의 확대(직능국가)와 업무량 증가
  - 공무원 수의 증가(파킨슨 법칙)
  - 재정규모 확대
  - 행정기구 팽창(행정조직의 증가)
  - 전문성(문제해결능력)을 지닌 조직의 증가: 공기업, 준정부조직(제3부문), 위원회조직
- 질적 특징(기능적 측면)
  - 행정의 전문화 · 기술화 · 복잡화 · 통합화
  - 행정조사 · 통계 중시
  - 행정의 광역화 · 국제화
  - 행정의 적극적 역할: 사회안정화 기능(질서유지)과 사회변화 · 변동 유도 및 촉진기능, 수행행정의 사회복지기능 강화(복지국가 실현)
  - 정책결정 및 기획기능 중시
  - 인사행정의 적극화(소극적 실적주의와 폐쇄적 직업공무원제의 수정 · 보완)
  - 행정조직의 동태화(탈관료제적 구조의 이용 확대)
  - 예산제도의 현대화
  - 행정책임 · 행정통제의 중시(내부통제 중시), 행정의 분석 · 평가 및 환류 중시
  - 중앙집권화(기술적 · 지식적 · 비권력적 집권)

05

영역 행정환류론 > 행정책임과 통제　　　　　　**난도** 중

[정답의 이유]

① 파이너(H. Finer)는 외재적 책임을 강조하고, 프리드리히(C. Friedrich)는 내재적 책임을 강조했다.

[오답의 이유]

② 데브닉과 롬젝(Dubnick & Romzek)의 분류

구분		기관통제의 원천	
		내부적	외부적
통제의 정도	높음	관료적(위계적) 책임성	법적 책임성
	낮음	전문가적 책임성	정치적 책임성

책임성 유형별 주요 특성

책임성의 유형	강조되는 가치	관계의 토대	유사관계 (통제자/행정가)
관료적(위계적) 책임성	효율성	조직의 지침과 감독에 복종	상관과 부하
법적 책임성	합법성	외부로부터의 위임, 신탁과 순응	입법가와 집행자 (주인/대리인)
전문가적 책임싱	전문성	개인의 판단과 전문성을 존중	문외한과 전문가
정치적 책임성	반응성	선거구민에 대한 반응	선거권자와 대표자

((•))적중레이더

행정책임

행정기관이나 공무원(행정인)이 직무수행에 있어 공익과 국민의 기대 및 법령이 규정한 행동기준에 따라 행동해야 할 의무를 말한다.

06

영역 조직론 > 조직의 양태와 조직유형　　　　　　**난도** 하

[정답의 이유]

③ 귤릭(L. Gulick)은 1937년 루즈벨트 대통령이 설치한 브라운로 위원회에서 POSDCoRB(원리접근법)를 주장한 고전적 조직이론가로, 관리계층을 연구대상으로 삼았다.

((•))적중레이더

애드호크라시(Adhocracy)의 특징과 장 · 단점

특징	• 단순한 조직 구조이며, 수평적 분화가 발달 • 형식주의나 공식성에 얽매이지 않음 • 전문성이 강하고 운영에 융통성을 발휘 • 의사결정권이 전문가로 구성된 팀에 분화됨
장점	• 환경 변화에 적응성이 뛰어남 • 조직 구성원의 창의력을 발휘하기에 적합함 • 전문가 집단으로 복잡한 문제를 해결하기에 적합함 • 민주성과 자율성이 강함
단점	• 조직 내 전문가 사이의 갈등과 긴장이 불가피 • 구성원들 간에 권한과 책임의 한계가 불명확 • 관료제 조직에 비하여 효율성이 다소 떨어짐

07

정답 ③

영역 행정학 총론 > 행정학의 주요 접근 난도**중**

정답의 이유

③ 가치개입(value-laden)은 신행정이론의 특징이다. 사이먼(Simon)을 필두로 대두되기 시작한 행태주의는 행정의 과학화를 목표로 한다. 가치문제에 대한 진위는 과학적으로 검증될 수 있는 것이 아니기에, 가치문제는 행태주의가 추구하는 영역 밖의 문제라고 보았다.

오답의 이유

① 사회현상의 연구도 자연과학처럼 실증적 연구가 가능하다는 전제하에 논리실증주의를 행정의 연구에 도입했다.

② 개념의 조작적 정의를 통해 객관적인 측정방법을 사용하여 자료를 계량적으로 분석하고 이를 통해 규칙성, 상관성 및 인과성을 경험적으로 입증하고 설명할 수 있다고 본다.

④ 규칙성과 인과성을 경험적으로 입증하고 설명할 수 있음을 전제로 한다.

((•)) 적중레이더

사이먼(Simon)의 논리적 실증주의
- 조직의 구조적인 측면보다는 조직구성원이 표출한 행태분석에 연구의 초점을 둔다.
- 가치와 사실을 구별하고, 가치를 연구의 대상에서 제외해야 한다고 주장하고 있다.
- 계량적인 접근이나 기법을 선호한다.
- 인간의 행위 설명에 초점을 두고 있기 때문에 종합 과학적인 성격을 다분히 띠고 있다.
- 행정현상을 의사결정 과정으로 파악하고 있다(공사행정일원론).
- 행태주의에서는 행정을 다양한 욕구를 가진 개인 상호 간 또는 개인과 집단 간의 상호 작용의 동적인 과정으로 파악하고 있다.

08

정답 ④

영역 행정학 총론 > 행정학의 주요 접근 난도**중**

정답의 이유

④ 신공공관리론은 관리자에 대한 중앙의 사전적 통제(내부 규제)를 줄이는 대신, 결과에 대하여 관리자가 책임지는 것을 강조한다.

오답의 이유

① 관리자의 신축성 제고는 신공공관리론의 원리적 특징으로 조직관리·인사관리·재무관리 등의 분야에 있어서 관리자에게 보다 많은 신축성을 부여해야 한다는 것이다.

② 소비자 중심주의는 신공공관리론의 원리적 특징으로 성과중시와 품질향상을 강조하고 행정서비스를 이용하는 고객의 요구에 지속적인 관심을 기울여야 한다는 의미를 담고 있다.

③ 시장지향성은 신공공관리론의 원리적 특징으로 공공부문에 경쟁주의와 고객주의를 실현하는 것으로 공기업의 민영화와 공공서비스의 민영화 등으로 나타난다.

((•)) 적중레이더

신공공관리론의 특징

	구분	신공공관리론
정부 기능	정부 – 시장관계의 기본 철학	시장지향주의 – 규제완화
	주요 행정가치	능률성, 경제적 가치 강조
	정부규모와 기능	정부규모와 기능 감축 – 민간화·민영화·민간위탁
	공공서비스 제공의 초점	시민과 소비자 관점의 강조
	공공서비스 제공 방식	시장 메커니즘의 활용
조직 구조	기본모형	탈관료제모형
	조직구조의 특징	비항구적·유기적 구조, 분권화
	조직개편의 방향	소규모의 준자율적 조직으로 행정의 분절화
관리 기법	조직관리의 기본철학	경쟁과 자율성을 강조하는 민간부문의 관리기법 도입
	통제 메커니즘	결과·산출 중심의 통제
	인사관리	경쟁적 인사관리, 개방형 인사제도

09

정답 ③

영역 행정학 총론 > 행정학의 주요 접근 난도**하**

정답의 이유

③ 탈규제정부모형에서는 시장규제가 아닌 내부규제 완화를 통해서 정부의 권한을 축소해야 한다고 본다.

10

정답 ④

영역 인사행정론 > 인사행정의 기초 난도**하**

정답의 이유

④ 독립합의형은 다수의 위원들에 의하여 의사가 결정되기 때문에 책임소재를 명확히 할 수 없다.

독립합의형의 장·단점

장점	단점
• 엽관주의 폐해 방지 및 실적주의 확립 • 행정부패 및 무질서 방지 • 정치적 중립 보장 • 인사권자의 전횡과 독단 방지 • 의사결정의 신중성 • 공정성 확보 • 위원들의 부분교체제를 통한 인사행정의 계속성 확보	• 책임한계의 불분명 • 인사통제 곤란 • 강력한 정책 추진 곤란 • 책임소재의 불분명으로 인한 책임전가 현상 • 신속한 결정의 어려움으로 시간과 비용의 과다 소모

11

정답 ③

영역 재무행정론 > 예산과정론　　　　　난도 **하**

정답의 이유

③ 예산의 배정과 재배정은 예산의 통제 수단이다. 예산배정은 성립된 예산을 집행부서에서 사용할 수 있도록 자금을 사용하는 권리 및 실제자금을 배정하는 것을 말한다. 예산의 재배정은 각 중앙관서의 장이 승인된 예산 또는 법령의 규정에 따라 특정된 금액을 집행하기 위하여 그 산하기관의 종사자에게 지출원인행위 등을 할 수 있도록 할당하는 것을 말한다.

12

정답 ④

영역 정책학 > 정책집행　　　　　난도 **하**

정답의 이유

④ 일선관료제론은 집행현장에서 많은 재량권을 가진다.

적중레이더

립스키(M. Lipsky)의 일선관료제

개념	• 일선관료는 상당한 재량권을 가지고 정책집행에 관여하며 특히 복지정책에서 중요한 역할을 수행 • 일선관료란 시민들과 직접 접촉하는 공무원, 즉 교사, 경찰, 복지요원, 하급 법원 판사 등을 말함
직무상 특징	• 기계적인 업무보다 인간적인 차원에서 대처해야 할 상황이 많음 • 일선관료의 전문지식 독점은 중앙관료에 대항할 수 있는 무기가 됨 • 규칙적인 직무수행과정에서 시민들과 끊임없이 상호작용함
현실과 업무환경	• 과중한 업무량에 비하여 제공되는 인적·물적 자원은 만성적으로 부족 • 권위에 대한 도전과 위협이 존재 • 성과를 평가할 객관적인 기준이 결여되어 집행성과에 대한 기대가 모호하고 대립적임

13

정답 ④

영역 행정학 총론 > 행정과 환경　　　　　난도 **하**

정답의 이유

④ X-비효율성이 발생할 경우 민영화와 규제완화로 문제 해결이 가능하다. 하지만 X-비효율성은 시장실패가 아닌 정부실패의 유형에 속한다.

적중레이더

시장실패의 원인

불완전 경쟁 (독점·과점)	상품이나 서비스의 공급이 하나 또는 소수의 기업에 의하여 이루어지는 시장
외부성(externality), 외부효과	한 경제 주체의 행동이 다른 경제 주체에게 의도하지 않은 이익 또는 손해를 끼치고도 그 대가를 주거나 받지 않은 상태
정보의 비대칭성	시장에서 거래 주체 간에 보유하는 정보의 양이 다른 경우
공공재 (public goods)	비경합성과 비배제성을 특징으로 하는 공공재에서 시민들은 자신들의 선호를 명확히 드러내지 않는 등 무임승차의 문제로 과소공급의 문제를 유발
소득분배의 불공평	시장기구가 원활하게 작동되고 자원배분의 효율성이 보장되더라도, 소득분배의 공평성을 확보해 주지는 못함
경기 불안정성 (물가불안, 고용불안)	시장에 맡겨두면 경기호황과 불황이 반복되면서 경기변동이 심하게 나타날 경우 정부는 이를 완화시키기 위해 경기호황 시 경기진정정책, 경기불황 시 경기부양정책 실시

시장실패에 대한 정부의 대응방식

공적 공급	정부가 조직을 만들어 직접 공급하는 것으로, 행정조직을 시장개입의 직접적 수단으로 활용
공적 유도	정부가 민간의 활동을 장려하기 위해 재정을 지원하거나 세금 감면
규제	정부 목적을 달성하기 위해서 유인·허가·금지 등 법적 수단을 이용(강제력 수반)

14

정답 ②

영역 조직론 > 조직구조　　　　　난도 **하**

정답의 이유

② 조직의 규모가 커질수록 구성원들의 공식화가 높아진다. 조직의 규모가 클수록, 단순하고 반복적인 직무일수록, 안정적인 환경일수록, 집권화된 조직일수록, 외부로부터 감시와 통제가 많을수록 공식성이 높아진다.

조직구조의 기본변수

- 공식성: 업무의 수단과 목적이 문서화된 혹은 비문서화된 규제를 통해 분명하게 특정되어 문서화되는 것이다.
- 집권성
  - 집권화: 결정권한이 상위수준인 관리자에게 있어 하위수준의 관리자들은 단지 상위수준의 관리자가 제공한 지침만을 수행하는 역할로 받아들여진다.
  - 분권화: 의사결정권이 행정서비스를 직접 제공하는 활동을 담당하고 있는 하위수준의 관리자에게로 이전되어 있다.
- 복잡성
  - 기술적 복잡성: 기술적인 섬세함과 생산시스템이 예상 가능한 정도를 의미한다.
  - 구조적 복잡성: 홀(Hall)은 이런 구조적 복잡성에 대해 수평적 분화, 수직적 분화, 공간(장소)적 분산으로 다시 나누어 설명하고 있다.

15

정답 ②

영역 인사행정론 > 공직부패 및 공직윤리와 행위규범　　난도 **중**

정답의 이유

② 공직자윤리법에 따르면 해당 빈칸에 들어가는 내용은 2, 20이다.

제18조의2【퇴직공직자의 업무취급 제한】
② 기관업무기준 취업심사대상자는 다른 법률에 특별한 규정이 있는 경우를 제외하고는 퇴직 전 2년부터 퇴직할 때까지 근무한 기관이 취업한 취업심사대상기관에 대하여 처리하는 제17조 제2항 각 호의 업무를 퇴직한 날부터 2년 동안 취급할 수 없다.

「공직자윤리법」

제17조【퇴직공직자의 취업제한】
① 공직자와 부당한 영향력 행사 가능성 및 공정한 직무수행을 저해할 가능성 등을 고려하여 국회규칙, 대법원규칙, 헌법재판소규칙, 중앙선거관리위원회규칙 또는 대통령령으로 정하는 공무원과 공직유관단체의 직원(취업심사대상자)은 퇴직일부터 3년간 취업심사대상기관에 취업할 수 없다. 다만, 관할 공직자윤리위원회로부터 취업심사대상자가 퇴직 전 5년 동안 소속하였던 부서 또는 기관의 업무와 취업심사대상기관 간에 밀접한 관련성이 없다는 확인을 받거나 취업승인을 받은 때에는 취업할 수 있다.

16

정답 ③

영역 정책학 > 정책평가　　난도 **하**

정답의 이유

③ 크리밍 효과, 호손 효과는 외적 타당성 저해요인에 해당한다.

외적 · 내적 타당성 저해요인

외적 타당성 저해요인	내적 타당성(인과적 결론의 적합성) 저해요인
• 실험조작의 반응효과(호손 효과) • 표본추출의 대표성 문제 • 다수적 처리에 의한 간섭 • 실험 조작과 측정의 상호작용 • 크리밍(Creaming) 효과	• 역사적 요소 • 성숙효과(성장효과) • 회귀인공요소(실험직전반응) • 측정요소(실험효과) • 상실요소 / 오염효과 • 선발요소(선정요인) • 선발과 성숙의 상호작용 • 측정수단요소(측정도구요인)

17

정답 ①

영역 재무행정론 > 예산　　난도 **하**

정답의 이유

① 추가경정예산은 예산의 단일성, 한정성의 원칙의 예외이다.

전통적 예산원칙의 예외 사항

구분		예외
공개성의 원칙		정보비, 신임예산
명확성 · 명료성의 원칙		총괄(총액)예산, 신임예산, 예비비
엄밀성 · 정확성의 원칙		예산의 신축성 확보장치로 인한 예산과 결산 간 불일치 초래
한정성의 원칙	양적 한정성	추가경정예산, 예비비
	질적 한정성	이용, 전용
	시간적 한정성	이월(명시이월 · 사고이월), 국고채무부담행위, 계속비, 과년도수입 · 과년도지출, 긴급배정, 조상충용
통일성의 원칙		기금, 특별회계, 수입대체경비, 수익금마련지출, 목적세
완전성 · 예산 총계주의의 원칙		순계예산, 기금, 현물출자, 수입대체경비의 초과 수입의 초과지출, 전대차관, 차관물자대 등
단일성의 원칙		특별회계, 기금, 추가경정예산
사전의결의 원칙		준예산, 사고이월, 전용, 이체, 예비비(이견 있음), 긴급재정경제명령 · 처분

18

영역 행정환류론 > 정보화와 행정(전자정부와 지식관리 행정)　난도 **중**

정답의 이유

② 전자거버넌스란 정보기술을 이용하여 번거로운 문서와 절차 등을 감축하고 행정업무를 효율적으로 재설계함으로써, 고객의 요구에 민감하게 대응하고 대국민 서비스를 증진하는 것을 말하며 국민의 삶의 질을 향상하고, 많은 사람이 정부에 쉽게 접근할 수 있도록 하여 민주주의 행정이념을 구현하려는 고객지향적인 열린 정부이다. 따라서 전자거버넌스의 최종적 의사결정 양식은 다수의 통합적 의사결정이라고 볼 수 있다.

19

정답 ③

영역 지방행정론 > 지방재정　난도 **하**

정답의 이유

③ 납세자와 담세자가 일치하지 않는 것은 간접세이다. 국세이면서 간접세에 해당하는 것에는 ⓒ 부가가치세, ⓔ 주세, ⓜ 개별소비세, 인지세, 증권거래세가 있고, 담배소비세는 지방세이면서 간접세이다.

🛰 **적중레이더**

우리나라 조세체계

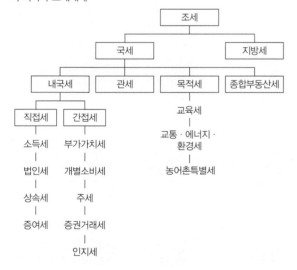

20

정답 ①

영역 인사행정론 > 공직구조의 형성　난도 **하**

정답의 이유

① 고위공무원단에 속하는 공무원은 지방공무원에 해당하지 않는다. 다만, 지방에서 근무하는 국가직 고위공무원은 고위공무원단에 소속될 수 있다.

21

정답 ③

영역 재무행정론 > 재정과 재정 관련 법　난도 **중**

정답의 이유

국가재정법 제33조에 따르면 예산안을 회계연도 개시 120일 전까지 국회에 제출하여야 한다. 헌법 제54조 제2항에 따르면 정부는 회계연도마다 예산안을 편성하여 회계연도 개시 90일 전까지 국회에 제출해야 하고, 국회는 회계연도 개시 30일 전까지 이를 의결하여야 한다.

오답의 이유

① 국가재정법 제3조
② 국가재정법 제17조 제1항
④ 국가재정법 제7조 제2항 제5호

22

정답 ④

영역 지방행정론 > 지방자치단체와 국가와의 관계　난도 **하**

정답의 이유

④ 민영화는 광역행정 방식에 포함되지 않는다.

🛰 **적중레이더**

우리나라의 광역행정 방식

사무의 위탁	지방자치단체나 그 장은 소관 사무의 일부를 다른 지방자치단체나 그 장에게 위탁하여 처리하게 함
전국적 협의체	지방자치단체의 장이나 지방의회의 의장은 상호 간의 교류와 협력을 증진하고, 공동의 문제를 협의하기 위하여 전국적 협의체를 설립할 수 있음
행정협의회	2개 이상의 지방자치단체에 관련된 사무의 일부를 공동으로 처리하기 위하여 설치함
지방자치단체 조합	2개 이상의 지방자치단체가 하나 또는 둘 이상의 사무를 공동으로 처리할 필요가 있을 때 설립

23

정답 ①

영역 인사행정론 > 공직구조의 형성　난도 **중**

정답의 이유

① 군무원의 봉급에 관한 사항은 대통령령으로 정한다(군무원인사법 제24조 제1항).

오답의 이유

② "경력직 공무원"이란 실적과 자격에 따라 임용되고 그 신분이 보장되며 평생 동안(근무기간을 정하여 임용하는 공무원의 경우에는 그 기간 동안을 말한다) 공무원으로 근무할 것이 예정되는 공무원을 말하며, 그 종류는 다음과 같다(국가공무원법 제2조 제2항).
　• 일반직 공무원: 기술 · 연구 또는 행정 일반에 대한 업무를 담당하는 공무원

- 특정직 공무원: 법관, 검사, 외무공무원, 경찰공무원, 소방공무원, 교육공무원, 군인, 군무원, 헌법재판소 헌법연구관, 국가정보원의 직원, 경호공무원과 특수 분야의 업무를 담당하는 공무원으로서 다른 법률에서 특정직공무원으로 지정하는 공무원

③ 군무원은 군인에 준하는 대우를 하며 그 계급별 기준은 대통령령으로 정한다(군무원인사법 제4조).

④ 대한민국의 국적을 가지지 아니한 사람, 대한민국 국적과 외국 국적을 함께 가지고 있는 사람, 국가공무원법 제33조 각 호의 어느 하나에 해당하는 사람의 어느 하나에 해당하는 사람은 군무원에 임용될 수 없다(군무원인사법 제10조).

24
정답 ③

영역 지방행정론 > 지방재정　　　　　　난도 상

정답의 이유

③ 인천광역시에 부동산교부세를 교부할 수 있다.

오답의 이유

① 소방안전교부세는 행정안전부장관이 지방자치단체에 교부하는 것으로 경기도의회는 주민들에게 소방안전교부세를 교부할 수 없다.

② 광주광역시에 특별교부세를 교부할 수 있다.

④ 분권교부세는 2005년에 도입되었으나, 2015년에 보통교부세로 편입되어 폐지되었다.

📡 적중레이더

「지방교부세법」

> **제6조【보통교부세의 교부】**
> ① 보통교부세는 해마다 기준재정수입액이 기준재정수요액에 못 미치는 지방자치단체에 그 미달액을 기초로 교부한다. 다만, 자치구의 경우에는 기준재정수요액과 기준재정수입액을 각각 해당 특별시 또는 광역시의 기준재정수요액 및 기준재정수입액과 합산하여 산정한 후, 그 특별시 또는 광역시에 교부한다.
> **제9조【특별교부세의 교부】**
> ② 행정안전부장관은 지방자치단체의 장이 제1항 각 호에 따른 특별교부세의 교부를 신청하는 경우에는 이를 심사하여 특별교부세를 교부한다. 다만, 행정안전부장관이 필요하다고 인정하는 경우에는 신청이 없는 경우에도 일정한 기준을 정하여 특별교부세를 교부할 수 있다.
> **제9조의3【부동산교부세의 교부】**
> ① 부동산교부세는 지방자치단체에 전액 교부하여야 한다.
> **제9조의4【소방안전교부세의 교부】**
> ① 행정안전부장관은 지방자치단체의 소방 인력 운용, 소방 및 안전시설 확충, 안전관리 강화 등을 위하여 소방안전교부세를 지방자치단체에 전액 교부하여야 한다. 이 경우 소방 분야에 대해서는 소방청장의 의견을 들어 교부하여야 한다.

25
정답 ④

영역 지방행정론 > 지방자치단체(종류 및 기관)　　난도 중

정답의 이유

④ 지방자치법상 ㉠ 주민조례의 제정과 개폐 청구권과 ㉢ 주민감사청구, ㉡ 주민투표법상 주민투표, ㉣ 주민소환에 관한 법률상 주민소환, ㉤ 공공기관의 정보공개에 관한 법률상 정보공개청구가 일정한 자격을 갖춘 외국인에게 허용된다.

📡 적중레이더

「지방자치법」

> **제19조【조례의 제정과 개정·폐지 청구】**
> ① 주민은 지방자치단체의 조례를 제정하거나 개정하거나 폐지할 것을 청구할 수 있다.
> ② 조례의 제정·개정 또는 폐지 청구의 청구권자·청구대상·청구요건 및 절차 등에 관한 사항은 따로 법률로 정한다.
> **제21조【주민의 감사 청구】**
> ① 지방자치단체의 18세 이상의 주민으로서 다음 각 호의 어느 하나에 해당하는 사람(「공직선거법」 제18조에 따른 선거권이 없는 사람은 제외한다. 이하 이 조에서 謂세 이상의 주민"이라 한다)은 시·도는 300명, 제198조에 따른 인구 50만 이상 대도시는 200명, 그 밖의 시·군 및 자치구는 150명 이내에서 그 지방자치단체의 조례로 정하는 수 이상의 18세 이상의 주민이 연대 서명하여 그 지방자치단체와 그 장의 권한에 속하는 사무의 처리가 법령에 위반되거나 공익을 현저히 해친다고 인정되면 시·도의 경우에는 주무부장관에게, 시·군 및 자치구의 경우에는 시·도지사에게 감사를 청구할 수 있다.
> 1. 해당 지방자치단체의 관할 구역에 주민등록이 되어 있는 사람
> 2. 「출입국관리법」 제10조에 따른 영주(永住)할 수 있는 체류자격 취득일 후 3년이 경과한 외국인으로서 같은 법 제34조에 따라 해당 지방자치단체의 외국인등록대장에 올라 있는 사람

「주민투표법」

> **제5조【주민투표권】**
> ① 18세 이상의 주민 중 제6조 제1항에 따른 투표인명부 작성기준일 현재 다음 각 호의 어느 하나에 해당하는 사람에게는 주민투표권이 있다. 다만, 「공직선거법」 제18조에 따라 선거권이 없는 사람에게는 주민투표권이 없다.
> 1. 그 지방자치단체의 관할 구역에 주민등록이 되어 있는 사람
> 2. 출입국관리 관계 법령에 따라 대한민국에 계속 거주할 수 있는 자격(체류자격변경허가 또는 체류기간연장허가를 통하여 계속 거주할 수 있는 경우를 포함한다)을 갖춘 외국인으로서 지방자치단체의 조례로 정한 사람

「주민소환에 관한 법률」

제3조【주민소환투표권】
① 제4조 제1항의 규정에 의한 주민소환투표인명부 작성기준일 현재 다음 각 호의 어느 하나에 해당하는 자는 주민소환투표권이 있다.
  1. 19세 이상의 주민으로서 당해 지방자치단체 관할구역에 주민등록이 되어 있는 자(「공직선거법」 제18조의 규정에 의하여 선거권이 없는 자를 제외한다)
  2. 19세 이상의 외국인으로서 「출입국관리법」 제10조의 규정에 따른 영주의 체류자격 취득일 후 3년이 경과한 자 중 같은 법 제34조의 규정에 따라 당해 지방자치단체 관할구역의 외국인등록대장에 등재된 자

「공공기관의 정보공개에 관한 법률」

제5조【정보공개 청구권자】
① 모든 국민은 정보의 공개를 청구할 권리를 가진다.
② 외국인의 정보공개 청구에 관하여는 대통령령으로 정한다.

「공공기관의 정보공개에 관한 법률 시행령」

제3조【외국인의 정보공개 청구】
공공기관의 정보공개에 관한 법률 제5조 제2항에 따라 정보공개를 청구할 수 있는 외국인은 다음 각 호의 어느 하나에 해당하는 자로 한다.
  1. 국내에 일정한 주소를 두고 거주하거나 학술 · 연구를 위하여 일시적으로 체류하는 사람
  2. 국내에 사무소를 두고 있는 법인 또는 단체

2019 | 기출문제 해설

영역 분석

행정학 총론	6문항	★★★★★★	24%
정책학	4문항	★★★★	16%
조직론	4문항	★★★★	16%
인사행정론	4문항	★★★★	16%
재무행정론	4문항	★★★★	16%
행정환류론	1문항	★	4%
지방행정론	2문항	★★	8%

빠른 정답

01	02	03	04	05	06	07	08	09	10
①	②	①	③	①	①	①	①	③	④
11	12	13	14	15	16	17	18	19	20
②	②	①	②	③	②	①	②	①	①
21	22	23	24	25					
①	④	①	③	①					

01

정답 ①

영역 조직론 > 조직구조   난도 **상**

정답의 이유

① '책임총리제'를 유추할 수 있는 설명으로, 우리나라는 대통령중심제를 채택하여 대통령이 강력한 인사권을 행사한다. 대통령 권한의 비대화를 억제하기 위해 과거 책임총리제의 채택이 논의되었으나 실현되지 못하였다.

오답의 이유

② 야당이 집권당의 다수를 차지하면, 대통령의 정치적 입지는 좁아지게 된다. 이로 인해 대통령이 정책실행을 주도적으로 이끌어가기 힘들다는 점에서 레임덕 현상이 나타날 가능성이 있다.

③ 우리나라는 대통령중심제를 채택하고 있지만, 국무총리제 등의 의원내각제적 요소를 가미하고 있다.

④ 시민단체는 행정권력 밖의 조직이자 선거권 등으로 정치권력에 압박을 가할 수 있다는 점에서 비공식적 외부통제 행사 집단으로 볼 수 있다. 한편 대통령의 행정적 권력은 국민으로부터 나오기 때문에 시민단체와 대통령은 주인-대리인 관계를 가진다. 따라서 시민단체는 대통령에게 압박을 가해 주인-대리인 문제를 시정하여 행정윤리를 강화할 수 있다.

📡 적중레이더

책임총리제

책임총리제는 국무총리의 권한을 강화하는 것이며, 헌법에서 규정하는 '국무위원 제청권'과 '각료해임 건의권'을 통해 실질적인 인사권을 행사하는 것이 핵심이다. 그러나 헌법에 규정된 국무총리의 권한과 역할이 모호하고, 역대 국무총리 중 실질적인 인사권을 행사한 사례가 거의 없다는 점에서 우리나라의 책임총리제 실현은 어렵다고 판단된다.

헌법상의 국무위원 제청권과 각료해임 건의권

제87조	① 국무위원은 국무총리의 제청으로 대통령이 임명한다. ③ 국무총리는 국무위원의 해임을 대통령에게 건의할 수 있다.
제94조	행정각부의 장은 국무위원 중에서 국무총리의 제청으로 대통령이 임명한다.

우리나라 대통령의 권한

정책의제 설정	• 국회에 대한 법률안 제출권 • 법률안에 대한 거부권 행사 가능	정책의제설정의 주도권
사법부	• 대법원장 임면권 • 대법원판사 임면권	사법부에 대한 영향력
행정부 수반	• 총리 및 각 부처 장관 임면권 • 고위공무원 임면권	정책과정 전반에 대한 영향력

02

영역 지방행정론 > 지방자치단체와 국가와의 관계　　난도 **하**

정답의 이유

② 국가행정이 '형평성'을 중시하는 데 비해 지방행정은 '효율성' 제고를 더 중시한다. 예를 들어 중앙정부의 '사회보장정책', '소득세의 누진세율 적용'은 형평성을 더 중시한 정책이다. 반면, 지방정부는 지역단위 행정수요에 특화된 '맞춤형 행정서비스'를 제공하는 등 행정의 효율성에 중점을 둔다.

오답의 이유

① · ③ 지방자치에 대한 적절한 설명이다.

④ 대응성은 정치 · 행정체계가 구성원의 요구를 얼마나 만족시켜 주고, 민감하게 반응하는가를 가리키는 개념이다. 지방자치는 중앙정부의 주도에 비해 구성원이 지역 행정에 참여하기 용이하다는 점에서 민중통제와 대응성 제고를 기대할 수 있다. 따라서 적절한 설명이다.

적중레이더

지방자치의 단점

지역 간에는 지역거주민의 수와 벌어들이는 세금, 지역산업의 특성 등 여러 요인으로 인해 차이가 발생한다. 이러한 지역 간의 형평성 강화에는 지방자치보다 중앙집권이 효과적이다. 이것은 상대적으로 전국적 규모의 재분배 정책이 지역 간 격차와 계층 간 소득 격차의 감소에 효과적이기 때문이다.

03

영역 정책학 > 정책의제설정　　난도 **중**

정답의 이유

① 내부접근형은 일종의 음모형으로, '사회문제 → 정부의제'의 순서로 정책의제화가 진행되며, 의사결정자들(주로 낮은 지위에 있는 고위관료들)에게 접근할 수 있는 영향력 있는 집단이 정책을 주도하는 모형이다. 정책경쟁을 하지 않고, 공중의제화를 막으려 하는 특징을 보인다.

오답의 이유

② 동원형은 주로 후진국에서 나타나며, 정부 내의 정책결정자들이 주도하여 정책의제를 채택한다. 관련 집단의 지원을 목적으로 공중의제화를 위해 노력하는 특징을 보인다.

③ 〈보기〉에 '외부집단이 주도한다'는 표현이 사용되어 외부주도형으로 판단할 위험성이 크다. '외부주도형'과 '내부접근형'은 외부집단이 정책의제화를 주도한다는 점에서 공통점을 갖지만, 외부주도형은 공중의제를 수반하고 다원적인 사회에서 이해와 타협으로 이루어지는 데 반해, 내부접근형은 공중의제화를 수반하지 않고, 권위주의적인 사회에서 밀실 야합으로 이루어진다는 점에서 차이를 보

인다.

④ 굳히기형은 메이(P. J. May)의 정책의제형성과정 모형의 하나로, 대중의 지지가 필요한 정책에 대하여 대중의 지지가 높을 것으로 기대될 때, 정부 내의 정책결정자들이 주도하여 정책의제를 채택하는 모형이다.

적중레이더

콥과 로스(R. W. Cobb & J. K. Ross)의 정책의제설정모형

외부주도형	• 사회문제 → 사회이슈 → 공중의제 → 정부의제 • 민간집단에 의해 이슈가 제기되어 먼저 성공적으로 공중의제에 도달한 후 최종적으로 정부의제에 이르는 유형
동원형	• 사회문제 → 정부의제 → 공중의제 • 정책결정자가 제기하여 자동적으로 정부의제가 되고, 그 성공적인 집행을 위하여 공중의제로 전환되는 유형을 말함
내부접근형 (음모형)	• 사회문제 → 정부의제 • 정책결정에 특별한 접근권이 있는 영향력을 가진 집단이 정책을 제안하지만 공개적으로 확대되고 경쟁하는 것을 바라지 않음
공고화모형	정부부문 행위자 또는 민간부문의 행위자 중 누가 과정을 주도하는지, 그 해결방안에 대하여 대중이 어느 정도 지지하는지에 관한 것

04

영역 재무행정론 > 예산개혁론(예산제도의 변천)　　난도 **상**

정답의 이유

③ 계획예산제도(PPBS)는 영기준예산제도(ZBB)보다 운영에 높은 전문성을 요구하기 때문에 조직 구성원들의 예산 과정에 대한 참여가 제한된다. 또 계획예산제도를 시행할 경우 예산 편성 과정이 일어나는 중앙과 고위층에 권한이 지나치게 집중될 가능성이 있다.

오답의 이유

① 계획예산제도는 경제적 합리성을 더 중시한다.

② 계획예산제도는 통합적인 목적이나 행정조직에 상관없이 조직의 목표 달성에 가장 적합한 정책과 프로그램의 기획 및 계획, 예산제도 등에 자원을 효율적이고, 유기적으로 배분한다.

④ 계획예산제도는 목표 달성을 위해 하위사업들을 선정하는데, 이 과정에서 비용—편익분석을 실시하여 하위사업에 대한 과거의 예산 정보가 환류(feedback)되어 분석에 활용된다.

계획예산제도(PPBS)와 목표관리(MBO)

계획예산제도는 목표 달성을 위한 환류가 일어나지만, 비용 정보만을 환류하기 때문에 사업의 결과(성과)에 대한 환류는 매우 미흡하다. 이런 단점을 보완하기 위해 도입된 것이 목표관리(MBO)이다.

구분	PPBS(계획예산)	MBO(목표관리)
목적	• 목적: 합리적 자원배분 • 예산제도의 일환으로 성립	• 목적: 효율적인 목표 성취 • 관리기법의 일환으로 성립
시행	존슨 대통령(1965)	닉슨 대통령(1973)
계획·범위	• 장기적(보통 5년) • 미래지향적 • 종합적 계획	• 단기적(보통 1년) • 현실지향적 • 부분적 계획에 관심
권위구조	• 집권화된 권위구조 • 막료(Staff) 중심	• 분권화된 권위구조 • 계선(Line) 중심
정책결정	• 하향적 · 집권적 (관리층에게 집중) • X이론적	• 상향적 · 분권적 (담당자에게 분산) • Y이론적
요구능력	• 고도의 분석적 전문성 • 고도의 통계기법	• 일반적 · 상식적 관리기법 • 산술적 기법
목표설정	• 개방성(조직의 경계 초월) • 장기적 · 종합적 목표설정	• 폐쇄성(조직 내부) • 다원적 · 비계획적 목표설정
사업계획	• 대외적 • 외적비용 · 효과분석에 치중 • 객관적 분석, 대안탐색, 체제분석	• 대내적 • 내적비용 · 산출량에 치중 • 최종산출의 경험적 평가
예산	종합적 자원배분	부분적 · 개별적 · 후원적 예산배정
중점	• 계획수립 • 목표설정 · 정책결정 • 소요비용예측	• 목표달성 · 정책집행 • 관리
책임	상위층 책임	일선관리자 책임
환류	• 비용만 제시 • 환류기능 미흡	환류 기능 중시
유사점	• 자원배분의 합리화와 기획 · 목표 중시 • 사업계획의 계속적인 검토와 조정 • 결과에 대한 측정 · 평가 강조	

05
정답 ①

영역 지방행정론 > 지방자치단체(종류 및 기관) 난도 **상**

[정답의 이유]

① 단층제는 중앙정부와 지방자치단체를 연결하는 중간단계(광역자치단체)를 없애기 때문에 지방정부의 규모를 축소할 수 있지만, 중간단계를 없애면 자치단체의 능력을 초과한 사무를 중앙정부가 처리해야 하기 때문에 중앙집권화와 중앙정부의 비대화를 초래한다.

[오답의 이유]

② 단층제는 중간단계(광역자치단체)를 없애기 때문에 지역주민들과 중앙정부와의 행정적 의사소통 거리는 단축된다.

③ 중간단계(광역자치단체)가 사라지므로 주민생활행정상의 책임소재는 더욱 명확해진다.

④ 단층제는 중앙-지방 간의 관계가 간소화되므로 자치단체의 관할 지역에 대한 자치권이 강화되고, 광역단위보다 개별적인 지역의 특수권과 개별성이 존중된다.

06
정답 ①

영역 행정환류론 > 행정개혁 난도 **상**

[정답의 이유]

① 역대 정부의 개혁정책은 '㉠ 행정쇄신위원회(김영삼 정부) → ㉣ 정부혁신지방분권위원회(노무현 정부) → ㉢ 정부 3.0(박근혜 정부) → ㉡ 열린 혁신(문재인 정부)'의 순서로 진행되어 왔다.

열린 혁신

문재인 정부는 '국민'과 '정부'라는 이분법적 사고에서 벗어나 '국민이 주인인 정부'라는 비전을 수립하고, '국민과 함께 하겠다'는 국정철학을 구현했다.

• 사회혁신: 협력을 통한 시민 주도의 사회문제 해결, 이를 통한 삶의 질을 개선한다.

• 정부혁신
- 혁신적인 열린 정부: 사회 부조리 개선, 정보공개제도 개편 등
- 국민이 공감하는 서비스혁신: 취약계층 서비스, 정부24 운영 등
- 정부업무 지능화로 스마트 행정구현: 공공데이터 개방, 지능형 전자정부 등

07
정답 ①

영역 인사행정론 > 공직구조의 형성 난도 **중**

[정답의 이유]

① 직장협의회는 공무원의 권익향상을 위한 제도이므로 직업공무원제의 개선과는 직접적인 관련성이 없다.

[오답의 이유]

② 고위공무원단은 업무와 실적 중심에 따라 차등된 보수를 지급. 적격심사를 통해 부적격 판정을 받은 경우 인사조치, 공모직위제도 및 역량평가를 거쳐 임용되기 때문에 전문성 향상 등을 통해 직업공무원제의 공직침체를 개선할 수 있다.

③ 개방형 인사제도는 외부의 전문가를 채용하여 공직의 전문성 향상을 기대할 수 있다는 점에서 직업공무원제의 단점인 관료주의와 공직침체, 폐쇄적 조직구조 개선에 도움을 준다.

④ 성과급제는 공무원의 실적에 영향을 주어 업무 능력 및 전문성의 향상을 기대할 수 있다는 점에서 개선방안으로 적절하다.

(((ㅇ))) 적중레이더

직업공무원제의 장·단점과 개선방안

장점	• 공무원의 전문성 확립 • 직업적 자부심 • 연대의식 강화 • 행정의 계속성·안정성·일관성 • 고급공무원 양성에 유리 • 공무원의 능력발전
단점	• 관료주의화·공직침체로 인한 질적 수준 저하 • 민주통제의 어려움 • 환경에 따른 대응능력 저하 • 폐쇄적 조직구조로 외부전문가의 임용에 난항 • 행정의 전문성 저하 • 공직의 기회균등 저해
개선방안	• 개방형 인사제도 • 대표관료제 • 엽관주의적(정치적) 임용 • 후기관료제(탈관료제) 모형의 도입 • 정년단축과 계급정년제 • 성과급제

08

정답 ①

영역 인사행정론 > 능력발전　　　　　　　　난도 **중**

정답의 이유

① 4급 이상 공무원은 성과계약평가를 받으며, 5급 이하 공무원의 대부분은 근무성적평가를 받는다.

오답의 이유

② 다면평가는 상사뿐만 아니라, 동료, 부하, 내·외부 고객 등의 다수가 평가자로 참여하는 평가를 말한다. 이를 통해 평가의 신뢰성과 객관성을 높일 수 있고, 평가 대상의 전체적인 모습을 파악할 수 있게 된다.

③ 인사혁신처는 2016년에 인사기록카드 기재사항을 개선했다. 이에 따라 공무원 인사기록카드에는 학력, 신체사항에 대한 정보를 기재하지 않으며, 주요 교육훈련 실적, 성과급 등급, 근무성적평가등급 등을 기재해 인사관리와 연계할 수 있는 성과주의를 강조했다.

④ 직무분석은 직무의 '절대적' 차이(직무 수행에 요구되는 능력 등)에 따라 구분하는 단계이고, 직무평가는 '상대적' 차이(조직 목표 달성의 직무별 공헌도 등)에 따라 구분하는 단계이다.

(((ㅇ))) 적중레이더

「공무원 성과평가 등에 관한 규정」

제7조【평가대상】
4급 이상 공무원(고위공무원단에 속하는 공무원을 포함한다)과 연구관·지도관(「연구직 및 지도직공무원의 임용 등에 관한 규정」 제9조에 따른 연구관 및 지도관은 제외한다) 및 전문직공무원에 대한 근무성적평정은 성과계약 등 평가에 의한다. 다만, 소속 장관은 5급 이하 공무원 및 우정직공무원 중 성과계약 등의 평가가 적합하다고 인정하는 공무원에 대해서도 성과계약 등의 평가를 실시할 수 있다.

제12조【평가대상】
5급 이하 공무원, 우정직공무원, 「연구직 및 지도직공무원의 임용 등에 관한 규정」(이하 "연구직및지도직규정"이라 한다) 제9조에 따른 연구직 및 지도직공무원에 대한 근무성적평정은 근무성적평가에 의한다.

제28조【다면평가】
① 소속 장관은 소속 공무원에 대한 능력개발 및 인사관리 등을 위하여 해당 공무원의 상급 또는 상위 공무원, 동료, 하급 또는 하위 공무원 및 민원인 등에 의한 다면평가를 실시할 수 있다.

(((ㅇ))) 적중레이더

우리나라 근무성적평가제도의 특징
• 4급 이상 공무원에 대하여는 성과계약 등 평가를 실시하고, 5급 이하 공무원의 대부분은 근무성적평가를 실시한다.
• 근무성적평가는 6월 30일과 12월 31일을 기준으로 연 2회 평가가 실시된다.
• 근무성적평가는 직급별로 구성한 평가단위별로 실시하되, 소속 장관은 직무의 유사성 및 직급별 인원수 등을 고려하여 평가단위를 달리 정할 수 있다.
• 평가자는 근무성적평정이 공정하고 타당하게 실시될 수 있도록 하기 위하여 근무성적평정 대상 공무원과 성과면담을 실시하여야 한다. 이에 따라 평가자가 성과계약, 근무성적평가의 정기평가 등을 실시할 때에는 평정 대상 기간의 성과목표 추진결과 등에 관하여 근무성적 평정 대상 공무원과 서로 의견을 교환하여야 한다.

09

영역 정책학 > 정책집행   난도 중

정답의 이유

③ 정책목표는 목표에 따라 집행으로 이어진다는 점에서 효과적이고 효율적인 목표를 수립하는 데 많은 비용과 시간이 소모된다. 이렇게 설정된 정책목표는 긴급성·필요성 등의 조건과 여러 요인을 따져 우선순위를 정한다. 이 우선순위는 만약 정책집행과정에서 사회적 변동이 일어나더라도 법령에 규정된 우선순위가 변하지 않고, 기존의 정책과 현저하게 달라지지 않는 '안정성'을 갖추어야 한다.

📡 적중레이더

사바티에와 마즈매니언(Sabatier & Mazmanian)의 집행 영향요인

문제의 용이성	• 인과관계 및 적절한 기술의 존재 • 대상집단 행태의 다양성 • 대상집단의 규모 • 요구되는 행태변화의 정도
법적 요인 (집행에 대한 법규의 구조화능력)	• 법규상 목표의 우선순위의 명확성 • 재원 • 집행기관의 계층적 통합성 • 집행기관의 결정규칙 • 집행담당공무원 및 집행기관의 자세 • 국외자(局外者)의 공식적 참여와 감독
정치적 요인 (비법률적 변수)	• 사회·경제·기술적 상황과 여건 • 대중매체의 관심 • 일반대중의 지지 • 관련집단의 자원 및 태도 • 지배기관의 후원과 관심

10

정답 ④

영역 행정학 총론 > 행정학의 주요 접근   난도 하

정답의 이유

④ '자율적 인간관'은 비판이론의 인간관에 해당한다. 비판이론은 행태주의의 도구적 이성을 비판하고 실천을 주도하는 자율적 인간관을 주장한다. 반면 행태주의 인간관은 외부 자극에 수동적으로 반응하고, 인과의 논리에 지배당하는 '수동적 존재'이다.

오답의 이유

① 행태론적 접근방법(행태주의)은 가치와 사실을 구분(분리)하여, 검증이 불가능한 가치를 연구대상에서 제외하고 검증이 가능한 사실만을 연구대상으로 삼는 가치중립적인 특징을 지닌다.

② 행태주의는 사회현상도 자연현상과 마찬가지로 과학적 연구가 가능하다고 보았으며, 논리 실증주의, 계량적 접근 등의 과학적 방법을 적용하여 사회현상에서 보편적 원리를 도출하려는 목적을 가졌다.

③ 행태론은 다학문성(종합학문성)을 강조하였다.

📡 적중레이더

행태론적 접근방법

목적	• 사회현상에 존재하는 규칙성의 일반화 • 일반화된 사회현상 규칙의 경험적 입증
접근 방법	• 방법론적 이원론 → 가치와 사실의 분리 • 순수과학적 이론과 원리 • 논리실증주의 • 심리학적 접근
분석 방법	• 통계학적 연구기술 • 검증을 목적으로 조사한 정보·자료의 계량화
특징	• 다양한 인접학문의 통합 강조(다학문성, 종합학문성) • 순수과학의 입장에서 사회현상 연구 • 사회현상의 과학화를 위한 이론적 체계의 정립
인물	• 사이먼(H. A. Simon) • 이스턴(D. Easton)

11

정답 ②

영역 인사행정론 > 인사행정의 기초   난도 중

정답의 이유

ⓒ 고위공무원의 정치적 임용을 활성화하는 것은 집권자와 고위직 공무원의 이념공유를 통한 정책추진의 원활화(효과성 극대화)를 위한 것이지, 정치적 이해관계에 있는 정치가들이 정치를 더 잘하도록 돕기 위한 것이 아니다.

ⓒ 국민에 대한 대응성과 책임성 확보에 유리한 제도는 대표관료제이다. 실적주의는 정치적 중립의 요구로 인해 공무원들이 국민의 요구에 둔감한 폐쇄집단화를 초래하게 되어 대응성과 책임성이 약화된다.

📡 적중레이더

실적주의의 장·단점

장점	• 행정의 합리화·과학화·객관화 지향 • 인사행정의 합리화 도모 • 차별을 배제하고 공직에서 기회균등을 기함 • 행정의 능률화·전문화·기술화
단점	• 반엽관주의 → 인사행정의 소극화·형식화 초래 • 창조적이고 민주적인 인사행정을 어렵게 함 • 일부 계층 또는 집단에 대하여 불리한 제도로 작용하여 형평성을 저해할 우려 • 형평성·대표성 확보가 어려움 • 공무원의 무사안일주의와 복지부동 야기 • 정치적 중립으로 인하여 정치적 변동에 한계

82 시대에듀 | 군무원 행정학

12

영역 조직론 > 조직의 양태와 조직유형　　　난도 **상**

정답의 이유

② '중간관리자들의 지식관리와 정보의 수직적 및 수평적 흐름이 중시
된다.'는 특징은 하이퍼텍스트(hypertext)형 조직에 해당한다. 반면,
학습조직은 리더의 역할이 중요한데, 학습행위가 자발적 · 주체적
노력을 통해 이루어진다고 부기 때문에 주직 구성원의 자발적인
문제해결 참여를 유도할 수 있는 사려 깊은 리더십이 요구된다.

오답의 이유

① 사회학적 신제도주의에서 강조하는 외부의 압력에 의한 강압적 동
형화와 규범적 동형화는 조직학습을 통해 나타난다.

③ 학습조직은 문제해결이 필수적 가치가 되는 유기적 조직모형이다.
따라서 전 직원이 문제해결에 참여하므로 조직문화에 적응적이다.

④ 학습조직은 문제해결을 위한 수평적 구조를 강조한다. 따라서 학
습조직의 기본단위는 업무 프로세스 중심의 통합기능팀이다.

📡 **적중레이더**

전통적인 기계적 조직과 구별되는 학습조직의 특징
- 기능보다 업무 프로세스 중심으로 조직을 구조화한다.
- 위계적 통제보다 구성원 간의 수평적 협력을 중시한다.
- 학습조직 활성화에 리더의 역할이 상대적으로 중요하다.
- 조직의 목표달성을 위하여 구성원의 권한 강화(empowerment)를
　강조한다.

13

정답 ①

영역 조직론 > 조직구조　　　난도 **중**

정답의 이유

① 방송통신위원회는 대통령 소속의 위원회이다.

오답의 이유

② · ③ · ④ 공정거래위원회, 금융위원회, 국민권익위원회는 국무총리
소속의 위원회이다.

📡 **적중레이더**

대통령 및 국무총리 소속 중앙행정기관과 정부위원회

대통령 소속	국가안전보장회의, 민주평화통일자문회의, 국민경제자문회의, 국가과학기술자문회의, 감사원, 국가정보원, 방송통신위원회, 규제개혁위원회, 국가지식재산위원회, 자치분권위원회, 경제사회노동위원회, 개인정보보호위원회, 국민대통합위원회(폐지), 청년위원회(폐지) 등
국무총리 소속	국무조정실, 국무총리비서실, 법제처, 국가보훈처, 식품의약품안전처, 인사혁신처, 공정거래위원회, 금융위원회, 국민권익위원회, 원자력안전위원회, 정부업무평가위원회 등

14

정답 ②

영역 재무행정론 > 예산　　　난도 **중**

정답의 이유

㉠ · ㉣ 이용과 전용, 예비비는 예산의 용도(목적) 외 사용을 금지하는
질적 한정성의 예외이다.

오답의 이유

㉡ 기금은 예산 단일성의 원칙과 통일성의 원칙의 예외에 해당한다.

㉢ 신임예산은 공개성의 원칙의 예외에 해당한다.

15

정답 ③

영역 행정학 총론 > 행정학의 이해　　　난도 **상**

정답의 이유

③ 일반적으로 근대적 의미의 행정학은 미국의 윌슨(T. W. Wilson),
굿뉴(F. J. Goodnow) 등의 초기 행정학자들로부터 비롯되었다고
판단한다. 이들은 엽관주의에 매몰된 행정을 능률적인 관리체계로
분리하려는 목적을 가지고 연구를 진행했고, 테일러의 과학적 관
리법 등의 경영이론을 행정조직에 적용할 것을 주장했다. 이후 행
정학은 독립분과 학문으로 분리될 때까지 경영학적 논리의 영향을
받았다.

16

정답 ②

영역 행정학 총론 > 행정학의 주요 접근　　　난도 **중**

정답의 이유

② 신제도주의는 제도를 공식적인 체제나 구조(법, 정책 등)에 한정하
지 않고, 비공식적 규범(규칙, 규범, 인지적 요소 등)까지 포함하여
제도로 본다. 신제도주의는 이러한 제도가 행위자와 상호작용하는
동태적 관계(권력관계, 심리적 관계 등)를 분석하려고 한다.

오답의 이유

① 사회학적 신제도주의는 조직구조의 변화가 동형화로 인해 나타난
다고 보며, 이러한 동형화에는 강압적 동형화, 모범적 동형화, 규범
적 동형화가 있다.

③ 구제도주의와 달리 신제도주의는 제도를 '동적인' 것으로 보며, 시
간의 흐름에 따른 제도의 변화 원인과 결과, 제도가 사람의 선호에
어떤 영향을 미치는가를 분석한다. 신제도주의에서의 제도는 개인
행위의 수동적인 결과물이 아닌 개인과 상호작용하는 관계이다.

④ 역사적 신제도주의는 제도가 시간의 흐름에 따라 상황이 변했음에
도 기존의 제도가 새로운 제도를 제약하는 '경로의존성'을 보인다
고 주장했다.

구제도주의와 신제도주의 비교

비교	구제도주의	신제도주의
제도의 개념	공식적인 법령	공유하고 있는 규범
제도 범위	공식적 · 가시적 · 제도에 국한 (예 법구조 · 정치제도 · 행정조직)	비공식적 · 문화적 · 동태적 제도를 포함(예 정책참여자들 간의 역동적 연결관계. 노조와 자본시장의 관계. 문화. 관습 등)
분석 방법	행정 · 정치제도의 정태적 특성에 대한 비교 · 서술	다양한 제도 간 역동적 관계에 중점
제도의 특성	• 제도의 특성은 외생적 요인에 의해 결정됨 • 제도의 종속변수성	• 제도와 행위자 간 상호영향력의 인정 • 제도의 종속변수성+독립변수성
접근법	거시적 접근(인간에 대한 고려 없음)	거시(제도)와 미시(인간행태)의 연계

17 정답 ①

영역 재무행정론 > 예산　　　　　　　　난도 **중**

정답의 이유

① 성인지예산은 여성위주의 예산편성과 집행을 목표로 하지 않는다. 기존의 예산이 성평등에 미치던 영향을 분석하여 궁극적으로 남녀 간 적극적인 결과의 평등을 구현하려는 것을 목표로 한다.

오답의 이유

② 성인지예산의 적용범위에는 예산과 기금(基金)이 모두 포함된다.

③ 성별영향분석평가는 성별영향분석평가법에 의거해 중앙정부와 지방자치단체장이 정책이 성평등에 미칠 영향을 사전에 분석하여 예산과 기금에 반영하는 제도이다.

④ 성인지예산은 예산안과 결산안을 별도로 심사하지 않고, 예산안과 결산안의 부속서류를 포함시켜 예산의 편성, 심의, 집행, 결산 과정에 모두 적용된다.

적중레이더

성인지예산

국가 예산의 편성 및 집행과정에 있어 성차별 없이 평등한 혜택을 누릴 수 있도록 배분하는 제도를 의미한다. 이는 남녀의 동등한 정치 · 경제적 참여의 보장, 성별에 따른 예산의 불평등한 배분효과 파악, 정책 · 프로그램의 성별 형평성 등을 목적으로 한다.

18 정답 ②

영역 인사행정론 > 공직구조의 형성　　　　난도 **중**

정답의 이유

㉠ 경찰, 소방, 교육공무원, 군인, 군무원, 검사, 법관은 모두 경력직 공무원 중 특정직 공무원에 해당한다. 자치경찰과 국가경찰 모두 특정직 공무원이다.

㉢ 선거로 선출되는 공무원을 제외한 국가직과 지방직 공무원 모두 공무원연금법의 적용을 받는다.

오답의 이유

㉡ 장관과 차관은 특수경력직 중 정무직이다. 별정직은 주로 업무보좌를 수행하는 보좌관, 비서관, 국회 수석전문위원과 특정한 업무 수행을 위해 지정된 국가정보원 기획조정실장이 해당된다.

㉣ 고위공무원단의 공모직위 대상은 국장(3급) 이상의 고위급 국가직 공무원과 지방으로 파견된 고위급 국가직 공무원에게만 해당된다. 따라서 지방직에는 따로 고위공무원단이 운영되고 있지 않다.

적중레이더

우리나라 공직 분류제도

경력직	일반직	• 기술 · 연구 또는 행정일반에 대한 업무를 담당하는 공무원 • 1급에서 9급의 9계급 구분 • 9계급 구분 예외: 연구직 2계급(연구관 · 연구사), 지도직 2계급(지도관 · 지도사), 국회전문위원(2급), 감사원 사무차장, 특별시 · 광역시 · 도 선거관리위원회의 상임위원
	특정직	• '실적과 자격에 의한 임용', '신분의 보장'은 일반직 공무원과 동일 • 담당 직무의 특수성(자격요건 · 계급 · 복무규율 · 정년 · 보수체계 등의 별도 규정) • 법관 · 검사 · 외무공무원 · 경찰공무원 · 소방공무원 · 교육공무원 · 군인 · 군무원, 헌법재판소 헌법연구관 및 국가정보원 직원(부장 이하), 특수 분야 담당 공무원, 법률이 특정직 공무원으로 지정하는 공무원 • 경찰청장 · 검찰총장
특수경력직	정무직	• 선거에 의하여 취임하는 공무원: 대통령 · 국회의원 · 자치단체장 · 지방의회의원 • 임명에 있어 국회의 동의를 요하는 공무원: 국무총리 · 감사원장 · 헌법재판소장 · 국회에서 선출하는 헌법재판소의 재판관 · 국회에서 선출하는 중앙선관위원 • 고도의 정책결정업무를 담당하는 공무원: 장 · 차관, 처장, 청장, 기타 차관급 공무원 • 고도의 정책결정업무를 보조하는 공무원으로서 법률 또는 대통령령에서 정무직으로 지정하는 공무원: 감사원의 감사위원 및 사무총장, 국회의 사무총장 · 차장 · 도서관장 및 의정연수원장, 헌법재판소의 사무처장 및 차장, 중앙선거관리위원회의 사무총장, 국무위원, 국무총리실장 · 차관급상당 이상의 보수를 받는 비서관, 국가정보원의 원장 및 차장, 서울특별시의 부시장 등

별정직	• 비서관 · 비서 등 보좌업무를 수행하거나 특정한 업무 수행을 위하여 법령에서 별정직으로 지정하는 공무원 • 차관보, 국회수석전문위원, 국가정보원 기획조정실장, 광역시와 도의 정무부시장 · 정무부지사, 국회수석전문위원(1급 상당) 등

19

정답 ①

영역 조직론 > 조직구조   난도 **중**

정답의 이유

① 공식성은 조직 내의 직무가 표준화되어 있는 정도를 말한다. 구성원의 재량권은 조직구성원의 직무행태가 규칙 · 절차에 얽매이는 정도가 낮아질수록 늘어나는데 이는 공식성이 낮아지면 재량권이 늘어나는 것을 의미한다.

오답의 이유

② 집권성이 높아지면 조직의 위기에 신속하게 대응할 수 있으며, 분권성이 높아지면 신속한 업무처리가 가능해진다.

③ 조직규모가 커지면 복잡성도 높아지고, 조직규모가 작아지면 복잡성이 낮아진다.

④ 분화는 분업을 의미하며, 수직적(위계), 수평적(횡적), 공간적 분화가 있다. 한편 조정은 분화된 업무를 상황에 맞게 정돈하거나 통제하는 것을 의미한다. 따라서 분화의 정도가 높다는 것은 조직이 복잡하다는 것을 의미하고, 조직이 복잡할수록 조정이 어려워진다.

((•)) 적중레이더

조직의 원리와 조직구조 변수 사이의 관계
• 공식화의 수준이 높을수록 조직구성원들의 재량이 감소한다.
• 통솔범위가 넓은 조직은 일반적으로 고층구조를 갖는다.
• 고객에 대한 신속한 서비스 제공 요구는 집권화를 촉진한다.
• 복잡성은 '조직 업무의 횡적, 계층적, 공간적으로 분화되어있는 정도'를 말한다.

20

정답 ①

영역 행정학 총론 > 행정학의 주요 접근   난도 **하**

정답의 이유

① '관료는 고객위주의 공공기업가가 되어야 한다'고 주장하는 것은 신공공관리론(NPM)이다. 신공공서비스론(NPS)은 고객이 아니라 시민에게 봉사하는 행정을 강조하였으며, 시민정치론(시티즌십)과 공공서비스의 가치를 중시하였다.

((•)) 적중레이더

신공공서비스론(NPS)
• 공익과 공유가치 간의 관계를 강조하여, 행정가의 역할을 공익을 추구할 수 있도록 촉진하는 것이라 본다.
• 정책과정에서의 궁극적인 책임성 시스템이 가지는 목적은 시민의 선호와 필요에 대해 정부의 대응성을 보장하는 것이라 본다.
• 공공서비스의 이상을 인간에게 가장 높은 가치와 초점을 부여하는 것으로 설정하여 조직은 인간을 존경하는 가운데 협동과 공유된 리더십으로 운영할 때만이 성공할 수 있다고 본다.

21

정답 ①

영역 재무행정론 > 예산과정론   난도 **중**

정답의 이유

① 우리나라는 대통령중심제이기 때문에 의원내각제의 국가보다 예산심의과정이 더 엄격하다. 대통령중심제는 삼권분립에 입각하여 행정부와 입법부 간 견제와 균형이 작용하므로 의회의 예산심의가 엄격하다. 이에 비해 의원내각제는 의회 다수당이 내각(집행부)을 구성하므로 예산심의가 비교적 엄격하지 않다.

오답의 이유

② 우리나라는 예산이 법률의 형식을 취하지 않아 하위의 효력을 가지지만, 미국의 예산은 세출예산법안을 의회에 제출해 의결하는 형식으로 통과되는 '예산법'의 형태이다.

③ 우리나라의 예산은 본회의에서 심의 · 의결되지만 형식성이 강하고, 실질적인 심사는 상임위원회(예비심사)와 예산결산특별위원회(종합심사)에서 진행된다.

④ 우리나라의 국회는 정부의 동의 없이 정부가 제출한 지출예산 각항의 금액을 증액할 수 없다.

((•)) 적중레이더

우리나라 예산심의의 특징
• 정치체제(대통령중심제)의 성격상 예산심의 과정이 의원내각제에 비해 상대적으로 더 엄격하다.
• 일반적으로 예산의 심의에서 본회의는 형식적인 경우가 많다.
• 국회는 정부의 동의 없이 금액을 증가하게 하거나 새로운 비목을 설치하지 못한다.
• 예산심의 과정에서 국회 상임위원회가 소관 부처의 이해관계를 대변하기 쉽다.
• 우리나라 국회에서의 예산심의 기간은 헌법상 60일이다(「국가재정법」의 경우 90일).
  → 「국가재정법」에서는 회계연도 개시 120일 전까지 예산안 제출을 의무화하고 있지만, 헌법은 90일 전까지로 정하고 있다(국회는 회계연도 개시 30일 전까지 이를 의결하여야 한다).

- 예산결산특별위원회는 소관 상임위원회에서 삭감한 예산금액을 증액하거나 새비목을 설치하고자 할 경우 소관 상임위원회의 동의를 얻어야 한다.
- 상임위원회의 예비심사를 마친 예산안은 예산결산특별위원회에서 종합심사를 한다.
- 전년도 결산안은 익년도 예산안보다 먼저 국회로 제출된다.
  → 결산안 제출일은 5월 31일까지이고, 예산안 제출일은 9월 3일까지이다.

22
정답 ④

영역 행정학 총론 > 행정학의 주요 접근 　　　　난도 **상**

[정답의 이유]

④ 공공선택론은 시장실패를 교정하기 위한 정부의 시장 개입이 '왜 자원배분의 효율성을 저해하는가(정부실패)'에 대한 원인을 분석하였다.

[오답의 이유]

① 공공선택론은 1960년대 뷰캐넌(J. Buchanan)과 털록(G. Tullock) 등의 버지니아 학파가 창시하였으며, 집단적 의사결정과정에 경제학적 논리를 적용한다.

② 오스트롬(E. Ostrom)은 윌슨식 패러다임을 비판하고, 관료가 권력을 남용하는 독점적 권력구조를 개선하여 다수의 중첩적 관할권을 제안하였다. 오스트롬의 민주행정 패러다임은 행정이 정치의 영역 내부에서 이루어진다고 보았다.

③ 공공선택론은 상호배타적인 대안 중에서 가장 합리적인 하나만을 선택하는 특징(합리적 무시)을 지니며, 이는 투표에도 적용된다. 따라서 공공선택론에서 사표심리는 개인이 표의 효과를 극대화하려는 전략적 선택이라고 본다.

23
정답 ①

영역 행정학 총론 > 행정과 환경 　　　　난도 **중**

[정답의 이유]

① 사회적 자본은 사회구성원 상호 간의 이익을 목적으로 하는 협동 규범, 규칙, 네트워크 등을 의미한다. 사회적 자본은 거래 당사자가 사용할수록 '증가(축적)'되는 포지티브 섬의 특징이 있어 자기강화적이고, 사용할수록 증가하지만 사용하지 않으면 오히려 감소한다.

[오답의 이유]

② 후쿠야마(F. Fukuyama)는 신뢰를 강조하여 국가의 경쟁력은 사회에 내재하는 신뢰수준이 결정한다고 주장했다.

③ 경제자본은 개인이 소유하고 있는 '개인적 자원'이지만, 사회적 자본은 개인의 네트워크나 결사체에 내재된 '공공적 자원'이다.

④ 오스트롬(E. Ostrom) 등의 신제도주의자들은 공동의 규칙과 같은 사회적 자본이 정부의 개입 없이도 공동의 문제를 해결할 수 있게 만든다고 주장했다.

(((•))) 적중레이더

사회적 자본의 특징

- 사회적 자본은 이익이 공유되는 특성을 보인다.
- 사회적 자본의 사회적 교환관계는 동등한 가치의 등가교환이 아니다.
- 사회적 자본은 지속적인 교환과정을 거쳐서 유지되고 재생산된다.
- 사회적 자본의 교환은 시간적으로 동시성을 전제로 하지 않는다.

24
정답 ③

영역 정책학 > 정책분석 　　　　난도 **중**

[정답의 이유]

③ 지명반론자기법(devil's advocate method)은 작위적으로 집단을 둘로 나누어 특정 집단을 반론을 제기하는 집단으로 지정하고 적극적인 반론자 역할을 부여하고, 두 집단 간의 찬반 토론을 거쳐 원래의 안을 수정, 보완하여 최종대안을 도출하는 의사결정기법이다.

(((•))) 적중레이더

집단적 의사결정기법

구분	내용
델파이 기법 (delphi method)	• 미래 예측을 위해 전문가집단을 활용하는 의사결정 방법 • 응답자의 격리 및 익명성 보장, 반복적인 피드백 • 전문영역에 대한 집착으로 거시적 안목의 예측 가능성 하락
브레인스토밍 (brainstorming)	• 계속해서 새로운 아이디어를 말하거나 적어보는 방식 • 새로운 아이디어를 만들기 위해서 타인의 아이디어를 비판하거나 평가하지 말아야 함
지명반론자기법 (devil's advocate method)	• 반론자 집단을 작위적으로 나누어 설정 • 본래 대안의 단점과 약점을 적극적으로 지적하여 개선
명목집단기법 (nominal group technique)	• 집단의 문제해결에 참여하는 개인들의 개별적인 해결방안 구상 • 제한된 집단적 토론 후 해결방안 표결 • 조직적인 토론 진행 • 집단구성원 간 원활하지 않은 의사소통의 위험성

25

영역 정책학 > 정책결정　　　　　　　　　　　　　난도 **중**

정답의 이유

① 집단적 의사결정은 리더가 의사를 결정할 때, 구성원이나 전문가의 의견을 참고하여 결정하는 것을 의미한다. '상호작용기법', '델파이 기법' 등이 포함되며, 다양한 의견(아이디어)과 지식, 정보를 제시하여 활용할 수 있다는 장점이 있다.

오답의 이유

② 권한을 독점한 소수의 리더에 의해 의견이 주도적으로 결정될 수 있다.

③ 타협과 협상에 의해 최선책보다 차선책을 선택하는 오류가 나타날 수 있다.

④ 무임승차의 성향이 나타나서 책임이 불분명한 무책임한 행태가 나타난다.

((ᵖ)) 적중레이더

집단적 의사결정의 장 · 단점

장점	• 풍부한 정보와 지식, 아이디어의 활용 • 분업과 협업 가능 • 충실한 대안 평가 가능 • 정당성과 합법성 증대 • 의사결정장치의 경직성 완화 • 조직의 응집력 제고 • 해결책에 대한 수용성 증가
단점	• 시간과 노력의 낭비 • 책임소재의 모호성(무책임성) • 창의성의 제약: 집단사고, 집단동조의 가능성 • 의견불일치로 인한 집단 내 갈등 야기 • 집단극화(group polarization): 집단의사결정이 개인의 사결정에 비해 더 극단적인 방향으로 흐르는 행태 • 차선책 선택의 오류 • 사회적 압력의 부정적 영향

2018 기출문제 해설

☑ 점수 ( )점/100점 ☑ 문제편 063쪽

영역 분석

행정학 총론	1문항	★	4%
정책학	4문항	★★★★	16%
조직론	5문항	★★★★★	20%
인사행정론	8문항	★★★★★★★★	32%
재무행정론	4문항	★★★★	16%
행정환류론	1문항	★	4%
지방행정론	2문항	★★	8%

빠른 정답

01	02	03	04	05	06	07	08	09	10
④	④	④	④	①	①	①	②	②	①
11	12	13	14	15	16	17	18	19	20
①	④	④	②	①	③	③	④	①	④
21	22	23	24	25					
②	③	①	④	①					

01

정답 ④

영역 정책학 > 정책환경 및 정책과정의 참여자 난도 **중**

[정답의 이유]

④ 권력게임은 정책공동체가 포지티브섬 게임(postive—sum game)인 반면 이슈네트워크는 네거티브섬 게임(negative—sum game)의 성격을 띤다.

(((·))) 적중레이더

정책네트워크 모형

• 정책공동체와 이슈네트워크

구분	정책공동체	이슈네트워크
정책 행위자	• 공식 · 조직화된 행위자에 한정(공무원, 교수, 연구원 등) → 폐쇄적 · 안정적 · 지속적 • 경계의 개방성 낮음	다양한 행위자, 이슈에 따라 수시로 변동(이익집단, 전문가, 언론 등 모든 이해관계자) → 개방적 · 불안정적 · 유동적
상호 관계	• 상호협력적, 상호의존성 강함, 비교적 균등한 권력 • 포지티브섬 게임 (positive—sum game)	• 상호경쟁적, 상호의존성 약함, 권력의 편차 심함 • 영합게임 (zero—sum game) • 네거티브섬 게임 (negative—sum game)
참여의 목적	정책에 대한 기본적 이해의 공유와 협조	• 자신의 이익 극대화 • 이슈의 성격에 따라 이합집산
예측 가능성	높음	낮음
자원 배분	모든 참여자가 자원을 가지고, 기본관계는 교환관계	자원보유 면에서 격차가 존재하고, 교환관계가 아닌 자문 수준
정책 결정	처음의 정책 내용대로 정책 결정	정책결정과정에서 정책 내용이 많이 변경
정책 집행	결정된 내용 그대로 집행	결정된 내용과 다르게 집행되는 경우가 많음

• 정책커튼모형: 이샤이(Yishai)가 주장한 모형으로 정부기구 내의 권력 장악자들에 의해 정책과정이 독점되어 외부 행위자들의 정책요구가 전혀 고려되지 않는 가장 폐쇄적인 유형이다. 외부 행위자들의 요구는 정책결정의 장으로 진입되는 것이 차단되고, 정부엘리트는 외부로부터 자율적이며 외부와의 상호작용은 이루어지지 않음

02

정답 ④

영역 조직론 > 조직의 양태와 조직유형　　　　　　　난도 **하**

정답의 이유

④ 차관보는 보조기관이 아닌 보좌기관이다.

((●)) 적중레이더

보조기관과 보좌기관

- 보조기관: 행정기관의 의사 또는 판단의 결정이나 표시를 보조함으로써 행정기관의 목적달성에 공헌하는 기관
  예 차관, 차장, 실장, 국장 및 과장 등
- 보좌기관: 행정기관이 그 기능을 원활하게 수행할 수 있도록 그 기관장이나 보조기관을 보좌함으로써 행정기관의 목적달성에 공헌하는 기관
  예 차관보, 비서관, 보좌관 등

03

정답 ④

영역 인사행정론 > 공직구조의 형성　　　　　　　난도 **하**

정답의 이유

④ 직류가 아닌 직군에 대한 설명이다.

((●)) 적중레이더

직위분류제의 구성요소

구분	직무 종류	책임	구성범위
직위(position)	1인의 직무와 책임		
직급(class)	유사	유사	직위의 군
직군(group)	유사	−	직렬의 군
직렬(series)	유사	상이	직급의 군
직류(sub-series)	유사	상이	• 직무의 군 • 직렬세분화
등급(grade)	상이	유사	• 직위의 군 • 동일보수

04

정답 ④

영역 인사행정론 > 공직부패 및 공직윤리와 행위규범　　　난도 **중**

정답의 이유

④ 국가공무원법 제62조에 따르면 공무원이 외국 정부로부터 영예나 증여를 받을 경우에는 대통령의 허가를 받아야 한다.

오답의 이유

① 국가공무원법 제57조

② 국가공무원법 제63조

③ 국가공무원법 제60조

05

정답 ①

영역 정책학 > 정책의제설정　　　　　　　난도 **상**

정답의 이유

① 내부접근형은 정부조직 내의 집단 또는 정책결정자에게 쉽게 접근할 수 있는 외부집단에 의하여 문제가 제기되고 공식의제가 되도록 압력을 가하는 경우다.

06

정답 ①

영역 정책학 > 정책학의 기초　　　　　　　난도 **하**

정답의 이유

① 조직의 항구성 형성에 기여하는 것은 목표의 승계이다.

((●)) 적중레이더

정책목표

	개념	수단·목표의 전도(수단의 목적화)
목표의 전환	연구	• 엘리트론(미헬스, Michels): 과두제의 철칙, 소수간부의 권력 강화 현상 • 관료제(머튼, Merton): 동조 과잉, 법규(수단)의 지나친 중시
	원인 (관료제의 병리현상, 정부 실패의 원인)	소수 간부의 권력욕 → 과두제의 철칙
		행정 목표의 내부성 → 니스카넨의 예산극대화 모형
		목표의 과대 책정 → 전시행정, 과시행정
		부처 할거주의 → 소속 부서의 목표·이익만 중시
		유형목표의 추구 → 목표의 무형성
	대책	상위목표의 구체화·명백화
목표의 승계	목표의 종료+재설정	• 올림픽 조직위 → 국민체육시설관리공단 • 항구적 조직존립(관성) 원인
목표의 다원화	이질적 목표의 추가	여성 취업 보호 → 여성·미성년 취업 보호
목표의 확대	• 동종 목표의 추가 • 진행 중인 목표의 상향조정	• 경제성장률 상향조정 • 월드컵 목표(16강 → 8강)

07

영역 조직론 > 조직연구의 기초　　　　난도 상

정답의 이유

① 규칙은 수직적 조정장치에 해당한다.

((¶)) 적중레이더

다프트(Daft)의 조정의 기제
- 수직 조정: 계층제, 규칙과 계획, 계층, 직위의 추가, 수직 정보시스템
- 수평 조정(조직 간 조정): 정보시스템, 직접 접촉, 임시 작업단(task force), 사업관리자, 프로젝트 팀(project team)

08

정답 ②

영역 지방행정론 > 지방자치단체(종류 및 기관)　　　　난도 중

정답의 이유

② 제주특별자치도 및 세종특별자치시는 자치계층은 단층제로 하나이나, 행정계층은 3층제[자치도(자치시) – 행정시(군, 구) – 읍 · 면 · 동]로 구성되어 있으므로 자치계층과 행정계층이 일치하지 않는다.

오답의 이유

① 지방자치법 제197조

제197조 【특례의 인정】
① 서울특별시의 지위 · 조직 및 운영에 대하여는 수도로서의 특수성을 고려하여 법률로 정하는 바에 따라 특례를 둘 수 있다.
② 세종특별자치시와 제주특별자치도의 지위 · 조직 및 행정 · 재정 등의 운영에 대하여는 행정체제의 특수성을 고려하여 법률로 정하는 바에 따라 특례를 둘 수 있다.

③ 우리나라는 개별적 지정주의도 아니고 포괄적 수권주의도 아닌 포괄적 예시주의를 취하고 있다.
④ 지방자치법 제3조

09

정답 ②

영역 지방행정론 > 지방자치단체와 국가와의 관계　　　　난도 상

정답의 이유

② 지방자치법 제188조 제6항

제188조 【위법 · 부당한 명령 · 처분의 시정】
⑥ 지방자치단체의 장은 제1항, 제3항 또는 제4항에 따른 자치사무에 관한 명령이나 처분의 취소 또는 정지에 대하여 이의가 있으면 그 취소처분 또는 정지처분을 통보받은 날부터 15일 이내에 대법원에 소를 제기할 수 있다.

오답의 이유

① 지방자치법 제188조 제1항
③ 지방자치법 제189조 제1항
④ 지방자치법 제190조 제1항

제190조 【지방자치단체의 자치사무에 대한 감사】
① 행정안전부장관이나 시 · 도지사는 지방자치단체의 자치사무에 관하여 보고를 받거나 서류 · 장부 또는 회계를 감사할 수 있다. 이 경우 감사는 법령 위반사항에 대하여만 한다.

10

정답 ①

영역 인사행정론 > 인사행정의 기초　　　　난도 중

정답의 이유

① 대표관료제는 내부통제 가운데 비공식적 통제 중 하나이다.

오답의 이유

② 소외집단이나 소수집단의 공직취임기회를 확대하여 사회적 형평성을 제고할 수 있다.
③ 공무원들이 출신 집단별로 집단이기주의를 표출할 수 있다.
④ 역차별의 문제가 있지만, 지역별 · 성별 임용할당제(쿼터제)는 헌법상의 평등원리에 부합한다.

11

정답 ①

영역 재무행정론 > 예산과정론　　　　난도 하

정답의 이유

① 배정과 재배정은 재정통제 방안에 해당된다.

((¶)) 적중레이더

예산집행의 목적

재정 통제	• 예산의 배정 · 재배정 • 정원 · 보수 통제 • 의회에 의한 통제 • 지방재정진단제도	• 지출원인행위 통제 • 예산안 편성지침 시달 • 국고채무부담행위 통제 • 예비타당성조사
신축성 유지	• 이용 · 전용 • 명시이월 · 사고이월 • 이체 • 예비비 · 계속비 • 추가경정예산 • 국고채무부담행위 • 조상충용 • 긴급배정(당겨배정 · 조기배정 · 수시배정) • 다년도예산 • 장기계속계약제도 • 수입대체경비 • 총액계상예산제도	

12

영역 재무행정론 > 예산 　　　　　　　　　　　 난도 **하**

정답의 이유

④ 명확성의 원칙은 전통적 예산의 원칙에 해당된다.

((ᴾ)) 적중레이더

전통적 예산과 현대적 예산의 원칙

• 전통적 예산의 원칙

구분	개념	예외
정확성 원칙	예산과 결산 일치	–
완전성 원칙	총계예산주의(수입+지출 모두 예산에 포함)	순계예산, 기금, 현물출자, 전대차관, 수입대체경비
단일성 원칙	국가예산은 하나로 존재	특별회계, 추가경정예산, 기금
통일성 원칙	특정 세입 → 특정 세출 ×	특별회계, 목적세, 기금, 수입대체경비
명료성 원칙	수입과 지출의 용도를 명확하게 구분	총괄예산
공개성 원칙	예산 편성·심의·집행·결산 과정의 공개	신임예산, 국방비, 정보비 등
한정성 원칙	사용 목적·범위·기간의 명확한 한계	• 목적 외 사용 금지 예외: 이용, 전용 • 금액의 한정성 예외: 예비비 • 기간의 한정성 예외: 이월, 계속비, 조상충용(내년도 수입 미리 사용)
사전의결 원칙	국회의 사전 심의·의결을 거쳐야 함	사고이월, 준예산, 전용, 긴급재정명령, 이체, 예비비 지출

• 현대적 예산의 원칙

행정부 계획의 원칙	행정부 사업계획을 충실히 반영해야 함
행정부 책임의 원칙	예산 집행 시 효과성·합목적성·경제성 고려
행정부 재량의 원칙	집행상 재량 최대한 부여
보고의 원칙	각 기관의 재정·업무 보고 → 예산의 기초로 활용
적절수단 구비의 원칙	'재정통제+신축성 유지' 조화를 위한 제도 마련(중앙예산기관, 예비비 등)
다원적 절차의 원칙	사업 성격별 예산절차 다양화
시기 신축성의 원칙	행정부가 신축적으로 사업 실시 시기를 조정할 수 있어야 함
상호 교류적 예산기구	중앙예산기관 – 각 부처 예산기구 간 의사 전달·협력체계 구축

13

영역 행정학 총론 > 행정학의 주요 접근 　　　　 난도 **하**

정답의 이유

④ 신공공관리론은 규제 강화가 아닌 규제 완화를 제시하였다.

14

영역 인사행정론 > 임용 　　　　　　　　　　　 난도 **상**

정답의 이유

② 직렬 및 직류는 직위의 직무요건이 아니라 공무원의 인적요건에 해당한다.

((ᴾ)) 적중레이더

「공무원 임용령」

> **제43조【보직관리의 기준】**
> ② 임용권자 또는 임용제청권자는 소속 공무원을 보직할 때 다음 각 호에서 정한 직위의 직무요건과 소속 공무원의 인적요건을 고려하여 적재적소(適材適所)에 임용하여야 하며,「직무분석 규정」에 따른 직무분석 또는 이 영 제10조의3에 따른 역량평가 또는「공무원 성과평가 등에 대한 규정」제28조에 따른 다면평가를 실시한 경우 그 결과를 활용할 수 있다.
> 1. 직위의 직무요건
> 　가. 직위의 주요 업무활동
> 　나. 직위의 성과책임
> 　다. 직무수행의 난이도
> 　라. 직무수행요건
> 2. 공무원의 인적요건
> 　가. 직렬 및 직류
> 　나. 윤리의식 및 청렴도
> 　다. 보유 역량의 수준
> 　라. 경력, 전공분야 및 훈련실적
> 　마. 그 밖의 특기사항

15

영역 인사행정론 > 임용   난도 **중**

정답의 이유

① 법원의 중앙인사관장기관의 장은 법원행정처장이다.

(͜) 적중레이더

「국가공무원법」

제6조【중앙인사관장기관】
① 인사행정에 관한 기본 정책의 수립과 이 법의 시행 · 운영에 관한 사무는 다음 각 호의 구분에 따라 관장(管掌)한다.
  1. 국회는 국회사무총장
  2. 법원은 법원행정처장
  3. 헌법재판소는 헌법재판소사무처장
  4. 선거관리위원회는 중앙선거관리위원회사무총장
  5. 행정부는 인사혁신처장

16

정답 ③

영역 재무행정론 > 예산개혁론(예산제도의 변천)   난도 **중**

정답의 이유

③ 예산담당자는 단기적 관점을, 계획담당자는 장기적 관점을 가진다.

(͜) 적중레이더

계획과 예산의 차이

조직상의 차이	계획기구와 예산기구가 서로 분리된 경우
성질상의 차이	예산은 보수적, 계획은 쇄신적 성격
행태상의 차이	계획담당자는 미래지향적 · 발전지향적 · 소비지향적 · 장기적이나, 예산담당자는 보수적 · 부정적 · 저축지향적 · 단기적임
재원의 부족	특히 개발도상국의 경우 의욕적인 발전계획을 뒷받침할 정부 · 민간의 재원부족으로 예산과 계획의 불일치를 초래
상황변동에의 부적응	사전에 예기치 못한 사태가 발생하여 계획에 대한 예산의 뒷받침을 하지 못하는 경우
예산제도의 결함	통제지향적 · 점증주의적 예산제도 위주로 운영되어 계획을 경시
기획의 비합리성	기획이 불확실하고 불충분한 정보 · 자료와 정치적 압력 등의 원인으로 비합리성을 갖는 경우 예산에 대한 적절한 지침이 되기 어려움

17

정답 ③

영역 조직론 > 조직의 양태와 조직유형   난도 **중**

정답의 이유

③ 네트워크 조직은 제품의 안정적 공급과 품질관리가 어렵다.

오답의 이유

①·② 네트워크 조직은 수직적 · 수평적 · 지리적 통합을 지향하는 조직으로 정보와 지식의 교환 · 공유 · 축적으로 조직 학습을 촉진시켜 조직의 경쟁력을 높일 수 있다.

④ 네트워크 조직은 외부기관과 계약관계에 있기 때문에 직접 통제가 어렵고, 외부기관들의 협력관계상 대리인문제가 발생되기 쉬워 조정 및 감시비용이 증가한다.

(͜) 적중레이더

네트워크 조직의 장 · 단점

장점	단점
• 환경에 존재하는 최고 품질과 최저 비용의 자원들을 활용할 수 있으면서도 매우 간소화된 조직구조이다. • 직접 감독에 필요한 많은 지원 및 관리 인력이 불필요하다. • 환경 변화에 신축적이고 신속한 대응이 가능해진다. • 경쟁력 있는 기술을 가진 활동에 집중하고, 나머지 활동은 외부 계약에 의해 수행하므로, 환경 변화에 따라 거대한 초기 투자 없이도 신속히 새로운 제품을 출시할 수 있다. • 네트워크조직 내의 개인들은 도전적인 과업을 수행하면서 직무의 확장과 확충에 따라 직무 동기가 유발된다.	• 소속 조직이 아니라 전략적 제휴의 계약관계를 맺고 있는 수평적 조직이기 때문에 직접적 통제가 어렵다. • 외부기관들의 협력관계상 대리인 문제가 발생되기 쉬워 조정 · 감시비용이 증대할 가능성이 있다. • 제품(서비스)의 안정적 공급과 품질관리에 어려움이 있다. • 조직경계의 모호성으로 인한 조직의 정체성 및 응집력 약화의 우려가 있다. • 네트워크 내부의 조직 간에는 효율성이 강화되지만 네트워크 밖에 있는 조직들에 대해서는 폐쇄적일 수 있으므로 네트워크 간 경쟁이 야기될 수도 있다. • 네트워크 조직은 구성주체들이 무임승차가 되고자 하는 경향이 있으며, 조직구성원의 몰입도가 낮아서 네트워크로부터의 이탈이 자주 발생한다.

18

영역 조직론 > 조직구조　　　　　　　　　　　난도 **하**

정답의 이유

④ 공공기관의 지정은 국무총리가 아니라 기획재정부장관이 한다.

> 「공공기관의 운영에 관한 법률」 제6조【공공기관 등의 지정 절차】
> ① 기획재정부장관은 매 회계연도 개시 후 1개월 이내에 공공기관을 새로 지정하거나, 지정을 해제하거나, 구분을 변경하여 지정한다.

((•)) 적중레이더

「공공기관의 운영에 관한 법률」

> **제5조【공공기관의 구분】**
> ① 기획재정부장관은 공공기관을 다음 각 호의 구분에 따라 지정한다.
> 　1. 공기업·준정부기관: 직원 정원, 수입액 및 자산규모가 대통령령으로 정하는 기준에 해당하는 공공기관
> 　2. 기타공공기관: 제1호에 해당하는 기관 이외의 기관
> ② 제1항 제1호에도 불구하고 기획재정부장관은 다른 법률에 따라 책임경영체제가 구축되어 있거나 기관 운영의 독립성, 자율성 확보 필요성이 높은 기관 등 대통령령으로 정하는 기준에 해당하는 공공기관은 기타공공기관으로 지정할 수 있다.
> ③ 기획재정부장관은 제1항의 규정에 따라 공기업과 준정부기관을 지정하는 경우 총수입액 중 자체수입액이 차지하는 비중이 대통령령으로 정하는 기준 이상인 기관은 공기업으로 지정하고, 공기업이 아닌 공공기관은 준정부기관으로 지정한다.
> ④ 기획재정부장관은 제1항 및 제3항의 규정에 따른 공기업과 준정부기관을 다음 각 호의 구분에 따라 세분하여 지정한다.
> 　1. 공기업
> 　　가. 시장형 공기업: 자산규모와 총수입액 중 자체수입액이 대통령령으로 정하는 기준 이상인 공기업
> 　　나. 준시장형 공기업: 시장형 공기업이 아닌 공기업
> 　2. 준정부기관
> 　　가. 기금관리형 준정부기관: 「국가재정법」에 따라 기금을 관리하거나 기금의 관리를 위탁받은 준정부기관
> 　　나. 위탁집행형 준정부기관: 기금관리형 준정부기관이 아닌 준정부기관
> ⑤ 기획재정부장관은 제1항 및 제2항에 따라 기타공공기관을 지정하는 경우 기관의 성격 및 업무 특성 등을 고려하여 기타공공기관 중 일부를 연구개발을 목적으로 하는 기관 등으로 세분하여 지정할 수 있다.
> ⑥ 제3항 및 제4항의 규정에 따른 자체수입액 및 총수입액의 구체적인 산정 기준과 방법 및 제5항에 따른 기타공공기관의 종류와 분류의 세부 기준은 대통령령으로 정한다.

19

영역 정책학 > 정책환경 및 정책과정의 참여자　　　　난도 **중**

정답의 이유

① 정책결정자의 무관심과 무능력에 근거한 것은 무의사결정이 아닌 의사결정의 소극적 측면을 말한다. 무의사결정은 결정자의 무관심이나 무능력과 무관한 현상으로 의도적이고 은밀하게 발생한다.

오답의 이유

② 무의사결정은 주로 정책의제설정 단계에서 나타나지만 결정·집행·평가 등 정책의 진행과정 전반에서도 나타난다.
③ 권력계층의 기득권을 침해할 경우 등장하기도 한다.
④ 무의사결정론은 바흐라흐(Bachach)와 바라츠(Baratz) 등이 다원주의자인 달(Dahl)의 연구를 비판하면서 등장한 이론으로 다원주의에 대한 반발로서 엘리트주의의 일환이다.

20

영역 행정환류론 > 행정개혁　　　　　　　　　　난도 **하**

정답의 이유

④ 구조적 접근이 아니라 과정적 접근에 대한 설명이다.

((•)) 적중레이더

행정개혁에 관한 접근방법

구분	구조적 접근방법	관리·기술적 접근방법	인간적 접근방법
배경	전통적 조직이론 (원리접근법)	과학적 관리, 관리과학	인간관계론, 행태론
특징	기구·기능 등을 중심으로 개혁하려는 고전적 접근법	업무·기술·절차·장비의 전문화·과학화	구성원의 행태 변화를 통한 개혁
기법	• 분권화 전략: 구조의 분권화에 의한 개선 • 원리 전략: 기능 중복의 제거, 의사소통체제 수정 등 고전적 조직원리에 충실한 전략	OR(관리과학), SA(체제분석), EDPS, PMIS(행정정보체계), 컴퓨터의 활용 등	감수성 훈련 등 OD(조직발전)

21

영역 인사행정론 > 공직구조의 형성　　　　난도 하

정답의 이유

㉠ 실적주의는 직위분류제 확립에 기여하였다.
㉢ 엽관주의는 책임성 · 대응성 · 민주성 등 정부관료제의 민주화를
　　강화한다.

오답의 이유

㉡ 직위분류제는 일반행정가가 아닌 전문행정가 양성에 기여한다.
㉣ 현재 민주주의국가에서도 고위직 임용 시 엽관주의 방식을 취하고
　　있다. 이를 적극적 인사행정이라 하기도 한다.

(📡) **적중레이더**

적극적 인사행정

* 의의: 실적주의의 소극성 · 비융통성 · 경직성을 탈피하기 위해 엽
　관주의적 요소와 인간관계론적 요소를 신축성 있게 받아들여 인사
　행정의 인간화와 적극적 · 탄력적 인사 원칙을 추구하는 인사관리
　방안
* 구현 방안
　– 적극적 모집
　– 교육훈련의 강화: 공무원의 능력 발전과 잠재력 계발
　– 인사권의 분권화
　– 행정의 인간화: 고충처리 · 인사상담 · 제안 제도 등 실시
　– 공무원단체의 활용
　– 정치적 임명 허용 및 엽관주의의 요소 활용

22

영역 재무행정론 > 예산　　　　난도 하

정답의 이유

③ 세계잉여금이 남았을 때는 추가경정예산안의 편성사유에 해당하
　지 않는다.

(📡) **적중레이더**

「국가재정법」

> **제89조【추가경정예산안의 편성】**
> ① 정부는 다음 각 호의 어느 하나에 해당하게 되어 이미 확정된
> 　 예산에 변경을 가할 필요가 있는 경우에는 추가경정예산안을
> 　 편성할 수 있다.
> 　 1. 전쟁이나 대규모 재해(「재난 및 안전관리 기본법」 제3조에
> 　 　 서 정의한 자연재난과 사회재난의 발생에 따른 피해를 말
> 　 　 한다)가 발생한 경우
> 　 2. 경기침체, 대량실업, 남북관계의 변화, 경제협력과 같은 대
> 　 　 내 · 외 여건에 중대한 변화가 발생하였거나 발생할 우려가
> 　 　 있는 경우
> 　 3. 법령에 따라 국가가 지급하여야 하는 지출이 발생하거나
> 　 　 증가하는 경우
> ② 정부는 국회에서 추가경정예산안이 확정되기 전에 이를 미리
> 　 배정하거나 집행할 수 없다.

23

영역 조직론 > 조직연구의 기초　　　　난도 중

정답의 이유

① 거래비용이 조직비용보다 클 때 내부화한다.

(📡) **적중레이더**

거래비용경제학 – 윌리엄슨(Williamson)

개념	주인 – 대리인 간 거래(계약)비용 최소화 → 효율성 추구
거래 비용	경제적 교환과 관련된 모든 비용(통제비용, 거래관계유지 비용, 정보비용 등)
최소화 방안	내부비용 < 거래비용: 내부화(조직 통합) → 거대조직 화, 계서제화
조직	• U형 조직(비효율적): 기능별 조직, 조정 곤란 • M형 조직(효율적): 흐름별 조직, 기능 중첩 · 조정 원활
한계	• 행정조직 통 · 폐합, 문어발식 기업 확장 정당화 • 민주성이나 형평성 등 비경제적 요인은 고려하지 못함

24

영역 인사행정론 > 공직구조의 형성　　　　　난도 하

정답의 이유

④ 개방형 인사제도는 행정에 대한 민주적 통제가 용이하나 신분보장이 어렵고 행정의 안정성을 저해하므로 직업공무원제 확립이 어렵다는 단점이 있다. 또한 공직사회의 일체성과 일관성을 저해할 우려가 있다.

오답의 이유

② 개방형 인사제도는 전문성이 요구되는 경우 일정한 직무수행요건을 갖춘 자를 내·외부에서 임용할 수 있으므로 행정의 전문성을 제고할 수 있다.

((·)) 적중레이더

개방형 인사제도의 장·단점

장점	• 외부로부터 참신하고 유능한 인재를 직접 영입할 수 있어 행정의 신진대사를 촉진 • 행정의 전문성을 제고 • 공직의 유동성을 높여 관료주의화 및 공직사회의 침체를 방지 • 행정에 대한 민주적 통제가 용이 • 인사권자에게 재량권이 주어져 정치적 리더십을 강화하는 데 기여
단점	• 사기저하의 우려 • 신분 불안정으로 행정의 안정성·일관성을 저해 • 직업공무원제의 확립이 곤란 • 임용구조의 복잡성과 내부로부터의 임용보다 신규임용이 비용의 증가를 가져 옴

25

영역 인사행정론 > 공직구조의 형성　　　　　난도 하

정답의 이유

① 직위분류제는 개방형 채용으로 신분보장이 어려워 행정의 안정성을 저해하고 경력발전이 곤란한다.

오답의 이유

③ 직위분류제는 인사행정의 공정성과 객관성을 확보할 수 있지만 다른 직렬로의 이동 곤란 등 인사배치의 융통성 및 신축성이 부족하다.

④ 계급제는 엄격한 기준에 따르지 않고 융통성 있는 인사배치를 할 수 있기 때문에 인사권자의 높은 리더십 구현에 기여할 수 있다.

((·)) 적중레이더

직위분류제와 계급제의 비교

구분	직위분류제	계급제
분류기준	직무의 종류·책임도·곤란도(종적 분류+횡적 분류)	개개인의 자격·능력·신분(횡적 분류)
발달배경	산업사회	농업사회
채용국가	미국, 캐나다, 필리핀	영국, 독일, 일본
인간과 직무	직무중심	인간중심, 조직중심
시험·채용	합리성, 공평성(정원관리·사무관리 용이)	비합리성(업무분담의 비합리화)
일반·전문행정가	전문행정가 양성	일반행정가 양성
보수정책	직무급(동일직무 동일보수의 합리적 보수제도, 보수의 형평화)	자격급·생활급(생계유지수준을 지급하는 비합리적 보수제도)
인사배치	비신축성(횡적 교류 곤란)	신축성(횡적 이동 용이)
행정계획	단기계획·단기능률·단기안목	장기계획·장기능률·장기안목
교육훈련	전문지식 강조(교육훈련 수요 파악 용이)	일반지식·교양강조
조정·협조	곤란(할거주의 초래 우려)	원활
개방·폐쇄	개방형(외부채용형), 교류형	폐쇄형(내부충원형), 비교류형
신분보장	약함(민주통제 용이)	강함(민주통제 곤란)
직업공무원제	확립 곤란	확립 용이
조직구조설계와의 관계	연계성 높음	연계성 부족
인사운용의 탄력성(융통성)	낮음	높음(인사권자의 리더십 강화)
공직의 경직성	낮음	높음
몰입	직무몰입	조직몰입
창의력 계발 및 능력발전	불리	유리
도입요건	대규모 복잡한 조직	소규모 단순한 조직
적용계층	하위계층	상위계층

2017 기출문제 해설

☑ 점수 (　　　)점/100점　☑ 문제편 068쪽

영역 분석

행정학 총론	5문항	★★★★★	20%
정책학	5문항	★★★★★	20%
조직론	4문항	★★★★	16%
인사행정론	7문항	★★★★★★★	28%
재무행정론	3문항	★★★	12%
지방행정론	1문항	★	4%

빠른 정답

01	02	03	04	05	06	07	08	09	10
②	①	④	④	①	③	①	③	①	③
11	12	13	14	15	16	17	18	19	20
①	③	②	①	④	③	②	④	②	④
21	22	23	24	25					
②	②	①	②	③					

01

정답 ②

영역 조직론 > 조직 행동(행태)론　　난도 **하**

정답의 이유

② 브룸(V. H. Vroom)의 기대이론은 과정이론 중의 하나이다.

((p)) 적중레이더

브룸의 기대이론

브룸은 일정한 노력을 기울이면 성과(목표달성)를 가져올 수 있는 주관적 믿음을 '기대(expectancy)'라 표현하고, 성과(목표달성)와 보상과의 상관관계에 관한 인지도를 '수단성', 보상에 대한 개인의 선호를 '유인가(유의성, valence)'로 표현하여 전체적인 동기부여는 '동기부여=S(기대×수단성×유인가)'로 결정된다고 제시하였다.

02

정답 ①

영역 인사행정론 > 공직구조의 형성　　난도 **하**

정답의 이유

① 직급은 직무의 종류, 곤란성과 책임도가 상당히 유사한 직위의 군을 말한다. 동일 직급에 대하여는 임용자격, 시험, 보수 등을 같이 취급하며 동일 인사대우의 척도가 된다. 직위분류제에 있어 가장 중요한 요소이다.

오답의 이유

② 직무의 성질이 유사한 직렬의 군은 직군이다.

③ 직무의 종류는 유사하나 책임과 곤란성의 정도가 서로 다른 직급의 군은 직렬을 의미한다.

④ 같은 직렬 내에서 담당 분야가 같은 직무의 군은 직류라 한다.

03

정답 ④

영역 정책학 > 정책학의 기초　　난도 **하**

정답의 이유

④ 상징정책은 로위(Lowi)가 아닌 알몬드와 파월(Almond & Powell)이 제시한 정책유형 중의 하나이다.

04

정답 ④

영역 정책학 > 정책집행　　난도 **중**

정답의 이유

④ 상향적 접근방법은 일선집행관료의 지식, 전문성이 충분히 발휘되도록 적절한 재량 및 자원을 부여하는 것을 중요시한다.

오답의 이유

① 하향적 접근방법이 아닌 상향적 접근방법을 말한다.

② 정책집행과 정책결정을 분리하는 것은 하향적 접근방법이다.

③ 하향적 접근방법은 집행과정에 영향을 미치는 행위자들의 동기, 전략, 행동, 상호작용 등 다양한 요인을 연역적으로 도출하여 처방을 제시한다.

하향적 접근방법과 상향적 접근방법의 비교

구분	하향적 접근	상향적 접근
주창자	1970년대 프레스만과 윌다브스키 (Pressman & Wildavsky), 미터와 혼 (Van Meter & Van Horn), 사바티어와 메즈매니언 (Sabatier & Mazmanian)	1980년대 엘모어(Elmore), 로위(Lowi), 프랭클린과 리플리 (Franklin & Ripley), 히언과 헐 (Hjern & Hull)
정책목표	주어진 것으로 인식	인식의 대상으로 소홀함
주요행위자	의사결정권자	일선관료
합리성 여부	도구적 합리성(목표를 달성시키는 수단)	제한적 · 절차적 · 진화론적 합리성(환경에의 적응)
성격	합리모형의 성격 (규범적 · 처방적)	경험모형의 성격 (기술적 · 설명적)
진행 방향	정책결정을 하는 정부상층부로부터 일선기관과 정책대상집단으로 하향적 조명	정책집행기관과 정책대상 집단으로부터 정부의 정책결정 집단으로 상향적 조명
집행 절차	표준운영절차(SOP) 사용	상황에 맞는 절차 사용
평가 기준	목표달성도	현장의 적응력과 문제해결력
성공 요건	결정자의 통제력과 집행자의 순응	집행자의 역량과 재량
이론적 배경	정치행정이원론(정책결정과 정책집행 구분)	정치행정일원론(정책결정과 정책집행 미구분)
연구 방법	거시적 · 연역적	미시적 · 귀납적

05

정답 ①

영역 행정학 총론 > 행정학의 주요 접근   난도 **하**

[정답의 이유]

① 신공공관리론은 거대 정부에 근거한 정부실패현상을 치유하기 위하여 작고 효율적인 정부 운영을 중시한다. 즉, 행정의 경영화와 시장화를 중시하는 이론이므로 정부의 역할 비중은 적고, 고객 요구의 충족을 목표로 하는 고객지향적 정부이다.

[오답의 이유]

② 중앙정부 주도가 아닌 분권화를 지향한다.
③ 과정이 아닌 결과를 지향한다.
④ 노 젓는 정부가 아닌 방향 잡는 정부를 지향한다.

기업가적 정부모형

미국 클린턴행정부의 개혁 모델로 제시한 오스본(Orsborne)과 게블러(Gaebler)의 『정부재창조(1992)』에서 주창한 기업가적 정부모형은 공공부문의 기능재조정과 운영에 있어서 성과중심 행정을 추구하는 신공공관리론의 핵심적 모형이다.

촉매적 정부 (catalytic government)	노 젓기(rowing)보다 방향 잡기(steering)
시장 및 수요자지향 정부 (market–oriented government)	규제 완화와 시장메커니즘에 의한 변화 촉진
분권적 정부 (decentralized government)	위계(계층)조직보다 참여와 팀워크 중심의 탈계층제적 분권관리
결과지향 정부 (results–oriented government)	투입 · 과정 · 규칙 중심에서 성과와 연계한 예산배분
경쟁적 정부 (competitive government)	서비스 제공에서 시장성테스트와 같은 경쟁 도입
기업가적 정부 (enterprising government)	지출보다 수익(이윤동기) 중시, 기업가적 행정으로 전환
임무지향 정부 (mission–oriented government)	규칙 지향적 조직보다 사명 지향적 정부
고객지향 정부 (customer–driven government)	기관(관료제) 지향적 정부에서 고객 지향적 정부
지역사회지향 정부 (community–owned government)	서비스 제공보다 권한 부여의 지역사회 지향 정부
미래지향 정부 (anticipatory government)	문제 발생 후의 치료보다 예방을 강조하는 정부

06

정답 ③

영역 행정학 총론 > 행정과 환경   난도 **하**

[정답의 이유]

③ 내부성은 사회목표와 내부목표와의 괴리를 의미하는 것으로 정부실패의 원인에 해당된다.

[오답의 이유]

① 공공재는 비배제성, 무임승차성, 비시장성 등의 속성을 지니는 재화의 유형으로 대표적인 시장실패의 원인이다.
② 거래를 하는 일방은 정보를 지니고 상대방은 정보를 가지고 있지 않을 경우에는 정보의 편재로 시장이 효율적으로 작동하지 못하여 시장실패를 초래한다.
④ 소수생산주체에 의하여 과점체제가 형성되는 경우, 이들에 의하여 상품가격이 좌우되므로 시장실패의 원인에 해당한다.

시장실패와 정부실패의 원인

시장실패의 원인	정부실패의 원인
• 불완전한 경쟁 • 자연독점 • 공공재의 존재 • 외부효과 • 불완전한 정보(정보격차) • 불공정한 소득분배	• 비용과 수입의 절연(분리) • 내부성(사적목표 추구) • X - 비효율성 • 파생적 외부효과 • 권력의 편재로 인한 불공평한 분배 • 정치인의 단견 • 종결 메커니즘의 결여

07

정답 ①

영역 재무행정론 > 예산개혁론(예산제도의 변천)　난도 **하**

정답의 이유

① 계획예산제도(PPBS)의 예산결정은 점증적 접근방법이 아닌 총체 · 합리적 접근방법이다.

오답의 이유

② 신성과주의예산제도(NPB)는 기존의 투입중심 예산제도와는 반대되는 개념으로서, 정부의 성과(performance)를 중심으로 예산을 운영하는 제도이다. 즉, 예산집행 결과 어떠한 성과를 달성하였는가를 측정하고 이를 기초로 책임을 묻거나 보상을 하는 결과중심 예산체계를 말한다.

③ 성과주의예산제도(PBS)는 정부예산을 기능 · 사업계획 · 활동에 기초를 두고 편성하는 예산으로, 사업계획을 세부사업(활동)으로 분류하고 각 세부사업을 '단위원가×업무량=예산액'으로 표시하여 편성하는 방법이다. 세부사업별로 분류된 각 사업마다 업무측정단위를 선정하여 업무를 양적으로 표시하므로 예산편성에 있어 자원배분을 합리화할 수 있다.

④ 품목별예산제도(LIBS)는 지출대상인 급여 · 여비 · 수당 · 시설비 등을 품목별로 분류하여 지출대상과 그 한계를 규정함으로써 예산통제를 기하려는 제도이다.

08

정답 ③

영역 행정학 총론 > 행정학의 이해　난도 **하**

정답의 이유

③ 의회의 권력 확대가 아닌 상대적 역할의 약화, 위임입법의 증가로 행정재량권이 확대되었다.

오답의 이유

① 산업화와 도시로의 인구집중에 따라 행정수요가 증가하였다.

② 독점자본주의 출현에 따라 노사의 대립이 자주 등장하였고, 해결을 위한 행정의 적극적 역할이 요구되었다.

④ 과학기술의 발달로 행정의 전문화와 기술화, 복잡화가 이루어졌다.

09

정답 ①

영역 재무행정론 > 정부회계 및 조달행정　난도 **하**

정답의 이유

① 복식부기는 발생주의에 주로 적용된다. 우리나라도 중앙정부에서는 2007년에 국가회계법을 제정하여 정부회계를 복식부기와 발생주의 회계로 변경하였다.

오답의 이유

② · ③ 복식부기는 하나의 거래를 대차평균의 원리에 따라 왼쪽(차변)과 오른쪽(대변)에 이중 기록하는 방식으로 회계처리에 있어서 자동적으로 오류가 검증되는 자기검증기능을 지니고 있다.

④ 복식부기는 총량 데이터를 확보할 수 있기 때문에 최고경영자에게 유용한 정보를 적시에 제공할 수 있는 장점을 가지고 있다.

적중레이더
복식부기의 차변과 대변

왼쪽(차변)	오른쪽(대변)
자산의 증가	자산의 감소
부채의 감소	부채의 증가
자본의 감소	자본의 증가
비용의 발생	수익의 발생

10

정답 ③

영역 조직론 > 조직의 양태와 조직유형　난도 **하**

정답의 이유

③ 비공식조직은 공식조직의 경직성을 완화시키는 장점이 있다.

오답의 이유

① 비공식집단은 개인의 불만을 동료의식을 가진 집단으로 전파해 집단적 불만으로 확산시키기도 한다.

② 상이한 비공식조직 간의 이해관계의 대립은 상호 간에 적대감정을 조성시켜 공식조직의 기능을 저해시킨다.

비공식집단의 장점

- 조직의 귀속감, 일체감을 증진시켜 구성원의 사기양양에 도움을 준다.
- 공식적 의사소통의 통로 이외의 또 하나의 통로를 등장시켜 구성원의 감정을 잘 파악하게 한다.
- 공식조직의 경직성을 완화시켜준다.
- 공식조직의 리더에게 새로운 정보를 제공하여 지도자 능력의 결함을 보완시켜 준다.
- 구성원에게 심리적 안정감을 형성시켜 준다.

11

정답 ①

영역 인사행정론 > 공직구조의 형성 난도 **하**

정답의 이유

① 우리나라는 계급제를 기반으로 직위분류제를 결합하고 있다.

(((•))) 적중레이더

우리나라에서의 직위분류제

우리나라의 공직분류제도는 계급제 위주로 되어 있으며 거기에 직위분류제적 요소가 가미되어 있다. 1963년에 직위분류제를 규정한 「국가공무원법」과 「직위분류법」이 제정되고, 1967년부터 적용하기로 하였으나 실현되지 못했다. 1973년에는 관계법령이 개정되고 「직위분류법」은 폐지되었다. 그러나 1981년 「국가공무원법」의 개정으로 현재의 직위분류제 도입의 토대가 구축되었다.

직위분류제의 장·단점

장점	단점
• 보수의 합리화, 공정성, 객관성 (직무급) • 인력계획, 임용, 인사배치의 공정한 기준 제시 • 교육훈련수요의 명확화 • 근무성적평정에 정확한 기준 제시 • 권한과 책임한계의 명확화 • 행정의 전문화, 분업화 촉진 • 전문행정가의 양성 • 예산행정의 효율화 • 정원관리, 사무관리의 개선 • 용어의 통일성과 공보자료의 제공 • 행정의 민주통제의 용이 • 인사행정의 자의성 배제	• 사무적인 인간관계 • 인사배치의 신축성 제약 • 높은 이직률 • 신분보장의 임의성 • 직업공무원제 확립에 곤란 • 행정의 불안정성 • 일반행정가의 양성 곤란 • 협동·조정의 곤란 • 성과 파악 곤란

12

정답 ③

영역 지방행정론 > 지방자치 난도 **하**

오답의 이유

ⓒ 지방분권사상은 단체자치와 관련된다. 주민자치는 민주주의사상을 바탕으로 한다.

(((•))) 적중레이더

주민자치와 단체자치의 비교

구분	주민자치(영미계)	단체자치(대륙계)
자치권의 유래	고유권설(자연권설): 국가 이전부터 존재함	전래권설(국권설): 국가의 성립을 전제로 함
자치의 의미	정치적(주권재민)	법률적
자치권의 근거와 범위	주민 고유의 권리 (광범)	국가로부터 주어진 권리 (협소)
이념	민주주의사상	지방분권사상: 중앙집권을 전제로 하여 중앙의 권한이 지방으로 위임됨
중앙과 지방의 관계	기능적 협력관계	권력적 감독관계
권한배분방식	개별적 지정주의	포괄적 위임주의
중앙통제의 방식	입법적·사법적 통제	행정적 통제
지방정부형태	기관통합형 (의원내각제식)	기관대립형 (대통령제식)
자치사무의 성격과 구분	고유사무 (미구분)	고유사무+위임사무 (구분)
조세제도	독립세(자주재원)	부가세(의존재원)
민주주의와의 관계	상관관계 인정	상관관계 부정
우월적 지위	의결기관 우월주의	집행기관 우월주의
자치의 초점	주민과 지방정부의 관계	지방정부와 중앙정부의 관계

13

영역 정책학 > 정책환경 및 정책과정의 참여자　　난도 **중**

정답의 이유

② 다양한 이익집단 간 경쟁성을 특징으로 하는 것은 다원주의 관점이다. 조합주의에서 이익집단은 단일적, 강제적, 비경쟁적, 위계적 특징을 갖는다.

📡 적중레이더

조합주의에서의 이익집단

사회적 조합주의: 이익집단의 자발적 시도로 생성	국가조합주의: 국가가 위로부터 조성

- 이익집단은 단일적, 강제적(국가에 의하여 통제됨), 비경쟁적, 위계적 조직형태를 띰
- 이익집단은 구성원의 이익 증진과 함께 사회적 책임도 중시
- 이익집단은 준정부기관 또는 확장된 정부기구의 일부로 작용
- 국가는 자체의 이익을 위해 행동하는 능동적 실체이며 피동적 존재가 아님

구분	사회조합주의	국가조합주의
정치 체제	민주복지국가	권위주의국가
제도화 과정	이익집단이 국가기관에 자발적으로 침투. 점진적이고 자발적 시도로 생성	국가가 사회집단에 침투, 위로부터 조성
발생 요인	사회 다원화와 노동계급의 성장	국가의 자본 축적 기능 강화(국가의 기업화)
헤게모니 상황	부르주아가 헤게모니 장악	국가가 헤게모니 장악
존재 양식	국가와 사회세력의 수평적 협조체제	국가와 사회 사이의 수직적 위계체제
기능	사회부문의 이익대표체제	민중, 노동부문에 대한 국가통제체제

신조합주의
1970년대 오일쇼크로 인하여 복지국가의 한계가 드러나게 되면서 비대한 정부에 대한 치유전략으로 영·미계의 신자유주의에 대응하여 유럽국가(독일, 스웨덴, 노르웨이, 오스트리아 등)에서 대두된 것이 신조합주의이다. 전자가 민영화를 추구한다면 신조합주의는 완전고용 목표를 포기하지 않고 사회적 합의를 통하여 임금 인상을 억제하고 경쟁력을 유지하면서 고용안정을 추구한다.

14

영역 조직론 > 조직 행동(행태)론　　난도 **하**

정답의 이유

① 블레이크와 머튼(Blake & Mouton)의 관리망 모형은 리더십의 유형을 생산에 대한 관심과 인간에 대한 관심의 두 차원으로 나누어 다섯 가지로 분류하였다.

📡 적중레이더

블레이크와 머튼(Blake & Mouton)의 관리망(managerial grid) 모형

빈약형	생산 및 인간에 대한 관심이 모두 낮아 주로 조직 내 자신의 직분을 유지하기 위한 최소의 노력만 기울이는 무관심형
친목형	인간에 대한 관심은 높으나 생산에 대한 관심은 낮아 인간적인 분위기를 조성하는 데 주력
과업형	생산에 대한 관심은 높으나 인간에 대한 관심은 낮아 과업에 대한 능력을 중시
타협형 (절충형)	인간과 생산에 절반씩 관심을 두고 적당한 수준의 성과를 지향
단합형	생산과 인간에 대한 관심이 모두 높아 조직의 목표달성을 위해 조직과 조직구성원들의 상호 의존관계와 공동체의식을 강조함으로써 조직목표 달성을 위해 헌신하도록 유도

15

영역 조직론 > 조직구조　　난도 **하**

정답의 이유

④ 매트릭스 구조는 기능 구조와 사업 구조를 이중적으로 결합한 이중적 권한 구조를 가지는 조직 구조로서 기능부서의 전문성과 사업부서의 신속한 대응성을 결합한 조직이다. 수평적 조정곤란이라는 기능 구조의 단점과 비용 중복이라는 사업 구조의 단점을 해소하려는 조직으로 수직적으로는 기능부서의 권한이 흐르고, 수평적으로는 사업 부서의 권한 구조가 지배하는 입체적 조직이다.

오답의 이유

① 네트워크 조직은 핵심기능을 조직 자체에서 수행하고 생산기능은 외부환경에 위임한다.
② 전문성을 중시하는 것은 기능 구조이다. 기능 구조는 조직의 전체 업무를 공동기능별로 부서화한 조직으로 수평적 조정의 필요성이 낮을 때 효과적이다.
③ 조직을 기능부서별로 분류한 구조는 기능 구조이다. 사업 구조는 산출물에 기반을 둔 조직 구조로서 자기완결적 조직단위이다.

16

영역 행정학 총론 > 행정학의 주요 접근   난도 **하**

정답의 이유

③ 애플비(P. H. Appleby)는 통치기능설을 대표하는 학자로서 정치행
정일원론자이다.

(((•))) 적중레이더

행정의 개념발달사

구분	행정관리설	통치기능설	행정행태설	발전기능설	신공공관리론	뉴거버넌스
행정의 본질	공공사무관리	정책결정과 집행	사실적 행태	정책결정과 집행·기획	효율적 관리	신뢰와 협력
학파	기술적 행정학	기능적 행정학	행태설	발전행정론	신공공관리론	신국정관리론
시기	1880년대	1930년대	1940년대	1960년대	1980년대	1990년대
정치와 행정의 관계	이원론	일원론	이원론	일원론	이원론	일원론
학자	윌슨(Wilson) 화이트(White)	디목(Dimock) 애플비(Appleby)	버나드(Barnard) 사이먼(Simon)	이스만(Esman) 와이드너(Weidner)	후드(Hood)	로즈(Rhodes)
특징	엽관주의 폐단 극복	행정국가의 대두	행정학의 과학화	개발도상국 중심	신자유주의	신뢰와 협력에 근거한 서비스 연계망

17

정답 ②

영역 정책학 > 정책분석   난도 **중**

정답의 이유

② 중첩적 기능을 없애는 것이 아니라 가외성을 고려하여 중첩분 또
는 복수의 대안을 준비해야 한다.

(((•))) 적중레이더

불확실성의 감소방안

불확실성에서 가장 중요한 문제는 위기에 대한 대처방안이다. 그러나
어떠한 대처방안이 마련되어도 불확실성은 감소되는 것이지 제거되
는 것은 아니다. 여기에서는 주요한 감소방안을 제시한다.

- 표준화: 행정에 있어서 표준화(공식화)는 인간의 변칙적이고 자의
  적인 행위를 예방함으로써 예측성과 정형성을 통하여 확실성을 확
  보할 수 있다.
- 가외성의 고려: 중요한 정책결정을 내리는 데 한 곳의 정보만을 의
  존할 경우에는 그 정책의 신뢰성이 상실될 가능성이 크므로 가외

적으로 여러 개의 정보원을 필요로 한다.

- 한정적 합리성의 확보: 여러 가지 목표와 상호관계로 얽힌 복잡한
  문제를 수 개의 단순한 문제로 분할하여 거기서 얻어지는 합리성
  을 한정적 합리성이라 한다. 문제가 복잡할수록 불확실성은 커지는
  데, 문제의 단순화를 통하여 얻어지는 한정적 합리성은 불확실성을
  줄이는 수단이 된다.
- 문제의식적 탐색: 문제의식적 탐색은 발생된 문제를 인지하고 그
  것을 해결하겠다는 의지적 자세를 말한다.
- 환경에 대한 제어: 환경에 대한 제어에는 환경에 대한 통제와 협상
  두 가지가 있다. 환경에 대한 통제는 환경적 요소 중에서 조직에
  의존적이거나 종속적인 것을 조직의 노력하에 두는 것을 의미한
  다. 환경에 대한 협상은 환경과 타협이나 계약관계를 맺음으로써
  조직이 바라는 일정한 상태를 유지하는 것이다.
- 환경에 대한 조직적 대응: 환경 중에는 조직이 통제할 수 있는 것
  도 있지만 통제할 수 없는 환경에 대해서는 조직이 거기에 맞추어
  구조적 대응책을 강구하여야 한다.
- 탐지(heuristics): 탐지는 스스로 탐색하여 터득케 하는 것으로 주
  관적인 판단을 되도록이면 객관화할 수 있도록 도와주는 도구이
  다. 예컨대 "그것이 일어날 가능성은 없다" 또는 "그렇게 될 가능성
  은 높다"라는 주관적인 판단을 가능케 하는 근거를 찾음으로써 불
  확실성을 상대적으로 감소시키는 방안이다.

18

정답 ④

영역 재무행정론 > 예산개혁론(예산제도의 변천)   난도 **중**

정답의 이유

④ 총액(목표)결정은 집권, 구체적인 집행은 분권을 특징으로 한다.

(((•))) 적중레이더

성과주의와 신성과주의의 비교

구분	1950년대 성과주의	1990년대 신성과주의
성과정보	투입과 산출(능률성)	산출과 결과(효과성)
성과책임	정치적, 도덕적 책임	구체적, 보상적 책임(성과계약장치를 활용한 구체적 책임)
경로가정	투입은 자동으로 성과로 이어진다는 '단선적 가정'	투입이 반드시 성과를 보장해 주지는 않는다는 '복선적 가정'
성과관점	정부(공무원) 관점	고객(만족감) 관점
회계방식	불완전한 발생주의(사실상 현금주의)	완전한 발생주의
연계범위	예산제도에 국한	국정전반에 연계(인사, 조직, 감사, 정책 등)

2017 기출문제 해설 **101**

19

정답 ②

영역 정책학 > 정책분석　　　　　　　　　　　난도 **중**

정답의 이유

② 효과성을 측정하는 것은 비용편익분석이 아닌 비용효과분석이다.

오답의 이유

① 비용편익분석은 경제적 관점에서 비용과 편익을 모두 현재가치(금전)로 할인하여 비교 · 측정한다.

③ 어떤 사업이라도 같은 효용으로 비교 가능하므로 동종 사업뿐만 아니라 이종 사업 간에도 정책우선순위를 비교할 수 있다.

((∙)) 적중레이더

비용편익분석과 비용효과분석의 비교

구분	비용편익분석	비용효과분석
내용	• 공공사업을 선택할 때 경제적 타당성을 측정하기 위한 기법(비용을 화폐가치로 환산 가능) • 주로 양적인 분석 → 계량화 가능 • 능률성 측정(편익은 현재가치로 할인하여 표시)	• 편익을 화폐가치로 환산이 어려울 경우 사용하는 분석기법 • 비용편익분석보다 질적인 분석 → 계량화가 곤란함 • 효과성(목표달성도) 측정
척도	금전적(화폐 가치), 가변 비용	비금전적, 고정비용
적합성	유형적 · 양적 가치 (사적재 · 민간재)	무형적 · 질적 가치 (공공재 · 준공공재)

20

정답 ④

영역 행정학 총론 > 행정이란 무엇인가?　　　　　난도 **상**

정답의 이유

④ 가치재란 의료, 교육, 문화 등 일정 수준 이상 소비하는 것이 바람직한 재화나 서비스를 의미한다. 가치재는 시장을 통해 공급이 가능하지만, 정부가 일부(최소 수준) 공급하는 경우가 있다. 그러나 가치재는 어디까지나 민간재이므로 무임승차가 발생하지 않는다.

　예 의료, 교육, 주택 등

오답의 이유

① 공유재(공동소유재, 공동재): 소비는 경합적이지만 특정인의 배제가 불가능한 재화로서 자연의 은혜를 통해서 존재하는 자원이다. 자원은 희소하나 누구나 무임승차가 가능하기 때문에 지나친 개발과 남획은 자원고갈의 위기를 가져올 수 있으므로 정부의 적절한 규제가 필요하다.

　예 희귀 동 · 식물, 강, 호수, 목초지, 맑은 물, 맑은 공기, 산림, 바다 속의 고기 등

② 공공재: 비배제성과 비경합성을 동시에 가지고 있는 전형적인 공공서비스이다.

　예 국방, 경찰, 소방, 공원 등

③ 요금재: 공동으로 사용하지만(비경합성) 배제가 가능하기 때문에 (배제성) 시장에서 공급될 수 있으나 요금재의 상당부분을 정부나 공기업이 공급하는 이유는 자연독점으로 인한 시장실패에 대비하기 위해서이다.

　예 유선텔레비전, 통신, 전기, 가스, 상하수도 등

((∙)) 적중레이더

재화의 유형

구분	배제성	비배제성
경합성	민간재(private goods)	공유재(common-pool resources)
비경합성	요금재(toll goods)	공공재(public goods)

21

정답 ②

영역 인사행정론 > 공직부패 및 공직윤리와 행위규범　난도 **중**

정답의 이유

② 공직자윤리법이 아닌 국가공무원법의 내용이다.

「**국가공무원법**」 제60조 【비밀 엄수의 의무】
공무원은 재직 중은 물론 퇴직 후에도 직무상 알게 된 비밀을 엄수(嚴守)하여야 한다.

오답의 이유

① 공직자윤리법 제3조 제1항 제3호

제3조 【등록의무자】
① 다음 각 호의 어느 하나에 해당하는 공직자(이하 "등록의무자"라 한다)는 이 법에서 정하는 바에 따라 재산을 등록하여야 한다.
　3. 4급 이상의 일반직 국가공무원(고위공무원단에 속하는 일반직 공무원을 포함한다) 및 지방공무원과 이에 상당하는 보수를 받는 별정직공무원(고위공무원단에 속하는 별정직공무원을 포함한다)

③ 공직자윤리법 제17조

제17조【퇴직공직자의 취업제한】
① 제3조 제1항 제1호부터 제12호까지의 어느 하나에 해당하는 공직
자와 부당한 영향력 행사 가능성 및 공정한 직무수행을 저해할 가
능성 등을 고려하여 국회규칙, 대법원규칙, 헌법재판소규칙, 중앙
선거관리위원회규칙 또는 대통령령으로 정하는 공무원과 공직유
관단체의 직원(이하 이 장에서 "취업심사대상자"라 한다)은 퇴직일
부터 3년간 다음 각 호의 어느 하나에 해당하는 기관(이하 "취업심
사대상기관"이라 한다)에 취업할 수 없다. 다만, 관할 공직자윤리
위원회로부터 취업심사대상자가 퇴직 전 5년 동안 소속하였던 부
서 또는 기관의 업무와 취업심사대상기관 간에 밀접한 관련성이
없다는 확인을 받거나 취업승인을 받은 때에는 취업할 수 있다.

④ 공직자윤리법 제2조의2

제2조의2【이해충돌방지 의무】
① 국가 또는 지방자치단체는 공직자가 수행하는 직무가 공직자의
재산상 이해와 관련되어 공정한 직무수행이 어려운 상황이 일어
나지 아니하도록 노력하여야 한다.

22
정답 ②

영역 인사행정론 > 인사행정의 기초 난도 중

정답의 이유
② 적극적 인사행정에 대한 설명이다. 적극적 인사행정이란 실적주의
의 한계, 즉 인사행정의 소극화와 인간 경시풍조를 극복하기 위하
여 엽관주의적 요소와 인간관계론적 측면을 결합한 인사행정을 말
한다.

오답의 이유
③ 공무원의 신분보장에 기여함으로써 행정의 안정성과 계속성을 확
보(사기앙양)하며, 전문적인 관료제를 실현할 수 있다.
④ 인사행정의 지나친 소극성과 비융통성을 초래하였다는 것은 실적
주의의 단점이다.

23
정답 ①

영역 인사행정론 > 공직구조의 형성 난도 하

오답의 이유
② 경력직공무원으로 임명할 수 있는 고위공무원단 직위 총수의 100
분의 30 이내의 범위에서 공모직위를 지정한다.
③ 일반직 · 특정직을 대상으로 한다.
④ 임용기간에 특별한 제한은 없다.

((◦)) 적중레이더

개방형 직위와 공모직위의 비교

구분	개방형 직위	공모직위
대상직종	일반직 · 특정직 · 별정직	일반직 · 특정직 (경력직에 한함)
선발범위	공직 내외(민간인 포함)	부처 내외 (현직공무원에 한함)
지정범위	고위공무원단 직위 총수의 100분의 20 이내+과장급 직위 총수의 100분의 20 이내	경력직공무원으로 임명할 수 있는 고위공무원단 직위 총수의 100분의 30 이내+경력직공무원으로 임명할 수 있는 과장급직위 총수의 100분의 20 이내
필요성	전문성이 요구되거나 효율적인 정책수립	효율적인 정책수립 또는 관리
지정기준	전문성, 중요성, 민주성, 변화필요성, 조정성	직무공통성, 정책통합성, 변화필요성
임용기간	5년 범위 안에서 소속 장관이 정하되, 최소 2년 이상	기간 제한 없음
다른 직위에의 임용제한	임용당시 경력직공무원이었던 자는 개방형 직위의 임용기간 내에 다른 직위에 임용될 수 없다.	공모직위에 임용된 공무원은 임명된 날부터 2년 이내에 다른 직위에 임용될 수 없다.
선발시험	• 공직내외 공개모집에 의한 시험 • 서류전형과 면접시험(필요시 필기 · 실기시험 실시가능) • 5명 이상의 선발시험위원회 구성	• 부처내외 공개모집에 의한 시험 • 서류전형과 면접시험 • 5명 이상의 선발심사위원회 구성
임용절차	선발시험위원회는 직위별로 2명 또는 3명의 임용후보자를 선발 · 추천하고, 소속 장관은 추천된 임용후보자 중에서 임용하여야 한다.	선발심사위원회는 직위별로 2명 또는 3명의 임용후보자를 선발 · 추천하고, 소속 장관은 추천된 임용후보자 중에서 임용(제청)하여야 한다.

24
정답 ②

영역 인사행정론 > 공직구조의 형성 난도 하

정답의 이유
② 계급제는 인사행정의 형평성이 낮고 관리자의 리더십이 높은 반
면, 직위분류제는 인사행정의 형평성이 높고 관리자의 리더십이
낮다.

25

영역 인사행정론 > 임용 　　　　　　　　　　　　난도 **하**

정답의 이유

③ 직권면직은 징계제도가 아닌 유사징계에 해당된다.

적중레이더

「국가공무원법」상의 징계와 유사징계

• 징계
  - 파면: 공무원직의 박탈과 퇴직급여액의 1/4(재직기간이 5년 미만인 자)~1/2(재직기간이 5년 이상인 자) 감액, 퇴직 수당 1/2을 감액하고, 5년 이내 다시 공무원이 될 수 없다.
  - 해임: 공무원직을 박탈하나 퇴직금엔 영향이 없으며 3년 이내 다시 공무원이 될 수 없다.
  - 강등: 1계급 아래로 직급을 내리고(고위공무원단에 속하는 공무원은 3급으로 임용하고, 연구관 및 지도관은 연구사 및 지도사로 한다) 공무원신분은 보유하나 3개월간 직무에 종사하지 못하며 그 기간 중 보수는 전액을 감한다(18개월간 승급정지).
  - 정직: 1~3개월 이내 보수 전액을 감하며 공무원이긴 하나 별도의 보직이 없다(18개월간 승급정지).
  - 감봉: 1~3개월 이내 보수의 1/3을 감한다(12개월간 승급 정지).
  - 견책: 전과에 대하여 훈계하고 회개하게 하는 것으로, 공식적 징계절차에 의하고 인사 기록에 남게 된다. 가장 가벼운 징계이며 사용빈도가 높다(6개월간 승급정지).

• 유사징계
  - 직권면직: 공무원이 일정한 사유에 해당되었을 때 본인의 의사와는 관계없이 임용권자의 일방적인 의사와 직권으로 공무원신분을 박탈하여 공직으로부터 배제하는 면직행위를 말한다.
  - 직위해제: 보직을 빼앗고 대기명령을 내린다. 3개월 내에 보직을 부여받지 못하면 징계위원회의 동의를 얻어 공무원직을 박탈할 수 있다.
  - 좌천: 한직으로 발령을 말한다.
  - 권고사직: 형식은 자발적 퇴직, 실제는 강제적인 퇴직의 성격을 띤다.

2016 | 기출문제 해설

영역 분석

행정학 총론	6문항	★★★★★★	24%
정책학	4문항	★★★★	16%
조직론	2문항	★★	8%
인사행정론	3문항	★★★	12%
재무행정론	3문항	★★★	12%
행정환류론	2문항	★★	8%
지방행정론	5문항	★★★★★	20%

빠른 정답

01	02	03	04	05	06	07	08	09	10
①	①	②	②	②	④	①	①	①	④
11	12	13	14	15	16	17	18	19	20
④	①	②	③	②	①	③	②	①	③
21	22	23	24	25					
③	②	②	④	①					

01
정답 ①

영역 행정학 총론 > 행정이란 무엇인가?   난도 **하**

정답의 이유

① 경합성과 배제성을 특징으로 하는 재화는 시장재(민간재)이다.

02
정답 ①

영역 행정학 총론 > 행정이 추구하는 가치   난도 **하**

정답의 이유

① 가외성과 효율성은 상반(갈등)관계에 있다.

📡 적중레이더

가외성(redundancy)
란다우(Landau)가 제시한 개념으로 여분이나 초과분, 중첩을 의미한다. 여분 또는 중복을 두어 불확실한 상황에서 행정의 안정성 및 적응성 등을 확보하는 것이 바로 가외성의 역할이다. (예 권력분립, 연방주의, 계선과 참모, 3심제, 위원회 등)

03
정답 ②

영역 행정학 총론 > 행정과 환경   난도 **중**

정답의 이유

② 사회자본은 경제자본처럼 주는 만큼 줄고 받는 만큼 늘어나 등가물의 교환이 아니다. 즉 사회자본, 호혜규범, 참여, 연계망 그리고 협력 등이 서로를 누적·강화시켜 사용할수록 총량이 늘고 사용하지 않을수록 총량이 줄어드는 특징을 가지고 있다.

04
정답 ②

영역 행정학 총론 > 행정학의 주요 접근   난도 **중**

정답의 이유

② 신행정론 중 하나인 후기행태주의는 행정학의 실천적 성격과 적실성을 회복하기 위해 정책지향적인 행정학을 요구했으며 전문직업주의, 가치중립적인 관리론에 대한 집착을 비판하면서 민주적 가치규범에 입각하여 분권화, 고객에 의한 통제, 가치에 대한 합의 등을 강조하였다. 즉, 과학적 연구가 지향하는 가치중립적인 연구에서 탈피하여 가치비판적이고 가치평가적인 연구를 할 수 있게 함으로써 정책연구에 기여하였다.

오답의 이유

①·③·④ 행태론에 관한 설명이다.

05
정답 ②

영역 행정학 총론 > 행정학의 주요 접근   난도 **중**

정답의 이유

② 신공공관리론은 작은 정부를 위해 정부의 기능을 대폭 감소시켜 민영화를 추구하는 한편, 정부부문에 기업적 경영방식을 도입하여 행정의 성과와 실적을 중시하고 고위관리자의 개인적 책임과 역할을 강조하는 데 그 특징이 있다. 신공공관리론은 민간부문이 정부부문에 비하여 능률적이며 효과적이라는 전제에 입각하고 있다. 또한 집단의 이익보다 개인의 이익을 중요시하기 때문에 도덕적 해이와 역선택의 문제를 발생시킬 수 있다고 본다.

06

영역 행정학 총론 > 행정학의 주요 접근　　　　난도 **하**

정답의 이유

④ 뉴거버넌스는 시민사회를 정부의 활동영역에 포함시켜 새로운 파트너로 인정함으로써 정부조직, 기업, 시민사회, 세계체제 등 이들 모두가 공공서비스와 관련하여 신뢰를 통한 네트워크(연계, 상호작용)를 구축하는 것을 강조하면서 시장논리보다는 협력체제를 강조하는 것을 말한다.

07

영역 정책학 > 정책환경 및 정책과정의 참여자　　　난도 **중**

정답의 이유

① 정책네트워크는 다원주의와 엘리트주의, 조합주의에 대한 대안으로 등장하고, 정책이해의 연계관계를 제도적 관점에서 보다 신축적으로 설명하고 발전시킨 이론이다. 정책을 다양한 참여자들 간 상호작용의 산물로 파악하고 정책과정을 포괄적이고 체계적으로 설명하였다. 영국에서는 의회 정당 중심의 연구가 한계에 봉착하여 정책공동체 연구가 활성화되었으며, 특히 비교적 폐쇄적이고 안정적이며 지속적인 정책공동체와 개방적이고 유동적인 이슈망을 중심으로 논의하고 있으며, 미국은 하위정부 중심의 연구와 이슈망 중심으로 공동체 연구가 전개되었다.

((•)) **적중레이더**

정책네트워크의 특성(오석홍)
- 정책문제별 또는 정책영역별로 형성
- 다양한 참여자(정부부문과 민간부문의 개인과 조직)
- 연계의 형성
- 경계의 존재(참여자와 비참여자를 구분하는 경계 존재)
- 제도적 특성(참여자들의 상호작용을 규정하는 공식적·비공식적 규칙의 총체)
- 가변적 현상(외재적 및 내재적 요인에 의해 변동될 수 있음)

08

영역 정책학 > 정책의제설정　　　　　　　　　난도 **중**

정답의 이유

① 의사결정론에 의하면, 외부환경으로부터 발생한 요구의 다양성보다 정치체제 내부의 능력상 한계 때문에 의제선택의 문제가 일어난다고 본다.

09

영역 정책학 > 정책의제설정　　　　　　　　　난도 **중**

정답의 이유

① 동원모형은 정부 내의 정책결정자들이 주도하여 정책의제를 채택하는 경우로 정부가 민간의 지지를 동원하여 의제를 설정하는 것이다. 즉, 동원모형은 외부주도형보다 비교적 쉽게 의제설정이 이루어진다. 주로 후진국에서 나타나는 모형이다.

오답의 이유

③ 내부접근형은 정부기관 내의 관료집단(동원형에 비해 낮은 지위에 있는 고위관료)이 주도하여 이들이 최고정책결정자에게 접근하여 정책의제로 채택되는 경우를 말하며, 음모형이라고도 한다. 부의 권력이 편중된 불평등사회에서 주로 나타나나 미국과 같은 나라에서도 무기계약과 같은 경우에서 나타난다.

10

영역 정책학 > 정책결정　　　　　　　　　　　난도 **중**

정답의 이유

④ 드로어(Y. Dror)가 제시한 최적모형은 합리성과 초합리성을 동시에 고려하는 최적치 중심의 규범적 모형이다. 정책과정을 체제론적 관점에서 '투입-전환-환류'의 과정으로 이해하며 특히 환류를 중시하였다.

((•)) **적중레이더**

합리모형과 점증모형의 비교

구분	합리모형	점증모형
인간관	합리적인 경제인에 대한 가정	인간의 인지능력의 한계를 전제
가치	경제적 합리성의 추구 (목표달성의 극대화)	정치적 합리성의 추구 (바람직하지 않은 상황 수정)
목표와 수단	목표와 수단의 분리	목표와 수단의 상호 작용
결정절차	총체적·체계적 분석 (연역적 접근)	연속적이며 제한된 분석 (귀납적 접근)
최적화	전체적 최적화 추구	부분적 최적화 추구
결정내용	대폭적 변화 가능	소폭적이고 점진적인 변화
환경변화	적응력이 강함	적응력이 약함
적합성	개발도상국에 적합	선진국 사회에 적합
이론 의존성	이론에 크게 의존	이론에 의존할 필요성이 거의 없음

11

정답 ④

영역 조직론 > 조직의 양태와 조직유형　　　　난도 **중**

정답의 이유

④ 학습 조직은 유기적 구조의 한 형태로 현대적 조직을 대표한다. 반면에 기능분립적 구조는 고전적 조직인 기계적 구조의 한 유형이다.

(((•))) **적중레이더**

학습 조직

개념	• 조직구성원 스스로 새로운 지식의 창조 · 획득 · 공유 등의 활동을 통해 새로운 환경에 적응할 수 있도록 끊임없이 변신할 수 있는 조직 • 조직을 바라보는 새로운 관점, 새로운 사고방식으로의 전환
특징	• 핵심가치: 문제해결능력 • 탈관료제 지향 • 팀 및 상호주관성 중시 • 자아실현적 인간관과 개방체제 • 의사소통과 공동체 문화 중시 • 집단학습(조직학습) 중시

12

정답 ①

영역 조직론 > 조직구조　　　　난도 **중**

정답의 이유

① 방송통신위원회는 대통령 소속기관이다.

오답의 이유

② · ③ · ④ 국무총리 소속기관이다.

13

정답 ②

영역 행정환류론 > 정보화와 행정(전자정부와 지식관리 행정)　　　　난도 **중**

정답의 이유

② UN(2008)에서는 전자 거버넌스의 발전단계를 전자적 참여의 형태에 따라 '전자정보화(E–Information)단계 → 전자자문(E–Consultation)단계 → 전자결정(E–Decision)단계'로 구분하고 있다.

14

정답 ③

영역 인사행정론 > 공직구조의 형성　　　　난도 **중**

정답의 이유

③ 지문은 정무직공무원 중 선거에 의해 취임하는 공무원에 대한 설명이다. 정무직공무원은 국민의 입장에서 정치적 판단이 필요해 선거에 의해 취임하는 공무원도 있지만, 대법원장 및 대법관과 같이 중립적이고 객관적인 측면에서 업무를 수행하기 위해 국회의 동의를 요하는 공무원도 있으며, 국가정보원장이나 안보실 차장과

같이 고도의 정책결정 업무를 담당하거나 이러한 업무를 보조하는 공무원으로 법령에서 정무직으로 정하고 있는 공무원도 있음을 유의해야 한다.

- 선거에 의해 취임(정치적 임용)하거나 임명에 있어서 국회의 동의를 요하는 공무원: 대통령, 국회의원, 지방자치단체장, 지방의회의원, 감사원장, 대법원장과 대법관, 헌법재판소장과 재판관, 중앙선거관리위원회 위원, 국무총리 등
- 고도이 정책결정업무를 담당하거나 이러한 업무를 보조하는 공무원으로서 법령에서 정무직으로 지정하는 공무원: 국무위원, 국무조정실장, 국가정보원장 및 차장, 국회의 사무총장, 선거관리위원회의 사무총장, 감사원위원, 헌법재판소 사무처장, 대통령정책실장, 대통령비서실보좌관 및 수석비서관, 국가안보실 차장 등

(((•))) **적중레이더**

「국가공무원법」

제2조 【공무원의 구분】
① 국가공무원은 경력직공무원과 특수경력직공무원으로 구분한다.
② "경력직공무원"이란 실적과 자격에 따라 임용되고 그 신분이 보장되며 평생 동안(근무기간을 정하여 임용하는 공무원의 경우에는 그 기간 동안을 말한다) 공무원으로 근무할 것이 예정되는 공무원을 말하며, 그 종류는 다음 각 호와 같다.
　1. 일반직공무원: 기술 · 연구 또는 행정 일반에 대한 업무를 담당하는 공무원
　2. 특정직공무원: 법관, 검사, 외무공무원, 경찰공무원, 소방공무원, 교육공무원, 군인, 군무원, 헌법재판소 헌법연구관, 국가정보원의 직원, 경호공무원과 특수 분야의 업무를 담당하는 공무원으로서 다른 법률에서 특정직공무원으로 지정하는 공무원
③ "특수경력직공무원"이란 경력직공무원 외의 공무원을 말하며, 그 종류는 다음 각 호와 같다.
　1. 정무직공무원
　　가. 선거로 취임하거나 임명할 때 국회의 동의가 필요한 공무원
　　나. 고도의 정책결정 업무를 담당하거나 이러한 업무를 보조하는 공무원으로서 법률이나 대통령령(대통령비서실 및 국가안보실의 조직에 관한 대통령령만 해당한다)에서 정무직으로 지정하는 공무원
　2. 별정직공무원: 비서관 · 비서 등 보좌업무 등을 수행하거나 특정한 업무 수행을 위하여 법령에서 별정직으로 지정하는 공무원

15

정답 ②

영역 인사행정론 > 공직구조의 형성　　　　**난도 중**

정답의 이유

② 개방형 직위는 폐쇄형에 비해 공직으로의 진입이 개방되어 있기 때문에 행정에 대한 민주적 통제가 용이하다.

((•)) 적중레이더

개방형 직위의 장·단점

장점	단점
• 외부로부터 인재유입으로 공직 내 신진대사를 촉진 • 행정의 전문성을 제고 • 공직의 유동성을 높여 관료주의화 및 공직사회의 침체 방지 • 행정에 대한 민주적 통제가 용이 • 인사권자에게 재량권이 주어져 정치적 리더십을 강화하는 데에 기여	• 내부 사기저하의 우려 존재 • 신분의 불안정으로 행정의 안정성 및 일관성을 저해 • 직업공무원제의 확립 곤란 • 임용구조의 복잡성 • 내부임용보다 외부인사의 신규임용으로 인한 비용의 증가 야기

16

정답 ①

영역 재무행정론 > 예산결정　　　　**난도 하**

정답의 이유

① 점증예산에 대한 설명이다.

((•)) 적중레이더

예산결정문화론(A. Wildavsky)

윌다브스키는 예산결정의 중요한 환경변수로서 '부(富)'와 예측성(豫測性)'을 들고 이를 통하여 각국의 예산결정형태(예산결정문화)를 다음과 같이 4가지로 유형화시키고 있다.

구분		부(wealth)	
		부유(rich)	빈곤(poor)
예측성	확실	점증예산	세입예산
	불확실	보충예산	반복예산

• 점증형(점증예산): 선진국처럼 국가의 경제력이 크고, 예측가능성이 높은 경우에 등장한다.
• 양입제출형(세입예산): 미국의 선진국 도시정부처럼 경제력은 작지만, 예측가능성이 높은 경우 나타난다.
• 보충형(보충예산): 국가경제력은 높으나, 재정력의 예측가능성이 낮은 경우이다. 행정능력이 낮으면 추가적 형태가 나타난다.
• 반복형(답습형. 반복예산): 후진국의 경우처럼 경제력이 낮고, 예측가능성도 낮은 경우이다. 이때는 전년도 예산을 답습할 수 밖에 없다.

17

정답 ③

영역 재무행정론 > 예산과정론　　　　**난도 상**

정답의 이유

③ 예산심의절차는 '국정감사 – 시정연설 및 제안설명 – 상임위원회의 예비심사 – 예산결산특별위원회의 종합심사 – 본회의의 의결'의 단계로 이루어진다.

오답의 이유

① 헌법상으로 정부는 회계연도 개시 90일 전까지 국회에 제출이 맞다. 그러나 2016년도 예산편성부터 회계연도 개시 90일이 아닌 120일 전까지 국회에 제출하도록 국가재정법이 개정되면서, 실질적인 절차는 국가재정법에 따라 120일 전까지 제출로 조정된 상황이다(개정된 국가재정법은 헌법상의 90일보다 앞서므로 조문상 위헌에 해당하지는 않는다).

18

정답 ②

영역 재무행정론 > 예산　　　　**난도 중**

정답의 이유

② 추가경정예산은 통일성의 원칙에 대한 예외에 해당하지 않는다.

((•)) 적중레이더

통일성의 원칙(국고통일주의 원칙)

특정한 세입과 세출이 바로 연계됨이 없이 국고가 하나로 통일되어야 한다는 원칙이다.
예외) 목적세, 수입대체경비, 특별회계, 기금 등

19

정답 ①

영역 행정환류론 > 행정책임과 통제　　　　**난도 중**

정답의 이유

① 스웨덴식 옴부즈맨은 입법부 소속의 공무원이며, 입법부에서 선출되므로 외부통제에 해당된다. 반면 우리나라의 국민권익위원회는 국무총리 소속으로 행정부형이며 내부통제에 해당된다.

((•)) 적중레이더

국민권익위원회

국민권익위원회는 고충민원의 처리와 이에 관련된 불합리한 행정제도를 개선하고, 부패의 발생을 예방하며 부패행위를 효율적으로 규제하도록 하기 위하여 국무총리 소속으로 설치되었다. 「부패방지 및 국민권익위원회의 설치와 운영에 관한 법률」에 위원회에 관련된 사항이 규정되어 있다. 위원장 1명을 포함한 15명의 위원으로 구성되어 있으며, 위원장과 위원의 임기는 각각 3년으로 하되 1차에 한하여 연임할 수 있다.

20

정답 ③

영역 인사행정론 > 인사행정의 기초   난도 **중**

정답의 이유

③ 뉴거버넌스는 다양한 집단이 정부의사결정 및 집행에 직접 참여를 통해 대표성을 높이는 것이므로, 대표관료제의 인종·종교·성별·신분·계층·지역 등의 여러 기준에 의하여 분류되는 모든 사회집단들이 한 나라이 인구 전체 안에서 차지하는 비율에 맞게 관료조직의 직위들을 차지해야 한다는 원리와 조화되는 것이지 대표관료제가 뉴거버넌스를 저해한다고 보기는 어렵다.

21

정답 ③

영역 지방행정론 > 지방자치단체(종류 및 기관)   난도 **상**

정답의 이유

③ 지방자치단체의 장은 지방의회에서 재의결된 사항이 법령에 위반된다고 인정되면 대법원에 소를 제기할 수 있다(지방자치법 제120조 제3항).

오답의 이유

① 지방자치법 제114조

② 지방의회의 의장은 지방자치단체의 장이나 조례로 정하는 수 이상의 지방의회의원이 요구하면 15일 이내에 임시회를 소집하여야 한다. 다만, 지방의회의 의장과 부의장이 부득이한 사유로 임시회를 소집할 수 없을 때에는 지방의회 의원 중 최다선 의원이, 최다선의원이 2명 이상일 경우에는 그중 연장자의 순으로 소집할 수 있다(지방자치법 제54조 제3항).

④ 지방자치법 제118조

22

정답 ②

영역 지방행정론 > 지방자치단체(종류 및 기관)   난도 **상**

정답의 이유

② 다른 기관에서 감사하였거나 감사 중인 사항은 지방자치법 제21조에 따라 감사청구의 대상에서 제외되는 사항이다.

> **제21조【주민의 감사 청구】**
> ① 지방자치단체의 18세 이상의 주민으로서 다음 각 호의 어느 하나에 해당하는 사람(「공직선거법」 제18조에 따른 선거권이 없는 사람은 제외한다. 이하 이 조에서 "謂세 이상의 주민"이라 한다)은 시·도는 300명, 제198조에 따른 인구 50만 이상 대도시는 200명, 그 밖의 시·군 및 자치구는 150명 이내에서 그 지방자치단체의 조례로 정하는 수 이상의 18세 이상의 주민이 연대 서명하여 그 지방자치단체와 그 장의 권한에 속하는 사무의 처리가 법령에 위반되거나 공익을 현저히 해친다고 인정되면 시·도의 경우에는 주무부장관에게, 시·군 및 자치구의 경우에는 시·도지사에게 감

사를 청구할 수 있다.
> 1. 해당 지방자치단체의 관할 구역에 주민등록이 되어 있는 사람
> 2. 「출입국관리법」 제10조에 따른 영주(永住)할 수 있는 체류자격 취득일 후 3년이 경과한 외국인으로서 같은 법 제34조에 따라 해당 지방자치단체의 외국인등록대장에 올라 있는 사람
> ② 다음 각 호의 사항은 감사 청구의 대상에서 제외한다.
> 1. 수사나 재판에 관여하게 되는 사항
> 2. 개인의 사생활을 침해할 우려가 있는 사항
> 3. 다른 기관에서 감사하였거나 감사 중인 사항. 다만, 다른 기관에서 감사한 사항이라도 새로운 사항이 발견되거나 중요 사항이 감사에서 누락된 경우와 제22조제1항에 따라 주민소송의 대상이 되는 경우에는 그러하지 아니하다.
> 4. 동일한 사항에 대하여 제22조제2항 각 호의 어느 하나에 해당하는 소송이 진행 중이거나 그 판결이 확정된 사항

23

정답 ②

영역 지방행정론 > 지방자치단체(종류 및 기관)   난도 **중**

정답의 이유

② 지방자치단체는 그 사무를 분장하기 위하여 필요한 행정기구와 지방공무원을 둔다. 행정기구의 설치와 지방공무원의 정원은 인건비 등 대통령령으로 정하는 기준에 따라 그 지방자치단체의 조례로 정한다(지방자치법 제125조 제1항 및 제2항).

24

정답 ④

영역 지방행정론 > 지방자치단체와 국가와의 관계   난도 **중**

오답의 이유

① 지방자치단체 상호 간은 분쟁조정위원회, 국가와 지방자치단체는 행정협의조정위원회에서 다투는 것이 옳다.

② 지방자치단체와 주민의 갈등을 해결하는 방법에 협약, 공청회는 해당되나, 협의회는 광역행정의 일종이다. 공람은 단순한 수평적 의사전달의 한 형태이다.

③ 국가와 지방자치단체 간 갈등의 해결을 위해 설치된 국무총리실의 행정협의조정위원회의 결정은 구속력을 가지지 않는다.

분쟁조정제도

지방자치단체 간	동일 시·도 내	시·도지사가 지방분쟁조정위원회의 의결에 따라 조정 결정
	• 광역 간 • 광역과 기초단체 • 시·도를 달리하는 기초단체 간	행정안전부장관이 중앙분쟁조정위원회의 의결에 따라 조정 결정
국가와 지방자치단체 간	국무총리실의 행정협의조정위원회가 조정 결정	

25

정답 ①

영역 지방행정론 > 지방자치단체와 국가와의 관계   난도 **하**

정답의 이유

① 특별지방행정기관은 특정광역사무를 처리하기 위하여 별도로 행정기관을 설치하는 것으로 우리나라의 지방환경청, 지방병무청, 지방국세청, 지방국토관리청 등이 특별지방행정기관의 예에 해당한다.

((•)) 적중레이더

특별지방행정기관(일선기관)

• 중앙행정기관이 지방에서의 소관사무를 처리하기 위해 그 하부기관으로 지방에 설치한 국가의 하급행정기관이다.

• 현장의 정보를 중앙에 전달하거나 중앙과 지방자치단체 사이의 매개 역할을 수행한다.

• 특별지방행정기관은 국가의 지방행정조직이지 지방자치단체가 아니다.

특별지방 행정기관 (일선기관)	법인격 ×	국가 행정	관치 행정	전문성	지방자치와 무관
지방자치 단체	법인격 ○	지방 행정	자치 행정	종합성	지방자치에 필수

2015 기출문제 해설

☑ 점수 (   )점/100점 ☑ 문제편 077쪽

영역 분석

행정학 총론	9문항	★★★★★★★★★	36%
정책학	4문항	★★★★	16%
조직론	4문항	★★★★	16%
인사행정론	3문항	★★★	12%
재무행정론	2문항	★★	8%
지방행정론	3문항	★★★	12%

빠른 정답

01	02	03	04	05	06	07	08	09	10
③	①	④	①	②	③	①	③	④	①
11	12	13	14	15	16	17	18	19	20
④	③	④	①	④	③	④	③	①	③
21	22	23	24	25					
④	③	①	①	③					

01

정답 ③

영역 행정학 총론 > 행정이란 무엇인가? 난도 중

정답의 이유

③ 박근혜 정부에서는 국민안전처를 신설하여 소방방재청과 해양경찰청을 흡수하였으나, 문재인 정부에서는 행정자치부와 국민안전처를 행정안전부로 통합하였다. 또한 해양경찰청은 해양수산부에 설치하였다.

오답의 이유

① 복수 차관을 두는 부처는 기획재정부 · 과학기술정보통신부 · 외교부 · 문화체육관광부 · 보건복지부 · 국토교통부로 총 6개이다.

② 국무총리 소속의 처는 다음과 같다.
- 국가보훈처: 국가유공자 및 그 유족에 대한 보훈, 제대군인의 보상 · 보호 및 보훈선양에 관한 사무를 관장하기 위하여 국무총리 소속으로 국가보훈처를 둔다(처장과 차장은 정무직).
- 인사혁신처: 공무원의 인사 · 윤리 · 복무 및 연금에 관한 사무를 관장하기 위하여 국무총리 소속으로 인사혁신처를 둔다(처장 1명과 차장 1명을 두되, 처장은 정무직으로 하고, 차장은 고위공무원단에 속하는 일반직공무원으로 보한다).
- 법제처: 국무회의에 상정될 법령안 · 조약안과 총리령안 및 부령안의 심사와 그 밖에 법제에 관한 사무를 전문적으로 관장하기 위하여 국무총리 소속으로 법제처를 둔다.
- 식품의약품안전처: 식품 및 의약품의 안전에 관한 사무를 관장하기 위하여 국무총리 소속으로 식품의약품안전처를 둔다.

④ 정부조직법상 문재인 정부의 정부조직은 18부 4처 18청 · 2원 4실 1처이다.

((ᵖ)) 적중레이더

「정부조직법」상 우리나라의 행정 각 부처(2020)

18부	기획재정부, 교육부, 과학기술정보통신부, 외교부, 통일부, 법무부, 국방부, 행정안전부, 문화체육관광부, 농림축산식품부, 산업통상자원부, 보건복지부, 환경부, 고용노동부, 여성가족부, 국토교통부, 해양수산부, 중소벤처기업부
4처	국가보훈처, 인사혁신처, 법제처, 식품의약품안전처

02

정답 ①

영역 정책학 > 정책평가 난도 상

정답의 이유

① 하이에크(F. Hayek)는 신자유주의의 입장에서 시장에 대한 정부의 간섭을 비판했던 경제학자이다. 저서 『노예로의 길(The Road to Serfdom)』에서 국가기획과 개인의 자유는 양립할 수 없음을 강조하며 사회주의와 전체주의를 비판하였다. 즉, 사회주의 경제체제에서는 경제 계산이 불가능하기 때문에 정부 개입이 결국 국가적 재앙을 야기할 것이라고 주장하며 국가기획을 반대하였다. 또한 화폐이론과 경기순환론 등에 있어서 케인즈와 대립되는 입장을 취하였다.

03

정답 ④

영역 행정학 총론 > 행정학의 주요 접근   난도 **하**

정답의 이유

④ 협력(cooperation)은 7대 기능에 해당하지 않는다.

오답의 이유

① · ② · ③과 함께 7대 기능에 속하는 것은 기획(planning), 지휘 (directing), 보고(reporting), 예산(budgeting)이다.

(((•))) 적중레이더

최고관리자의 7대 기능(POSDCoRB)

기획 (planning)	조직의 목표를 달성하기 위한 방법에 대하여 구체적인 윤곽을 세우는 일
조직화 (organizing)	수립한 계획에 따라 업무를 효율적으로 수행할 수 있도록 구체적인 직무와 권한을 배분하여 공식적인 구조를 갖추는 일
인사 (staffing)	신규 직원들을 채용하고 훈련시키며, 알맞은 근무조건을 유지하도록 하는 일
지휘 (directing)	부하 직원들로 하여금 업무상의 명령이나 지시에 따르도록 하는 일
조정 (coordinating)	조직 내의 여러 부서 상호 간에 협력과 원만한 관계를 유지하도록 하는 일
보고 (reporting)	소속 상사나 관리자에게 부하직원이 맡긴 업무의 진행과정이나 결과 또는 연구 조사 등을 보고하도록 하는 일
예산 (budgeting)	조직의 목표나 업무를 수행할 수 있도록 재정 기획이나 회계를 담당하는 일

04

정답 ①

영역 행정학 총론 > 행정학의 이해   난도 **중**

정답의 이유

① 해밀턴(Hamilton)은 건국 초기 미국의 정치가로 워싱턴 대통령 정권에서 재무장관을 역임한 인물이다. 그는 힘겹게 독립한 미국이 강해지기 위해서는 상공업의 발달을 중심으로 한 경제 발전이 중요하다고 생각하였으며, 이를 위해 강력한 연방정부(중앙정부)가 수립되어야 하며 적극적인 역할을 해야 한다고 주장하였다.

오답의 이유

② 제퍼슨(Jefferson)은 지방분권화를 통한 민주주의의 실현을 주장했다.

③ 잭슨(Jackson)의 민주주의에 대한 설명이다.

④ 매디슨(Madison)의 다원주의에 대한 설명이다.

05

정답 ②

영역 조직론 > 조직의 양태와 조직유형   난도 **중**

정답의 이유

② 전문적 관료제는 핵심운영부문의 힘이 강한 유형으로 핵심운영부문은 작업계층이며, 복잡하고 안정적인 환경에 적합하다.

06

정답 ③

영역 행정학 총론 > 행정학의 주요 접근   난도 **중**

정답의 이유

③ 포스트모더니즘에서는 타자를 인식적 객체로서가 아니라 도덕적인 타자로 인정한다. 이를 타자성(alterity)이라고 한다.

(((•))) 적중레이더

포스트모더니티 이론의 특징

상상	• 규칙에 얽매이지 않는 행정 운영 • 문제의 특수성 인정
해체	• 탈구성, 해방주의 • 텍스트의 근거를 파헤쳐 재해석
영역 해체	탈영역화, 학문 간의 영역 파괴
타자성	타인을 인식적 타자가 아닌 도덕적 타자로 인정

07

정답 ①

영역 정책학 > 정책환경 및 정책과정의 참여자   난도 **중**

정답의 이유

① 정책공동체가 아닌 이슈네트워크의 특징이다. 정책공동체에서는 관료, 전문가 등의 제한된 참여가 이루어진다.

오답의 이유

② 정책공동체는 이슈네트워크보다 국가가 더 주도적인 역할을 한다. 이슈네트워크에서는 국가나 관료의 우월적 지위가 인정되지 않고, 정책사안별로 주도자가 되거나 방관자가 되기도 한다.

③ 정책결정을 둘러싼 권력게임에 있어서 정책공동체는 포지티브섬 게임(positive-sum game)인 반면, 이슈네트워크는 네거티브섬 게임(negative-sum game)의 성격을 띤다.

④ 정책공동체는 모든 참여자가 자원을 가지고 참여하며 기본관계는 교환관계이다. 이슈네트워크는 보유하고 있는 자원의 격차가 존재하고, 기본관계는 교환관계가 아닌 자문수준이다.

08

영역 정책학 > 정책의제설정　　　　　　　　　　난도 **중**

정답의 이유

③ 3종 오류는 주로 의제를 채택하는 과정에서 나타난다.

적중레이더

오류(error)의 종류

알파 오류 (1종 오류)	• 귀무가설이 옳은데도 불구하고 그 가설을 기각하는 　오류 • 잘못된 정책을 선택하는 경우가 발생할 수 있음
베타 오류 (2종 오류)	• 귀무가설이 잘못되었는데도 그것을 옳은 것으로 받 　아들이는 오류 • 올바른 정책이 기각되는 경우가 발생할 수 있음
메타 오류 (3종 오류)	• 정책문제 자체를 잘못 정의한 경우 • 문제 자체가 잘못 정의되어 이후의 과정에도 영향 　을 미치게 됨
환원주의 오류	개인을 분석단위로 한 연구결과를 집단, 사회 등에 적 용할 경우 발생할 수 있는 오류
생태학적 오류	개인보다 큰 집단이나 사회에서 도출한 결과를 개인 에게 적용할 경우 발생할 수 있는 오류

09

영역 조직론 > 조직의 양태와 조직유형　　　　　난도 **중**

정답의 이유

④ 입체적인 조직의 특징을 가지는 것은 매트릭스조직의 특징이다.

10

영역 조직론 > 조직연구의 기초　　　　　　　　난도 **중**

정답의 이유

① 임시작업단(task force)은 수평적 조정기제이다.

오답의 이유

② 임시작업단은 단순한 특정 문제를 해결하는 데 적합하고, 프로젝
트 팀은 장기간에 걸쳐 강력한 협동이 요구되는 프로젝트에 좀 더
적합하다.

③ · ④ 임시작업단은 수평적 연결기제로 다수 부서 간의 긴밀한 연결
과 조정을 위해 각 부서대표로 구성된 임시위원회이다.

11

영역 인사행정론 > 인사행정의 기초　　　　　　난도 **상**

정답의 이유

④ 엽관주의는 정당에 대한 기여도에 따라 공직 임용이 이루어진다.
따라서 지도자와 공무원들이 같은 정치적 성향을 가지고 있기 때
문에 통제가 용이하고 정치적 리더십 강화에 기여한다.

오답의 이유

① 인사권자의 개인적인 친분관계(혈연, 지연 등)를 기준으로 하는 것
은 정실주의이다.

② 엽관주의는 책임성 · 대응성 · 민주성 등 정부관료제의 민주화를
강화한다.

③ 엽관주의는 민주주의 · 정당정치와 함께 발달하였다.

적중레이더

엽관주의와 실적주의

엽관주의	• 공무원의 인사관리, 공직임용에 있어 그 기준을 정 　당에 대한 충성도, 정치적 기여도 등에 두는 제도 • 1829년 미국의 잭슨 대통령이 취임하면서 본격적 　으로 발달 • 민주주의 및 정당정치의 발달에 따라 함께 발달 • 단점: 정치적 중립 저해, 행정의 연속성 저해, 부정 　부패의 원인 등
실적주의	• 인사관리나 공직임용의 기준을 개인의 능력 · 자 　격 · 성적에 두는 제도 • 1883년 미국의 「펜들턴법」에 의하여 도입 • 장점: 공무원의 정치적 중립, 신분보장, 실적 중심 　의 공직임용 실현 등 • 단점: 인사행정의 형식화, 비인간화, 대응성과 책임 　성 저해 등

12

영역 인사행정론 > 능력발전　　　　　　　　　　난도 **중**

정답의 이유

③ 도표식 평정방법에 해당하는 설명이다. 도표식 평정방법은 실적 ·
능력 등의 평정요소와 우열을 표시하는 것으로 가장 많이 이용되
나 등급비교기준이 명확하지 않으며 평정이 임의적이다.

오답의 이유

① 행태기준 척도법: 도표식 평정방법에 중요사건기록법을 결합한
것으로 평정의 타당성을 높이기 위하여 실제로 발생한 행태를 가
지고 평정척도로 삼는다.

② 체크리스트법: 질문항목을 중심으로 이에 대한 가부를 표시하는
평정방법으로, 질문마다 가중치를 두어 수치로 환산할 수 있다.

④ 서열법: 피평정자 간의 근무성적 비교를 통해 서열을 정한다.

13 정답 ④

정답의 이유

④ 조세의 종목과 세율은 헌법 제59조에 의거하여 법률로 정한다(조세법률주의). 단, 지방세는 조세법률주의의 예외로써 각 지방자치단체가 세목, 과세대상, 세율 등을 조례로 정한다. 하지만 지방자치단체에 지방세에 대한 자율권이 있음에도, 그 범위를 지방세기본법 또는 지방세관계법 운영 예규 등에서 한정하고 있다.

오답의 이유

① 국가재정법 제86조

> 제86조【재정건전화를 위한 노력】
> 정부는 건전재정을 유지하고 국가채권을 효율적으로 관리하며 국가채무를 적정수준으로 유지하도록 노력하여야 한다.

② 국가재정법 제17조

> 제17조【예산총계주의】
> ① 한 회계연도의 모든 수입을 세입으로 하고, 모든 지출을 세출로 한다.

③ 국고금 관리법 제7조

> 제7조【수입의 직접 사용 금지 등】
> 중앙관서의 장은 다른 법률에 특별한 규정이 있는 경우를 제외하고는 그 소관 수입을 국고에 납입하여야 하며 이를 직접 사용하지 못한다.

14 정답 ①

정답의 이유

① 계획 예산제도에 대한 설명이다. 영기준 예산제도에서는 의사결정단위를 확인하고 선정하여 의사결정 패키지(사업대안 패키지와 증액대안 패키지)를 작성하고, 우선순위를 결정하여 실행예산을 편성한다.

📡 적중레이더

영기준 예산제도(ZBB)의 장·단점

장점	• 합리적 의사결정 • 재정의 경직성 타파 및 탄력성 확보 • 상향적 결정방식으로 의사결정과 참여가 수평적·분권적 • 구성원의 참여 확대
단점	• 업무량 및 시간·노력 과중 • 우선순위 결정 곤란 • 장기적 안목 결여 • 경직성 경비의 축소·폐지 곤란 • 관료들의 저항과 소규모 조직의 희생

15 정답 ③

정답의 이유

③ 기관통합형은 영국, 프랑스 등 유럽의 여러 나라와 미국 대부분의 지역에서 채택·운영되고 있으며, 기관분리형의 경우 우리나라, 일본, 이탈리아 및 미국의 일부 지역 등 비교적 소수의 나라에서 채택·운영되고 있다.

16 정답 ④

정답의 이유

④ 국고보조금은 그에 상당한 반대급부가 수반되지 않는 일종의 무상재원이다.

📡 적중레이더

국고보조금의 특징
• 수직적 재정조정제도에 해당한다.
• 국가로부터 교부되는 의존재원이면서, 용도를 지정하는 특정재원의 성격을 가진다.
• 보조금에 대한 반대급부를 요구하지 않는 무상재원적인 성격을 가진다.
• 행정수준의 전국적 통일성에 기여한다.
• 우리나라의 국고보조금은 지나치게 통제 위주로 운영되어 지방자치단체의 행정적·재정적 자율성을 저해하는 측면이 있다.
• 자비부담능력이 있는 자치단체에 보조금이 편중되어 자치단체 간 재정격차가 심화된다.

17 정답 ④

정답의 이유

④ 직무의 구체적인 내용이나 직무 수행 방법, 다른 직무들과의 연계 등을 설계하는 것은 경력개발의 첫 단계인 ㉣ – ⓐ 직무설계 단계이다.

오답의 이유

① ㉠ – ⓑ 경력설계
② ㉡ – ⓒ 경력관리
③ ㉢ – 평가 및 보완

18

정답 ③

영역 행정학 총론 > 행정학의 주요 접근　　　　**난도** 하

정답의 이유

③ 행태론의 대표적인 학자는 사이먼(H. Simon), 허즈버그(Herzberg), 아지리스(Argyris) 등이 있으며, 가우스(Gaus)와 리그스(Riggs)는 생태론의 대표적인 학자이다.

(((ᴵ))) 적중레이더

행태론의 주요 특징

규칙성 (regularities)	정치행정의 행태에는 일정한 규칙이 있으므로 그것을 일반화함으로써 이론을 정립할 수 있다.
입증 (verification)	일반화 또는 이론화는 원칙적으로 사실이 경험으로 입증되어야 한다.
계량화 (quantification)	자료의 분석과 발견된 사실의 진술은 가능한 한 계량화가 필요하다.
기술 (technique)	자료의 수집과 정확한 분석을 위해서는 조사 기술이 필요하다.
가치(value)와 사실(fact)의 분리	과학적 · 경험적 연구에서는 가치와 사실이 분리되고, 가치판단이 배제되어야 한다.
순수과학 (pure science)의 추구	지식을 사회에 응용하기에 앞서 인간의 행태를 과학적으로 이해하고 설명하는 순수과학을 확립하는 것이 중요하다.
체계화 (systematization)	이론과 연구는 체계적 · 과학적으로 수행 되어야 한다. 이론에 의하지 않는 연구는 지엽적일 수밖에 없고 사실적 자료로 증명되지 않는 이론은 쓸모없는 것이다.
통합 (integration)	집단이나 인간행위를 정확하게 이해하기 위해서는 행정학과 인접사회과학의 밀접한 학문상의 통합이 이루어져야 한다.

19

정답 ①

영역 지방행정론 > 지방자치단체와 국가와의 관계　　　**난도** 중

정답의 이유

① 특별지방행정기관은 국가의 일선기관으로서 지방의 고유 사무를 위해 설치한 기관이 아니라 국가업무의 효율적이고 광역적인 추진을 위해 설치된 기관이다.

20

정답 ③

영역 행정학 총론 > 행정이란 무엇인가?　　　　**난도** 중

정답의 이유

③ 정치행정이원론에서는 민주적인 정부보다 능률적인 행정을 더 강조하고 있으며, 기계적 능률관보다 사회적 능률관(민주성)을 중시하는 정치행정일원론에서 민주적인 정부의 구현을 더 중시한다.

21

정답 ④

영역 조직론 > 조직의 양태와 조직유형　　　　**난도** 중

정답의 이유

④ 정부조직법 제2조 제3항에서 규정하고 있는 보조기관으로는 차관, 차장, 실장, 국장 및 과장이 있다. 제5항에서 차관보는 보조기관이 아닌 보좌기관으로 규정하고 있다.

22

정답 ③

영역 행정학 총론 > 행정학의 주요 접근　　　　**난도** 중

정답의 이유

③ 뉴거버넌스는 임무 중심의 관리 방식을 취하는 반면, 신공공관리론은 고객 지향적 관리 방식을 취한다.

23

정답 ①

영역 행정학 총론 > 행정과 환경　　　　**난도** 중

정답의 이유

① 현대적 의미에서 시민사회는 민주화와 더불어 정부실패에 대처하려는 노력을 통하여 부활하였다.

(((ᴵ))) 적중레이더

NGO의 특징과 한계

특징	• 공식적 · 지속적 조직 • 비영리 · 비정치 조직 • 자발적 · 자치적 조직 • 제3영역의 조직
한계	• 전문성의 미흡 • 관변단체화 우려, 정치적 성향 • 사업분야, 운영자금, 규모 등이 제한적 • 국가기능을 압도하려는 경향이 있음

24

영역 행정학 총론 > 행정과 환경　　　　　　　　　난도 **중**

정답의 이유

① 공공선택론에서 정부실패를 지적하고 있으며, 대표적인 이론으로는 니스카넨(Niskanen)의 '예산극대화모형'이나 오스트롬(Ostrom)의 '민주행정 패러다임' 등이 있다.

(((ᵖ))) 적중레이더

공공선택론의 의의 · 특징 및 한계

의의	• 공공부문에 경제학적인 관점을 도입 • 고객 중심주의, 소비자 중심주의 • 분권화와 자율성 제고 • 정부실패의 원인을 분석하여 대안 제시
특징	• 방법론적 개체주의: 개인의 선호나 개인이 연구대상 • 개인은 자신의 이익극대화를 추구하는 합리적인 이기주의자 • 공공재와 의사결정구조에 관한 연구와 정책의 파급효과 중시 • 민주주의에 의한 집단적인 결정 • 탈관료제적 처방: 중첩적인 관할 구역과 분권적 · 중복적 조직 장치(다중공공관료제)
한계	• 시장실패의 위험이 있음 • 시장경제체제의 극대화만을 중시하여 국가의 역할을 경시하고, 개인의 기득권을 유지하려는 보수적 접근

25

영역 정책학 > 정책결정　　　　　　　　　　　　난도 **하**

정답의 이유

③ 점증주의는 사회가 불안정할 때 적용이 곤란해진다. 사회가 불안정하게 되면 정책결정의 요인들이 더욱 불안정해지고 이는 결정절차의 확립이나 선례 확보를 어렵게 하여 점증주의적 결정을 저해하기 때문이다.

2014 | 기출문제 해설

영역 분석

행정학 총론	3문항	★★★	12%
정책학	6문항	★★★★★★	24%
조직론	4문항	★★★★	16%
인사행정론	4문항	★★★★	16%
재무행정론	3문항	★★★	12%
행정환류론	2문항	★★	8%
지방행정론	3문항	★★★	12%

빠른 정답

01	02	03	04	05	06	07	08	09	10
④	②	①	③	②	④	③	①	③	④
11	12	13	14	15	16	17	18	19	20
①	②	③	①	①	②	②	④	①	③
21	22	23	24	25					
②	②	③	②	④					

01

정답 ④

영역 정책학 > 정책학의 기초   난도 중

정답의 이유

④ 타르 베이비 효과는 잘못 형성된 정부 규제가 다른 정부 규제를 불러오는 현상을 말한다.

오답의 이유

① 피터의 법칙은 관료제 내의 승진으로 인한 관료의 무능화 현상에 관한 법칙이다. 특정 분야의 업무를 잘해낼 경우 그 능력을 인정받아 승진하게 되는데, 승진한 지위에 오른 그 사람은 새로운 업무에 대해서는 전혀 경험이 없는 신입이 된다. 이 과정이 계속 반복되며 조직의 상위직급은 무능한 인물로 채워질 수밖에 없다는 이론으로, 관료제의 병리현상과 관련된 이론이다.

② 버블 경제는 생산과 같은 실물 경제의 활발한 움직임이 없는데도 물가가 오르고 부동산 투기가 심해지는 등 돈의 흐름이 활발해지지만 실제로는 기업 생산이 위축되고 국민경제의 전체적인 경제도 성장하지 않는 현상이다.

③ 파킨슨 법칙은 공무원의 수는 업무의 경중이나 업무의 유무에 상관없이 일정 비율로 증가한다는 법칙이다. 부하배증의 법칙(공무원은 업무 시에 동료보다는 부하를 보충받기를 원함)과 업무배증의 법칙(부하가 배증되면 과거와 달리 지시, 감독 등 파생적 업무가 생겨서 기존의 업무량보다 배증됨)이 있다.

02

정답 ②

영역 지방행정론 > 지방자치단체(종류 및 기관)   난도 하

정답의 이유

㉠ 행정부지사는 일반직 국가공무원(고위공무원단)이다.
㉢ 도교육청 부교육감은 국가공무원(고위공무원단)이다.

정답의 이유

㉡ 정무부지사는 별정직 1급 상당 지방공무원 또는 지방관리관이다.
㉣ 시 · 군 · 자치구의 부단체장인 부시장 · 부군수 · 부구청장은 일반직 지방공무원이다.
㉤ 지방의회의원(의장 및 부의장 포함)은 지방공무원이다.

03

정답 ①

영역 인사행정론 > 공직구조의 형성   난도 중

정답의 이유

① 원장은 국회의 동의를 받아 대통령이 임명한다(감사원법 제4조 제1항).

오답의 이유

② 감사원의 직무감찰 대상이 되는 공무원에는 국회 · 법원 및 헌법재판소에 소속한 공무원은 제외한다(감사원법 제24조 제3항).
③ 감사원법 제22조

④ 헌법 제99조

04

정답 ③

영역 정책학 > 정책분석　　　　　　　　　　난도 **하**

[정답의 이유]

③ 정책델파이 기법은 정책문제의 성격이나 원인, 결과 등에 대해 전문가의 직관적 견해를 토대로 하는 주관적 미래예측기법으로, 정책문제 해결을 위한 정책대안을 개발하고 그 결과를 예측한다.

[오답의 이유]

① · ② · ④ 회귀분석, 선형계획, PERT 등은 이론적 모형을 통한 예견적 · 인과적 · 연역적 예측기법이다.

((•)) 적중레이더

미래예측기법

구분	개념	예측기법
이론적 예측 (예견, predict)	• 인과관계 분석 • 연역적 · 객관적 · 양적 예측	상관분석, 인과분석, 경로분석, 회귀분석, 선형회귀분석, 선형계획, 투입산출분석, 구간추정, 이론지도, PERT, CPM, 게임이론 등
연장적 예측 (투사, project)	• 추세연장, 경향분석 • 귀납적 · 객관적 · 양적 예측	시계열분석, 선형경향추정, 지수가중법, 자료전환법, 구간외추정, 외삽법 등
직관적 예측 (추측, conjecture)	• 주관적 견해 • 판단적 · 주관적 · 질적 예측	브레인스토밍, 전통적 델파이, 정책델파이, 교차영향분석, 실현가능성분석, 역사적 유추, 명목집단기법, 변증법적 토론 등

05

정답 ②

영역 정책학 > 정책결정　　　　　　　　　　난도 **중**

[정답의 이유]

② 점증모형은 합리모형의 비현실성을 비판하면서 정치적 현실을 반영하고, 기존의 정책이나 결정을 점증적이고 부분적으로 수정 · 개선해 나가는 모형이다. 인간의 지적 능력의 한계(제한된 합리성)와

정책결정의 기술적인 제약(정치적 다원론)을 인정하고, 소폭적 변화만을 대안으로 고려하여 정책을 결정한다는 현실적 · 실증적 · 귀납적 이론이다.

[오답의 이유]

① 만족모형에서 인간은 지각능력과 문제해결 능력 등의 한계가 있으므로 완전한 합리적인 결정을 통한 '최적의 대안'을 선택하기란 어려우며, 제한된 합리성에 기초하여 현실적으로 만족할만한 수준에서 결정이 행하여진다고 본다.

③ 쓰레기통모형은 조직화된 혼란 상태에서의 의사결정을 설명하는 모형으로 실제의 정책결정은 어떤 일정한 규칙에 따라 행해지는 것이 아니라 불확실한 상황 속에서 우연히 이루어진다고 본다.

④ 회사모형은 회사조직을 서로 다른 목표들을 지닌 구성원들의 연합체로 가정하고, 이들 목표들 간에 갈등이 일어나는 경우 하나의 차원이나 기준으로 통합하는 방법이 없으므로 갈등의 완전한 해결은 불가능하며 '준해결'에 그친다고 본다.

06

정답 ④

영역 행정학 총론 > 행정이란 무엇인가?　　　　난도 **중**

[정답의 이유]

④ 행정의 경영성은 이미 결정된 정책을 집행할 때 강조된다. 즉, 행정의 경영성이란 가치중립성, 수단성, 능률성, 사실지향성, 과학성, 기술성을 의미한다. 행정이 가치판단적인 목표를 설정하고 정책결정기능을 수행할 때 강조되는 것은 행정의 정치성이다. 정치성은 가치지향성, 규범성, 민주성, 처방성, 기술성을 의미한다.

07

정답 ③

영역 재무행정론 > 예산　　　　　　　　　　난도 **중**

[정답의 이유]

③ 국고채무부담행위에 대한 국회의 의결은 국가로 하여금 다음 연도 이후에 지출할 수 있는 권한까지 부여하는 것은 아니고, 채무를 부담할 권한만을 부여하는 것이므로 채무부담과 관련한 지출에 대해서는 다시 국회의 의결을 얻어야 한다.

[오답의 이유]

① 헌법 제54조에서는 정부가 예산안을 회계연도 개시 90일 전까지 국회에 제출할 것을 규정하고 있다. 그러나 개정된 국가재정법 제33조에서는 정부가 예산안을 회계연도 개시 120일 전까지 국회에 제출하여야 한다고 규정하고 있다.

08

정답 ①

영역 지방행정론 > 지방자치단체(종류 및 기관) 난도 **중**

정답의 이유

① 주민감사청구가 가능한 주민 수 조정은 지방자치단체가 독자적으로 조례를 통하여 행사할 수 있다.

오답의 이유

② 헌법 제59소의 '소세의 종목과 세율은 법률로 정한다'는 규정에 의해 법정 외 세목 신설을 제한하고 있다.

③ 지방재정법 제11조에 의거하여 지방자치단체의 장은 지방채 발행한도액 범위더라도 외채를 발행하는 경우에 지방의회의 의결을 거치기 전에 행정안전부장관의 승인을 받아야 한다.

④ 지방자치법 제5조 제2항에 의거하여 시·군·자치구의 관할 구역 경계변경은 대통령령으로 정한다.

09

정답 ③

영역 조직론 > 조직 행동(행태)론 난도 **하**

정답의 이유

③ 거래적 리더십은 지도자와 부하들 간에 서로 필요로 하는 것의 협상과 교환 과정을 통한 효과적인 리더십을 강조하는 전통적 리더십이다.

📡 적중레이더

변혁적 리더십

카리스마적 리더십	부하들에게 존경심·자긍심과 강한 일체감을 심어주고 부하들로부터 존경과 신뢰를 얻음
영감적 리더십	부하에게 도전적 목표와 임무, 미래에 대한 비전을 받아들이도록 격려
지적 자극	형식적 사고와 관례를 타파하고 새로운 관념을 촉발시키고 창조적 사고를 하도록 유도
개별적 배려	개인의 존재가치를 인정하며, 개개인의 특성과 다양성을 고려

10

정답 ④

영역 재무행정론 > 예산과정론 난도 **중**

정답의 이유

④ 예산의 배정과 재배정은 재정 통제 방안에 해당한다. 예산의 배정은 한 회계연도의 합리적 배분을 위하여 기획재정부가 중앙관서의 장에게 예산을 배분하는 것이며, 재배정은 중앙관서의 장이 산하기관의 장에게 예산을 다시 배분하는 것이다.

11

정답 ①

영역 정책학 > 정책결정 난도 **중**

정답의 이유

① 문제, 정치, 정책의 흐름이 각각 흘러 다니다가 우연한 계기로 모일 때 결정이 이루어진다고 보는 것은 킹던(Kingdon)의 흐름창 또는 정책창 모형에 대한 설명이다. 쓰레기통모형에서 의사결정에 필요한 네 가지 요소는 문제, 해결책, 참여자, 선택기회이다.

📡 적중레이더

쓰레기통모형

- 코헨(M. Cohen), 마치(J. March), 올슨(Olsen) 등이 주장
- 조직화된 무정부상태 속에서의 의사결정을 설명하는 모형
- 전제조건: 불분명한 선호, 불명확한 기술, 수시적(일시적) 참여자
- 불확실한 상황 속에서 의사결정에 필요한 4가지 요소가 독자적으로 흘러 다니다가 우연한 계기로 모일 때 정책결정이 이루어짐
- 의사결정에 필요한 4가지 요소: 문제, 해결책, 참여자, 선택기회

12

정답 ②

영역 조직론 > 조직의 양태와 조직유형 난도 **중**

정답의 이유

② 지식정보사회가 개인의 능력(역량)을 중요시하는 것은 맞지만, 수평적인 네트워크구조로 인해 조직의 협력적인 부분에 대한 요구도 강해진다.

오답의 이유

③ 정보기술이 발달하게 되면서 정부는 하위계층에 대한 관리·감독이 용이해진다. 이것은 조직구조가 계층화되는 도구로 이용될 수 있다.

📡 적중레이더

산업사회와 정보사회의 비교

구분	산업사회	정보사회
생산체제	소품종 대량생산체제	다품종 소량생산체제
산업구조	제조업(노동)	정보산업(지식)
조직구조	수직적 계층구조	수평적 네트워크구조, 가상조직
지방관계	중앙집권	지방분권
정치형태	의회민주주의	직접민주주의

13

정답 ③

영역 정책학 > 정책학의 기초　　　　난도 **하**

정답의 이유

③ 항공노선 취항권을 부여하는 것은 다수의 경쟁자 중 특정 개인이
나 집단에게 특정 권리를 제공하는 정책이므로 경쟁적 규제정책에
해당한다.

오답의 이유

① 재분배정책은 정책결정과정에서 첨예한 갈등이 발생하지만, 전체
적인 틀에서 봤을 때는 정부와 엘리트집단 사이의 협력을 통해 독
자적 · 집권적 · 안정적으로 결정된다.

14

정답 ①

영역 재무행정론 > 예산개혁론(예산제도의 변천)　　　　난도 **하**

정답의 이유

① 예산제도는 'ⓒ 품목별 예산제도 → ① 성과주의 예산제도 → ②
계획예산제도 → ⑩ 영기준예산제도 → ⓒ 신성과주의 예산제도'
의 흐름으로 변화해왔다.

📡 적중레이더

예산제도별 특징

구분	특징
품목별 예산 (LIBS)	• 통제 지향, 투입 중심 • 지출의 성질 또는 물품 · 서비스 중심 • 점증(상향)적 · 미시적 결정, 분권
성과주의 예산 (PBS)	• 관리 지향, 투입 · 산출 중심 • 기능 → 사업 → 활동으로 활동 분류 • 세부사업예산=단위원가×업무량 • 점증(상향)적 · 미시적 결정, 분권
계획예산 (PPBS)	• 계획 지향, 투입 · 산출 · 효과 · 대안 중심 • 계획과 예산의 결합 • 자원의 합리적인 배분 • 포괄(하향)적 · 거시적 결정, 집권
영기준예산 (ZBB)	• 감축 · 평가 지향, 대안 중심 • 전년도 예산을 기준으로 삼지 않고, 계속사 업 · 신규사업 모두 분석 • 우선순위 중심 • 상향적 · 참여적 · 미시적 결정, 분권
신성과주의 예산 (NPB)	• 거시적 · 하향적 예산 • 총괄배정예산, 산출예산제도, 지출통제예산, 다년도예산 등

15

정답 ①

영역 행정학 총론 > 행정이 추구하는 가치　　　　난도 **중**

정답의 이유

① 가외성은 불확실성(위기)에 대비하기 위한 행정의 여유분 · 초과분
으로, 가외성을 두게 되면 비용 및 규모가 증가하여 경제성이나 능
률성과는 상반되는 개념이다.

16

정답 ②

영역 인사행정론 > 공직구조의 형성　　　　난도 **중**

정답의 이유

② 계급제가 직위분류제보다 공무원의 신분을 강하게 보장한다.

오답의 이유

① 계급제는 승진 기회를 더 많이 보장하기 때문에 재직 공무원들의
근무 의욕을 높인다.

③ 직위분류제는 동일직무에 대해서 동일한 보수를 지급한다는 원칙
으로 보수의 합리화를 실현할 수 있다.

17

정답 ②

영역 인사행정론 > 능력발전　　　　난도 **중**

정답의 이유

② 다면평가제는 일면평가제보다는 객관성 확보가 용이하지만, 인기
투표로 전락할 위험이 크다.

📡 적중레이더

다면평가제의 장 · 단점

장점	• 공정성 · 객관성 · 신뢰성이 증대되어 피평정자들의 승복 을 받아내기 쉬움 • 충성심의 방향을 고객 · 국민 중심으로 다원화할 수 있음 • 리더십 발전에 기여 • 부하들에게 힘을 실어주고 행정분권화에 유리한 조건을 형성할 수 있음 • 공정한 평가 및 환류는 자기개발을 위한 동기유발 효과 가 있음 • 공무원의 능력과 행정발전을 위해 활용
단점	• 아랫사람에 의한 평가라는 점에서 전통적인 하향식 행정 문화와의 마찰이 생길 수 있고, 평정상 갈등이나 스트레 스를 유발시킴 • 절차가 복잡하고 시간소모가 많음 • 목표의 성취보다는 원만한 대인관계의 유지에만 급급하 여 인기영합주의(포퓰리즘)로 전락할 가능성이 큼 • 평정에의 참여 범위를 지나치게 확대할 경우 정확성을 떨어뜨릴 위험이 있음 • 피평정자의 무지로 인한 일탈된 행동이 나타날 수 있음

18

영역 정책학 > 정책평가   난도 **중**

정답의 이유

④ 전략적 기획은 조직활동을 분산시키기보다는 조직활동의 연계 · 통합을 강조한다.

19
정답 ①

영역 행정환류론 > 행정책임과 통제   난도 **중**

정답의 이유

① 내부고발자보호제도는 부패방지 및 국민권익위원회 설치 · 운영에 관한 법률에 규정되어 있다.

오답의 이유

② 청렴의 의무는 공무원 행동강령에 담긴 내용으로 부패방지 및 국민권익위원회 설치 · 운영에 관한 법률에 근거하여 대통령령으로 제정되었다. 공무원 행동강령은 법적 구속력을 갖춘 종합적이면서 구체적인 공무원의 윤리규범이다.

③ 부패방지 및 국민권익위원회 설치 · 운영에 관한 법률에 근거하여 국민감사청구제를 시행하고 있다.

20
정답 ③

영역 행정학 총론 > 행정학의 이해   난도 **중**

정답의 이유

③ 미국은 엽관주의의 폐단을 제거하기 위해 행정학이 시작되었고, 영국이 정실주의의 비효율을 제거하기 위해 행정학이 시작되었다.

오답의 이유

① 한국의 행정학은 1950년대부터 미국의 행정학을 도입하면서 시작되었다.

② 1946년 서울대학교 법과대학 행정학과를 시작으로 2년 후에는 부산대학교에, 1955년에는 고려대학교와 중앙대학교에 행정학과를 개설하여 행정학 교육을 담당하게 하였다.

④ 고전기의 행정학은 행정과 경영을 동일시하였으며(공사행정일원론), 절약과 능률을 최고의 가치로 보았다.

21
정답 ②

영역 조직론 > 조직 행동(행태)론   난도 **중**

정답의 이유

② 조직구성원들에게 불만을 주는 위생요인과 만족을 주는 동기요인은 상호독립적인 요인이다.

오답의 이유

④ 불만을 주는 요인과 만족을 주는 요인은 서로 다르다. 즉, 만속과 불만은 반대 개념이 아니다.

((•)) 적중레이더

허즈버그(Herzberg)의 욕구충족 2대요인 이론(동기-위생이론)

구분	위생요인(불만요인)	동기요인(만족요인)
성격	직무환경, 물리적 · 환경적 · 대인적 요인	'직무' 자체, 사람과 직무의 관계
예	작업조건, 조직의 정책, 보수, 대인관계(감독자와 부하, 동료상호 간의 관계) 등	성취감(자아계발), 책임감, 안정감, 인정감, 승진, 직무 그 자체에 대한 보람, 직무 충실, 성장 및 발전 등

22
정답 ②

영역 조직론 > 조직 행동(행태)론   난도 **상**

정답의 이유

㉠ 강화(학습)이론은 행동에 대한 심리적, 신경과학적 관점에 중점을 두어 환경을 어떻게 최적화하는지 설명한다.

㉡ 고전적 조건화이론은 조건화된 자극을 통해 조건화된 반응이 도출되는 과정을 설명하는 이론으로 대표적으로 파블로프(Pavlov)의 실험이 있다.

㉣ 현대적 학습이론 중 인식론적 학습이론은 외부의 자극보다 내면적 욕구, 만족, 기대 등이 행동을 결정하는 데 영향을 미친다는 이론으로 심리적 · 정신적 과정을 중시한다.

오답의 이유

㉢ 지문은 처벌에 대한 설명이다. 소거는 행동자가 원하는 상황의 제공을 중단함으로써, 바람직하지 못한 행동의 감소를 가져온다.

㉤ 소극적 강화는 불편한 자극을 철회함으로써 자극을 주고, 처벌은 질책과 해고와 같은 불편한 자극을 부여한다.

2014 기출문제 해설 **121**

강화이론

강화의 유형	부하의 행동	관리자의 행동	자극
적극(긍정)적 강화	바람직한 행동의 증가	바람직한 결과의 제공	보상의 부여(음식, 애정, 칭찬, 급료인상, 승진)
소극(부정)적 강화(＝회피)	바람직한 행동의 증가	바람직하지 않은 결과의 제거	불편한 자극 철회(벌칙의 제거, 괴로움의 중지·제거)
소거, 중단 (extinction)	바람직하지 못한 행동의 감소	바람직한 결과의 제거	보상되지 않음 (급료인상 철회·동결, 승진 배제)
처벌 (punishment)	바람직하지 못한 행동의 감소	바람직하지 않은 결과의 제공	불편한 자극 부여(질책, 해고)

23

정답 ③

영역 인사행정론 > 인사행정의 기초　　난도 **중**

[정답의 이유]

③ 책임운영기관은 정책기능으로부터 분리된 집행 및 서비스 기능을 수행하는 집행 중심의 사업부서 조직이다.

우리나라의 책임운영기관(「책임운영기관의 설치·운영에 관한 법률」)

법률상 정의 (제2조 제1항)	정부가 수행하는 사무 중 공공성을 유지하면서도 경쟁 원리에 따라 운영하는 것이 바람직하거나 전문성이 있어 성과관리를 강화할 필요가 있는 사무에 대하여 책임운영기관의 장에게 행정 및 재정상의 자율성을 부여하고 그 운영 성과에 대하여 책임을 지도록 하는 행정기관을 말한다.
유형 (제2조 제2항)	• 기관의 지위에 따른 분류 　－ 소속책임운영기관: 중앙기관의 소속 기관으로서 대통령령으로 설치 　－ 중앙책임운영기관: 「정부조직법」에 따른 '청'으로서 대통령령으로 설치 • 기관의 사무성격에 따른 분류 　－ 조사연구형: 국토지리정보원, 국립과학수사연구원 등 　－ 교육훈련형: 국립국제교육원, 한국농수산대학, 통일교육원 등 　－ 문화형: 국립현대미술관, 국립중앙극장, 국방홍보원 등 　－ 의료형: 경찰병원, 국립재활원, 국립춘천병원 등 　－ 시설관리형: 국가정보자원관리원, 국방전산정보원, 국립자연휴양림관리소 등 　－ 그 밖에 대통령령으로 정하는 유형: 특허청, 국세상담센터 등

특징	• 기관장은 공개모집 절차에 따라 선발하며, 임기제공무원에 해당한다. • 중앙행정기관에 의해 사업목표를 부여받고, 사업계획을 승인받아야 한다. • 공무원을 직원으로 하며, 정원의 일부를 임기제공무원으로 임용가능하다. • 인사관리에 있어서 「국가공무원법」 등의 적용을 받는다. • 기관 운영에 필요한 재정수입의 확보에 대해서는 특별회계를 둔다.

24

정답 ②

영역 행정환류론 > 행정책임과 통제　　난도 **상**

[오답의 이유]

㉠ 사법통제는 행정소송제도로서, 소극적이며 사후구제를 원칙으로 한다.

㉢ 국민권익위원회는 고충민원을 접수한 경우에는 지체 없이 그 내용에 관하여 필요한 조사를 하여야 한다(부패방지 및 국민권익위원회의 설치와 운영에 관한 법률 제41조 제1항).

㉤ 위원장 및 부위원장은 국무총리의 제청으로 대통령이 임명하고, 상임위원은 위원장의 제청으로 대통령이 임명하며, 상임이 아닌 위원은 대통령이 임명 또는 위촉한다. 이 경우 상임이 아닌 위원 중 3명은 국회가, 3명은 대법원장이 각각 추천하는 자를 임명 또는 위촉한다(부패방지 및 국민권익위원회의 설치와 운영에 관한 법률 제13조 제3항).

25

정답 ④

영역 지방행정론 > 지방재정　　난도 **중**

[오답의 이유]

㉢ 지방교부세는 지방자치단체 간의 재정력 격차를 시정하는 재정의 형평화 기능을 한다.

㉣ 특별소비세는 국세이다.

우리나라의 지방세

구분		보통세	목적세
광역	도세	취득세, 등록면허세, 레저세, 지방소비세	지역자원시설세, 지방교육세
	특별시·광역시세	취득세, 주민세, 자동차세, 레저세, 담배소비세, 지방소비세, 지방소득세	
기초	시·군세	주민세, 재산세, 자동차세, 담배소비세, 지방소득세	－
	자치구세	등록면허세, 재산세	

2013 | 기출문제 해설

☑ 점수 (　　)점/100점　☑ 문제편 087쪽

영역 분석

행정학 총론	4문항	★★★★	16%
정책학	5문항	★★★★★	20%
조직론	4문항	★★★★	16%
인사행정론	4문항	★★★★	16%
재무행정론	4문항	★★★★	16%
지방행정론	4문항	★★★★	16%

빠른 정답

01	02	03	04	05	06	07	08	09	10
④	②	①	③	②	②	③	②	③	②
11	12	13	14	15	16	17	18	19	20
②	④	③	②	①	②	①	②	④	④
21	22	23	24	25					
③	①	③	②	③					

01

정답 ④

영역 행정학 총론 > 행정이란 무엇인가?　　난도 **하**

정답의 이유

④ 행정과 경영은 둘 다 목표달성을 위해 최선의 대안으로 의사를 결정하고 협동행위를 필요로 한다. 또한 인적·물적 자원을 효율적으로 활용하는 관리기술을 가진다.

📡 적중레이더

공행정(행정)과 사행정(경영)의 비교

구분	공행정(행정)	사행정(경영)
주체	정부	기업
목표	공익 추구	사익 추구(이윤 획득)
평가기준	다양한 기준 존재	양적 기준(매출액)
대상	전 국민	표적 집단(고객)
사업의 경쟁상대	거의 없음 (주로 독점적 사업)	다수 (시장경제의 무한경쟁)
정치적 성격	정치적 감시와 비판을 받음 (정당·의회·언론·국민 등)	정치적 감시와 비판의 대상이 되지 않음
집행의 강제성	강제성 존재	강제성 부재
법의 제약성	엄격한 법의 규제 적용	비교적 자유로움
평등성	모든 사람에게 평등	차별적 대우 가능
능률의 척도	사회적 능률	기계적 능률
유사점	목표달성수단, 관료제적 성격, 의사결정, 협동행위, 관리기술, 봉사성	

02

정답 ②

영역 정책학 > 정책학의 기초　　난도 **중**

정답의 이유

㉠ 비용은 소수의 동질적 집단에 집중되어 있으나 편익은 불특정 다수에 분산되어 있다.

㉡ 환경오염규제, 안전규제, 위생규제, 위해물품규제 등 주로 사회적 규제이며, 의제채택이 어렵고 극적인 사건이나 재난, 위기발생 시 채택이 이루어진다.

㉢ 소수의 비용부담자는 막강한 정치적 영향력을 발휘하지만, 다수의 수혜자들은 집단행동의 딜레마에 빠져 조직화되지 못하고 적극적인 지지를 보내지 못한다.

오답의 이유

ⓒ 다수의 수혜자들은 '집단행동의 딜레마'에 빠져 조직화되지 못하고 적극적인 지지에 한계를 갖는다.

ⓔ '고객정치'에 대한 설명이다. 즉, 조직화된 소수 수혜자 집단의 적극적인 포획으로 정부는 소수집단의 이익을 대변하게 되고 신규사업자의 진입이 어렵게 된다.

(((·))) 적중레이더

윌슨(J. Q. Wilson)의 규제정치모형

구분		감지된 편익	
		넓게 분산	좁게 집중
감지된 비용	넓게 분산	대중적 정치	고객의 정치
	좁게 집중	기업가적 정치 (운동가의 정치)	이익집단 정치

03

정답 ①

영역 행정학 총론 > 행정과 환경　　　　난도 **하**

정답의 이유

① 민간화(Privatisation)는 영리추구가 우선시되기 때문에 공공서비스의 책임성, 형평성을 저해할 수 있다.

오답의 이유

② 서비스 공급의 경쟁을 통해 서비스의 질이 향상되고, 가격을 낮추어 선택의 기회를 넓힘으로써 고객의 요구에 대한 대응성을 확보할 수 있다.

③ 경직된 정부조직의 여러 제약을 제거하여 서비스 공급의 융통성과 효율성을 높일 수 있다.

④ 민간화되는 영역에서 정부활동의 가시성과 직접성이 낮아지기 때문에 정치적 부담이 감소한다.

04

정답 ③

영역 조직론 > 조직 행동(행태)론　　　　난도 **중**

정답의 이유

③ 1992년 청주시가 최초로 정보공개조례를 제정한 뒤, 상당수의 자치단체가 국가보다 앞서 정보공개제도를 도입하였다.

오답의 이유

① 공공기관의 정보공개에 관한 법률 시행령 제3조

제3조【외국인의 정보공개청구】

① 정보공개를 청구할 수 있는 외국인은 다음 각 호의 어느 하나에 해당하는 자로 한다.

　1. 국내에 일정한 주소를 두고 거주하거나 학술·연구를 위하여 일시적으로 체류하는 사람

　2. 국내에 사무소를 두고 있는 법인 또는 단체

② 국회, 법원, 헌법재판소의 정보는 그 규칙이 비공개로 정하고 있는 경우를 제외하고는 원칙적으로 공개청구의 대상이다.

④ 공공기관의 정보공개에 관한 법률 제11조

제11조【정보공개 여부의 결정】

① 공공기관은 정보공개의 청구를 받으면 그 청구를 받은 날부터 10일 이내에 공개 여부를 결정하여야 한다.

05

정답 ②

영역 행정학 총론 > 행정이 추구하는 가치　　　　난도 **중**

정답의 이유

② 행정목표의 달성도는 '효율성'이 아닌 '효과성'을 말한다. 즉, 수단적이고 과정적인 개념이 효율성 이념이고, 목적적이며 기능적인 개념은 결과 중심의 효과성 이념이다.

06

정답 ②

영역 행정학 총론 > 행정학의 주요 접근　　　　난도 **중**

정답의 이유

② 행태주의 접근방법은 정치와 행정현상에서 개별 국가의 특수성을 간과하고 어디에서도 적용 가능한 보편성과 국가 간의 공통성을 강조하였다.

(((·))) 적중레이더

행태주의의 특징

- 정치체제에 대한 투입 중시
- 가치와 사실의 분리: 주관적인 경험이나 가치는 의식적으로 배제
- 개별 국가의 특수성을 간과하고 보편성과 객관성 강조
- 연합학문적 성격
- 방법론적 개체주의, 논리적 실증주의

07

영역 정책학 > 정책학의 기초　　　　　　**난도** 중

정답의 이유

③ 보호적 규제정책은 소수의 피해 집단(비용부담집단)이 적극적으로 반대활동을 전개하고, 다수의 수혜집단은 '무임승차 현상'이 나타나면서 적극적인 지지활동을 전개하는 데 한계를 갖는다. 또한 보호적 규제정책은 로위(Lowi)의 정책분류가 아닌 리플리와 프랭클린(Ripley & Franklin)의 정책분류에 해당한다.

오답의 이유

① 분배정책은 정부가 국민이 필요로 하는 각종 재화와 용역 등을 바람직하게 분배하는 정책으로, 비용부담자는 자신이 누구를 위해 얼마나 비용부담을 하고 있는지 인지하지 못한다.

② 규제정책은 정책결정 시에 수혜자와 피해자를 선택함으로써, 관련 집단 간의 갈등이 발생하게 된다.

④ 재분배정책은 재산권 행사가 아닌 재산 자체를, 평등한 대우의 문제가 아닌 평등한 소유를 문제로 삼는다.

08

정답 ②

영역 정책학 > 정책의제설정　　　　　　**난도** 중

정답의 이유

② '무의사결정'이란 지배집단의 가치나 이익에 대한 잠재적 도전 가능성이 있는 정책문제가 의제의 지위에 도달하기 전에 정책관련자들이 의도적으로 억압·방치하여 집행단계에서 좌절시키는 것을 말한다. 주로 정책의제설정 단계에서 나타나는 현상을 의미하지만, 점차 정책결정과 집행과정까지 확대되어 넓게는 정책과정 전반에 걸쳐 나타난다.

📡 **적중레이더**

정책의제의 유형

콥(Cobb)	아이스턴(Eyestone)	앤더슨(Anderson)	특징
체제 의제	공중 의제	토의 의제	• 일반국민이 정부의 소관사항에 속한다고 보는 관심사로 거시적 시각에서 다루어지는 의제 • 아직 구체화·공식화·문서화되지 않은 의제
제도 의제	공식 의제	행동 의제	• 정책결정자가 직접 검토하고 관심을 가지는 문제로 미시적 시각에서 다루어지는 의제 • 구체적이고 채택된 의제

09

정답 ③

영역 정책학 > 정책집행　　　　　　**난도** 하

정답의 이유

③ 립스키(Lipsky)는 상향식 접근 방법에 의한 집행연구의 대표적인 학자로, 그의 논문과 저서에서 정책집행기관에 종사하는 일선관료의 업무환경과 그들의 정책집행에 미치는 영향에 대해 논의하였다. 즉, 립스키의 일선행정직원론은 정책집행단계에서 관료 역할의 중요성을 강조한 이론이다.

10

정답 ②

영역 인사행정론 > 공직구조의 형성　　　　　　**난도** 상

정답의 이유

ⓒ 기상청은 환경부장관 소속이다.

ⓔ 특허청은 산업통상자원부장관 소속이며, 종전의 중소기업청은 문재인 정부 때 중소벤처기업부로 승격·독립하였다.

오답의 이유

㉠ 지방자치법 제135조에 따라 지방자치단체의 교육을 분장하기 위하여 별도의 기관을 두고 있는데, 이것이 바로 각 지방자치단체에 있는 교육청이다. 교육청은 교육부장관 소속의 행정기관이 아닌 각 지방 교육감 소속의 행정기관이다.

ⓒ 식품 및 의약품 안전에 관한 사무를 관장하기 위하여 국무총리 소속으로 식품의약품안전처를 둔다.

11

정답 ②

영역 조직론 > 조직구조　　　　　　**난도** 중

정답의 이유

② 정부기업형(정부부처형)은 정부조직법에 의해 설립된 정부기관으로서 일반적으로 정부기관에 적용되는 조직, 인사, 예산에 관한 규정의 적용을 받는다.

오답의 이유

① 공기업은 공공성의 원칙을 실현하기 위한 '통제'와 기업성을 실현하기 위한 '자율'의 조화를 적절히 이루어야 한다.

③ 주식회사형 공기업은 정부가 주식의 일부를 소유한 혼합형태의 기업으로, 출자한 지분만큼의 권한과 책임을 가진다.

④ 공사형 공기업은 특별법에 의해 설립된 정부소유의 기업으로, 전액 정부가 출자하여 설립한 법인이다.

12

정답 ④

영역 조직론 > 조직 행동(행태)론　　　　　　난도 **중**

오답의 이유

① 허즈버그(Herzberg)는 동기요인(만족)과 위생요인(불만족)을 이원
　화하여 별개의 것으로 보았다. 따라서 불만족을 야기시키는 위생
　요인이 충족되더라도 동기가 유발되지 않는다.
② 맥그리거(McGregor)는 매슬로우의 욕구단계이론을 바탕으로
　X · Y 인간관과 관리전략을 제시하였다.
③ 브룸(Vroom)의 선호−기대이론은 동기이론의 범주 가운데 과정이
　론에 속한다.

13

정답 ③

영역 조직론 > 조직 행동(행태)론　　　　　　난도 **중**

정답의 이유

③ 아이오와, 오하이오, 미시간 대학 모델 등은 상황론이 아니라 형태
　론을 연구한 리더십 모델이다.

((•)) 적중레이더

리더십 이론의 발전

특성론(자질론)	리더의 능력은 타고나는 것
형태론	• 성공적 리더의 행태적 특징 연구 • 리더의 다양성과 차별성 규명 • 아이오와 대학, 오하이오 대학, 미시간 대학 등의 연구
상황론	리더십 효율성은 상황의 영향을 받음
변혁적 리더십	리더는 새로운 비전(속성)이 필요(특성론에 포함)

14

정답 ②

영역 인사행정론 > 임용　　　　　　난도 **하**

정답의 이유

② 객관식 시험이 주관식 시험보다 객관도(채점의 공정성)가 더 높다.

((•)) 적중레이더

시험의 효용도

타당도	• 시험이 측정하고자 하는 바를 실제로 측정할 수 있는 정도 • 기준타당도: 직무수행에 필요한 능력이나 실적 예측 • 내용타당도: 직무수행에 필요한 능력요소 측정 • 구성타당도: 직무수행에 필요한 능력요소와 관련되어 있다고 추정한 이론적 구성요소 측정
신뢰도	측정도구로서의 일관성 · 일치성
객관도	채점의 공정성
난이도	시험의 변별력과 관련
실용도	실시와 채점의 용이성, 노력의 절감, 균등한 기회부여 여부 등

15

정답 ①

영역 인사행정론 > 능력발전　　　　　　난도 **중**

정답의 이유

① 헤일로 효과는 특정 평정요소의 평정결과가 다른 평정요소에 영향
　을 주는 착오로서, 연쇄효과를 말한다.

오답의 이유

② 시간적 오류에 대한 설명이다.
③ 상동적 오류에 대한 설명이다.
④ 집중화의 오류에 대한 설명이다.

((•)) 적중레이더

근무평정상의 대표적 오류

연쇄효과 (Halo effect)	피평정자의 특정 요소가 다른 평정요소에 영향을 미치는 것
집중화의 오류	중간에 절대다수가 집중되는 현상
규칙적 오류	한 평정자가 지속적으로 낮거나 높은 평정을 보이는 것
총계적 오류 (불규칙적 오류)	동일한 피평정자에 대해 일관성이 없는 불규칙한 오류
시간적 오류	시간적으로 더 가까운 때에 일어난 사건이 평정에 더 큰 영향을 미치는 것
상동적 오류 (유형화, 정형화의 오류)	피평정자에 대한 선입견이나 고정관념이 다른 요소의 평정에 영향을 미치는 것

16

정답 ②

영역 인사행정론 > 공직부패 및 공직윤리와 행위규범　　난도 **중**

정답의 이유

② 시장·교환적(경제학적) 접근은 정치·경제 엘리트 간의 야합과 이권 개입에 의한 공직 타락을 원인으로 보는 입장이다.

📡 적중레이더

공직부패의 원인에 대한 접근법

기능주의	부패를 국가발전의 종속물·부산물로 파악하고, 국가가 성장하여 발전 단계에 들어섰을 때에는 사라지는 자기파괴적인 것으로 간주
후기 기능주의	기능주의에 대한 반발로 부패를 자기영속적인 것으로 파악
도덕적 접근법	부패를 개인의 윤리, 자질 탓으로 돌리는 경우
사회문화적 접근법	특정한 지배적 관습이 부패를 조장한다고 보는 경우
제도적·구조적 접근법	사회의 법과 제도상의 결함. 미비 등을 부패의 원인으로 보는 경우
체제론적 접근법	문화적 특성, 제도상의 결함. 구조상의 모순 등 다양한 요인에 의하여 복합적으로 나타난다고 보는 입장
정치경제학적 분석	정치가와 경제엘리트 간의 야합 및 이권개입에 의한 부패 유발(정경유착)
거버넌스적 접근	정부주도의 독점적이고 일방적 통치구조에서 비롯된 것이므로 정부 내부적 노력이나 외부통제로는 부패의 척결이 어려움 → 정부와 시민 간의 상호보완적 감시에 의한 협력적 네트워크에 의하여 해결 가능
권력문화적 분석	공직의 사유관과 권력남용에 의한 부패 유발

17

정답 ①

영역 재무행정론 > 재정과 재정 관련 법　　난도 **중**

정답의 이유

① 예산총계주의는 국가재정법 제17조에 의해 규정된다.

> **제17조【예산총계주의】**
> ① 한 회계연도의 모든 수입을 세입으로 하고, 모든 지출을 세출로 한다.
> ② 제53조에 규정된 사항을 제외하고는 세입과 세출은 모두 예산에 계상하여야 한다.

오답의 이유

② 계속비는 한 회계연도를 넘어 계속하여 지출할 필요가 있을 때에는 정부는 연한을 정하여 계속비로서 국회의 의결을 얻어야 한다 (헌법 제55조).

③ 예비비는 예비비는 총액으로 국회의 의결을 얻어야 한다. 예비비의 지출은 차기국회의 승인을 얻어야 한다(헌법 제55조).

④ 추가경정예산은 정부는 예산에 변경을 가할 필요가 있을 때에는 추가경정예산안을 편성하여 국회에 제출할 수 있다(헌법 제56조).

18

정답 ②

영역 재무행정론 > 예산과정론　　난도 **중**

정답의 이유

② 예산편성의 형식은 'ⓔ 예산총칙 → ㉠ 세입세출예산 → ⓜ 계속비 → ㉡ 명시이월비 → ㉢ 국고채무부담행위' 순서로 진행된다.

📡 적중레이더

예산편성의 과정

- 예산총칙: 세입세출예산, 명시이월비, 계속비와 국고채무부담행위에 관한 총괄적 규정과 국채 또는 차입금의 한도액 등 예산집행에 관하여 필요한 사항을 규정
- 세입세출예산: 모든 수입과 지출예정액이 표시되는 견적서에 해당
- 계속비: 완성에 수년을 요하는 공사나 제조 및 연구개발 사업으로 그 경비의 총액과 연부액을 정하여 미리 국회의 의결을 얻어 수년도에 걸쳐서 지출하는 경비를 말함
- 명시이월비: 세출예산 중 연도 내에 지출을 끝내지 못할 것이 예측될 때에 그 취지를 세입세출예산에 명시하여 미리 국회승인을 얻은 뒤 다음 연도에 이월하여 사용할 수 있는 경비를 말함
- 국고채무부담행위: 국가는 법률에 따른 것과 세출예산금액 또는 계속비의 총액의 범위 안의 것 외에 채무를 부담하는 행위를 하는 때에는 미리 예산으로써 국회의 의결을 얻어야 함

19

정답 ④

영역 재무행정론 > 예산과정론　　난도 **중**

정답의 이유

④ 예산의 배정과 재배정은 재정통제 장치에 해당한다.

오답의 이유

①·②·③ 모두 신축성 유지 방안에 해당한다.

20　　　　　　　　　　　　　　　　　　　정답 ④

영역　재무행정론 > 예산개혁론(예산제도의 변천)　　　난도 중

정답의 이유

④ 감축관리를 추진할 때 그 의미가 특히 부각되는 것은 영기준 예산 제도이다.

- 영기준 예산제도: 기존 사업과 새로운 사업을 구분하지 않고 매년 모든 사업의 타당성을 영기준에서 엄밀히 분석하여 예산을 편성하는 제도이다. 자원의 능률적 배분과 예산 절감을 가져올 수 있고, 신속한 예산 조정 등 변동 대응성 증진에 기여한다.
- 목표관리제: 참여과정을 통해 조직단위와 구성원들이 실현해야 할 목표를 설정하고, 그에 따른 생산 활동을 수행하도록 하여, 결과를 평가 · 환류시키는 관리체제의 예산방식이다.

21　　　　　　　　　　　　　　　　　　　정답 ③

영역　지방행정론 > 지방자치단체(종류 및 기관)　　　난도 중

정답의 이유

③ 지방자치단체의 장은 주민에게 과도한 부담을 주거나 중대한 영향을 미치는 지방자치단체의 주요 결정사항 등에 대하여 주민투표에 부칠 수 있다(지방자치법 제18조 제1항).

오답의 이유

① 출입국관리 관계 법령에 따라 대한민국에 계속 거주할 수 있는 자격을 갖춘 외국인으로서 지방자치단체의 조례로 정한 사람은 주민투표권자가 될 수 있다(주민투표법 제5조 제1항 제2호).

② 주민에게 과도한 부담을 주거나 중대한 영향을 미치는 지방자치단체의 주요결정사항으로서 그 지방자치단체의 조례로 정하는 사항은 주민투표에 부칠 수 있다(주민투표법 제7조 제1항).

④ 주민투표권이 없는 자는 투표운동을 할 수 없다(주민투표법 제21조 제2항 제1호).

22　　　　　　　　　　　　　　　　　　　정답 ①

영역　지방행정론 > 지방재정　　　난도 상

정답의 이유

① 지방양여금제도는 2005년 폐지되었고, 지방교육재정교부금의 구성요소 중 하나였던 증액교부금제도는 2004년 교부세율을 인상하면서 보통교부금으로 통합하였다. 현재 지방교육재정교부금은 보통교부금과 특별교부금으로 구성된다.

오답의 이유

② 분권교부세는 2005년, 부동산교부세는 2006년에 신설되었다.

③ 지방교부세의 법정교부율은 2000년, 지방교육재정교부금의 법정교부율은 2004년과 2006년에 인상되었다.

④ 주민소송제는 2006년, 주민소환제는 2006년에 제정되어 2007년부터 도입 · 시행되었다.

23　　　　　　　　　　　　　　　　　　　정답 ③

영역　지방행정론 > 지방재정　　　난도 중

정답의 이유

③ 특별지방행정기관은 국가의 사무를 일선에서 처리하는 하급행정기관으로, 지방행정의 현지성을 저해하며 지방자치단체와의 협조 곤란 및 마찰을 일으킬 수 있다는 것이 다수설의 입장이다.

(((•))) 적중레이더

특별지방자치단체와 일반지방자치단체의 비교

구분	특별지방자치단체	일반지방자치단체
종류	자치단체조합	광역단체, 기초단체
기능	한정적 · 특정적	일반적 · 종합적
존재	예외적	보편적
설립기준	기능별	지역별
구성원	지방자치단체	주민
권한	개별적	포괄적
설립절차	의회의결+상급관청의 승인	폐지 · 분합은 법률로 정함

24　　　　　　　　　　　　　　　　　　　정답 ②

영역　지방행정론 > 지방자치　　　난도 상

정답의 이유

② 풀뿌리자치의 활성화와 민주적 참여의식 고양을 위하여 읍 · 면 · 동에 해당 행정구역의 주민으로 구성되는 주민자치회를 둘 수 있다(지방자치분권 및 지역균형발전에 관한 특별법 제40조 제1항).

오답의 이유

① · ③ 특별시 및 광역시는 지방자치단체로서 존치하되, 특별시 및 광역시의 관할구역 안에 두고 있는 구 중에서 인구 또는 면적이 과소한 구는 적정 규모로 통합한다(지방자치분권 및 지방행정체제 개편에 관한 특별법 제19조).

④ 지방자치분권 및 지역균형발전에 관한 특별법 제40조 제4항

25　　　　　　　　　　　　　　　　　　　정답 ③

영역　정책학 > 정책의제설정　　　난도 중

정답의 이유

③ 행정PR은 내부접근모형보다 동원모형에서 더 중요하다. 내부접근모형에서 의제형성은 정책결정자의 권력이나 영향력에 의해 좌우되며, 이슈화나 공중의제 설정 단계가 의도적으로 생략된다.

2012 기출문제 해설

☑ 점수 ( )점/100점　☑ 문제편 092쪽

영역 분석

행정학 총론	2문항	★★	8%
정책학	5문항	★★★★★	20%
조직론	6문항	★★★★★★	24%
인사행정론	5문항	★★★★★	20%
재무행정론	3문항	★★★	12%
행정환류론	2문항	★★	8%
지방행정론	2문항	★★	8%

빠른 정답

01	02	03	04	05	06	07	08	09	10
②	②	②	②	①	④	①	④	①	②
11	**12**	**13**	**14**	**15**	**16**	**17**	**18**	**19**	**20**
③	②	②	④	①	①	③	①	③	②
21	**22**	**23**	**24**	**25**					
②	③	④	①	③					

01

정답 ②

영역 조직론 > 조직구조　　난도 **하**

정답의 이유

② 매트릭스 조직은 기능 구조와 사업 구조를 이중적으로 결합하여 이중적 권한 구조를 가지는 입체적 조직 구조이다. 이러한 이중적 구조 때문에 의사결정을 신속하게 하기 어렵다.

(•) **적중레이더**

매트릭스 구조의 장·단점

장점	단점
• 기술적 전문성과 제품 라인의 혁신성 충족 • 조직구성원의 능력 발전·자아 실현 • 인적 자원의 효율적 활용 • 불확실한 환경에서 대응성 용이	• 명령이원화 → 역할 갈등 초래 • 권한 불균형 시 제품조직 혹은 기능조직으로 전락 • 신속한 의사결정 곤란

02

정답 ②

영역 인사행정론 > 공직부패 및 공직윤리와 행위규범　　난도 **중**

정답의 이유

② 법규 중심의 융통성 없는 인사는 행정권의 오용 사례가 아니다. 다만 융통성 있고 신축적인 인사를 저해하는 요인이 될 뿐이다.

03

정답 ②

영역 행정환류론 > 정보화와 행정(전자정부와 지식관리 행정)　　난도 **하**

정답의 이유

② 전자거버넌스는 가상공간에서 정부와 시민이 소통하고 많은 사람들의 직접적인 소통이 가능해지기 때문에 간접민주주의의 한계를 극복하고 직접민주주의의 가능성을 제고시킨다.

04

정답 ②

영역 행정학 총론 > 행정학의 주요 접근　　난도 **중**

정답의 이유

② 티부가설은 '발에 의한 투표(voting with feet)'라는 의미로, 주민들은 각각의 선호에 따라 지역 간의 자유로운 이동을 통해 지방정부를 선택할 수 있다고 본다. 즉, 지방공공재에 대한 주민의 선호가 표시되어 지방공공재 공급의 적정 규모가 결정될 수 있다는 가설이다.

(•) **적중레이더**

티부 모델의 전제조건

- 완전한 정보
- 시민의 자유로운 이동(완전한 이동)
- 다수의 지방정부
- 배당수입에 의한 소득
- 외부효과의 부존재
- 고정적 생산요소의 존재
- 단위당 평균비용 동일
- 최적규모의 추구

05

영역 재무행정론 > 예산　　　　　　　　　　난도 **하**

정답의 이유

① 가예산은 예산불성립 시 제1공화국에서 사용했던 예산제도로서 지금은 준예산을 채택하고 있다. 아직 준예산이 실제로 사용된 적은 없다.

오답의 이유

② 국가재정법 제38조

> **제38조【예비타당성조사】**
> ① 기획재정부장관은 총사업비가 500억 원 이상이고 국가의 재정지원 규모가 300억 원 이상인 신규 사업으로서 다음 각 호의 어느 하나에 해당하는 대규모사업에 대한 예산을 편성하기 위하여 미리 예비타당성조사를 실시하고, 그 결과를 요약하여 국회 소관 상임위원회와 예산결산특별위원회에 제출하여야 한다.

③ 주민참여예산제도는 재정운용상의 협치로 지방정부에서 시행되고 있는 제도이다(지방재정법 제39조).

④ 성인지예산제도는 남녀평등을 구현하려는 예산으로 2010년 회계연도부터 도입됐다(국가재정법 제26조).

> **제26조【성인지예산서의 작성】**
> ① 정부는 예산이 여성과 남성에게 미칠 영향을 미리 분석한 보고서[이하 "성인지(性認知)예산서"]를 작성하여야 한다.

06

정답 ④

영역 행정환류론 > 정보화와 행정(전자정부와 지식관리 행정)　난도 **중**

정답의 이유

④ 정보화책임관이란 행정사무의 전산화·정보화를 총괄적으로 책임지는 고위관리자로 우리나라에서는 1999년 정보화촉진 기본법(2009년 국가정보화 기본법으로 개정, 2020년 지능정보화 기본법으로 개정)의 개정으로 도입되었다.

(🔊) 적중레이더

「지능정보화 기본법」

> **제8조【지능정보화책임관】**
> ① 중앙행정기관의 장과 지방자치단체의 장은 해당 기관의 지능정보사회 시책의 효율적인 수립·시행과 지능정보화 사업의 조정 등 대통령령으로 정하는 업무를 총괄하는 책임관(이하 "지능정보화책임관"이라 한다)을 임명하여야 한다.
> ② 중앙행정기관의 장과 지방자치단체의 장은 제1항에 따라 지능정보화책임관을 임명한 때에는 제9조 제2항에 따른 지능정보화책임관 협의회의 의장에게 이를 통보하여야 한다. 지능정보화책임관을 변경한 때에도 또한 같다.

07

정답 ①

영역 인사행정론 > 공직부패 및 공직윤리와 행위규범　　난도 **중**

정답의 이유

① 체제론적 접근법에서 부패는 문화적 특성이나 구조상의 모순, 관료의 도덕성 등 다양한 요인에 의해 복합적으로 나타난다고 본다. 사회의 법과 제도의 결함으로 부패가 일어난다고 보는 것은 제도적 접근법이다.

08

정답 ④

영역 지방행정론 > 지방자치　　　　　　　　　　난도 **하**

정답의 이유

④ 지방자치로 인해 지방정부 간의 경쟁이 촉진되기 때문에 지역 간의 형평성은 오히려 저하된다. 지역 간의 형평성을 추구하기 위해선 중앙집권이 바람직하다.

09

정답 ①

영역 지방행정론 > 지방자치　　　　　　　　　　난도 **중**

정답의 이유

① 기관위임사무에 대해서는 규칙으로만 제정할 수 있고 조례로는 제정할 수 없다. 조례의 제정은 상위법령에 위반될 수 없으며 벌칙이나 주민의 권리·의무에 관련된 조례를 제정할 때에는 반드시 법률의 위임이 필요하다.

10

정답 ②

영역 정책학 > 정책분석　　　　　　　　　　　　난도 **중**

정답의 이유

② 정책분석은 대안의 결과와 장단점을 예측하고 이를 비교·분석하는 것으로 과정이 아니라 내용에 관한 분석이다.

오답의 이유

① 정책분석은 집행을 기준으로 사전에, 정책평가는 사후에 이루어진다.

11

정답 ③

영역 정책학 > 정책환경 및 정책과정의 참여자　　난도 **중**

정답의 이유

③ 다원론은 잠재이익집단론과 중복회원이론을 들어 엘리트들이 자신들의 이익만을 추구할 수 없다고 본다. 즉, 이익집단은 정부의 정책과정에서 동등한 영향력을 갖고 있고, 이는 사회 전체적으로 권력 균형이 유지되므로 특정 세력이 정책을 주도하지 못한다고 본다.

적중레이더

다원론의 이론
- 잠재이익집단론: 당장 활동하지 않지만 문제가 생기면 언제든 영향을 미칠 수 있는 잠재력을 가진 이익집단이 있고 정책결정자는 이 잠재이익집단의 이익을 염두에 두고 정책을 결정하게 된다.
- 중복회원이론: 이익집단의 구성원이 각기 다른 여러 집단에 중복되어 소속해 있기 때문에 어느 한 집단의 특수이익만이 극대화될 수 없다.

12
정답 ②

영역 정책학 > 정책결정   난도 **하**

[정답의 이유]
② 에치오니(A. Etzioni)는 합리모형과 점증모형을 변증법적으로 절충하여 혼합주사모형을 제시하였다.

[오답의 이유]
① 점증모형은 린드블롬(Lindblom), 윌다브스키(Wildavsky) 등이 주장
③ 만족모형은 사이먼(Simon) 등의 행태론적 학자
④ 최적모형은 드로어(Dror)가 제시

13
정답 ③

영역 정책학 > 정책환경 및 정책과정의 참여자   난도 **중**

[정답의 이유]
③ 정책과정은 기계적인 과정이 아니라 여러 가지 변수가 작용하는 역동적이고 계속적인 과정이다. 또한 정책에 관련된 대상 집단 간에 고도의 정치적 협상, 투쟁, 갈등과 타협이 수반되므로 상이한 성격의 집단 간 연대가 나타날 수 있다.

14
정답 ④

영역 인사행정론 > 인사행정의 기초   난도 **중**

[정답의 이유]
④ 정치적 충성은 엽관주의의 특징이다. 실적주의는 정치적 중립을 강조한다. 실적주의의 본질적 요소에는 정치적 중립, 공개경쟁시험제도, 독립된 인사기구, 공무원의 신분보장, 능력 중심의 공직임용 등이 있다.

15
정답 ①

영역 인사행정론 > 인사행정의 기초   난도 **하**

[정답의 이유]
① 엽관주의는 정치적 중립이 아니라 오히려 정당에 대한 충성을 중요시한다. 이러한 엽관주의에 대한 반발로 등장한 것이 정치적 중립을 강조하는 실적주의이다. 실적주의 및 직업공무원제의 확립, 내부통제, 평화적인 정권교체 정착 등은 공무원의 정치적 중립을 확보하는 데 중요한 요소가 된다.

16
정답 ①

영역 인사행정론 > 공무원의 사기   난도 **중**

[정답의 이유]
① 가계보전수당은 생활비를 보조하기 위한 수당이다. 생활보조수당에는 주택수당, 가족수당 등이 있다.

17
정답 ③

영역 정책학 > 정책분석   난도 **중**

[정답의 이유]
③ 사회적 할인율보다 내부수익률이 높아야 정책의 타당성이 인정된다.

적중레이더

비용편익분석의 평가기준

구분	개념	특징
순현재가치 (NPV)	편익의 현재가치 - 비용의 현재가치	• NPV>0이면 타당성 있음 • 가장 보편적 기준 • 사업의 규모가 다를 경우 한계
편익비용비 (B/C)	편익의 현재가치/비용의 현재가치	B/C>1이면 타당성 있음
내부수익률 (IRR)	편익의 현재가치와 비용의 현재가치를 같도록 해주는 할인율	• 내부수익률>사회적 할인율이면 타당성 있음 • 할인율을 몰라 현재가치를 계산할 수 없을 때 사용
자본의 회수기간	투자비용을 회수하는 데 소요되는 시간	• 짧을수록 좋음 • 낮은 할인율은 장기투자에, 높은 할인율은 단기투자에 유리

18
정답 ①

영역 재무행정론 > 정부회계 및 조달행정   난도중

정답의 이유

① 수정발생주의에 대한 설명이다. 발생주의는 수입과 지출의 실질적인 원인이 발생하는 시점을 기준으로 하여 회계처리를 한다.

19
정답 ③

영역 조직론 > 조직발전과 조직관리기법   난도중

오답의 이유

① MBO는 환류를 중요시한다.
② MBO는 구성원들의 민주적 · 참여적 관리기법으로 진행되기 때문에 상향적 의사결정과정을 보인다.
④ MBO는 장기적 목표보다 단기적 목표에 치중한다.

((•)) 적중레이더

목표관리(MBO)의 특징과 장 · 단점

특징	참여적 관리, 계량가능한 단기적 목표, 조직목표의 명확화, 환류 중시
장점	• Y이론적 관리방식 • 참여에 의한 사기앙양 • 성과중심의 관리 • 협동적 노력
단점	• 운영절차 복잡 • 폐쇄체제: 유동적 환경에 부적합 • 성과의 계량화 곤란 • 계층제로 인한 어려움

20
정답 ②

영역 재무행정론 > 예산과정론   난도중

정답의 이유

② 총액배분 자율편성예산제도는 중앙예산기관이 예산 총액에 대해 사전에 총액을 결정해주므로 상향적 의사결정이 아니라 하향적 의사결정이다. 각 부처는 주어진 지출한도 내에서 예산을 편성하게 되므로 국가의 전략적 배분과 통제를 중시하는 제도이다.

21
정답 ②

영역 행정학 총론 > 행정과 환경   난도중

정답의 이유

② X-비효율성은 행정이나 관리상의 심리적 · 기술적 요인으로 경쟁압력에 노출되기 어려운 행정환경상 발생하는 비효율로서 법적으로나 제도적으로 명시할 수 있는 것이 아니다.

22
정답 ③

영역 조직론 > 조직의 양태와 조직유형   난도중

정답의 이유

③ 명령통일의 원리는 조직 내 질서유지 및 업무의 능률성 · 신속성 확보가 중요한 계선 조직에 적용될 수 있다.

23
정답 ④

영역 조직론 > 조직 행동(행태)론   난도중

정답의 이유

④ 동기부여의 내용이론에는 욕구계층이론, ERG이론, 욕구충족요인 이원론, 성숙 · 미성숙이론, 성취동기이론, 직무특성이론 등이 있고, 과정이론에는 공정성이론, 기대이론, 업적 · 만족이론, 통로 · 목적이론 등이 있다.

((•)) 적중레이더

동기부여이론의 분류

구분	초점	해당이론(기본이론 → 발전이론)
내용 이론	욕구의 내용과 욕구충족	• 맥그리거(McGregor)의 X · Y이론 → Z이론 • 매슬로우(Maslow)의 욕구계층이론 → 앨더퍼(Alderfer)의 ERG 이론 • 허즈버그(Herzberg)의 위생 – 만족이론 • 샤인(Schein)의 복잡인모형 • 아지리스(Argyris)의 미성숙 · 성숙모형 • 맥클랜드(McClelland)의 성취동기이론 • 머레이(Murray)의 명시적 욕구이론 • 핵만과 올드햄(Hackman & Oldham)의 직무특성이론
과정 이론	동기의 유발과정	• 기대이론: 브룸(Vroom)의 기대이론, 포터와 로울러(Porter& Lawler)의 업적 · 만족이론, 조고폴로스(Georgopoulos)의 통로 · 목적이론, 앳킨슨(Atkinson)의 기대모형 • 아담스(Adams)의 형평(공정)성 이론 • 학습이론(순치이론)

24
정답 ①

영역 조직론 > 조직의 양태와 조직유형   난도중

정답의 이유

① 관료제는 집권적 · 권위적 통제와 지나친 법규 위주의 몰인정성 · 비정의성으로 조직 내의 인간관계와 비공식적 조직을 소홀히 하여 인격 상실을 초래할 수 있다. 이 외에 관료제의 단점에는 민주성 · 대표성의 제약, 번문욕례, 변동에 대한 저항, 훈련된 무능, 목표전환현상 등이 있다.

관료제의 특성

법규성	관료의 권한과 직무범위는 법규에 의해 규정된다.
계층제	조직의 상하관계는 계층제의 원리에 의해 체계가 확립되어 있다. 일반적으로 하위직 또는 하위기관은 상위직의 엄격한 감독과 통제하에서 임무를 수행한다.
문서주의 (공식성)	모든 행정행위, 결정 및 규칙은 공식화되고 업무는 문서로써 처리된다.
공 · 사의 분리 (비정의성)	공적 사무는 사적 사무와 분리된다. 개인의 사적 감정에 의한 업무 수행이 아니라 비정의적(非情誼的: impersonal)인 공적(公的)인 해결을 한다.
전문직업성	관료는 시험 등에 의해 공개적으로 채용되며, 관료직을 '생애의 직업'으로 여기고 전념한다.
직업에의 전념화	관료의 공적인 직무시간에는 직무에 전념한다.
계약성	관료제에서 고용관계는 평등한 관계에서 고용의 자유계약이 허용된다.

25
정답 ③

영역 조직론 > 조직의 양태와 조직유형   난도 **하**

정답의 이유

③ 지식정보사회는 다품종 소량생산체제를 특성으로 한다. 지식정보
   사회에서는 탈계층적 구조, 심리적 공간의식이나 지리적 장벽의
   제거, 수평적 네트워크 구조, 경계를 타파한 이음매 없는 조직과
   유연한 조직문화 등의 특징이 나타난다.

2011 기출문제 해설

☑ 점수 (　　)점/100점　☑ 문제편 096쪽

영역 분석

행정학 총론	5문항	★★★★★	20%
정책학	7문항	★★★★★★★	28%
조직론	5문항	★★★★★	20%
인사행정론	2문항	★★	8%
재무행정론	3문항	★★★	12%
행정환류론	1문항	★	4%
지방행정론	2문항	★★	8%

빠른 정답

01	02	03	04	05	06	07	08	09	10
②	①	③	④	③	①	①	③	②	③
11	12	13	14	15	16	17	18	19	20
①	①	②	④	①	②	④	③	④	②
21	22	23	24	25					
②	③	④	③	③					

01

정답 ②

영역 행정학 총론 > 행정이란 무엇인가?　난도 하

정답의 이유

② 관료제적 성격을 가진다는 것은 행정과 경영의 유사점이다.

02

정답 ①

영역 행정학 총론 > 행정이란 무엇인가?　난도 하

정답의 이유

① 배제성은 없으나 경합성을 갖는 재화는 공유재이다.

03

정답 ③

영역 행정학 총론 > 행정이 추구하는 가치　난도 중

정답의 이유

③ 사회적 형평성을 강조할 경우 경제적 약자를 고려해야 하는 것은 맞지만, 최우선이 아닌 최종적으로 고려해야 한다.

오답의 이유

① 사회적 형평성은 1970년대 신행정론에서 강조한 이념이다.

② 형평성과 공정성은 동의어로 사용되고 있다.

④ 사회적 형평성은 사회적·경제적인 부분이 상대적으로 불리한 계층을 위해서 서비스 배분에 있어서 형평성과 공정성을 보장하는 것으로, 동등한 것은 동등한 자에게, 동등하지 않은 것은 동등하지 않은 자에게 처방한다.

04

정답 ④

영역 행정학 총론 > 행정학의 주요 접근　난도 중

정답의 이유

④ 탈내부규제 정부모형에서의 관리개혁은 '관리상 재량권 확대'이다. 직업공무원제는 절차적 통제와 더불어 전통적 정부에서의 관리개혁에 해당한다.

05

정답 ③

영역 행정학 총론 > 행정학의 주요 접근　난도 중

정답의 이유

③ 시민을 고객으로 이해하고 서비스헌장 또는 시민헌장을 구현방식으로 하는 것은 신공공관리론에 대한 설명이다.

06

영역 정책학 > 정책의제설정   난도 **중**

정답의 이유

① 정책문제는 객관적이기보다는 주관적이다.

((•)) 적중레이더

정책문제의 특성
- 주관성: 문제는 객관적일지라도 문제를 해석하는 방법은 주관적이다.
- 상호의존성: 하나의 정책문제는 다른 정책문제에 영향을 미친다.
- 인공성: 정책문제는 인간의 주관적인 판단과정의 산물로 인공성을 지닌다.
- 동태성: 정책문제에 대한 정의는 상황변동에 따라 달라지는 동태성을 지닌다.

07

정답 ①

영역 정책학 > 정책환경 및 정책과정의 참여자   난도 **중**

정답의 이유

① 상급자에 대한 하급자의 반발이 아니라 지나친 충성심이 무의사결정을 유발한다. 무의사결정은 의사결정자(엘리트)의 이익에 반하는 주장을 의도적으로 방치하는 현상이다.

((•)) 적중레이더

무의사결정의 발생원인과 사용수단
- 발생원인: 기득권 옹호, 지배적 가치에 의한 집착, 특정 문제에 대한 정치적 편견, 관료의 이익과 상충, 과잉충성
- 사용수단: 폭력, 권력, 편견의 동원, 편견의 수정

08

정답 ③

영역 정책학 > 정책결정   난도 **하**

정답의 이유

③ 사이버네틱스(cybernetics)모형에 대한 설명이다. 합리모형과 가장 극단적으로 대립되는 적응적·관습적 의사결정모형으로 인간의 두뇌를 계산기와 같이 정보와 환류에 의한 제어장치로 보고 이를 의사결정과정에 적용한 것이다. 의사결정과정이란 정해진 목표를 추구하거나 미리 결과를 예측하는 것이 아니라 고도의 불확실성 속에서 정보를 지속적으로 제어하고 환류해 나가는 점진적인 적응 과정이라고 본다.

((•)) 적중레이더

사이버네틱스모형
- 사이버네틱스(cybernetics)란 생물·기계에 있어서 제어·통제·환류를 의미한다.
- 습관적·적응적 의사결정을 설명하는 데 유용하며 반복적 의사결정과정의 수정이 환류된다.
- 인지능력의 한계를 인정하고 제한된 합리성을 추구한다.
- 도구적(시행착오적) 학습을 강조한다.
- 중요한 한정된 변수나 문제에 관심을 집중시키는 문제 중심의 탐색을 통하여 불확실성을 통제한다.
- 관련모형으로 조직모형, 회사모형, 앨리슨 Ⅱ 모형 등이 있다.

09

정답 ②

영역 정책학 > 정책집행   난도 **중**

정답의 이유

② 정책 집행자가 전반적인 정책과정을 좌지우지하는 모형은 관료적 기업가형이다.

((•)) 적중레이더

나카무라와 스몰우드(Nakamura & Smallwood)의 정책집행의 유형

고전적 기술자형	정책집행자는 정책결정자에 의해 구체적으로 수립된 정책목표에 따라 그저 집행만 담당하는 모형이며, 집행자에게 주어진 재량권은 목표를 달성하는 데 필요한 기술적 방안을 연구하는 수준
지시적 위임가형	정책결정자에 의해 수립된 목표에 대하여 집행자는 바람직한 것임을 동의함으로써 정책결정자로부터 상당한 수준의 재량권을 위임받아 정책을 집행하는 모형
협상자형	정책결정자와 집행자 사이의 관계에서 정책결정자가 목표를 수립하고 대체적인 정책을 결정하나, 집행과정에서 집행자와 많은 협상과정을 거치는 관계의 유형을 말하며, 협상의 결과는 어느 쪽의 힘이 더 강한가에 따라서 양상이 달라짐
재량적 실험가형	정책결정자가 구체적인 정책을 설정하지 못하고, 정책의 대부분을 집행자들에게 위임하는 관료의 역할 유형을 말하며 결정자는 추상적인 수준의 목표를 설정하는 반면, 집행자들은 정책목표의 구체화, 수단 선택 등을 관장하게 됨
관료적 기업가형	정책집행자가 정책과정 전체를 주도하여 실질적인 결정권을 행사하는 관료의 역할유형을 말하며, 정책 결정자는 형식적인 결정권만 가지고 있으며, 모든 실권은 집행자가 가지고 있음

10

정답 ③

영역 정책학 > 정책집행 　　　　　　　　　　　　　　　난도 **중**

정답의 이유

③ 엘모어(R. F. Elmore)의 통합모형에 대한 주장이다.

적중레이더

정책지지연합모형(사바티어, P. Sabatier)
- 초반에는 하향적 접근을 주장하다가 나중에는 하향식과 상향식을 통합한 정책지지연합모형을 제시했다.
- 정책의 기본적인 과정은 신념체계를 기준으로 여러 연합으로 구성된 정책 하위 시스템 내의 경쟁적인 정책지지연합들이 자신의 신념을 관철시키기 위한 경쟁과 갈등 · 타협과정임을 강조한다.
- 정책과정을 정책학습에 의하여 정책이 변동되는 과정으로 이해한다.

11

정답 ①

영역 정책학 > 정책집행 　　　　　　　　　　　　　　　난도 **중**

정답의 이유

① 정책에 대한 순응은 정책집행의 성패를 좌우하는 정책환경적 요인에 해당한다.

오답의 이유

② · ③ · ④ 정책집행의 성패를 좌우하는 정책내용적 요인에 해당한다.

12

정답 ①

영역 정책학 > 정책분석 　　　　　　　　　　　　　　　난도 **중**

정답의 이유

① 기획과정은 보통 '목표설정(제1단계) → 상황분석(제2단계) → 기획전제 설정(제3단계) → 대안의 탐색 및 평가(제4단계) → 최종안의 선택(제5단계)'의 순서로 이뤄진다.

적중레이더

기획과정

단계	내용
목표설정 (1단계)	달성하고자 하는 목적이 무엇인지를 규정하고 그것을 구체화하는 것
상황분석 (2단계)	목표를 설정한 후 목표를 달성하는 데 예상되는 장애요인과 문제점은 어떠한 것이 있는지를 분석하는 것
기획전제 설정 (3단계)	기획을 수립하는 과정에서 토대로 삼아야 할 기본적인 예측 또는 가정인 기획전제를 설정하는 것
대안의 탐색 및 평가 (4단계)	여러 개의 가능한 행동노선을 탐색하고 그것들을 상호 비교 · 평가하는 것
최종안의 선택 (5단계)	비교 · 분석된 결과에 비추어 최선의 대안을 선택하는 것

13

정답 ②

영역 조직론 > 조직발전과 조직관리기법 　　　　　　　　난도 **중**

정답의 이유

② 목표관리(MBO)는 조직의 효과성을 제고하기 위하여 상하 조직구성원의 참여 과정을 통하여 조직의 목표를 설정하고, 이에 따라 업무를 수행한 다음 업무 수행 결과를 목표에 비추어 평가하고 환류시키는 동태적 · 민주적 관리방식이다.

오답의 이유

① QC(Quality Circle)은 기업 자체의 필요성에 의해 자율적으로 제품의 품질을 확인하는 과정으로, 여기서 말하는 품질은 생산 중심적 내지는 제품 중심적 사고와 관리기법을 말한다.

③ TQM(Total Quality Management)는 서비스의 품질 향상을 통해 고객의 요구에 부응하기 위해 조직 구성원의 광범위한 참여를 통하여 절차나 과정뿐만 아니라 조직의 전체문화를 개선시키고자 하는 관리기법 이상의 경영철학이다.

14

정답 ④

영역 조직론 > 조직 행동(행태)론 　　　　　　　　　　　난도 **중**

정답의 이유

④ 강압적 권력은 상대방을 처벌할 수 있을 때 발생하는 권력으로, 인간의 공포에 기반을 둔 권력이다. 권한과 개념이 유사한 권력은 합법적(정통적) 권력이다.

프렌치와 레이븐(J. R. French & B. Raven)의 권력의 원천에 따른 분류

권력의 원천	의의
준거적 권력	어떤 사람이 자신보다 뛰어나다고 생각하는 사람을 닮고자 할 때 발생하는 권력
전문적 권력	권력수용자가 권력행사자에 대하여 특정 분야나 상황에 대해 고도의 지식과 전문성을 갖고 있다고 인지할 때 발생하는 권력
합법적 권력 (정통적 권력)	권력수용자가 권력보유자에 대하여 영향력을 행사할 권리를 가지고 있다고 인지할 때 발생하는 권력
보상적 권력	상대방이 가치 있다고 생각하는 보상을 줄 수 있는 능력에 근거를 둔 권력
강압적 권력	복종하지 않을 경우 발생할 부정적 결과 내지 처벌에 대한 두려움에 근거를 둔 권력

15

정답 ①

영역 조직론 > 조직 행동(행태)론　　　　　　난도 **중**

정답의 이유

① 권위주의적 리더십은 X이론적 관리전략에 해당한다.

오답의 이유

②·③·④ Y이론적 관리전략에 해당한다.

X·Y이론적 관리전략

X이론(Theory X)	Y이론(Theory Y)
• 명령과 지시를 받으려 함 • 야망이 없고 책임지기를 싫어함 • 본질적으로 일을 하기 싫어하고 게으름 • 자기중심적이며 조직목표에 대해 무관심함 • 문제 해결에 있어서 창의력을 발휘하지 못함 • 동기유발은 생리적 욕구나 안전욕구를 자극함으로써 가능함 • 안전을 원하고 변화에 저항적임	• 자율적으로 행동함 • 책임 있는 일을 맡기를 원함 • 본질적으로 일을 하는 것을 싫어하지 않음 • 타인을 위하여 행동하기도 함 • 조직문제의 해결에 있어서 창의력과 상상력을 발휘할 수 있음 • 고급욕구를 더 중시함 • 자기발전을 원하고 변화를 추구함

16

정답 ②

영역 조직론 > 조직의 양태와 조직유형　　　　난도 **중**

정답의 이유

② 애드호크라시(adhocracy) 조직은 다양한 전문기술을 가진 비교적 이질적인 전문가들이 프로젝트를 중심으로 집단을 구성한 조직이다.

오답의 이유

③ 의사결정권은 전문가로 구성된 팀에 분화되어 있다.

④ 칼리지아(collegia) 조직은 대학, 병원, 연구소 등 민주적·자치적 결정이 이루어지는 동료조직의 형태이다.

17

정답 ④

영역 조직론 > 조직의 양태와 조직유형　　　　난도 **중**

정답의 이유

④ 네트워크 구조는 유기적이며 개방적인 조직으로, 환경 변화에 신속하고 신축적인 대응이 가능하다는 장점이 있다. 이로 인하여 자원이 유동적이고 환경이 불확실할 때 유용한 조직이다.

18

정답 ③

영역 인사행정론 > 인사행정의 기초　　　　　난도 **중**

정답의 이유

③ 대표관료제는 지배집단의 이익을 보장하기 위한 제도가 아니라 사회의 모든 계층과 집단을 대변함으로써 전체적인 국민의 공익을 보장하고 민주성을 보장하기 위한 제도이다.

대표관료제

대표관료제는 사회를 구성하는 주요 집단으로부터 인구 비례에 따라 관료를 충원함으로써, 정부관료제가 그 사회의 모든 계층과 집단에 공평하게 대응하도록 하는 인사 제도를 말한다.

기능	• 정부관료제의 대표성 강화 • 내부통제 강화 • 기회균등의 적극적 보장 • 민중통제를 정부관료제에 내재화
한계	• 대표성 확보의 어려움 • 실적주의의 원리 손상 • 행정의 전문성과 생산성 저해 • 출신성분에 따른 정책선호화의 문제 • 역차별 발생의 우려

19

영역 인사행정론 > 공직부패 및 공직윤리와 행위규범 　　난도 **중**

정답 ④

정답의 이유

④ 국무총리령이 아닌 대통령령이다. 국가공무원법 제65조 제4항에
　 는 '정치적 행위의 금지에 관한 한계는 대통령령 등으로 정한다'라
　 고 명시되어 있다.

20

영역 재무행정론 > 예산개혁론(예산제도의 변천) 　　난도 **중**

정답 ②

정답의 이유

② 성과주의 예산은 하의상달식 결정 흐름이기 때문에 계획 기능에
　 대한 책임이 분산적인 반면, 계획예산제도는 상의하달식의 결정
　 흐름을 통해 알 수 있듯이 상부의 관리층에 결정권이 있기 때문에
　 책임이 집중된다는 특징을 가지고 있다.

21

영역 재무행정론 > 예산 　　난도 **하**

정답 ②

오답의 이유

① 통일성의 원칙은 전체세입으로 전체세출을 충당해야 한다는 국고
　 통일의 원칙이다.

③ 정확성의 원칙은 예산과 결산이 정확하게 일치하여야 한다.

④ 사전승인의 원칙은 예산은 집행하기 전에 국회의 의결을 받아야
　 한다.

22

영역 재무행정론 > 예산 　　난도 **중**

정답 ③

정답의 이유

③ 책임의 원칙은 현대적 예산원칙에 해당한다. 즉, 정부가 예산을 쓸
　 때 책임을 지고 경제적으로 운영해야 한다는 원칙으로, 행정부는
　 가장 효율적이고 경제적인 방법으로 예산 금액을 지출할 책임이
　 있다는 원칙이다.

오답의 이유

① 완전성의 원칙은 전통적 예산원칙에 해당하며, 국가의 모든 수입
　 과 지출은 예산과목에 편성되어야 한다.

② 단일성의 원칙은 전통적 예산원칙에 해당하며, 예산은 구조 면에
　 서 단수이어야 한다.

④ 공개성의 원칙은 전통적 예산원칙에 해당하며, 예산과 결산은 국
　 민에게 모두 공개되어야 한다.

23

영역 행정환류론 > 행정개혁 　　난도 **중**

정답 ④

정답의 이유

④ 관리과학의 활용 등의 관리기법은 관리 · 기술적 접근방법에 해당
　 한다.

오답의 이유

① · ② · ③ 구조적 접근방법에 해당한다.

24

영역 지방행정론 > 지방자치단체(종류 및 기관) 　　난도 **중**

정답 ③

정답의 이유

③ 업무의 분담으로 전문성의 제고에 용이한 것은 기관대립형이다.

(((•))) 적중레이더

기관통합형과 기관대립형

기관통합형	기관대립형
• 의원내각제와 유사 • 의결기관과 집행기능이 구분되지 않음 • 민주정치와 책임행정 구현이 용이 • 의결기관과 집행기관 간 갈등과 대립이 적어 지방행정의 안정성을 추구함 • 소규모의 자치단체에 적합	• 대통령중심제와 유사 • 의결기관과 집행기능이 분리 • 견제와 균형의 원리에 입각한 권력의 분산화 • 업무의 분담으로 전문성에 제고를 기함 • 대규모의 자치단체에 적합

25

영역 지방행정론 > 지방자치단체와 국가와의 관계 　　난도 **중**

정답 ③

정답의 이유

③ 특별지방행정기관(일선기관)은 자치단체가 아니므로 주민들의 직
　 접적인 통제와 참여가 불가능하며, 자치행정이나 책임행정을 저해
　 한다.

오답의 이유

① 중앙행정기관이 지방에서의 소관 사무를 처리하기 위해 그 하부기
　 관으로서 지방에 설치한 국가의 하급행정기관이다.

② 특별지방행정기관은 공법인인 국가의 예속기관으로서, 자치단체
　 와 달리 독립된 법인격과 지위상의 독립성을 가지지 않는다.

④ 현장의 정보를 중앙정부에 전달하거나 중앙정부와 지방자치단체
　 사이의 매개 역할을 수행하기도 한다.

2010 | 기출문제 해설

☑ 점수 (   )점/100점   ☑ 문제편 101쪽

영역 분석

행정학 총론	4문항	★★★★	16%
정책학	4문항	★★★★	16%
조직론	4문항	★★★★	16%
인사행정론	5문항	★★★★★	20%
재무행정론	4문항	★★★★	16%
행정환류론	1문항	★	4%
지방행정론	3문항	★★★	12%

빠른 정답

01	02	03	04	05	06	07	08	09	10
④	②	④	③	②	③	①	③	④	②
11	12	13	14	15	16	17	18	19	20
④	①	②	②	③	③	①	③	②	④
21	22	23	24	25					
③	③	②	①	②					

01

영역 조직론 > 조직구조   난도 중

정답 ④

[정답의 이유]

④ 조직관리의 공정성을 제고하는 것은 팀제의 도입 배경과 직접적인 관련이 없는 설명이다.

((•)) 적중레이더

팀제

• 의의: 상호보완적인 소수가 공동의 목표달성을 위해 책임을 공유하고 문제해결을 위해 노력하는 수평적 조직

• 도입 배경
  – 정보화 및 세계화의 영향으로 외부환경에 대한 신속한 대응과 신속한 의사결정의 필요
  – 불확실한 환경에서 융통성 있고 신축적인 대응 필요
  – 민주화와 인본주의의 영향이 가속화되면서 협력 강조
  – 경쟁상대의 증가에 따른 경쟁력 강화 수단

02

영역 지방행정론 > 지방자치단체(종류 및 기관)   난도 중

정답 ②

[정답의 이유]

② 중층제는 단층제에 비하여 행정서비스에 대한 주민의 접근성을 높일 수 있다. 예를 들면 서울시 마포구 주민의 경우 기초자치단체에 해당하는 자치구인 마포구에서 행정서비스를 제공받을 수도 있고, 광역자치단체인 서울특별시에서 행정서비스를 제공받을 수도 있기 때문에 행정서비스에 대한 주민의 접근성이 더 높다고 할 수 있다.

((•)) 적중레이더

단층제와 중층제

지방자치단체의 계층구조는 크게 단층제와 중층제로 구분할 수 있다. 단층제는 하나의 구역 안에 모든 지방직 사무를 도맡아 처리하는 단일의 일반자치단체만 있는 경우이다. 우리나라의 경우 제주특별자치도와 세종특별자치시(군이나 자치구가 없음. 읍 · 면 · 동으로만 구성)가 단층제 자치단체에 해당한다. 중층제는 하나의 일반자치단체가 다른 일반자치단체를 그 구역 안에 포함하고 있어서 지방자치단체가 중복되어 있는 경우를 말한다. 우리나라 대부분의 자치단체가 중층제에 해당한다.

03

영역 정책학 > 정책평가 　　　　　　　　　　　**난도** 중

정답의 이유

④ 과정평가란 정책이나 계획을 집행하는 과정에서 실시하는 평가이며, 그렇기 때문에 도중에 정책이 중단될 경우 과정평가에 크게 작용하게 된다.

(((•))) 적중레이더

정책평가

정책평가는 정책의 내용과 집행 및 그 영향을 추정하거나 평정하는 것을 말한다. 목적 지향적이며, 범학문적인 경향을 갖는 것이 특징이다. 정책평가는 평가자의 소속에 따라 자체평가·내부평가·외부평가로 분류되기도 하고, 평가 목적에 따라서 노력평가·성과평가·성과의 적정성평가·능률성평가·과정평가 등으로 분류되기도 한다. 정책평가는 정책의 전 과정에서 이루어지지만, 일반적으로 정책평가는 사후적 개념으로 사용되며 사전적인 평가는 정책분석이라는 개념으로 사용되고 있다.

04

정답 ③

영역 행정학 총론 > 행정과 환경 　　　　　　　　　**난도** 중

정답의 이유

③ 정보의 불완전성(비대칭성)은 시장실패가 발생하는 원인에 해당한다. 정보의 불완전성은 감추어진 특성 또는 감추어진 행동의 형태로 나타나는 것이며, 이는 정부실패의 유형 중 하나인 정보의 부족과는 차이가 있다.

05

정답 ②

영역 행정환류론 > 행정개혁 　　　　　　　　　　　**난도** 중

오답의 이유

② 사회서비스 전자바우처제도는 2007년에 처음 시작되었으며 노인돌봄종합서비스, 장애인활동지원사업, 지역사회서비스투자사업 등을 최초로 도입하였다. 시행 당시의 정부는 김대중 정부가 아니라 노무현 정부이다.

06

정답 ③

영역 행정학 총론 > 행정학의 주요 접근 　　　　　　**난도** 중

정답의 이유

③ 신공공관리론은 작은 정부를 표방하여 보기에는 책임성을 약화하는 것처럼 보이지만, 오히려 성과주의로 인하여 공직 내에 경쟁원리를 도입하고 성과에 대한 책임을 지도록 하면서 책임성이 강화된 측면이 있다. 또한, 관리자에게 권한을 부여하는 대신 고위관리자에게 책임과 역할을 강조함으로써 책임성과 효율성을 강조하였다.

07

정답 ①

영역 조직론 > 조직연구의 기초 　　　　　　　　　　**난도** 하

정답의 이유

① 초합리성은 드로어(Dror)가 주장한 최적모형의 특징으로, 카오스이론의 특징은 아니다.

(((•))) 적중레이더

카오스이론

• 의의: 매우 무질서하고 불규칙적으로 보이는 현상 속에 내재된 일정한 규칙이나 법칙을 찾아내는 이론
• 기본 전제: 예측불가능성(초기 조건이 약간만 바뀌어도 결과가 크게 바뀌어 예측할 수 없음)
• 주요 특징
  – 복잡한 사회문제에 대한 통합적 접근
  – 혼돈을 회피와 통제의 대상으로 보지 않고 발전의 불가결한 조건으로 파악
  – 조직의 자생적 학습능력과 자기조직화 능력 전제
  – 이중적 순환학습(긍정적 환류와 부정적 환류를 통합하여 인식)
  – 결정론적 혼돈(질서 있는 무질서)

08

정답 ③

영역 재무행정론 > 예산개혁론(예산제도의 변천) 　　**난도** 중

정답의 이유

③ 성과주의 예산은 업무 단위가 실질적으로는 중간 산출물인 경우가 많아 예산성과의 질적인 측면을 파악하고 평가하기 어렵다.

오답의 이유

① 품목별 예산은 회계책임이 명확하여 부정부패를 방지할 수 있고, 행정부에 대한 재정통제가 용이하여 재정민주주의를 구현한다.
② 계획예산은 단기적인 예산과 장기적인 계획을 하나로 결합하여 의사결정의 일원성을 확보함으로써 자원배분의 최적을 기한다.
④ 영기준 예산은 전년도 예산을 무시하고 모든 사업·활동(계속사업·신규사업)을 총체적으로 분석하여 우선순위를 정하고 예산을 분배하는 감축중심의 예산제도이다.

140 시대에듀 | 군무원 행정학

09

영역 재무행정론 > 예산　　　　　　　　　난도 **중**

정답의 이유

④ 현대적 예산원칙은 행정부 우위의 예산원칙에 해당한다.

📡 적중레이더

입법부 · 행정부 우위의 예산원칙

입법부 우위의 예산원칙	행정부 우위의 예산원칙
• 전통적 예산원칙	• 현대적 예산원칙
• 통제 지향	• 관리 지향
• 공개성의 원칙	• 행정부 계획의 원칙
• 엄밀성의 원칙	• 행정부 책임의 원칙
• 완전성의 원칙	• 행정부 재량의 원칙
• 단일성의 원칙	• 보고의 원칙
• 한정성의 원칙	• 예산기구 상호교류의 원칙
• 통일성의 원칙	• 적절한 수단구비의 원칙
• 사전의결의 원칙	• 다원적 절차의 원칙
• 명확성의 원칙	• 시기신축성의 원칙

10

정답 ②

영역 지방행정론 > 지방자치단체(종류 및 기관)　　난도 **중**

정답의 이유

② 우리나라는 기관대립형을 채택하고 있다. 기관대립형은 의결기관
과 집행기관을 대립시켜 상호견제와 균형을 이루고자 한다. 기관
통합형은 의결기관과 집행기관이 일원화된 형태를 말한다.

오답의 이유

① 우리나라는 지방재정의 구조를 개선하기 위한 노력을 하고 있으
나, 근본적으로 중앙정부의 재정에 의존하는 지방재정제도를 유지
하고 있다.

③ 주민들의 참여도가 저조한 경향이 있다. 주민참여예산제도를 의무
화 했음에도 주민의 참여도가 저조하고, 제도가 형식적으로 운영
된다는 문제점이 제기되고 있다.

④ 우리나라는 조세법률주의를 규정하고 그것을 원칙으로 한다. 지방
세와 관련된 세율, 징수 등을 모두 법률로 규정하고 있어 재원확보
수단이 법률로 규제된다. 이로 인해 지방자치단체에서 필요한 재원
을 자율적으로 조달하고 관리하는 것에는 어느 정도 한계가 있다.

11

정답 ④

영역 행정학 총론 > 행정학의 이해　　　　　　　난도 **중**

정답의 이유

④ 생태학적 접근방법은 행정과 환경과의 상호작용관계를 강조하고
행정현상을 자연적 · 사회적 환경과 관련시켜 연구한 거시적 · 개
방적 접근방법이다. 후진국의 행정현상을 설명하는 데 크게 기여
했으며 중범위이론에 영향을 주어 행정의 과학화에 기여하였다.

12

정답 ①

영역 재무행정론 > 예산개혁론(예산제도의 변천)　난도 **하**

정답의 이유

① 시간과 노력, 비용 등이 과다하게 발생하는 것은 자원배분에 대한
경제적 적용이 어려운 이유로 볼 수 없다.

13

정답 ②

영역 행정학 총론 > 행정과 환경　　　　　　　　난도 **중**

정답의 이유

② 사회적 자본은 사회 구성원들이 협동하여 공동 목표를 효율적으로
추구할 수 있게 하는 자본으로, 이를 통해 나온 자산은 공동소유
다. 즉, 행위자 한 명에게 그 이익이 배타적으로 돌아가지 않는다.

14

정답 ②

영역 정책학 > 정책의제설정　　　　　　　　　　난도 **중**

정답의 이유

② 정책문제는 상황변동에 따라 달라지는 동태성을 지닌다.

오답의 이유

① 정책문제의 특징 중 상호의존성에 해당한다.
③ 정책문제의 특징 중 주관성에 해당한다.
④ 정책문제의 특징 중 정치성 · 공공성에 해당한다.

15

영역 지방행정론 > 지방자치단체(종류 및 기관)　　난도 **중**

정답의 이유

③ 국무총리령이 아닌 대통령령으로 정하는 공공시설의 설치 · 처분
이 의결사항에 해당된다.

⦿ 적중레이더

「지방자치법」

제47조【지방의회의 의결사항】
① 지방의회는 다음 사항을 의결한다.
 1. 조례의 제정 · 개정 및 폐지
 2. 예산의 심의 · 확정
 3. 결산의 승인
 4. 법령에 규정된 것을 제외한 사용료 · 수수료 · 분담금 · 지방
　세 또는 가입금의 부과와 징수
 5. 기금의 설치 · 운용
 6. 대통령령으로 정하는 중요 재산의 취득 · 처분
 7. 대통령령으로 정하는 공공시설의 설치 · 처분
 8. 법령과 조례에 규정된 것을 제외한 예산 외의 의무부담이
　나 권리의 포기
 9. 청원의 수리와 처리
 10. 외국 지방자치단체와의 교류 · 협력
 11. 그 밖에 법령에 따라 그 권한에 속하는 사항

16

정답 ③

영역 정책학 > 정책학의 기초　　난도 **하**

정답의 이유

③ 윌슨(J. Q. Wilson)의 규제정치이론은 규제정치를 비용과 편익에
따라 4가지 유형으로 구분한다. 여기에는 대중정치, 이익집단정치,
기업가적 정치, 고객정치가 해당된다.

17

정답 ①

영역 조직론 > 조직의 양태와 조직유형　　난도 **중**

정답의 이유

① 베버의 관료제는 소량 생산 체제가 아닌 대량 생산 체제에서 효과
적인 생산을 가져왔다.

18

정답 ③

영역 인사행정론 > 공직부패 및 공직윤리와 행위규범　　난도 **중**

정답의 이유

③ 국가공무원법, 공직자윤리법 등 법령에 의한 윤리는 공무원들이
하지 말아야 할 사항들을 규정한 것으로 소극적이고 타율적인 성
격을 가지나 구속력이 있어 실효성이 높다.

오답의 이유

② 정치와 행정의 상호작용이 활발해지면 공무원의 정치화를 초래하
며 이는 행정윤리의 확보를 곤란하게 한다.

19

정답 ②

영역 정책학 > 정책환경 및 정책과정의 참여자　　난도 **중**

정답의 이유

② 정책결정에 대한 설명이다.

오답의 이유

① 정책결정은 많은 갈등과 이해관계가 상호작용하며, 정치적 환경
속에서 정치적 영향을 받는 정치적 과정이다.
③ 정책결정의 주체는 공식적인 정부이며 추구하는 가치는 공익이다.
④ 정책집행은 만들어진 정책을 구체적으로 실현하는 과정이다.

20

정답 ④

영역 조직론 > 조직의 양태와 조직유형　　난도 **하**

정답의 이유

④ 표준운영절차는 기계적 구조의 특성이다.

⦿ 적중레이더

기계적 구조와 유기적 구조의 비교

구분	기계적 구조	유기적 구조
장점	예측 가능성	적응성, 신축성
조직 특성	• 좁은 직무 범위, 분명한 책임 관계 • 표준운영절차, 계층제 • 공식적 · 몰인간적 대면 관계	• 넓은 직무 범위, 모호한 책임 관계 • 적은 규칙 · 절차, 분화된 채널 • 비공식적 · 인간적 대면 관계
상황 조건	• 명확한 조직목표와 과제 • 분업적 과제, 단순적 과제 • 성과 측정이 가능, 금전적 동기부여 • 권위의 정당성 확보	• 모호한 조직목표와 과제 • 분업이 어려운 과제, 복합적 과제 • 성과 측정이 어려움, 복합적 동기부여 • 도전받는 권위
구조 변수	복잡성 · 공식성 · 집권성이 높음	복잡성 · 공식성 · 집권성이 낮음

21

영역 재무행정론 > 예산　　　　　　　　　　　난도 **하**

정답의 이유

③ 투입별 분류는 우리나라 예산분류의 일반적 기준에 해당하지 않는다.

📡 **적중레이더**

우리나라의 예산과목과 예산분류

국회의 관여	입법과목				행정과목	
예산과목 (과목의 의미)	소관	장 (기관의 목표)	관 (기능)	항 (사업 계획)	세항 (단위 사업)	목
예산의 분류	기관별 분류	기능별 분류	조직별 · 사업별 · 활동별 분류			품목별 분류

22

정답 ③

영역 인사행정론 > 공직구조의 형성　　　　　　난도 **중**

정답의 이유

③ 직업공무원제는 젊고 유능한 인재들을 공직에 유치해 그들이 공직에 근무하는 것을 명예롭게 생각하면서 일생 동안 공무원으로 근무하도록 운영하는 인사제도로, 이는 유능한 인재의 유치를 유도한다.

오답의 이유

① 직업공무원제는 장기근속을 유도한다.

② 공직 내 결원이 발생 시 내부임용을 통하여 충원하고 외부로 신규채용을 허용하지 않으므로 재직자의 사기가 높다.

④ 직업공무원제는 공개경쟁 채용시험을 거쳐 임용함으로써 신분 보장 및 정치적 중립성을 확보한다.

23

정답 ②

영역 인사행정론 > 공직구조의 형성　　　　　　난도 **중**

정답의 이유

② 분류법에 대한 설명이다.

오답의 이유

① 서열법은 직무를 전체적 · 종합적으로 평가하여 상대적 중요도에 의해 서열을 부여하는 자의적 평가법으로 상위직위와 하위직위를 선정한 다음 대상직위를 이에 비교하여 결정한다.

③ 점수법은 직위의 직무구성요소를 정의하고 각 요소별로 직무평가 기준표에 의하여 평가한 점수를 총합하는 방식으로 신뢰도 · 타당도가 높다.

④ 요소비교법은 직무를 평가요소별로 나누어 계량적으로 평가하되 기준직위를 선정하여 이와 대비시키는 방법으로 보수액 산정이 동시에 이루어진다.

24

정답 ①

영역 인사행정론 > 공직구조의 형성　　　　　　난도 **하**

정답의 이유

① 계급제는 일반행정가를 양성한다. 직위분류제는 전문행정가 양성이 가능하여 행정의 전문화를 촉진할 수 있다.

오답의 이유

② 계급제는 탄력적인 인사운영으로 배치전환이 용이하다.

③ 계급제는 사람중심으로 개개인의 자격 · 능력 · 신분에 의해 분류된다.

④ 계급제는 강한 신분보장으로 직업공무원제의 확립이 용이하다.

25

정답 ②

영역 인사행정론 > 인사행정의 기초　　　　　　난도 **중**

정답의 이유

② 총액인건비제는 대표관료제와 무관하다. 우리나라에서는 양성평등채용목표제, 장애인 의무고용제 등과 같은 대표관료제의 임용정책을 시행하고 있다.

오답의 이유

① 대표관료제는 내부통제를 강화하여 정부관료제에 민중통제를 내재화하는 내부적 · 비제도적 통제제도이다.

③ 대표관료제는 기회균등을 적극적으로 보장하고 수직적 형평성(결과의 공평)을 제고하기 위한 장치이다.

④ 대표관료제는 관료 선발에 있어 출신집단을 고려함으로써 사회집단의 구성비와 관료제 내의 구성비를 일치시키는 인사제도이다.

2009 기출문제 해설

☑ 점수 (   )점/100점   ☑ 문제편 105쪽

영역 분석

행정학 총론	6문항	★★★★★★	24%
정책학	7문항	★★★★★★★	28%
조직론	5문항	★★★★★	20%
인사행정론	2문항	★★	8%
재무행정론	3문항	★★★	12%
지방행정론	2문항	★★	8%

빠른 정답

01	02	03	04	05	06	07	08	09	10
④	①	④	③	③	②	②	④	④	①
11	**12**	**13**	**14**	**15**	**16**	**17**	**18**	**19**	**20**
④	③	④	①	③	②	④	②	④	③
21	**22**	**23**	**24**	**25**					
②	②	①	③	③					

01

정답 ④

영역 행정학 총론 > 행정학의 주요 접근   난도 **중**

정답의 이유

④ ㉠은 영향, ㉡은 투입, ㉢은 산출, ㉣은 결과에 해당한다.

📡 **적중레이더**

투입 · 산출 · 결과 · 영향

투입 (input)	정책을 형성하고 집행하는 데 사용되는 인적 · 물적 · 재정적 자원을 말한다. 예 공사에 참여한 인력과 장비, 범죄 현장에 출동한 인력과 장비 등
산출 (output)	행정활동의 결과로 생산된 일차적 재화와 서비스를 말한다. 예 포장된 도로의 면적, 범죄자 체포건수, 화재진압건수 등
결과 (outcome)	어떠한 정책의 실질적인 목표 달성도를 의미하며, 정성적인 측면과 정량적인 측면이 결합되어 평가된다. 예 차량의 통행속도 증가, 범죄율 감소, 화재발생률 감소 등
영향 (impact)	장기적 시각에서 질적 평가가 이루어지며, 산출과 결과의 개념을 포함하면서 그로 인한 파급효과까지 포함한다. 예 안전한 지역사회 형성, 지역사회의 발전, 환경개선 등

02

정답 ①

영역 행정학 총론 > 행정이 추구하는 가치   난도 **중**

정답의 이유

사이먼(Simon)은 합리성의 개념을 실질적(내용적) 합리성과 절차적 합리성으로 구분하였다. 절차적 합리성은 결정 과정이 이성적인 사유에 따라 이루어졌을 때 존재한다고 보았으며, 과정을 중시하였다. 반면 실질적 합리성은 목표에 비추어 적합한 행동이 선택되는 정도, 즉 효용의 극대화를 가져오는 가장 능률적인 행위를 말한다.

① 실질적 합리성에 대한 설명이다.

03

정답 ④

영역 행정학 총론 > 행정학의 주요 접근   난도 **중**

정답의 이유

④ 신공공관리론은 조직 내 관계를 중시하며, 뉴거버넌스론은 조직 간 관계를 중시한다.

04

정답 ③

영역 정책학 > 정책분석   난도 **하**

정답의 이유

③ 선형계획은 이론적 예측기법에 해당하는 방법이다. 인과관계를 분석하는 연역적 · 객관적 예측기법인 이론적 예측에는 선형계획, 회귀분석, 상관분석, 경로분석 등이 있다.

05

영역 정책학 > 정책의제설정　　　　　난도 **중**

정답의 이유

③ 콥과 로스(Cobb & Ross)는 정책의제설정의 과정을 주도하는 집단에 따라 크게 외부주도형, 동원형, 내부접근형 세 가지로 분석하였다. 이 중 외부주도형은 정책 담당자가 아닌 외부집단이 주도하여 정책의제화가 이루어지는 모형으로, '사회문제 → 사회이슈 → 공중의제 → 정부의제'의 순서로 정책의제설정이 이루어진다.

오답의 이유

① 사회문제가 바로 정부의제로 채택되는 것은 내부접근형에 해당한다. 내부접근형은 관료집단 내부 또는 외부집단에 의하여 문제가 제기되어 이들이 최고정책결정자나 그 측근에게 접근하여 정책의제로 채택되는 것을 말하며 음모형이라고도 한다.

② 동원형에 해당하는 과정이다. 동원형은 내부접근형과 유사하게 정부에서 사회문제를 채택하여 정책의제로 형성하지만, 효율적인 집행을 위해 외부(대중)의 지지를 얻기 위한 과정을 거치게 된다. 즉, 행정PR을 통해 정부의제를 공중의제화하여 확산시키는 과정을 가지는 것이 내부접근형과의 차이점이다.

06

영역 정책학 > 정책분석　　　　　난도 **중**

정답의 이유

② 순현재가치(NPV)는 최초 투자 시기부터 사업 종료 시점까지 연도별 순편익의 흐름을 각각 현재가치로 환산한 것을 말한다. 즉, 미래에 발생할 모든 편익과 비용을 현재가치로 환산하여 편익의 현재가치에서 비용의 현재가치를 뺀 값을 말한다. 따라서 순현재가치가 0보다 크면 사업의 타당성(경제적 타당성)이 있다고 분석되어 채택 가능하다고 판단할 수 있다.

07

영역 조직론 > 조직발전과 조직관리기법　　　　　난도 **중**

정답의 이유

② 균형성과표는 재무적 수단을 통해 결과만을 산출하던 전통적 평가방법에서 벗어나 과정을 중심으로 다양한 관점에서 균형을 추구하고자 한다. 그렇기 때문에 재무 상태가 양호해도 고객 만족도나 내부프로세스의 효율성이 낮고 구성원의 학습과 성장 상태가 좋지 않다면, 전체적인 균형성과표의 점수가 낮게 기록된다.

(((•))) 적중레이더

균형성과표(BSC)

- 1992년 카플란과 노턴(R. Kaplan & D. Norton)이 개발한 균형성과표는 조직의 비전과 목표, 전략으로부터 도출된 성과지표의 집합체이다.
- 재무지표 중심인 기존 성과관리의 한계를 극복하고 다양한 관점의 균형을 추구한다.
- 균형성과표가 추구하는 4가지 균형
  - 재무적 지표와 비재무적 지표(고객, 내부프로세스, 학습과 성장)의 균형
  - 조직의 내부요소와 외부요소의 균형
  - 선행지표(결과 예측)와 후행지표(결과)의 균형
  - 단기적 관점과 장기적 관점의 균형
- 균형성과표의 4가지 관점
  - 재무적 관점: 재무지표를 의미하는 것으로 전통적인 후행지표
  - 고객 관점: 조직이 고객에게 전달해야 하는 가치 확인
  - 내부프로세스 관점: 고객이 원하는 가치를 구현하기 위해 조직이 운영해야 하는 내부프로세스 확인
  - 학습과 성장 관점: 주로 인적 자원에 대한 성과를 포함하며 장기적 관점을 가짐

08

영역 정책학 > 정책환경 및 정책과정의 참여자　　　　　난도 **중**

정답의 이유

④ 엘리트이론에서 정책은 그 사회의 지배 엘리트의 가치와 선호를 반영하며, 지배적 위치를 차지한 소수의 엘리트에 의해 일방적으로 정책문제가 채택된다고 본다. 엘리트이론은 연구된 시대에 따라서 크게 고전적 엘리트론, 미국의 엘리트론(1950~60년대), 신엘리트론으로 나누어 볼 수 있다.

오답의 이유

① 정책네트워크에 해당하는 설명이다. 정책네트워크는 참여자들 간의 상호작용관계를 포괄적이고 체계적으로 분석하기 위한 모형으로 다원주의, 엘리트이론 등이 설명하지 못하는 한계를 극복하기 위해 등장한 모형이다.

② 신베버주의에 해당하는 설명이다. 신베버주의는 베버(Weber)의 입장을 추종하는 현대의 이론이며, 국가를 스스로 결정하는 힘을 지닌 실체로 인식하였다. 즉, 국가의 상대적 자율성을 강조하고, 국가를 중심적으로 보는 시각이다.

③ 다원론에 해당하는 설명이다. 다원론은 엘리트이론과 대비되는 이론으로 정부가 다양한 국민들의 의사를 중재하고 조정하여 다수 국민의 의사를 반영하는 것을 민주적으로 보는 입장을 말한다.

09
정답 ④

영역 행정학 총론 > 행정과 환경　　　　　　난도 **중**

정답의 이유

④ 바우처(voucher)는 정부가 수요자에게 쿠폰을 지급하여 원하는 공급자를 선택하도록 하고, 공급자가 소비자로부터 받은 쿠폰을 제시하면 정부가 재정을 지원하는 방식을 말한다. 우리나라는 2007년부터 사회서비스 전자바우처를 도입하여 시행하고 있다. 2007년에 전자바우처를 통해 최초로 공급한 서비스가 장애인활동지원, 노인돌봄종합서비스, 지역사회서비스투자사업 등이다. 그 외에도 임신출산 진료비 지원, 장애아동 가족지원 등이 전자바우처로 운영되고 있다.

(((•))) 적중레이더

우리나라의 바우처제도

사회서비스 전자바우처	정부가 2007년부터 도입하여 노인돌봄종합서비스, 장애인활동지원, 산모·신생아 건강관리지원, 장애아동 가족지원, 임신출산 진료비지원 등의 서비스를 전자바우처로 제공함
문화바우처	저소득층이 공연 및 전시회 티켓, 도서 등을 구매하여 문화생활을 향유할 수 있도록 정부가 비용을 지원하는 제도를 말하며, 문화누리카드라는 이름으로 발행함
주택바우처	서울시의 주택바우처가 대표적이며, 자기 소득의 일정 수준을 넘는 임대료에 대하여 그 차액을 바우처로 지원하는 제도로 서울시의 주택바우처는 월세액의 일정부분을 바우처로 지원함
아동급식 지원	각 지자체에서 시행하고 있으며 서울시의 꿈나무카드, 경기도의 G-Dream 카드 등이 대표적인 바우처로 결식아동에게 식비를 지원하고 카드 가맹점에서 식료품 구입을 할 수 있도록 하는 제도임

10
정답 ①

영역 조직론 > 조직의 양태와 조직유형　　　　　난도 **중**

정답의 이유

① 위원회 조직은 다수의 위원이 참여한다는 점에서 민주적인 형태를 갖추고 있으나, 신속한 의사결정이 힘들다는 단점이 있다.

(((•))) 적중레이더

위원회의 장·단점

장점	• 다수의 위원의 참여로 민주성 확보 • 행정의 중립성·정책의 계속성 확보 • 신중한 문제해결 가능 • 각 부문 간 이해관계와 의견의 대립 조정·통합
단점	• 신속한 의사결정 곤란 • 시간과 비용이 과다하게 소요됨 • 책임소재가 불분명함 • 타협적인 결정의 가능성

11
정답 ④

영역 정책학 > 정책의제설정　　　　　　　　난도 **중**

정답의 이유

④ 메타 오류(3종 오류)는 정책문제 자체를 잘못 인지하거나 정의하여 후속과정에까지 영향을 미칠 수 있는 오류를 말한다. 문제에서 다루고 있는 경우도 정책문제는 잘못된 교통신호체계가 되어야 함에도, 자가용 증대문제를 교통 혼잡의 핵심으로 잘못 인지한 것이다. 이럴 경우 이후 정책의 결정과정에도 영향을 주어 문제의 근본적인 해결에 도움을 주지 못하는 정책이 도출될 수 있다.

12
정답 ③

영역 행정학 총론 > 행정학의 이해　　　　　　난도 **하**

정답의 이유

③ 제도적 접근은 사회의 법과 제도상의 결함이나 운영상의 문제로 인하여 부패가 발생한다고 보는 접근방법이다.

오답의 이유

① 체제론적 접근은 한 사회의 문화적 특성, 제도상의 결함, 구조적 모순 등 다양한 요소가 복합적으로 작용하여 부패가 발생한다고 보는 접근방법이다.

② 도덕적 접근은 개인의 윤리의식이 부재하여 부패가 나타난다고 보는 접근방법이다.

④ 사회·문화적 접근은 해당 사회의 지배적인 관습이나 경험에 의하여 부패가 발생한다고 보는 접근방법이다.

13

정답 ④

영역 조직론 > 조직연구의 기초　　　　　　　난도**중**

정답의 이유

④ 적격심사(screening)는 주인에게 차별화된 복수의 계약을 제공하여 대리인으로 하여금 선택하게 함으로써 능력과 지식에 대한 정보를 얻는 방법으로 주인과 대리인의 이익을 일치시키는 방법이다.

14

정답 ①

영역 조직론 > 조직의 양태와 조직유형　　　　　　난도**중**

정답의 이유

① 네트워크 조직은 조직 경계의 모호성으로 인하여 응집력 있는 조직문화의 형성이 어려우며, 구성원들이 조직에 충성하는 문화를 기대하기 어렵다는 단점이 있다.

15

정답 ③

영역 조직론 > 조직연구의 기초　　　　　　　난도**중**

정답의 이유

③ 대리인의 자율성을 강화하는 것이 아니라 주인의 직접참여와 대리인의 통제를 강화하여 대리인으로 인한 문제를 해결해야 한다고 주장하고 있다.

(((•))) 적중레이더

주인-대리인이론

- **의의**: 주인이 대리인으로 하여금 자신의 이익과 관련된 행위를 재량으로 해결해 줄 것을 부탁하는 주인-대리인 관계에서 나타나는 여러 문제를 다루는 이론
- **전제**: 개인을 자신의 이익을 극대화하려는 이기주의자로 가정하고, 개인과 대리인 간의 이해관계의 차이로 '대리손실'이 발생한다고 주장
- **대리손실**
  - 역선택: 대리인에 대한 정보가 부족하여 대리인에게 부적격한 사람이나 무능력자를 선택하게 되는 현상
  - 도덕적 해이: 정보의 격차로 인한 감시의 허술함을 이용하여 대리인이 주인의 이익보다 자신의 이익을 추구하는 현상
- 정보의 균형화, 대리인에 대한 감시·통제, 유인기제, 규범과 신념의 내재화 등의 방법을 통해 대리손실의 최소화를 추구

16

정답 ②

영역 인사행정론 > 공직구조의 형성　　　　　　난도**하**

정답의 이유

② 직렬은 직무의 종류가 유사하고 그 책임과 곤란성의 정도가 서로 다른 직급의 군을 말한다(국가공무원법 제5조). 직군과 직렬, 직류가 적용되는 예로 일반행정직은 '행정직군-행정직렬-일반행정직류'의 분류 체계를 가지고 있다. 행정직렬은 일반행정, 인사조직, 법무행정, 재경, 국제통상 등 다양한 직류로 분류하고 있다.

오답의 이유

① 직류는 같은 직렬 내에서 담당 분야가 같은 직무의 군을 말한다.
③ 직군은 직무의 성질이 유사한 직렬의 군을 말한다.
④ 직위는 1명의 공무원에게 부여할 수 있는 직무와 책임을 말한다.

17

정답 ④

영역 인사행정론 > 능력발전　　　　　　　　　난도**중**

정답의 이유

④ 다면평가제도는 주변의 인간관계에 의하여 평가가 달라질 수 있기 때문에 일종의 포퓰리즘적인 행태가 나타나는 단점이 있다. 즉, 다면평가제는 상사 및 동료와 부하, 고객으로부터 받는 인기투표에 지나지 않을 수도 있다.

18

정답 ②

영역 재무행정론 > 예산개혁론(예산제도의 변천)　　난도**하**

정답의 이유

② 기획기구와 예산기구가 이원화되면서 기획담당자의 성향과 예산담당자의 성향에 차이가 발생하게 되는데, 기획담당자의 경우 대체로 미래지향적이며 발전지향적이고, 혁신적이며 소비지향적인 성향을 보인다. 반면 예산담당자는 비판적이며 보수적이고, 현상유지를 하려는 성향과 저축지향적인 모습을 보인다. 따라서 기획담당자는 혁신적이며, 예산담당자는 보수적인 성향을 띤다.

(((•))) 적중레이더

계획과 예산의 특징

구분	계획	예산
특징	• 장기적 · 추상적 · 포괄적 • 개혁적 · 합리적 · 분석적	• 단기적 · 구체적 · 점증적 • 보수적 · 정치적
담당자의 특징	• 미래지향적 · 발전지향적 · 쇄신적 • 소비지향적	• 비판적 · 보수적 · 부정적 • 저축지향적

19

정답 ④

영역 정책학 > 정책결정   난도 **하**

정답의 이유

④ 정책과정의 참여자는 크게 공식적 참여자와 비공식적 참여자로 나눌 수 있다. 그중 공식적 참여자에는 행정수반(우리나라는 대통령), 입법부, 사법부 및 행정공무원 등이 있다. 또한 정책결정에 합법적인 권한을 가지고 참여하는 사람들 또는 기관이 공식적 참여자에 해당한다.

오답의 이유

①·②·③ 비공식적 참여자에 해당한다. 비공식적 참여자는 정책결정에 있어서 합법적인 권한을 가지고 있지 않기 때문에 공식적 참여자와 구분하는 의미에서 비공식적 참여자라고 한다. 이익집단, 정당, 국민, 비정부기구와 같은 시민단체 등이 포함된다. 정당의 경우 일반적으로 비공식적 참여자에 해당하지만, 대통령을 배출하거나 의회의 다수당이 되어 입법부에서 입법활동을 통해 공식적으로 참여할 수 있는 방법이 존재한다.

((•)) 적중레이더

정책결정의 참여자

공식적 참여자	입법부, 행정부, 사법부, 지방정부, 행정부처, 대통령
비공식적 참여자	정당, 이익집단, 시민, 언론, NGO

20

정답 ③

영역 행정학 총론 > 행정학의 이해   난도 **중**

정답의 이유

③ 공공선택이론은 전통적인 관료제 구조가 고객의 요구에 즉각적으로 반응할 수 없는 구조로 바람직하지 못하다고 간주하였다. 즉, 전통적인 관료제 구조는 공공서비스의 공급과 생산에 바람직한 제도적 장치가 되지 못하므로 새로운 대안적 장치로 중첩적인 관할구역과 분권적인 조직장치가 필요하다고 주장하였다.

21

정답 ②

영역 재무행정론 > 정부회계 및 조달행정   난도 **중**

정답의 이유

② 발생주의 회계에서는 거래의 발생 시점을 인식하는 과정에서 주관성이 개입할 가능성이 있다는 단점이 존재한다. 그 밖에도 현금주의에 비해 복잡하여 작성 비용이 많이 들고, 수익의 과대평가가 이루어질 가능성도 있다.

((•)) 적중레이더

현금주의와 발생주의의 장·단점

구분	현금주의	발생주의
장점	• 절차가 간편하고 이해가 쉬움 • 관리와 통제가 용이 • 현금흐름 파악 용이 • 회계처리의 객관성 확보	• 비용·편익 등 재정성과 파악이 용이 • 자산과 부채파악으로 재정의 건전성 확보 • 자기검정기능으로 회계오류 시정 • 재정의 투명성·신뢰성·책임성 제고 • 출납폐쇄기한 불필요
단점	• 경영성과 파악 곤란 • 자산과 부채 파악 곤란 • 감가상각 등 거래의 실질 및 원가 미반영, 자산의 감소를 기록 못함	• 복잡하고 작성비용이 과다 • 회계담당자의 주관성이 작용 • 절차복잡 및 현금흐름 파악 곤란 • 수익의 과대평가 가능성

22

정답 ②

영역 정책학 > 정책집행   난도 **중**

정답의 이유

② 지시적 위임가형은 정책결정자에 의해 수립된 목표에 대하여 집행자는 바람직한 것임을 동의함으로써 정책결정자로부터 상당한 수준의 재량권을 위임받아 정책을 집행하는 모형이다. 정책결정자는 정책형성에 대한 통제권을 가지는 반면, 집행자에게는 수립된 목표의 달성에 필요한 수단을 결정할 광범위한 권한이 부여된다는 점이 특징이다.

23

정답 ①

영역 지방행정론 > 지방재정   난도 **중**

정답의 이유

① 국고보조금은 수직적 재정조정제도에 해당한다. 그 밖에도 수직적 재정조정제도에는 지방교부세, 시·군재정보전금 등이 있다.

오답의 이유

② 국고보조금은 국가로부터 교부되는 의존재원이면서 용도를 지정하여 도와주는 의미의 특정재원으로서의 성격을 가지고 있다.

③ 국고보조금은 보조금의 교부에 대한 반대급부를 요구하지 않기 때문에 무상재원적인 성격을 지닌다.

④ 우리나라의 국고보조금은 지나치게 통제 위주로 운영되어 지방자치단체의 행정적·재정적 자율성을 저해하는 측면이 존재한다.

24

영역 지방행정론 > 지방자치　　　　　　　　난도 **중**

정답의 이유

③ 경기도 수원시 팔달구는 특별시나 광역시에 설치된 자치구가 아닌 '행정구'에 속한다. 행정구는 특별시 또는 광역시가 아닌 시 중에서 인구 50만 이상의 시에 설치할 수 있다. 행정구는 단순히 행정 사무 처리의 편의를 위하여 설치된 행정구획에 지나지 않는다. 행정구의 비슷한 예로 경기도 고양시 일산동구, 경기도 안산시 단원구 등이 있다.

📡 적중레이더

「지방자치법」

> **제2조【지방자치단체의 종류】**
> ① 지방자치단체는 다음의 두 가지 종류로 구분한다.
> 　　1. 특별시, 광역시, 특별자치시, 도, 특별자치도
> 　　2. 시, 군, 구
> ② 지방자치단체인 구(이하 "자치구"라 한다)는 특별시와 광역시의 관할 구역의 구만을 말하며, 자치구의 자치권의 범위는 법령으로 정하는 바에 따라 시·군과 다르게 할 수 있다.

25

영역 재무행정론 > 재정과 재정 관련 법　　　　난도 **중**

정답의 이유

③ 우편사업, 조달사업, 양곡관리사업 등은 정부부처 형태의 국가공기업(정부기업)에 속하며, 정부기업의 예산 운용에 관련된 법률은 정부기업예산법이다.

📡 적중레이더

「정부기업예산법」

목적	정부기업별로 특별회계를 설치하고, 그 예산 등의 운용에 관한 사항을 규정함으로써 정부기업의 경영을 합리화하고 운영의 투명성을 제고함을 목적으로 한다.
적용대상	우편사업, 우체국예금사업, 양곡관리사업 및 조달사업

2008 | 기출문제 해설

☑ 점수 ( )점/100점   ☑ 문제편 110쪽

영역 분석

행정학 총론	7문항	★★★★★★★	28%
정책학	1문항	★	4%
조직론	4문항	★★★★	16%
인사행정론	3문항	★★★	12%
재무행정론	4문항	★★★★	16%
행정환류론	2문항	★★	8%
지방행정론	4문항	★★★★	16%

빠른 정답

01	02	03	04	05	06	07	08	09	10
④	④	③	①	④	③	①	④	②	①
11	12	13	14	15	16	17	18	19	20
③	③	④	②	②	①	②	①	②	②
21	22	23	24	25					
③	④	①	④	③					

01

정답 ④

영역 행정학 총론 > 행정이란 무엇인가?   **난도** 중

정답의 이유

④ 근대 자유방임사상가들은 자유를 가장 큰 가치로 여겼으며, 정부의 역할을 최소로 할 것을 주장하였다. 이에 따라 작은 정부, 야경 국가를 주장하였으며 정부는 국방, 치안, 외교 등에 한정되어야 한다고 주장하였다. 환경규제는 현대에 와서 강조된 국가의 기능에 해당한다.

02

정답 ④

영역 행정학 총론 > 행정학의 이해   **난도** 중

정답의 이유

④ 신공공관리론에서는 정부의 기능과 지출을 감축할 것을 주장하였다. 즉, 정부는 민간부문에서 능률적·효율적으로 수행할 수 없는 일만 수행하고, 나머지 정부 기능은 민영화할 것을 주장하였다. 따라서 사회적 문제에 대한 정부의 공적 역할을 축소하고 민영화 등을 통해 민간에 이양하여 정부는 관리에만 집중할 것을 강조하였다.

03

정답 ③

영역 행정학 총론 > 행정학의 주요 접근   **난도** 상

정답의 이유

③ 윌슨-베버리안의 패러다임을 비판하면서 민주행정 패러다임을 제시한 학자는 오스트롬(V. Ostrom)이다. 오스트롬은 『미국 행정학의 지적 위기, 1993』라는 저서를 통하여, 행정학에 공공선택론적 관점을 접목시켰다. 또한, 윌슨-베버리안의 집권적 능률성 패러다임을 비판하면서 민주행정 패러다임을 주장하였다. 왈도(C. D. Waldo)는 가치주의와 사회적 형평성의 추구를 학문적 이념으로 삼고 미노브룩 회의에서 젊은 행정학자들과 함께 신행정론을 전개한 학자이다.

04

정답 ①

영역 행정학 총론 > 행정이 추구하는 가치   **난도** 중

정답의 이유

① 공익은 시대적·장소적 배경에 따라서 그 내용이 달라질 수 있다. 이는 공익이 절대적이며 확정적인 개념이 아니라, 상대적이면서 불확정적인 동태적 성격을 지닌 개념임을 뜻한다.

공익과 관련된 학설

실체설 (적극설)	• 공익은 사익과 구별되는 실체가 있으며 한 사회가 추구해야 할 궁극적인 가치로, 공익을 개인이나 이익집단의 이익과는 다른 사회공동체의 선험적 공공선으로 파악 • 공익과 사익은 갈등할 수 없기 때문에 전체의 이름으로 부분을 희생하는 전체주의 경향 우려 • 주로 개발도상국에 적용 • 대표 학자: 플라톤(Plato), 롤스(Rawls), 칸트(Kant), 립먼(Lipman) 등
과정설 (소극설)	• 공익을 선험적인 개념이 아니라 정치과정의 결과적 산출로 파악 • 공익은 상호경쟁적·대립적인 다원적 이익이 조정되고 균형화된 결과(경험적 공익관)이며, 사익과 본질적으로 구분되는 사회전체의 이익은 존재하지 않는다고 보는 입장 • 다원화된 선진사회에 적용 • 대표학자: 벤틀리(Bentley), 린드블롬(Lindblom), 벤담(Bentham), 홉스(Hobbes) 등

05

정답 ④

영역 행정학 총론 > 행정과 환경　　난도 하

정답의 이유

④ 시장실패란 시장경제체제에서 시장기구가 그 기능을 제대로 발휘하지 못하여 자원이 효율적으로 배분되지 못하는 상태를 말한다. 일반적으로 시장실패의 원인에는 ㉠ 불완전한 경쟁(독과점의 발생), ㉡ 공공재의 존재, ㉢ 외부효과의 발생, 정보의 불충분성(비대칭) 등이 해당한다.

06

정답 ③

영역 조직론 > 조직구조　　난도 중

정답의 이유

③ 공사형 공기업은 정부가 전액출자하여 설립한 법인으로 정부조직이 아니므로 직원도 공무원에 해당하지 않는다.

07

정답 ①

영역 조직론 > 조직구조　　난도 중

정답의 이유

① 독립채산제란 산하기관의 재정을 모(母)기관의 재정으로부터 분리하여 독자적으로 경영하는 제도를 말한다. 공기업 경영에 있어서 국가의 재정적 지배로부터 독립하는 이른바 '재정과 경영의 분리'를 지향하는 제도로 발전하게 되었다. 따라서 독립채산제는 공기업에 관하여 중앙집권적인 관리가 아니라 분권적으로 관리하는 것이라 할 수 있다.

08

정답 ④

영역 행정학 총론 > 행정이란 무엇인가?　　난도 중

정답의 이유

④ 책임운영기관은 인사·예산 등에서 대폭적인 자율성을 갖는 집행적 성격의 행정기관을 말한다. 책임운영기관이 자율성을 갖는다는 점에서 공기업과 유사해 보이지만, 차이점이 존재한다. 책임운영기관은 행정기관이며, 소속 직원의 신분도 공무원이라는 점에서 공기업과는 차이가 있다. 이러한 점에서 책임운영기관은 공기업보다 공적 성격이 강하다는 것을 알 수 있다. 따라서 공기업이 책임운영기관보다 영리 추구를 더욱 중시한다.

09

정답 ②

영역 조직론 > 조직 행동(행태)론　　난도 중

정답의 이유

② 허즈버그(Herzberg)는 동기-위생이론에서 사람의 욕구구조를 크게 위생요인과 동기요인의 이원적 구조로 분류하였다. 동기요인은 인간에게 만족을 주고 우수한 직무수행을 위해 동기를 유발하는 데 작용하는 요인으로, 만족감을 느끼게 하는 요인이다. 충족했을 때 불만을 막는 작용을 하는 것은 위생요인에 해당한다.

10

정답 ①

영역 행정학 총론 > 행정과 환경　　난도 하

정답의 이유

① NGO(Non Governmental Organization)는 비정부기구로서 시민들의 자발적이고 능동적인 참여로 이루어지는 사적 조직에 해당한다. 비정부기구는 제3섹터로 일컬어지기도 하는데, 제1섹터인 공공 부문 및 제2섹터의 민간 부문과 독립적으로 운영된다. 비정부기구는 조직 형태가 민간단체(사적 조직)이면서도 공익을 추구하고 공공 부문과 민간 부문의 보완적 역할을 한다는 특성에서 제3섹터라고 할 수 있다.

11

정답 ③

영역 지방행정론 > 지방자치단체(종류 및 기관)　　난도**중**

정답의 이유

③ 아른슈타인(Arnstein)은 시민참여를 주민참여의 효과에 따라 8단계로 구분하였다. 조작, 치료, 정보제공, 자문(상담), 회유(유화), 협력관계(공동협력), 권한위임, 주민통제(자주관리)로 구분된다.

오답의 이유

① 샥터(Schachter)는 정부재창조론에서 시민을 정부의 고객으로 보는 것을 문제점으로 지적하면서, 정부기관의 성과를 효과적으로 제고하기 위하여 시민들의 능동적 참여가 필요하다고 강조하였다.

② 로젠블룸(Rosenbloom)은 행정학의 접근방법을 분류한 인물로 관리적 접근법, 정치적 접근법, 법적 접근법으로 분류하였다.

④ 프리드릭슨(Frederickson)은 왈도(Waldo)의 제자이며 신행정학을 주창했던 대표적인 학자이다.

12

정답 ③

영역 행정환류론 > 정보화와 행정(전자정부와 지식관리 행정)　난도**중**

정답의 이유

③ 데이터 마이닝(data mining)에 대한 설명으로 데이터베이스로부터 과거에는 알지 못했지만 데이터 속에서 유도된 새로운 데이터 모델을 발견하여 미래에 실행 가능한 정보를 추출해 내고 의사 결정에 이용하는 과정을 말한다. 이는 데이터에 숨겨진 패턴과 관계를 찾아내어 광맥을 찾아내듯이 정보를 발견해 내는 것이다. 데이터에 고급 통계 분석과 모델링 기법을 적용하여 유용한 패턴과 관계를 찾아내는 과정으로, 데이터베이스 마케팅의 핵심 기술이라고 할 수 있다.

오답의 이유

② 데이터 웨어하우스(data warehouse)는 시스템의 데이터베이스에 축적된 데이터를 공통의 형식으로 변환하여 일원적으로 관리하는 데이터베이스를 말한다. 데이터 웨어하우스는 데이터의 수용이나 분석 방법까지 포함하여 조직 내 의사 결정을 지원하는 정보 관리 시스템으로 이용된다.

④ 데이터 마트(data mart)는 데이터 웨어하우스와 사용자 사이의 중간층에 위치한 것으로, 하나의 주제 또는 하나의 부서 중심의 데이터 웨어하우스라고 할 수 있다.

13

정답 ④

영역 조직론 > 조직 행동(행태)론　　난도**중**

정답의 이유

④ 허시와 블랜차드(Hersey & Blanchard)는 그들이 이전에 주장하였던 리더십의 라이프 사이클 이론을 보완하여 3차원적 리더십 이론을 완성하였다. 리더십 유형을 인간관계 지향적 유형과 과업 지향적 유형으로 크게 구분하고, 이를 단일선상이 아니라 차원을 달리한 별개의 축으로 나타낸 다음 효율성이라는 새로운 차원을 추가하여 3차원 리더십 모형을 전개하였다.

오답의 이유

① 번스(Burns)는 1978년에 변혁적 리더십 이론을 처음으로 주장한 인물이다.

② 피들러(Fiedler)는 상황적응적 리더십 모형(상황결정이론)을 연구 · 발전시킨 인물이다.

③ 블레이크와 머튼(Blake & Mouton)은 관리유형도를 통해 생산에 대한 관심과 인간에 대한 관심을 기준으로 리더십 유형을 5가지로 분류하였다.

14

정답 ②

영역 인사행정론 > 공직부패 및 공직윤리와 행위규범　난도**상**

정답의 이유

② 법관 및 검사에게도 공직자윤리법과 부패방지 및 국민권익위원회 설치와 운영에 관한 법률이 적용된다. 추가적으로 법관 및 법원공무원 등에게는 공직자윤리법의 시행에 관한 대법원규칙과 부패방지 및 국민권익위원회 설치와 운영에 관한 법률의 시행에 관한 대법원규칙을 적용하여, 세부적인 사항을 적용하고 있다. 그러나 대법원규칙이 있다 하여 상위에 있는 공직자윤리법과 부패방지 및 국민권익위원회 설치와 운영에 관한 법률의 적용대상에서 제외되는 것은 아니다.

15

정답 ②

영역 정책학 > 정책집행　　난도**중**

정답의 이유

② 집행담당자의 자원 · 시간 · 능력이 부족하다면 재량권을 준다 하더라도 재량권을 행사할 수 없으므로 교육 · 훈련과 순응확보를 위한 중앙의 강력한 통제가 필요하게 된다.

152 시대에듀 | 군무원 행정학

16
정답 ①

영역 인사행정론 > 공직구조의 형성   난도 **중**

정답의 이유

① 직위분류제는 모든 직위를 직무의 종류와 곤란도, 책임도에 따라서 직군, 직렬, 직급별로 구분하는 직무 중심의 인사제도이다. 과학적이고 합리적인 객관적 공직분류 방식으로 실적주의의 발전에 따라서 추진된 제도이다.

17
정답 ②

영역 인사행정론 > 공직구조의 형성   난도 **중**

정답의 이유

② 직위분류제는 인사행정의 객관적이고 합리적인 기준을 제공한다는 장점이 있지만, 원칙적으로 동일한 직렬에서만 승진 또는 전보가 가능하다는 점으로 인하여 인사관리에 있어서 융통성이 떨어지고 탄력적인 운용이 어렵다는 것이 단점에 해당한다.

18
정답 ①

영역 지방행정론 > 지방자치단체와 국가와의 관계   난도 **중**

정답의 이유

① 중첩권위형(상호의존형)에서는 연방정부(중앙정부)와 주정부, 지방정부가 각자 고유한 영역을 가지면서 동시에 동일한 관심과 책임영역을 가진다고 보고 있다. 또한 정부 간에 교환관계가 형성되고, 재정적 상호 협조와 경쟁관계가 이루어진다고 보고 있다.

오답의 이유

④ 동반자모형은 엘코크(H. Elcock)가 제시한 모형 중 하나로 지방이 중앙의 간섭 없이 독자적으로 결정을 내릴 수 있다는 입장이다. 엘코크는 동반자모형, 대리자모형, 교환모형(절충모형)으로 분류하였다.

((•)) 적중레이더

라이트(Wright)의 정부 간 관계모형(IGR)

분리 권위형	• 연방정부와 주정부는 상호 독립적이며 완전 자치적으로 운영되는 것으로 대등한 경쟁관계 형성 • 지방정부는 주정부에 종속되어 이원적 관계가 형성 • 정부 간 관계를 적절히 나타내지 못하여 현실에 부적합하다는 비판
포괄 권위형	• 연방정부가 주정부와 지방정부를 완전히 포괄하고 있는 형태 • 주정부와 지방정부는 연방정부의 결정에 의존, 강력한 계층제적 통제 • 중앙집권적 체제하의 상위 정부의 통제를 반영한 유형
중첩 권위형	• 연방정부와 주정부, 지방정부가 각자 고유한 영역을 보유 • 정부 기능의 상당 부분이 연방 · 주 · 지방정부에 의해 동시적으로 작용 • 상호 의존적, 재정적 상호 협조 • 정부 간 관계의 가장 이상적인 실천모형

19
정답 ②

영역 행정환류론 > 정보화와 행정(전자정부와 지식관리 행정)   난도 **하**

정답의 이유

② 인트라넷(intranet)이란 인터넷 기술과 통신규약을 이용하여 조직 내부의 업무를 통합하는 정보시스템을 말한다. 인트라넷은 조직의 구성원에게만 부여되는 계정과 비밀번호가 있어야만 접속할 수 있기 때문에, 편리하게 전사적으로 정보를 공유할 수 있고 업무 지원에 활용할 수 있다는 장점이 있다.

20
정답 ②

영역 재무행정론 > 예산개혁론(예산제도의 변천)   난도 **중**

정답의 이유

② 통제지향적 예산에 해당하는 대표적인 예산제도는 품목별 예산제도(LIBS)이다. 품목별 예산제도는 하향적 의사결정구조가 아닌 상향적 의사결정구조를 가지는 것이 특징이며, 일을 하는 데 필요한 재화와 용역(품목)에 따라 예산을 편성하는 제도이다. 조직의 활동이나 사업에 정보의 초점을 두는 예산제도는 성과주의예산(PBS)이다.

21
정답 ③

영역 재무행정론 > 예산결정   난도 **중**

정답의 이유

③ 점증주의는 당파적 상호조정을 통하여 예산결정에서 발생할 수 있는 갈등을 원만히 해결하는 방식을 취하고 있다.

오답의 이유

① · ② · ④ 모두 총체주의(합리주의)에 대한 설명에 해당한다.

합리주의와 점증주의

구분	합리주의	점증주의
초점	예산상의 총 이득을 어떻게 극대화할 것인가?	예산상의 이득을 누가 얼마큼 향유하는가?
목적	• 효율적인 자원배분(파레토최적적) • 사회후생(총편익)의 극대화	• 공정한 몫의 배분(균형화) • 득표(정치적 지지)의 극대화
방법	• 분석적 기법(비용편익분석 등) • 체계적 결정	• 정치적 타협이나 협상 • 단편적 결정
행동 원리	시장(최적화)원리	게임(균형화)원리
이론	총체주의	점증주의
적용 분야	• 순수공공재, 분배정책 • 신규 사업에 적용가능성 높음 • 기술적 · 미시적 문제	• 준공공재, 재분배정책 • 계속사업에 적용가능성 높음 • 거시적 문제
개혁 목표	예산배분의 효율	재정민주주의 구현

22

정답 ④

영역 재무행정론 > 정부회계 및 조달행정   난도 중

정답의 이유

④ 채무부담주의회계는 채무부담이 발생한 시점을 기준으로 기록 · 보고하는 회계 방식을 말한다. 즉, 지출원인행위가 행해진 시점을 기준으로 기록 · 보고하는 방식으로 물품구매나 공사 등 주문이나 계약에 유용한 제도이다. 이 방식은 지출이 있을 때 비용으로 기록하지 않고, 예산잔고에서 감하므로 예산 초과 지출을 억제하는 예산 통제로서 기능할 수 있다.

오답의 이유

③ 재정융자특별회계는 1997년에 설치된 특별회계이며, 그 이전에 시행되고 있던 재정투융자특별회계에 있던 출자계정은 재정융자특별회계로 바뀌면서 일반회계로 편성되었고, 재정융자특별회계에서는 융자계정과 차관계정만으로 구성되었다. 그러나 2007년 1월 공공자금관리기금법이 개정되면서 현재는 공공자금관리기금으로 통합 운영되고 있다.

23

정답 ①

영역 재무행정론 > 예산과정론   난도 중

정답의 이유

① 헌법 제54조 제2항에서 '정부는 회계연도마다 예산안을 편성하여 회계연도 개시 90일 전까지 국회에 제출하고, 국회는 회계연도 개시 30일 전까지 이를 의결하여야 한다'라고 명시되어 있다. 정부가 회계연도 개시 90일 전까지 국회에 예산안을 제출하고, 국회는 회계연도 개시 30일 전까지 이를 의결하여야 하므로 60일의 심의기간이 보장되어 있는 것이다.

24

정답 ④

영역 지방행정론 > 지방자치   난도 중

정답의 이유

④ 예산, 회계, 계약, 재산관리, 지방세, 사용료, 공금의 부과 등 위법한 재무행위에 대해서는 주민투표가 아니라 주민감사청구를 거쳐 주민소송을 통하여 시정이 가능하다.

적중레이더

「주민투표법」

> 제7조 【주민투표의 대상】
> ① 주민에게 과도한 부담을 주거나 중대한 영향을 미치는 지방자치단체의 주요결정사항은 주민투표에 부칠 수 있다.
> ② 제1항의 규정에 불구하고 다음 각 호의 사항은 이를 주민투표에 부칠 수 없다.
> 1. 법령에 위반되거나 재판중인 사항
> 2. 국가 또는 다른 지방자치단체의 권한 또는 사무에 속하는 사항
> 3. 지방자치단체가 수행하는 다음 각 목의 어느 하나에 해당하는 사무의 처리에 관한 사항
>   가. 예산 편성 · 의결 및 집행
>   나. 회계 · 계약 및 재산관리
> 3의2. 지방세 · 사용료 · 수수료 · 분담금 등 각종 공과금의 부과 또는 감면에 관한 사항
> 4. 행정기구의 설치 · 변경에 관한 사항과 공무원의 인사 · 정원 등 신분과 보수에 관한 사항
> 5. 다른 법률에 의하여 주민대표가 직접 의사결정주체로서 참여할 수 있는 공공시설의 설치에 관한 사항. 다만, 제9조 제5항의 규정에 의하여 지방의회가 주민투표의 실시를 청구하는 경우에는 그러하지 아니하다.
> 6. 동일한 사항(그 사항과 취지가 동일한 경우를 포함한다)에 대하여 주민투표가 실시된 후 2년이 경과되지 아니한 사항

25

영역 지방행정론 > 지방재정　　　　　　　　　　　　　난도 **중**

정답의 이유

③ 재정분석진단제도는 지방재정법 제55조에 의하여 시행되고 있는 제도로 중앙정부가 지방재정운영에 대하여 사후적으로 평가하고 관리하는 제도이다.

오답의 이유

① 기채승인제도란 지방자치단체가 지방채를 발행하고자 할 때, 행정안전부장관의 사전승인을 먼저 얻어야 하는 제도를 말한다. 이전의 지방재정법상에는 모든 지방채 발행에 있어서 중앙정부의 승인을 받아야 했으나, 2006년 1월 1일부터 시행된 지방재정법에서 해당제도는 폐지되었다. 현재는 외채의 발행, 한도액을 초과한 발행, 지방자치단체조합의 지방채 발행 등 일부 경우에 한하여 중앙정부의 승인을 요구한다.

② 지방재정법에 따라 재정투 · 융자사업에 대한 예산안을 편성하기 위해서는 사전에 투 · 융자심사를 거쳐야 한다.

④ 중기지방재정계획은 다음 회계연도부터 5회계연도 이상의 기간에 대한 지방재정계획으로 사전적 관리제도에 해당한다.

(ฺ๏) 적중레이더

「지방재정법」

제54조【재정 운용에 관한 보고 등】
지방자치단체의 장은 대통령령으로 정하는 바에 따라 예산, 결산, 출자, 통합부채, 우발부채, 그 밖의 재정 상황에 관한 재정보고서를 행정안전부장관에게 제출하여야 한다. 이 경우 시 · 군 및 자치구는 시 · 도지사를 거쳐 행정안전부장관에게 제출하여야 한다.

제55조【재정분석 및 재정진단 등】
① 행정안전부장관은 대통령령으로 정하는 바에 따라 제54조에 따른 재정보고서의 내용을 분석하여야 한다.
② 행정안전부장관은 지방자치단체의 재정 상황 중 채무 등 대통령령으로 정하는 사항에 대하여 대통령령으로 정하는 바에 따라 재정위험 수준을 점검하여야 한다.
③ 행정안전부장관은 다음 각 호의 어느 하나에 해당하는 지방자치단체에 대하여 위원회의 심의를 거쳐 대통령령으로 정하는 바에 따라 재정진단을 실시할 수 있다.
　　1. 제1항에 따른 재정분석 결과 재정의 건전성과 효율성 등이 현저히 떨어지는 지방자치단체
　　2. 제2항에 따른 점검 결과 재정위험 수준이 대통령령으로 정하는 기준을 초과하는 지방자치단체
④ 행정안전부장관은 제1항 및 제3항에 따른 재정분석 결과와 재정진단 결과를 공개할 수 있다.
⑤ 행정안전부장관은 제1항 및 제3항에 따른 재정분석 결과와 재정진단 결과의 중요 사항에 대해서는 매년 재정분석과 재정진단을 실시한 후 3개월 이내에 국회 소관 상임위원회 및 국무회의에 보고하여야 한다.
⑥ 행정안전부장관은 제1항 및 제3항에 따른 재정분석과 재정진단의 객관성과 전문성을 확보하기 위하여 대통령령으로 정하는 전문기관에 그 분석과 진단을 위탁할 수 있다.

좋은 책을 만드는 길, 독자님과 함께하겠습니다.

2025 시대에듀 군무원 기출이 답이다 행정학 17개년 기출문제집

개정6판1쇄 발행	2025년 01월 10일 (인쇄 2024년 09월 25일)
초 판 발 행	2018년 11월 05일 (인쇄 2018년 10월 10일)
발 행 인	박영일
책 임 편 집	이해욱
저 자	시대군무원시험연구소
편 집 진 행	박종옥 · 이수지
표지디자인	박종우
편집디자인	박지은 · 곽은슬
발 행 처	(주)시대고시기획
출 판 등 록	제10-1521호
주 소	서울시 마포구 큰우물로 75 [도화동 538 성지 B/D] 9F
전 화	1600-3600
팩 스	02-701-8823
홈 페 이 지	www.sdedu.co.kr

I S B N	979-11-383-7769-0 (13350)
정 가	19,000원

시대에듀의
지텔프 최강 라인업

1주일 만에 끝내는
지텔프 문법

10회 만에 끝내는
지텔프 문법 모의고사

답이 보이는 지텔프 독해

스피드 지텔프 레벨2

지텔프 Level.2
실전 모의고사

※ 도서의 이미지 및 구성은 변경될 수 있습니다.

기출이
답이다

군|무|원

행정학

17개년 기출문제집

나는 이렇게 합격했다

자격명 : 위험물산업기사
구분 : 합격수기
작성자 : 배*상

나는할수있다
69년생50중반직장인 입니다. 요즘
자격증을2개정도는가지고 입사하는젊은친구들에게
일을시키고 지시하는 역할이지만 정작 제자신에게 부족한점
이많다는것을느꼈기 때문에자격증을따야겠다고
결심했습니다.처음 합격은 시작할때는과연되겠
냐?하는의문과걱정 시대에듀 이한가득이었지만
시대에듀인강 을우연히접하게
되었고잘차려 진밥상과같은커
리큘럼은뒤늦게시 작한늦깍이수험 생이었던저를
합격의길 로인도해주었습니다.직장생활을
하면서취득했기에더욱기뻤습니다.
감사합니다!
♥

당신의 합격 스토리를 들려주세요.
추첨을 통해 선물을 드립니다.